国家示范性高等职业教育汽车类“十三五”规划教材

高等职业教育汽车类专业“双证课程”培养方案教材

汽车美容与装饰

主　编　宋广辉　胡　晓

副主编　何丽嘉　阳娣莎　段宇鸣

参　编　郭　宝

中国·武汉

内 容 简 介

本书分为6个项目,包括:汽车美容基础知识、汽车美容用品及工具设备、汽车美容技术、汽车装饰技术、汽车防护及电子产品加装、汽车车内空气净化等内容。

本书既可作为高职高专院校汽车检测与维修技术、汽车造型技术、汽车改装技术、汽车车身维修技术等相关汽车类专业的教材,也可作为汽车美容与维修从业人员的培训用书,还可为广大车主了解汽车美容与装饰知识提供参考。

图书在版编目(CIP)数据

汽车美容与装饰/宋广辉,胡晓主编. —武汉:华中科技大学出版社,2017.6
ISBN 978-7-5680-2956-8

Ⅰ.①汽… Ⅱ.①宋… ②胡… Ⅲ.①汽车-车辆保养 Ⅳ.①U472

中国版本图书馆CIP数据核字(2017)第126935号

汽车美容与装饰
Qiche Meirong yu Zhuangshi

宋广辉 胡 晓 主编

策划编辑:张 毅
责任编辑:赵巧玲
责任校对:张会军
封面设计:孢 子
责任监印:朱 玢
出版发行:华中科技大学出版社(中国·武汉) 电话:(027)81321913
武汉市东湖新技术开发区华工科技园 邮编:430223
录 排:武汉市洪山区佳年华文印部
印 刷:仙桃市新华印务有限责任公司
开 本:787mm×1092mm 1/16
印 张:15
字 数:406千字
版 次:2017年6月第1版第1次印刷
定 价:38.00元

本书若有印装质量问题,请向出版社营销中心调换
全国免费服务热线:400-6679-118 竭诚为您服务

前言 QIANYAN

截至2016年年底，全国汽车保有量达1.94亿辆，其中有49个城市的汽车保有量超过100万辆，18个城市超过200万辆，6个城市超过300万辆。家用轿车保有量的激增及国内汽车文化氛围的渐浓，给汽车美容与装饰行业的高速发展提供了基础。汽车美容装饰行业急需大批汽车美容装饰理论知识扎实、技能熟练的专业人才。

本书以高职高专汽车类专业教学大纲为基础，结合近年来汽车美容装饰行业主要的工作任务，以实际应用为原则编写。本书从实际应用出发，根据项目教学的要求将汽车美容与装饰工作中的技能点设置为不同的项目，每一个项目分成若干任务，对学生建立汽车美容、装饰的基本概念具有很强的指导意义。由于大量内容直接来自于生产实践，因此本书对实际工作也具有一定的指导意义。全书主要包括汽车美容和装饰两个部分，并且按照车内、车外区分，系统地讲解了汽车美容装饰的用品种类和具体操作步骤。

本书由黄冈职业技术学院宋广辉、胡晓担任主编，由湖南电气职业技术学院何丽嘉、阳娣莎和湖南交通职业技术学院段宇鸣担任副主编，济南交通技师学院郭宝参编。

本书在编写过程中参考了许多国内出版的书籍、报纸、杂志，以及网站上的相关内容，在此对原作者、编译者表示由衷的感谢！

由于编者专业理论、实践水平有限，书中可能存在部分差错，敬请读者批评指正。

编　者

2017年5月

目录 MULU

项目 1

汽车美容基础知识

知识目标

（1）了解汽车美容的基本知识。

（2）知道汽车车身结构和车用涂料的分类。

（3）掌握汽车美容的有关安全保护知识。

能力目标

（1）能简述汽车美容专业名称和术语。

（2）能识别车身结构类型和涂料。

（3）能够安全进行生产操作。

学习任务1 汽车美容概述

一、汽车美容的概念

汽车美容是指针对汽车各部位不同材质所需的保养条件，采用不同性质的汽车美容护理用品及施工工艺，对汽车进行全新的保养护理。汽车美容的概念是1994年在我国出现，如今这个概念已被公众普遍接受，而且汽车美容中心已遍及全国各地。

汽车美容一词源于西方发达国家，英文名称表示为“car beauty”或“car care”“car ditill”。由于汽车工业的发展，社会消费时尚的流行，以及人们对事物猎奇、追求新异思想的影响，这些国家的新车款式更新换代速度非常快。追新族们为得到新车而又不愿意放弃旧车，因而有对旧车进行美容维护的需求。针对汽车各部位不同材质所需要的维护要求，采用不同性质的汽车美容维护及施工工艺，对汽车进行全新维护，不仅能使汽车焕然一新，更能让旧车全面彻底翻新，并长久保持艳丽的光彩。汽车美容装饰业也就应运而生。换句话来说，汽车美容是工业经济高速发展、消费观念进步以及汽车文化日益深入人心的必然产物。

随着社会进步及人类文明程度的不断提高，汽车正以大众化消费品的姿态进入百姓生活，因而汽车的款式、性能以及汽车的整洁程度，无一不体现出车主的性格、修养、生活观及喜好。所以，许多人想让自己的座驾看起来干净、漂亮，用起来舒适。围绕这一目的，进行的一系列工作，就是人们认为的“汽车美容”。

而今天的汽车美容由于借鉴了人类“美容养颜”的基本思想，被赋予仿生学新的内涵，正逐步形成现代意义的汽车美容。汽车美容新概念，不只是简单的汽车打蜡、除渍、除臭、吸尘及车内外的清洁服务等常规美容护理，还包括利用专业美容系列产品和高科技技术设备，采用特殊的工艺和方法，对漆面增光、打蜡、抛光、镀膜及深、浅划痕处理，全车漆面美容，底盘防腐涂胶处理和发动机表面翻新等一系列养车技术，以达到“旧车变新，新车保值”的功效。

根据汽车的实际美容程度，目前一般将汽车美容分为一般美容、汽车修复美容和专业汽车美容三种类型。

1. 一般美容

一般美容，就是人们普通所说的汽车美容——洗车、打蜡。这种方法，就是日常看见路边出现的一桶水、一条毛巾、一两个人进行的汽车美容。其结果是往往清洗不彻底，还会把漆膜划伤，出现细微的划痕；水洗后擦拭不彻底，使有的部位留有水渍，完工后阳光一照，水分蒸发，留下了水痕，影响表面光泽；车身的门缝、窗边等凹槽处，无法擦干，阳光照射，出现水汽，使漆膜和凹槽等处发生腐蚀现象，使车身受损。由于上述原因，所以，应避免采用这种方法对汽车进行美容。

2. 汽车修复美容

汽车修复美容是对车身漆膜有操作的部位，先进行漆膜修复，然后再进行美容。汽车修复美容，必须在比较正规的汽车美容中心进行，它需要必要的设备和工具，必须有一定的修复美容工艺，才能满足汽车美容的基本要求。但是，汽车修复美容并非很完善，对整车而言，只是针对车身的漆膜部分，其他很多部位并未考虑，因此保养护理不全面，自然也不够彻底。

3. 专业汽车美容

专业汽车美容，不仅仅包括对汽车的清洁、打蜡，更主要的是根据汽车的实际需要进行维护。包括对汽车护理用品的正确选择与使用、汽车漆膜的护理(例如，对各类漆膜缺陷的处理、划痕的修复美容等)、汽车装饰、精品选装等内容，是一个非常复杂的系统工程。

二、汽车美容的功用

1. 保持和恢复汽车美丽容颜

汽车在使用和停放过程中，由于风吹、日晒、雨淋等自然原因，导致车身表面要受到以下几个方面的侵害。

一是紫外线对汽车车漆的侵害。汽车漆面长期经阳光照射，阳光中的紫外线会导致漆层内油分大量损失，造成漆面日益干燥，出现失光、异色、斑点，甚至龟裂等现象。

二是有害的气体对漆面的侵害。由于大气污染，空气中的CO_2(二氧化碳)、SO_2(二氧化硫)、NO_2(二氧化氮)等有害气体含量日益增高。汽车在高速行驶中，车体与空气摩擦使车身表面形成一层强烈的静电层，静电吸附的灰尘、有害气体分子附着物逐渐增厚，时间久了就会形成一层顽固的交通膜，使原来艳丽的车身变得暗淡无光，而且交通膜对汽车漆面极易造成氧化腐蚀。

三是雨水对漆面的侵害。由于工业污染，雨水中二氧化硫、二氧化碳、盐分及其他有害物质的含量越来越多而形成的酸雨，酸雨对漆面持续的侵害。在热带、海边等地区的潮湿空气中盐分含量很高，也会对车身产生持续的侵蚀。

四是其他因素对车漆的侵害。汽车在运行过程中也会受到外界的伤害，如车漆被硬物等划伤和擦伤、鸟粪等黏附于漆面而形成的侵害。

汽车美容可以保持和恢复汽车美丽的容颜，如图1-1所示。

图1-1 汽车美容防护作用

2. 改善车内环境

汽车内室是一个相对封闭的环境，车内环境对驾驶员和乘客的心理健康和生理健康有较大的影响。车内环境的影响因素有以下几点。

一是车内空气污染。车内空气污染源有两个方面：外部和内部。外部是指车厢外的汽车废气、灰尘等污染物进入车内；内部是指汽车内部由于不通风、车体装修等原因造成的空气质量差的情况。车内空气污染源主要来自车体本身、装饰用材等，其中甲醛、二甲苯、苯等有毒物质污染后果最为严重，同时随着大城市空气质量的变差，汽车外部的空气质量问题也成为汽车车内空气污染的主要源头。

二是车内噪声污染。随着汽车工业的迅速发展，人们对汽车的舒适性和振动噪声控制的要求越来越严格。噪声不仅关系到乘坐的舒适性，而且还关系到环境保护。然而一切噪声又源于振动，振动能够引起某些部件的早期疲劳损坏，从而降低汽车的使用寿命；过高的噪声既能损害驾驶员的听力，还会使驾驶员迅速疲劳，从而对汽车行驶的安全性构成了极大的威胁。所以噪声控制，也关系到汽车的耐久性和安全性。汽车在运行过程中，有空气动力、机械传动、电磁三部分引发的声音。声源从结构上可分为发动机(即燃烧噪声)，底盘噪声(即传动系噪声、各部件的连接配合引起的噪声)，电器设备噪声(冷却风扇噪声、汽车发电机噪声)，车身噪声(如车身结构、造型及附件的安装不合理引起的噪声)。其中发动机噪声占汽车噪声的1/2以上，包括进气噪声和本体噪声(如发动机振动，配气轴的转动，进、排气门开关等引起的噪声)。因此发动机的减振、降噪成为汽车噪声控制的关键。此外，汽车轮胎在高速行驶时，也会引起较大的噪声。这是由于轮胎在地面流动时，位于花纹槽中的空气被地面挤出与重新吸入过程所引起的泵气声，以及轮胎花纹与路面的撞击声。

三是车内物品污染。车内座椅、地毯等物品在使用中会因灰尘、汗渍、饮料等污物受到污染。

上述原因会导致车内环境恶化。通过车内空气污染控制、汽车隔音、车内物品护理等汽车美容作业，营造健康、美观的车内环境，提高驾乘人员驾车的舒适性。

三、汽车美容的分类

传统意义上的汽车美容主要是指汽车的护理性美容。现代汽车美容不只是单纯意义上的汽车清洗、吸尘、除渍等常规美容护理，还包括利用专业汽车美容系列产品和高科技设备，采用特殊的工艺和方法，对汽车进行漆面抛光、增光、深浅划痕处理及全车漆面翻新等一系列修复性美容作业。

汽车使用环境恶劣，导致了车身漆面和室内装饰件表面失色、老化、受损，同时也决定了汽车在使用过程中必须进行护理性美容或修复性美容。

1. 汽车美容按作业性质分类

1) 护理性美容

护理性美容是指保持车身漆面和室内装饰件表面亮丽而进行的美容作业，主要包括新车开蜡、汽车清洗、漆面研磨、抛光、还原、上釉及室内饰件保护处理等美容作业。车身车表护理性美容项目有高压洗车，除锈、去除沥青、焦油等污物，打蜡增艳、镀膜、封釉等项目。

内饰美容主要分为车内美容、发动机美容、行李箱清洁等内容。车内美容包括仪表台、顶棚、地毯、脚垫、座椅、座套、挡阳板、车门衬里的吸尘清洁保护，以及蒸汽杀菌、冷暖风口除臭、车内空气净化等项目。

2) 修复性美容

目前汽车美容已从专业化走向了多样化，汽车美容不仅仅包括汽车的护理性美容，还包括汽车的修复性美容。修复性美容是指车身漆面或室内饰件表面出现某种缺陷后所进行的恢复性美容作业。其缺陷主要有漆膜病态、漆面划痕、斑点及内饰件表面破损等。

根据缺陷的范围和程度不同分别进行表面处理、局部修补、整车翻新及室内饰件修补更换等美容作业称为修复性美容。

车身车表修复性美容主要是指漆面修复和处理，主要包括：对失光较轻或有浅划痕汽车车身进行抛光法的漆面处理；用补漆笔对汽车外表单一浅划痕进行补漆修复；对汽车车表中度划痕进行漆面处理；对汽车车表深度划痕（含车表凹陷变形）进行修复和漆面处理；对汽车漆面局部斑点进行修补或漆面处理；对汽车部分板面进行修补或漆面处理和对失光严重、刮擦严重缺陷多处汽车车身进行全车车漆翻新处理。

实施汽车美容项目需要很多汽车美容设备和工具。使用汽车美容设备、工具前必须阅读使用说明书，必须清楚了解汽车美容设备和工具各项使用规定，必须按照操作规程进行操作。

汽车美容设备操作者应在设备主管的指导下，学会小型普通设备、工具的正确操作（如洗车机、脱水机、吸尘机、套筒扳手、抛光机等），同时应定期维护设备及保养工具。工具平时应摆放有序，使用完毕后应擦拭干净放回原位。细小的工具（如套筒）使用完毕后应清点数量，确保完整。设备、工具使用时发现有毛病应及时上报主管，不得带病运行，及早维修。

2. 汽车美容按作业项目分类

汽车美容主要包括车身美容、内部美容、漆面美容、汽车防护和汽车精品等五个方面。

(1) 车身美容主要包括高压洗车，除锈、去除沥青、焦油等污物，上蜡增艳与镜面处理，新车开蜡，钢圈、轮胎、保险杠翻新与底盘防腐涂胶处理等项目。经常洗车可以清除车表尘土、酸雨、沥青等污染物，防止漆面及其他车身部件受到腐蚀和损害。适时打蜡不但能给车身带来光彩亮丽的效果，而且多功能的车蜡能够无微不至地呵护爱车，可以防紫外线、防酸雨、抗高温及防静电。

(2) 内部美容主要分为车内美容、发动机美容、行李箱清洁等内容。其中车内美容包括仪表台、顶棚、地毯、脚垫、座椅、座套、挡阳板、车门衬里的吸尘清洁保护，以及蒸汽杀菌、冷暖风口除臭、车内空气净化等项目。发动机美容则包括发动机冲洗清洁、喷上光保护剂、做翻新处理、三滤清洁（指的是燃油滤清器、机油滤清器、空气滤清器）等项目。

(3) 漆面美容服务项目可分为氧化膜处理、飞漆处理、酸雨处理、漆面划痕处理、漆面破损处理及整车喷漆。

(4) 汽车防护的项目包括贴防爆太阳膜、安装防盗器、安装静电放电器、安装汽车语音报警装置等。

(5) 汽车精品是汽车美容的点睛之处，也是一种汽车文化生活的体现，它致力于把汽车营造成一个流动的生活空间。汽车精品包括车用香水、蜡掸、护目镜、把套、坐垫等。

四、汽车美容的主要作业项目

专业汽车美容包括汽车洗车、打蜡、封釉、镀膜、镀晶汽车护理用品的选择与使用、汽车油漆护理（包括各类漆面缺陷的美容、汽车划痕修复等）、汽车整容及装饰等。

1. 汽车漆面护理性美容作业项目

1) 新车开蜡

汽车生产厂家为防止汽车在储运过程中漆膜受损，确保汽车到用户手中时漆膜完好如新，汽车总装的最后一道工序是在检查合格后，对整车进行喷蜡处理，在车身表面喷涂封漆蜡。因为封漆蜡极厚，并且十分坚硬，所以可以防止大型双层托运车在运输途中被树枝或强力风沙剐蹭与抽打。但封漆蜡没有光泽，严重影响汽车美观，且易黏附灰尘，因此国外发达国家的汽车销售商在汽车出售前就要对汽车进行除蜡处理。目前，进口车多涂有此蜡，而国产车大多采用静电喷涂，漆面呈镜面光泽，无须涂封漆蜡。

2）汽车清洗

为使汽车保持干净、整洁的外观，应该定期或不定期地对汽车进行清洗。汽车清洗是汽车美容的首要环节，同时也是一个重要的环节。它是一项基础性的工作，也是一项经常性的护理作业。一般来说，洗车不仅仅是使汽车清洁亮丽、光彩如新，其主要的目的在于保养，也就是说洗车工作是汽车保养最基本的工作。

按照汽车部位的不同，清洗作业可以分为车身外表面清洗、内室清洗和行走部分清洗。车身外表面清洗主要有车身漆面、车门窗、外部灯具、装饰、附件等；内室清洗主要有顶棚、地板、座椅、仪表台、操作件、内部装饰、附件等；行走部分主要是指汽车底盘有关总成壳体表面。

对车身漆面的清洗可以分为不脱蜡清洗和脱蜡清洗两种，当车身表面有蜡，但是不想把它去掉，只是洗掉灰尘、污迹时，应用清水和普通清洗剂进行不脱蜡清洗；当车身表面需要重新打蜡上光时，应将原车蜡清除，此时应用脱蜡清洗剂进行脱蜡清洗。

3）漆面研磨

漆面研磨是去除漆膜表面氧化层、轻微划痕等缺陷所进行的作业。该作业虽具有修复美容的性质，但由于所修复的缺陷非常轻微，只要配合其他护理作业，便可消除缺陷，所以把它列为护理性美容范围。

漆面研磨与后面的抛光是连续作业的工序，研磨是漆面轻微缺陷修复的第一道工序。漆面研磨需要使用专用的研磨剂，在研磨或者抛光机上安装研磨盘进行作业。

4）漆面抛光

漆面抛光是利用柔性工具和磨料颗粒或其他抛光介质对车漆表面进行修饰的加工，或者是为了去除车漆表面经研磨后留下的细微的打磨痕迹，以提高漆膜的镜面效果，达到光亮、平滑、艳丽的要求。抛光可以解决漆面氧化层、条纹、划痕、污染、褪色等影响漆面的外观的多种问题。

漆面抛光需要使用专用抛光剂，在研磨或抛光机上安装抛光盘进行作业。

5）打蜡

汽车打蜡是汽车美容的传统项目。打蜡的作用：一是防水，防酸雨，由于车蜡的保护，会使车身的水滴附着量减少，效果十分明显，能达到50％～90％；二是防高温和紫外线，天气越来越热，汽车常年在外行驶或存放很容易因光照而导致车漆老化褪色，而打蜡形成的薄膜可以将部分光线反射，有效避免车漆老化；三是车蜡可以防静电，还可以防尘。汽车在行驶时与空气摩擦产生静电，而车蜡则可以有效地隔断车身与空气、尘埃的摩擦。少了静电，车自然少了灰尘的吸附，而且车蜡还能起到上光的作用，能改善其表面的光亮程度，使车身恢复亮丽本色。

汽车打蜡可通过人工或打蜡机进行作业。

2. 汽车漆面修复性美容作业项目

1）漆膜病态治理

漆膜病态是指漆膜质量与规定的指标相比所存在的缺陷。漆膜病态有上百种，按病态所产生的时机不同，可分为涂装中出现的病态和使用中出现的病态两大类。对不同的漆膜病态，应分析原因，采取有效措施积极预防。

2）漆面划痕处理

漆面划痕是因为刮擦、碰撞等原因造成的漆膜损伤。当漆面出现划痕时，应根据划痕的深浅程度，采取不同的工艺进行修复处理。一般对还没有见底漆的浅划痕，都可以通过抛光处理掉。如果没见底漆但已经有相对较深的划痕，则可以通过以下方法处理：

先把车表用水清洗一遍，再用1500＃～2000＃水砂纸，将划痕处先轻轻打磨一遍，再用抛光机加细度研磨剂略加抛光擦拭，漆面即可恢复光泽，然后擦干，再打一下蜡，原来的划痕便可消失。当然，也可利用划痕修复笔进行处理。

3）漆面斑点处理

漆面斑点是指柏油、焦油、飞漆、鸟粪等污物在漆面上留下了污迹。处理的方法应根据斑点在漆膜中渗透的深度不同，采取不同的工艺。一般处理这类斑点的最好方法是使用溶解功能很强的溶解清洗剂清洗，如柏油清洗剂、开蜡水等，实在难以去掉的可以采用处理漆面划痕的办法处理掉。

4）汽车涂层局部处理

一般是当汽车漆面出现已经见底漆的深度划痕、失光、变色、气泡、龟裂、粉化脱落等严重老化现象或因交通事故导致涂层局部破损时，通过抛光是无法处理掉的，这就需要进行局部修补。

局部修补是一项很专业的工作，正因为局部的面积较小，要使得修补后的漆面与原来的车表漆外观、光泽、颜色达到基本一致，也就是没有一点色差，这就需要操作人员具有丰富的喷涂经验和高超的技术水平。

5）汽车涂层整体翻修

汽车涂层整体翻修是全车漆膜出现严重老化时而进行的全车翻新涂装作业。其作业内容主要有清除旧漆膜、金属表面除锈、底漆和腻子施工、面漆喷涂及抛光上蜡等。

3. 改善汽车内室环境的美容作业项目

1）汽车内室清洁与护理

汽车内室清洁与护理是对汽车顶棚、仪表台、操作件、座椅、地毯等部件进行的清洁、上光等美容作业。

2）汽车内室空气污染防治

汽车内室空气污染防治是针对车内空气污染的特点，通过臭氧消毒、负离子消毒、光触媒消毒等方法使车内空气环境得到改善。

3）汽车内室噪声污染防治

汽车内室噪声污染防治是根据车辆的性能相应的路况、使用条件等因素，通过汽车隔音工程对汽车本身及外界产生的噪声进行治理，以提高汽车乘坐的舒适性。

五、汽车美容服务流程

第一步：接车。

当看见有车打方向灯将进入时，应以最快的速度，把来车带到正确的洗车区位置上，之后主动为车主开车门，另一只手侧扶在车门框顶，防止车主下车时头撞在车门框上，同时说道："您好，欢迎光临！"之后咨询车主需要服务的项目，通知专人登记；在车主下车时告知车主取走车上贵重物品，以免出现不必要的纠纷，并请车主将轮胎调正，最后请车主去客户休息中心休息，当客户离开时，注意车钥匙是否已留下；工作人员应迅速对来车检查一遍，若发现问题，要及时报告。

第二步：防护。

当客户下车后，抽出地毯，要防止地毯上的垃圾和灰尘掉到车上，并在司机位放脚垫；待客户离开洗车区和确定车门窗被关好后，方可开始冲枪。

第三步：第一遍冲车。

(1) 顺序由车顶—引擎盖——侧面—前轮及轮框—底盘横梁—后轮及轮框—后备厢—另

一侧面—前轮及轮框—底盘横梁—后轮及轮框(尽量减少重复)。

(2) 调整洗车机压力为 4～6 MPa,水枪方向与车表保持 45°角,枪头与车身距离在 15 cm～60 cm 之间,把车身、轮仓、底盘的泥沙冲洗干净;冲洗完毕后,必须先关机,再关枪,否则枪很容易被损坏。

第四步:喷洒洗车泡沫和擦洗车。

喷洒泡沫顺序:喷洒泡沫没有具体顺序只是按字母 N 的结构喷洒洗车泡沫。擦车顺序:引擎盖—车顶—后备厢—侧面—保险杠以下部分—轮盖—挡泥板(尽量减少重复)。

第五步:第二遍冲洗。

顺序:车顶—引擎盖——侧面—胎铃—后备厢—另一侧面—轮盖(尽量减少重复)。

第六步:洒水蜡。

冲洗完毕后,在车身上均匀地撒上一层水蜡。

第一:移动车位。

把车引至正确的台上清洁区,注意带车安全。

第二:擦水。

顺序:引擎盖—车顶—侧面—车内门框—后备厢—仪表盘(先擦完外面再擦里面,从外到里的顺序,尽量减少重复);先用大毛巾把全车身上的水珠拖一遍,再用中号毛巾擦干水。

第三:边缝吹水、除垢。

顺序:前车灯—车前标志—侧面门灯—倒车镜—门把手—车门玻璃框(顺序可变,尽量减少重复)。

第四:四门的清洁。

擦门边和后备厢时,应把各扇门打开来擦。要求各门槛,门边不得滴水,不能有泥沙,特别注意门柱的清洁。

第五:玻璃的清洁。

擦侧面玻璃的顺序:以一块为标准,先擦玻璃中间(一上一下地擦)—再擦四周(沿玻璃边擦一遍)。

第六:仪表盘的清洁。

顺序:从上到下,小毛巾配合小毛刷进行清洁,最后上光(根据洗车的档次确定是否需要上仪表蜡)。

第七:吸灰。

顺序:取出脚垫—用吸尘器将车内的尘土(仪表板、座椅缝隙处及地毯)吸出—后备厢吸尘—倒掉烟灰缸内的烟灰及杂物并清洗—排去脚垫上面的沙砾或清洗脚垫—垫好脚垫—喷洒香水或空气清新剂。

第八:地毯清洁。

可以通过拍打地毯驱除地毯上的灰尘或垃圾,最后用刷子清洁一遍,再放进已清洁完毕的内箱里。

第九:轮胎、黑色塑料保险杠上光。

轮胎上光的材料含油性弱,黑色塑料保险杠上光的材料含油性强,设备也不一样。

第十:日常检测。

工作人员复检,另做五油三水的检查并做好记录。

第十一:验车交车。

顺序:由内到外—绕车一周。

验车:员工验车时应特别注意检查洗车工序中容易遗漏的部位,如发动机盖边沿及内侧、车门边缘内侧、车门把手内侧、后备厢边沿内侧、油箱盖内侧、车身底部、轮盖、轮胎及排气管等部件。

交车:"您好,先生(小姐),请检查车体。"并询问是否结账和还有什么问题。最后主动为车主开车门,另一只手则扶在车门框顶,防止车主上车时头撞在车门框上,并说"先生(小姐)慢走"或"欢迎再次光临"。

第十二:现场清理。

工具、材料要注意归位,垃圾要迅速处理(在车流量高峰期除外),清洗脏的毛巾。

【质量要求】

(1) 漆面的翻新护理使旧车可以达到新车的效果,并能长久保持,更具有防静电、防酸雨、防紫外线的三防功能。

(2) 发动机的清洗翻新可使发动机形成光亮保护膜并长久保持。

(3) 风挡玻璃的修复抛光能使开裂和发乌的玻璃变得清晰明亮,完好如初。

(4) 轮毂、轮胎的增黑清洁护理使汽车看上去更具风格。

(5) 室内、后备厢内部的清洁整理使室内更加洁净、温馨、华贵。

(6) 漆面各种程度的划痕修复或补漆之后,可使汽车漆面完好如初。

(7) 金属裸露部分的除锈处理可以保持多年不再生锈。

(8) 发动机免拆清洗定期养护可终身不大修。

六、汽车美容的依据与原则

1. 汽车美容依据

汽车美容应根据车型、车况、使用环境及使用条件等因素,有针对性地、合理地安排美容作业的时机及项目。

1) 因"车型"而异

汽车美容项目、内容及使用的产品不同,价位也不一样。对汽车进行美容不仅要考虑到效果,同时也要考虑费用。因此对不同档次的汽车所采用的美容作业及使用的美容产品应有所不同。对高档汽车应主要考虑美容效果,而对一般汽车只要进行常规的美容作业就可以了。

2) 因"车况"而异

汽车美容作业应根据汽车漆膜及其他物面状况有针对性地进行。车主或驾驶员应经常对汽车表面进行检查,发现异变现象要及时处理。如车漆表面出现划痕,尤其是较深的划痕,若处理不及时,会导致金属锈蚀,就增大了处理的难度。

3) 因"环境"而异

汽车行驶的地域和道路不同,汽车进行美容作业的时机和项目也不同。如汽车经常在污染较重的工业区使用,应缩短汽车清洗周期,经常检查漆面有无污染色素,并采取预防措施。如汽车在沿海地区使用,由于当地空气潮湿,且大气中含盐分较多,一旦漆面出现划痕应立即采取处理措施,否则很快造成内部金属锈蚀;如汽车在西北地区使用,由于当地风沙较大,漆面易失去光泽,应缩短抛光、打蜡的周期。

4) 因"季节"而异

不同的季节,气温和气候的变化,对汽车表面及内饰部件具有不同的影响。如汽车在夏季使用,由于高温漆膜易老化,应进行必要的预防护理作业;在冬季使用,由于严寒漆膜易冻裂,应进行必要的预防护理作业。另外,冬夏两季车内经常使用空调,车窗紧闭,车内易出现异味,应定期进行杀菌和除臭作业。

2. 汽车美容原则

1）预防与护理相结合的原则

汽车美容要以预防为主,即在汽车漆膜及其他物面出现损伤之前进行必要的维护作业,预防损伤的发生。一旦出现损伤应及时进行护理,恢复原来状态。因此,汽车美容应坚持预防与护理相结合的原则。

2）车主护理与专业护理相结合的原则

汽车美容很多属于经常性的维护作业,如除尘、清洗、擦车、检查等,几乎天天要进行,这些简单的护理作业,只要车主或驾驶员掌握了一定的汽车美容知识,完全可以自己完成。但定期到专业汽车美容场所进行美容也是必不可少的,因为还有很多美容项目是车主无法完成的,尤其是汽车漆面或内室物面出现问题时,必须进行专业护理。为此,车主或驾驶员护理一定要与专业护理相结合,这样才能将车护理得更好。

3）单项护理与全套护理相结合的原则

汽车美容作业的项目和内容很多,在作业中应根据汽车自身状况有针对性地选择项目和内容,如果只做某些单项护理就能解决问题的不必做全套护理,这样不仅是为了节省费用,同时对汽车本身也是有利的。例如,汽车漆膜的厚度是一定的,如果每次美容都做全套护理,即每次都要研磨、抛光,这样漆膜厚度很快会变薄,当磨透车漆时,就必须进行重新喷漆,这就得不偿失了。当然在需要时对汽车进行全面护理也是必要的,具体情况具体对待。

4）局部护理与全车护理相结合的原则

汽车漆膜局部出现损伤时,只要对局部进行护理即可,只有在全车漆膜绝大部分出现损伤时,才能进行全车漆膜护理。在实际工作中应根据需要决定护理的面积,只需要进行局部护理的,不要扩大到整块板,只需要进行整块板护理的,不要扩大到全车。

七、汽车美容行业人员从业要求

汽车美容行业不但对汽车的服务,更是对人的服务。从客户开车进厂到轿车交车离开,甚至在后期的电话回访中,要求从业人员在仪容仪表,谈话交流,手势表情等服务规范方面严格要求自己,良好的礼仪规范是员工自尊自爱的体现,又是对岗位工作高度的责任感与事业心的反映,更是对客户的尊重。

1. 仪容仪表

不同的行业对从业人员的仪容仪表有不同的要求,但总体来讲,仪容仪表是指人的外表部分,它包括容貌、姿态、服饰多个方面。仪容仪表是一个人精神面貌的外在表现,是人际交往中一个不可忽略的重要因素。顾客对汽车美容装潢门店的第一印象常常来源于员工的穿着打扮和行为举止。良好的仪容仪表既是员工自尊自爱的体现,又是对岗位工作高度的责任感与事业心的反映,更是对顾客的尊重。因此,汽车美容装潢行业的从业人员应从以下几个方面对日常的仪容仪表进行规范。

1）服装穿着

衣着是体现人们审美情趣的一个重要方面,从事汽车美容服务的人员也需要注意自己的服饰。由于汽车美容装潢的主要作业对象是汽车,同时在某种程度上又是在与客户进行面对面的交流,这里既有技术操作因素,也有服务工作的成分,再加上作业本身所具有的特点,因此,从业人员的着装应当体现如下几个原则。

(1) 服装宜宽不宜紧。由于在进行汽车美容装潢作业时,从业人员要不断地变换各种姿势,因此服装当选择宽松一点的样式,以免影响操作。

(2) 服装不宜有硬质物件外露。一旦服装有硬质物件外露,容易对汽车表面的涂层或内部其他饰件造成损伤。因此,从业人员的服装最好不要采用拉链或者外露的纽扣,特别是金属纽扣的样式,较为理想的应当是使用带门襟的塑料纽扣的样式。秋冬服装的袖口如果需要紧口的,不宜使用纽扣,最好用拷纽,并且将拷纽做得略微靠里一点,以免硬物直接与汽车接触。

(3) 服装颜色应比较醒目。由于从业人员的服务对象是汽车,客户前来接受服务时,需要驾车进来。从业人员的服装较为醒目,可避免发生碰、擦事故。此外,服装颜色过于灰暗,也不利于从业人员的自身形象。

(4) 服装不宜采用纯化纤制品。因化纤制品容易产生静电,尤其冬天气候干燥时,更会在服装上吸附一些灰尘等有害物质。此外,静电还容易对一些高档汽车内部的某些电子元件造成不必要的损坏。

(5) 制作服装的面料不应过分低劣。因为劣质面料工作服容易褪色,一旦服装被汗水或洗车水打湿,容易污染汽车内饰。

(6) 服装不能过于陈旧。有的从业人员喜欢穿一些很旧的服装上岗操作。殊不知,服装过于陈旧,表面的纤维容易脱落,而这些不断脱落的纤维又会附着在汽车上,影响服务质量。

(7) 服装的样式应该合适。服装的口袋应尽可能地少,特别是口袋最好不要做在正面。如需要留有口袋放置一些小记录本、圆珠笔之类的物品时,可将放笔的口袋安排在上衣左袖管上臂的外侧,将放本子的口袋安排在裤子背面臀部的上侧或裤管的右大腿外侧。夏季服装一般为短袖短裤,但短裤的裤腿不能过短,一般以刚好在膝盖以上为宜,裤腿可略宽松一点。

(8) 服装穿着应该规范。服装的口袋里尽量不要放置太多的东西,若放置过多的东西,一方面显得难看,另一方面也容易碰擦汽车。在冷热交替的季节里,服装穿着不易把握,但不能因为怕热而将裤腿卷起,以免使顾客看了不舒服。

2) 配件与饰品

在服务行业常常有用以显示身份的工号牌,以及进行各种促销活动时所佩戴的标志物。为了避免对汽车造成损伤,汽车美容服务从业人员工作时,除工号牌外,一律不能佩戴戒指、手表、项链、手镯、脚链等其他佩件与饰品。对每位员工必须要佩戴的工号牌也不宜采用别针或金属夹固定在前胸的样式,最好能将其佩戴在左上臂上。

3) 仪容卫生

从业人员在进行汽车清洗作业时,难免会将脏水溅到身上和四周环境,给个人及环境卫生的保持带来一定的困难。但良好的仪容卫生既是表示对顾客的尊重,又能体现从业人员的自尊自爱。它不仅会产生积极的宣传效果,同时还能弥补由于条件限制、缺乏某些服务配套设施而产生的不足。因此,从业人员应当做到如下几点。

(1) 头发要经常梳洗,发型要朴实大方。男性不留小胡子、大鬓角,不留长发,要做到"侧发不掩耳、后发不及领"。女性以短发为宜。

(2) 指甲要经常修剪,不得留长指甲。指甲过长不仅会给作业带来不便,而且还有可能对汽车的某些部位造成伤害。

(3) 注意个人卫生。由于汽车美容装潢作业工作量较大,容易出汗,故从业人员应当勤洗澡,勤换衣,还要忌吃葱、蒜、韭菜等带有异味的食物。否则有可能在汽车内饰清洁后,使车内留下异味,给顾客造成不快。出于同样的原因,从业人员最好不要抽烟,如有抽烟习惯且确实难以戒除的，也应当以少抽为宜。

4）仪态

仪态是指人在行为中的姿态和风度。从业人员的仪态，既包括平时迎客、候客时的仪态，也包括在汽车美容装潢操作时的各种姿态。

(1) 站姿。站姿一般是在工作场所等候顾客时的常用体姿。对站姿的要求是：站要端正、自然、亲切、稳重，也就是人民常说的“站如松”，即站得要像松树一样挺拔。正确的站姿要领应该是：上身正直，头正目平，面带微笑，微收下颌，挺胸收腹，腰直肩平，双肩向后向上，不要含肩。两臂自然下垂，两腿相靠站直，脚掌分开呈 V 字形，肌肉略有收缩感，站立时，脚千万不要抖动。双手可自然下垂于身体两侧，手指稍有弯曲，呈半握拳状。也可将双手轻握放在后腰处或者双手相交放在小腹部，但切忌双手叉腰或者将双手抱在胸前，这样会给顾客造成一种傲慢的印象。

(2) 坐姿。一般情况下，从业人员在工作岗位上不宜采取坐姿，遇特殊情况确需坐下时，应注意对坐姿的要求是“坐如钟”，即坐相要像钟那样端正。其基本要领是：上身正直，腰背稍靠椅背，两腿自然弯曲，两腿平落地面。但在采取坐姿时，切忌如下几种坐姿：二郎腿坐姿、两腿交叉前伸坐姿、分腿坐姿、O 形腿坐姿。

(3) 步姿。从业人员在工作中有时需要来回走动，此时要注意走路的姿态，不能一步三摇，或摇头晃脑，让人看起来不舒服。正确的步姿要求是“行如风”，即走起路来要像风一样轻快。其基本要领是：上身正直不动，两肩相平不摇，两臂自然摆动，两腿直而不僵，步度适中均匀，步位相平直前。行走姿势正确的人，脚印应是正对前方的，如果走起来两脚尖向内或向外歪斜，就是俗称的“内八字”或“外八字”脚，这是从业人员应尽力避免的。

此外，还要注意步位和步度，步位是指两脚下落到地面的位置。行走时，两脚要踩两条平行线，两脚轮换前进。男子行走要用大腿发力，不能甩小腿，踩的平行线要略宽一点。而女子因臀部肌肉比较丰满，行走时，踩的平行线尽可能窄一点。这样，从背后看去可显得姿态优美。步度的大小因个人腿的长度而异，总的原则应以步态轻盈为宜。

(4) 手势。恰当地运用手势可以增强与顾客之间感情的交流，但从业人员与顾客交谈时，手势不宜过多，动作不宜过大，更不要手舞足蹈。在引路、指示方向时，切忌用手指或者手中的物件指示方向。为顾客带路时的正确姿势是：面带微笑，身体微倾，同时使用手势和敬语，走在顾客左前方，与顾客保持 0.8～1.2 m 之间的距离，并按顾客的步履节奏行走，注意不能走得太快，以免顾客感到匆忙。在为顾客指示方向时，须四指并拢，手心向上，同时用亲切的语调不时地向顾客进行提示。当送别顾客时，应走在顾客后面，其余要求同引路礼仪。

(5) 表情。表情就是人的思想感情的外露。人的感情是复杂的，在人际交往中，喜、怒、哀、乐等表情最为常见。作为从业人员，尽管也经常会受到各种情绪的干扰，但在为顾客服务时，应注意始终要面带轻松友善的微笑，真诚地为他们服务。

2. 礼貌礼节

礼貌是人与人之间在接触交往中，相互表示敬重和友好的行为准则，它既体现了时代的风格和道德品质，又体现了人们的文化层次和文明程度。而礼节则是人们在日常生活中，特别是在人际交往场合中，相互问候、致意、祝愿、慰问，以及给予必要的协助的惯用形式，是礼貌的具体外在表现。在社会生活中，人们往往将礼貌礼节作为衡量一个国家和民族文明程度的重要标志；对个人而言，礼貌礼节是衡量其道德水准和教养程度的重要标准。汽车美容装潢是一个窗口行业，因此，讲究文明礼貌更有其特殊的意义。

1）思想态度

人与人之间相互观察和了解，一般都是从礼貌礼节开始的。德国著名哲学家弗兰西斯·培根说："行为举止是心灵的外衣。"我国古语也有"诚于中而形于外"之说，即只有思想"诚"，才能表现在行动中自觉地讲究礼貌礼节。因此，从业人员在为顾客进行汽车美容装潢服务时，首先要端正自己的思想态度和服务意识，即注意以下几个方面。

(1) 不卑不亢，自尊自爱。从业人员在接待顾客时，要特别注意把握分寸，既要克服汽车美容装潢工低人一等的自卑观念，又要避免简单粗鲁的工作作风。

(2) 一视同仁，真诚关心。汽车美容装潢服务的对象来自社会不同阶层，但不管是对豪华车的车主还是对出租车的驾驶员，不管是对外宾还是对国人都应满腔热忱地接待和服务，绝不能有任何看客施礼的意识，更不能有以衣帽取人的错误态度。从业人员应本着"来者都是客"的真诚态度，以优质服务取得顾客的信任。

(3) 得理饶人，和气生财。在汽车美容装潢服务工作中，顾客有时会提出一些无理甚至是失礼的要求，或者有时会对从业人员无端地进行指责。此时，从业人员应该耐心地加以解释，绝不能得理不饶人，把顾客逼至窘境，这样会使对方产生逆反心理，不但不会承认自己有错，反而会产生对抗情绪，致使矛盾升级，最终影响业务。得理也要饶人，就是要学会宽容别人，给顾客一个下台阶的机会。当然宽容绝不是纵容，也不是无原则地迁就，对那些有恶意行为和有意寻衅滋事者，从业人员则应根据事实真相，进行有理、有节的说理。

2) 言谈举止

(1) 言谈。语言是社会交际的工具，也是人们表达意愿及思想感情的媒介。俗话说："良言一句三冬暖，恶语伤人六月寒。"这句话形象地概括了礼貌用语的作用。汽车美容尽管是针对车辆而言，但总的服务过程还是从问候接待车主开始，到送别车主结束。因此，与客户打交道时是离不开语言的。下面就简单地介绍一下从业人员应当掌握的敬语和雅语的使用技巧。

① 敬语。在为顾客服务时，一定要使用敬语。所谓敬语，就是表示尊敬和礼貌的词语，它的最大特点是彬彬有礼、热情庄重。如应说"请问"而不是"喂"，应说"能为您做什么？"而不能说"你还有什么事？"等。

② 雅语。在服务中还应当尽量使用雅语。所谓雅语是指一些比较文雅的词语，它一般和俗语相对。与顾客交谈时宜用"哪一位"来代替"谁"，用"洗手间"来代替"厕所"等。

③ 礼貌用语。在服务行业，最为流行的礼貌语言"五声十个字"是："您好""请""谢谢""对不起""再见"。

(2) 举止。当顾客问话时，从业人员应热情地给予答复，千万不能因为忙于手头的工作而冷落了顾客。因为，顾客与从业人员的谈话，一般有两个原因：一是确有问题提出，需要从业人员予以解答；二是顾客对从业人员比较认可，主动交谈几句以示亲热。此时，最好能一面工作，一面回答顾客的提问，同时，还应不时抬起头来与顾客进行目光交流，这样就容易取得顾客的认可，时间一长，就会慢慢使其成为忠诚的顾客。当与顾客面对面交谈时，还应经常注视他们的眼鼻三角区(即由两只眼睛到鼻尖组成的一个小三角形)，这样既使顾客不感到唐突，又不至于冷落他们。

3) 次序礼节

掌握一些常用的次序礼节对汽车美容装潢从业人员来说也是提高服务质量所必不可少的技巧。

(1) 座位的次序礼节。在室内就座，以前我国一般以坐南朝北者为尊，在现代都市建筑内部，对方位的概念不一定十分明确。故现在较为通用的做法是：面对房门者为尊。而在同一排座位上，一般以坐在左边者为尊(国外礼节正好相反，是以右为尊)。

(2) 行走时的次序礼节。如果两人并排行走，则走在左边者为尊；如果三人并行，则居中者为尊;如果三人前后行,则走在最前面者为尊。从业人员在迎接顾客时,一般应走在顾客前面引路。当送别顾客时,则应走在其后面,右手四指并拢,手心向上,遇到障碍或拐角时,还要不时地向顾客进行提示。

(3)上小轿车时的次序礼节。当顾客上车时,应当请顾客中的尊者先从右门上车,坐右位,然后请位低者绕车后从左门上,坐左位。一般后排3个座位的次序为(以A为尊,B次之):“C|B|A”或者“B|C|A”(法式)。

4)服务规范

当顾客的汽车到达后,从业人员应快步上前,以规范的手势引导车辆到合适的地方停妥。然后再用右手拉开车门的同时,用左手挡住车门框的上沿,以免顾客碰头。当车门打开时,应面带微笑,热情招呼:“您好,欢迎光临!”同时鞠身致礼。对一些经常前来的顾客,最好能称呼他们的姓或职务,如“李先生”“张总”“王处”等。汽车美容装潢是一个新兴的行业,目前还未能建立起一套完整的服务规范,但一些较为成熟的窗口行业的服务规范都是可以用来借鉴的,如宾馆业、娱乐业、民航业等都建立了较为完善的规范。

八、汽车美容的现状

随着我国居民收入水平的增长,有车族将更加注重汽车文化的享受。目前,我国城镇居民已经开始从汽车代步时代向享受汽车文化的时代迈进,大部分地区的城镇居民正在进入汽车消费时代,汽车已不再是人们身份和地位的象征,成为汽车消费者对个性化、多元化文化取向的集中体现。汽车大规模地进入家庭为汽车美容养护行业开辟了更广阔的市场。

按照进入WTO时的承诺,我国允许外资进入国内汽车服务贸易领域,于是国外的汽车美容服务连锁机构如雨后春笋般在中国涌现,国外一些汽车美容公司纷纷将产品投放中国市场,在全国范围内办起了连锁店,并造就了一支汽车美容大军,从业人数逐年增加,汽车美容业呈现出一片繁荣的景象。

我国汽车美容市场蛋糕虽大,但市场竞争仍是十分的激烈。据调查,目前汽车美容养护行业的现状是消费者认识不成熟、企业经营不规范、缺乏专业人才、行业操作无标准等。绝大多数街面店缺乏科学管理、技术保障和正规的进货渠道。

1. 消费者认识不成熟

汽车美容养护业是一个新兴的产业,其产值的大小一方面受汽车拥有量的影响,另一方面也存在消费者认知有一个过程。根据相关行业和国外汽车美容养护业的发展经验,一般情况下,一个国家的汽车美容养护业要经历起步阶段、成长阶段、成熟阶段等三个发展阶段。在起步阶段,由于消费者生活水平不高,对汽车美容养护认知的不足,同时在全部汽车拥有量中低档次汽车所占的比例较大,汽车美容养护业虽然利润率较高,但总产值相对较低。在成长阶段,消费者的可支配收入大幅度上升,开始注意到自己驾乘的汽车如同穿在身上的衣服一样,是一个人身份、地位和文化品位的象征,因此比较爱惜汽车的性能和外表,经常需要进行美容养护。同时在全部汽车拥有量中,轿车的比例上升、商用车比例逐年下降,而且高档次汽车的比例不断增加,汽车美容养护的需求也将与日俱增。

目前,国内的汽车美容市场正在由起步阶段向成长阶段发展,在这个发展过程中,消费者的需求逐渐生成并逐渐清晰。

2. 企业经营不规范

“一块抹布一桶水,三个伙计一个店”一度成为汽车美容养护市场的真实写照,黑、脏、乱也是消费者在形容汽车美容养护店时的常用词。行业的高额利润和不规范的管理，使得有些人找到了钻空子赚钱的好机会。市场上到处充斥着“无专业正规培训”“无专业品牌产品”“无专业机械设备”“无服务质量保证”的形形色色、大大小小的汽车美容养护店。

无证经营及“黑店”给市场带来了极大的混乱，由于汽车美容产品质量低劣，美容用品损害汽车的消费纠纷屡见不鲜。据中国消费者协会提供的数据显示，汽车售后服务投诉一直在汽车类投诉中所占比例居高不下，而其中有关汽车美容的投诉又呈逐年递增的趋势。

在汽车美容行业中企业“生生死死”司空见惯，许多汽车美容养护店“出师未捷身先死”。究其原因，归根结底是没有建立起以品牌为主导的服务市场，而服务的市场是建立在品牌的知名度、美誉度、忠诚度等综合因素基础上的。

现阶段，在汽车美容行业众多的品牌中，品牌的知名度、美誉度、忠诚度都达到国际标准的也为数不多。服务市场的企业表面上形态各异，百花齐放，非常活跃，但实质上良莠不齐，形成品牌的屈指可数。整体上来讲目前还处于混乱的状态。国内汽车服务行业小店到处都是，没有形成经营规模、店与店之间低价竞争、互相拆台，严重的无序经营影响着这个领域的竞争力及品牌化的形成。企业多属于各自为政，一些连锁企业也不够完善和成熟，并且由于自身的限制对整体市场的掌控能力不足，没有形成全国性服务品牌。

3. 缺乏专业人才

由于汽车美容行业不同于一般的服务业，专业性很强，技术含量较高，因此，汽车美容养护业的发展必将需要大量的技术专业人才和管理人才。当然不同规模的汽车美容养护店所需的专业人才数量是不相同的。按照每个美容店平均配备5名美容技师、3名管理者计算，到2020年，汽车美容行业从业人员将达到366.4万人，其中汽车美容技师265.5万人，管理人员99.9万人。目前，国内专营和兼营汽车美容的企业约有3万家，从业人员约为45万人，专业的美容技师还相当缺乏。

在行业高速增长所带来巨大人才缺口的同时，汽车美容业从业者“社会地位比较低”几乎是所有业内同仁都会提到的一个问题，在这一点上最直接的一个表现就是“从业人员收入普遍偏低”。收入低直接导致一些高学历、有经验的专业人士不想从事这个行业。

汽车美容行业中员工雇佣是松散型的关系，在松散的雇佣关系之下，经营方很少会拿出太大的精力来对员工进行培训，经营方不会把员工作为人才来培养，而只是将其当作是一个随处可得的劳动力。

在缺乏精英人才的加入和松散的雇佣关系下，整个行业直接从市场第一线产生的有创意的东西就会少之又少。经营者长年累月都在经营着同样的业务，消费者长年累月都在享受着同样的服务，最终导致整个行业失去了发展的原动力。

4. 行业操作无标准

一个行业如果存在巨大的利润空间，必然会诱惑众多趋之若鹜的投资者，而这样的竞争注定是混乱的竞争。越来越多的人认准这个行业，一些经营者为了抢顾客，不断压低价格，使得本就无序的汽车美容市场变得更加混乱。据笔者了解，开设一家汽车美容店的门槛并不高，目前也并没有相关的规定对经营场所以及人员资质提出要求。很多美容养护店投资从几千元的到上百万元的都有，可谓良莠不齐，而这其中又不乏一些无证经营的店铺。调查中发现，在汽车美容市场上，大量的假冒伪劣产品充斥其间、以次充好。正是由于行业标准的匮乏，使得汽车美容行业的监管也存在很多问题，一个汽车美容店由质量监督部门和工商管理等部门交叉管理，而目前针对这方面的法律法规并不健全，给市场的监管带来了重重困难。

近年来，任何行业要想在业内有持续不断的发展，就要加大行业规范的力度，从无序到有序，从混乱到规范，最终在规范的秩序下推动行业的发展，带动一系列的产业链。中国汽车美容业目前正处于一个变革的时期，行业中规范的缺乏导致了目前行业的混乱。国家出台针对汽车养护行业的相关法律法规以及统一的行业标准是促进行业健康发展的重要保证。但遗憾的是，这方面的法规和标准迟迟难以出台。要改变目前相对混乱的局面，需要政府、企业、消费者三个方面共同努力。

学习任务2　汽车车身与车用涂料

一、车身

车身与发动机、底盘共称为汽车的三大总成。车身不论在功能使用、车型开发、生产投资、厂房规划、销售服务等方面都具有极重要的地位。汽车的车身，从外形到装备，从汽车空气动力学到人机工程学，从功能到结构，从原材料到制造工艺都体现出现代汽车车身向着高性能、新技术、多样化发展的趋势。

1. 作用

汽车车身的作用主要是保护驾驶员和构成良好的空气力学环境。好的车身不仅能带来更佳的性能，也能体现出车主的个性。汽车车身结构从形式上来说，主要分为非承载式和承载式两种。

2. 组成

汽车车身的组成包括：车身本体、内外装饰件、车身附件、车身电子装置等。

1) 车身本体

车身本体又称白车身，本体是车身乃至整车的基体，目前主要是由钢板冲压的零件焊接而成，也有用轻金属和非金属材料制造的。本体主要包括骨架、车前板制零件、车门、行李箱等部分，但不包括附件及装饰件的未涂漆的车身。现代轿车车身本体的组成构件大体分为三类：覆盖件、车身结构件(梁和支柱)和结构加强件。

(1) 车身覆盖件：包覆骨架的表面板件，指车身中包覆梁、支柱等的构件，具有较大空间区面形状的表面和车内板件。车身覆盖件的功用：封闭车身、体现车身外观造型及增大结构强度和刚度等。

(2) 车身结构件(梁、支柱)：支撑覆盖件的全部车身结构零件。车身结构件的功用：它是车身承载能力的基础，对保证车身所要求的结构强度和刚度非常重要。此外，还具有以下作用：① 安装车身各种构件或附件，如车门铰链、发动机罩、玻璃、密封条等；② 焊接以连接各车身覆盖件，组成车身的封闭壳体；③ 完成车身各种活动部分的动态配合；④ 设置流水槽结构和车身通风道。

(3) 结构加强件：主要用于加强板件的刚度，提高各构件的连接强度。

一般车身本体包括：货车车身本体(货车驾驶室)、轿车车身本体(车身焊接总成及四门两盖)、客车车身本体(由车身骨架与车身蒙皮等构成的组合体)。

2) 内、外装饰件

内、外装饰件：车身外部及内部起装饰与保护作用的零部件的总称。内、外装饰件是既有实用价值又具装饰作用的零件。内饰件中最重要的部分是显示汽车使用中各种数据的仪表板，此外还有顶棚、地毯以及车内各种护板。外饰件有外部装饰条、商标等。

(1) 外装件主要有前后保险杠、车门防撞装饰条、散热器面罩、外饰件、玻璃、密封条和车外后视镜等。

(2) 内饰件主要有车门内护板、车顶顶棚、地板及侧壁的内饰等。

3) 车身附件

车身附件：车身中具有独立功能并成为一个分总成的机构。车身附件有座椅、仪表板、空调、后视镜、玻璃升降器、安全带、雨刮器、车灯、遮阳板、扶手、车门机构及附件、车内后视镜等。

4) 车身电子装置

车身电子装置主要包括：雨刮器、洗涤器、空调装置、仪表、开关、前灯、尾灯和各种指示照明灯等。

3. 轿车车身构造

1) 轿车的车身外形

为了减小空气的阻力系数，现代轿车的外形一般用圆滑流畅的曲线去消隐车身上的转折线。前围与侧围、前围、侧围与发动机罩，后围与侧围等地方均采用圆滑流畅的曲线过渡，发动机罩向前下倾，车尾后厢盖短而高翘，后翼子板向后收缩，挡风玻璃采用大曲面玻璃，且与车顶圆滑过渡，前风窗与水平面的夹角一般在 25°～33°之间，侧窗与车身相平，前后灯具、门把手嵌入车体内，车身表面尽量光洁平滑，车底用平整的盖板盖住，降低整车高度等，这些措施有助于减小空气阻力系数。在 20 世纪 80 年代初问世的德国奥迪 100C 型轿车就是最突出的例子，它采用了上述种种措施，其空气阻力系数只有 0.3，因此成为当时商业代轿车外形设计的最佳典范。

车身的形式多种多样，其分类的方法也有多种。根据车身受力情况可分为承载式和非承载式；根据外形可分为折背式、斜背式、舱背式、短背式等多种；根据座椅的排数可分为一排座、二排座、三排座；根据所用材料可分为钢制的、塑料制的、铝制的等；根据车身的功能和装备情况可分为基本型、舒适型、豪华型、运动型、增压型等五种。

根据汽车外形及功能，汽车可分为以下几种。

(1) 无后备厢轿车。典型的无后备厢轿车外形如图 1-2 所示。这种车一般有前座和后座，供 4～6 人乘坐，其中图 1-2(b)所示为 4 门轿车，目前在我国较为常见。

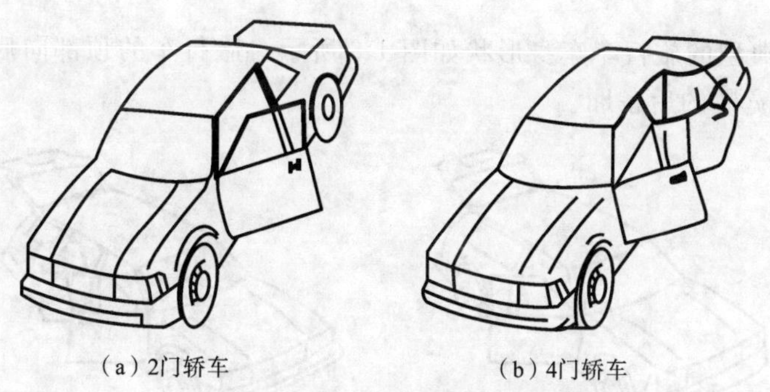

(a) 2门轿车　　(b) 4门轿车

图 1-2　无后备厢轿车

(2) 硬顶无后备厢轿车。典型的硬顶无后备厢轿车车身如图 1-3 所示。这种车具有金属硬顶，通常没有门柱或仅有较短的 B 形支柱。

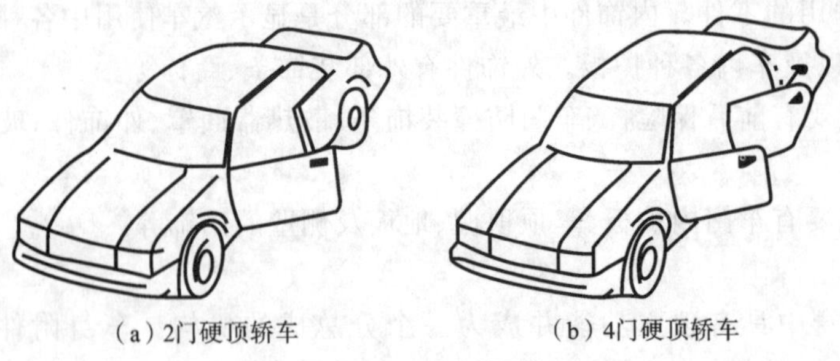
(a) 2门硬顶轿车　(b) 4门硬顶轿车

图 1-3　硬顶无后备厢轿车

(3) 敞篷车。典型的敞篷车车身外形如图 1-4 所示。敞篷车都是没有门柱的。有的敞篷车还有可升降的塑料顶篷和后车窗，以适应不同用户的需求。目前，我国已有少量的此类轿车。

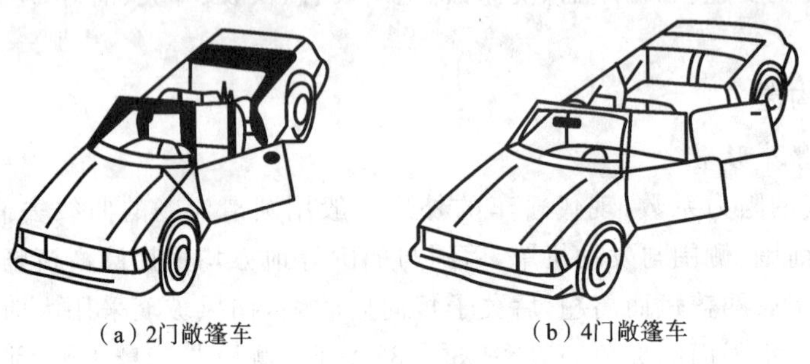
(a) 2门敞篷车　(b) 4门敞篷车

图 1-4　敞篷车

(4) 有后备厢轿车。典型的有后备厢轿车车身外形如图 1-5 所示。这种轿车的特征是它的尾部后备厢为客厢的延伸部分。此种汽车流行 3 门或 5 门形式。

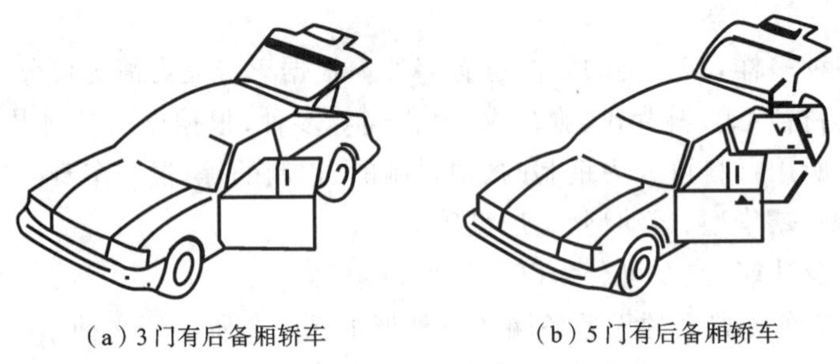
(a) 3门有后备厢轿车　(b) 5门有后备厢轿车

图 1-5　有后备厢轿车

(5) 旅行车。典型的旅行车车身形状如图 1-6 所示。旅行车的顶部向后延伸至全车长，在车后部有一个内部宽敞的后备厢。

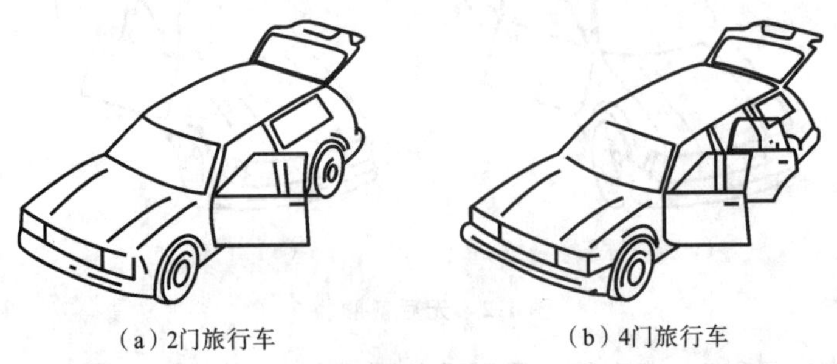
(a) 2门旅行车　(b) 4门旅行车

图 1-6　旅行车

(6) 轻型多用途汽车。典型的轻型多用途汽车车身形状如图1-7所示。此外，微型厢式车也属于这种类型。

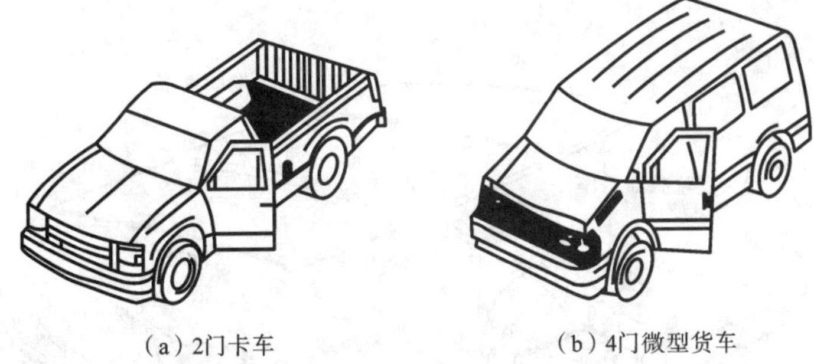
(a) 2门卡车　　(b) 4门微型货车

图1-7　轻型多用途汽车

2) 轿车车身结构

目前，轿车车身结构有两种，即非承载式(有车架车身结构)与承载式(无车架整体式车身结构)。

(1) 非承载式。轿车的壳体与车架是可分离的两个部分。车身本体悬置于车架上，用弹性元件连接。车架的振动通过弹性元件传到车身上，大部分振动被减弱或消除，平稳性和安全性好，而且噪声低。

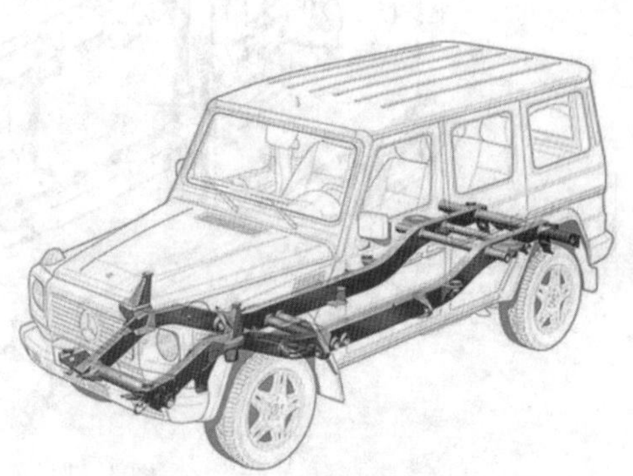
图1-8　非承载式车身

非承载式车身如图1-8所示。

这种车身比较笨重，质量大，汽车质心高，高速行驶稳定性较差，目前轿车基本不采用这种车身。

(2) 承载式。整体车身不再依靠车架承受荷载，只是加强了车头、侧围、车尾、底板等部位，车身和底架共同组成了车身本体的刚性空间结构。这种形式的车身具有较大的抗弯曲和抗扭转的刚度，质量小，高度低，汽车质心低，装配简单，高速行驶稳定性较好，是现代轿车设计的主导结构，但由于道路负载会通过悬架装置直接传给车身本体，因此噪声和震动较大。

承载式车身如图1-9所示。

通常整个车身壳体按强度等级分为三段，如图1-10所示，图中A、B、C分别代表车身前部、中部及后部。

轿车车身壳体通常也分为三段，即由前车身、中间车身和后车身三大部分及相关构件组成。下面以发动机前置前轮驱动的车身构造为基础进行讲解。

图1-9　承载式车身

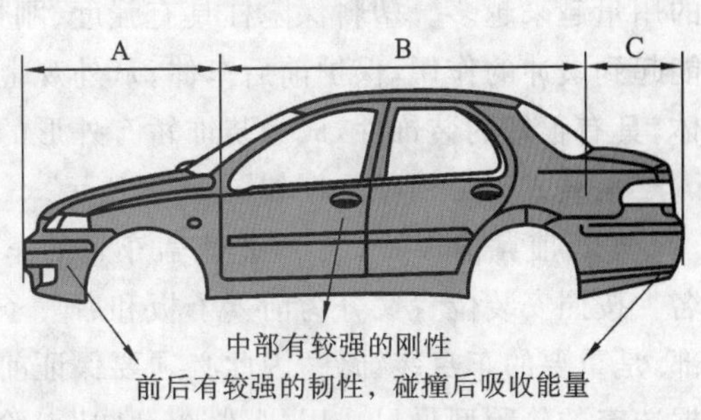

图1-10　承载式车身的强度

4. 组成

1）前车身

承载式车身前车身的组成如图 1-11 所示。

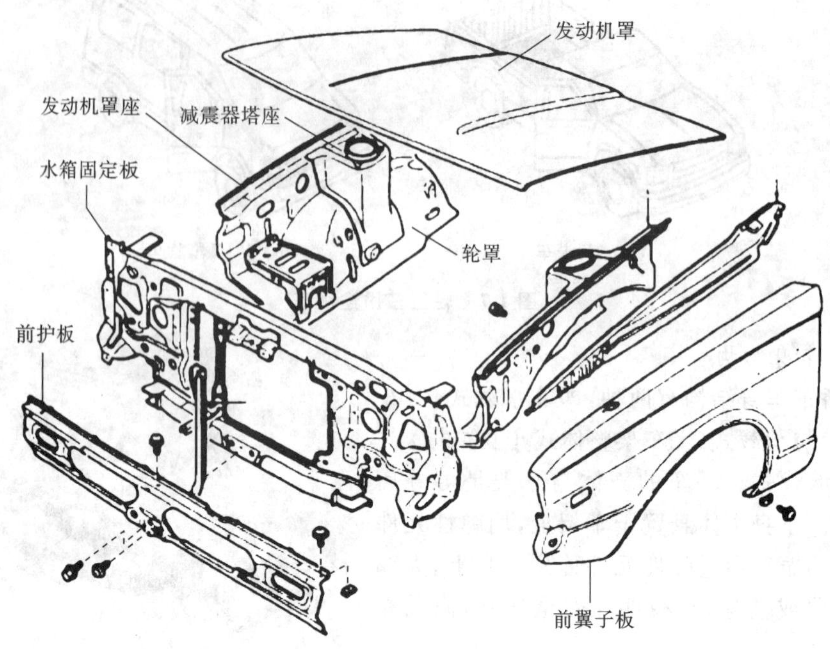

图 1-11　承载式车身前车身的组成

(1) 前保险杠。汽车保险杠是吸收、缓和外界冲击力，防护车身前后部的安全装置。汽车工业初期时，轿车前后保险杠是以金属材料为主，用厚度为 3 mm 以上的钢板冲压成 U 形槽钢，表面处理镀铬，与车架纵梁铆接或焊接在一起，与车身有一段较大的间隙，好像是一件附加上去的部件。随着汽车工业的发展，汽车保险杠作为一种重要的安全装置也走向了革新的道路上。今天的轿车前后保险杠除了保持原有的保护功能外，还要追求与车体造型和谐统一，追求本身的轻量化。为了达到这种目的，轿车的前后保险杠用塑料制作，人们称为塑料保险杠。塑料保险杠是由外板、缓冲材料和横梁等三个部分组成。其中外板和缓冲材料用塑料制成，横梁用厚度为 1.5 mm 左右的冷轧薄板冲压而成 U 形槽；外板和缓冲材料附着在横梁上，横梁与车架纵梁螺丝连接，可以随时拆卸下来。这种塑料保险杠一般只用聚酯系和聚丙烯系两种材料，采用注射成型法制成。国外还有一种称为聚碳酯系的塑料，渗进合金成分，采用合金注射成型的方法，加工出来的保险杠不但具有高强度的刚性，还具有可以焊接的优点，而且涂装性能好，在轿车上的用量越来越多。塑料保险杠具有强度、刚性和装饰性。从安全上来看，汽车发生碰撞事故时能起到缓冲的作用，保护前后车体；从外观上来看，可以很自然地与车体结合在一块，浑然成一体，具有很好的装饰性，成为装饰轿车外形的重要部件。

承载式车身前保险杠如图 1-12 所示。

(2) 前翼子板。翼子板是遮盖车轮的车身外板，因旧式车的该部件形状及位置似鸟翼而得名。按照安装位置又分为前翼子板和后翼子板，前翼子板安装在前轮上部，汽车发动机罩侧下部，是重要的车身装饰件，因此必须要保证前轮转动及跳动时的最大极限空间，因此维修者会根据选定的轮胎型号尺寸用“车轮跳动图”来验证翼子板的维修尺寸。现在有些轿车翼子板已与车身本体成为一个整体，一气呵成。但也有轿车的翼子板是独立的，尤其是前翼子板，因为前翼

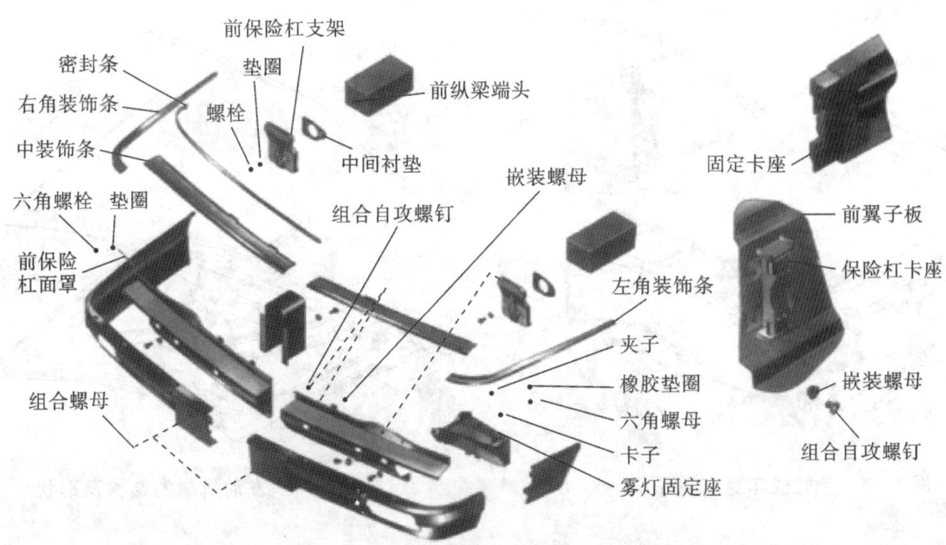

图 1-12 承载式车身前保险杠

子板碰撞机会比较多,独立装配容易整件更换。主要部件一般采用薄钢板冲压制造,有些车的前翼子板用有一定弹性的塑性材料(例如塑料)做成。塑性材料具有缓冲性,比较安全。承载式车身前翼子板如图 1-13 所示。

(3) 发动机盖。发动机盖(又称发动机罩)位于车辆前上部,是发动机舱的维护盖板,是最醒目的车身构件,是买车者经常要察看的部件之一。对发动机盖的主要要求是隔热隔音、自身质量轻、刚性强。发动机罩按开启方式可分为:向后开启(铰链在后);向前开启(铰链在前);侧向开启(铰链在纵向中线处)。一般大多数轿车采用向后开启的方式,一般开度在 40°～50°之间。发动机罩向前开启的方式在少数轿车上也有采用的,从高速行驶时发动机罩锁可能自动打开的情况来看,这种方式偏于安全。这种开启方式比一般罩的开度要大些,为 70°左右。在轿车上发动机罩几乎不采用侧向开启方式。多采用向后开启,向后翻转的发动机盖打开至预定的角度,不应与前挡风玻璃接触,应有一个约为 10 mm 的最小间距。

发动机盖的结构:发动机盖在结构上一般由外板和内板组成,中间夹以隔热材料,内板起到增强刚性的作用,其几何形状由厂家选取,基本上是骨架形式。为防止在行驶时由于震动自行开启,发动机盖前端要有保险锁锁止钩装置,锁止钩装置开关设置在车厢仪表板下面,当车门锁住时发动机盖也应同时锁住。

从整车的外形上来看,它有两条相差不大且通长的加强筋,发动机罩外板尺寸比较大,因此整个外板的刚度很弱。为了提高整个发动机罩总成的刚度,发动机罩内板的刚度较强,使整个发动机罩总成的刚度能够满足要求。内板的板料很薄,仅为 6 mm,但经整体拉延后,形状变化很大,刚度很强,形成总成后能大大提高整个发动机罩总成的刚度,以避免发动机罩因刚度不足,而发生抖动和产生噪声。发动机罩的结构及形状如图 1-14 所示。

发动机罩内外板的连接是采用环氧树脂折边胶,内外板包合后再进行粘接。发动机罩内外板在粘接时,先在外板的粘接面处涂环氧树脂折边胶,然后将内板焊接总成放在外板上,输送至咬合模中进行咬合。第一次咬合,将外板的翻边翻 45°;第二次咬合,将翻边咬死(见图 1-15)。然后由专人用特殊的清洗剂将翻边时挤出的胶擦干净,由输送链输送至烘干室,在 116℃下烘 20 s,然后再冷却 20 s,送出烘干室。

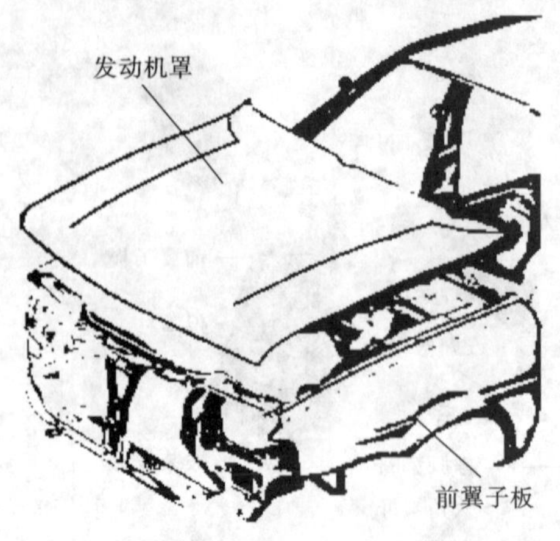

图 1-13 承载式车身前翼子板

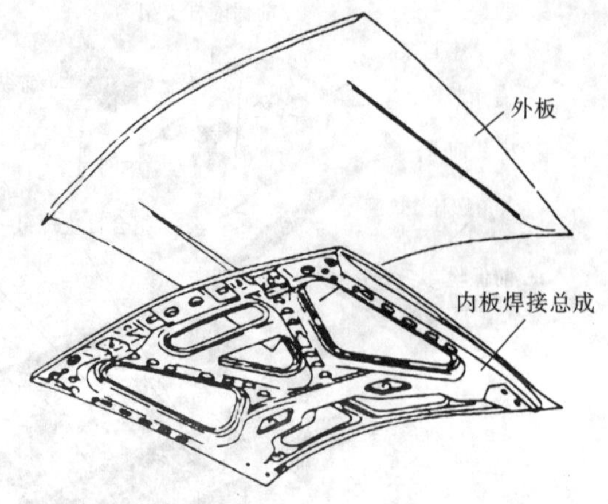

图 1-14 发动机罩的结构及形状

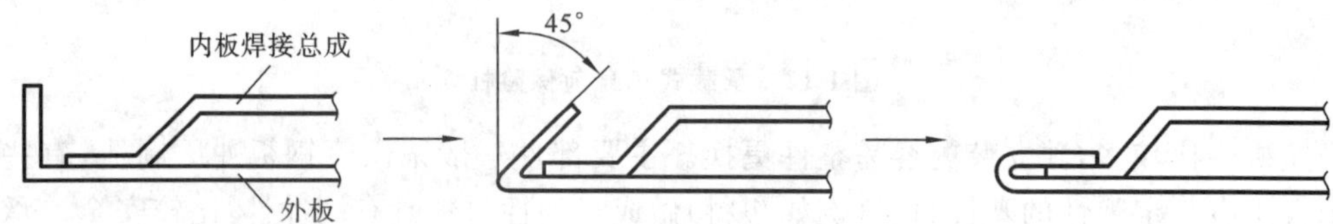

图 1-15 发动机罩的粘接

内外板之间采用黏合剂进行粘接还能保证折边包合处的防腐要求，不会使水或杂质进入板缝之间而发生锈蚀。内外板之间除了用环氧树脂折边胶沿周边粘接外，在内板筋条翻边处与外板内表面还有 5 mm 的间隙，在内外板组成合件时，应用有机填料，或用 PVC 金属胶填上，经烘干固化后，这种有机填料就会变成外表皮硬、内部软的状态（见图1-16），从而使发动机罩内外板之间既能牢固连接又能减小震动和吸收噪声，形成柔性连接的作用。

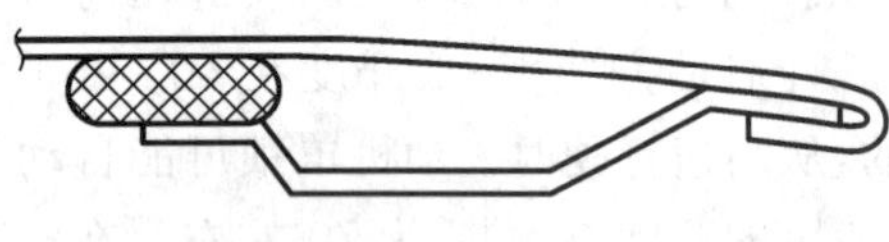
图 1-16 内外板间的填充

此外，有的发动机罩的前端加装了一条密封条，将发动机罩前缘下边密封，以消除间隙，从而防止气流在发动机罩前缘处产生剥离而形成涡流（见图 1-17），以改善整车的空气阻力。

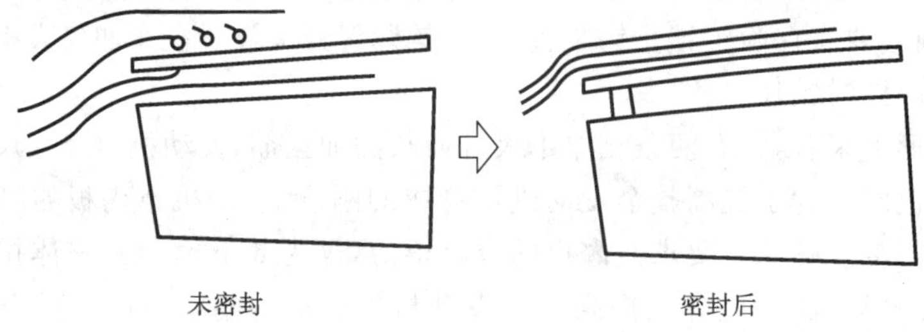

图 1-17 密封前后的气流情况

发动机罩铰链结构形式：铰链是发动机罩赖以固定并通过它和车头本体相连接的机构。其结构形式应使发动机罩启闭轻便，灵活自如，并应有足够的开启角度；在开启关闭过程中不得有运动干涉；应有足够的刚度和强度，保证使用可靠、耐久，结构简单，容易制造。发动机罩铰链采用平面四连杆机构（见图 1-18），该铰链采用厚 3 mm 的板料压制而成，对发动机罩的开度还可进行调整。

(4) 前围板。前围板(见图 1-19)是指发动机舱与车厢之间的隔板，它和地板、前立柱连接，位于乘客室前部，安装在前围上盖板之下，通过前围板使发动机室与乘客室分开。前围板上有许多孔口，作为操纵用的拉线、拉杆、管路和电线束通过之用，还要配合踏板、方向机柱等机件安装位置。为防止发动机舱里的废气、高温、噪声窜入车厢，前围板上要有密封措施和隔热装置。在发生意外事故时，它应具有足够的强度和刚度。对比车身其他部件而言，前围板装配最重要的工艺技术是密封和隔热，它的优劣往往反映了车辆运行的质量。

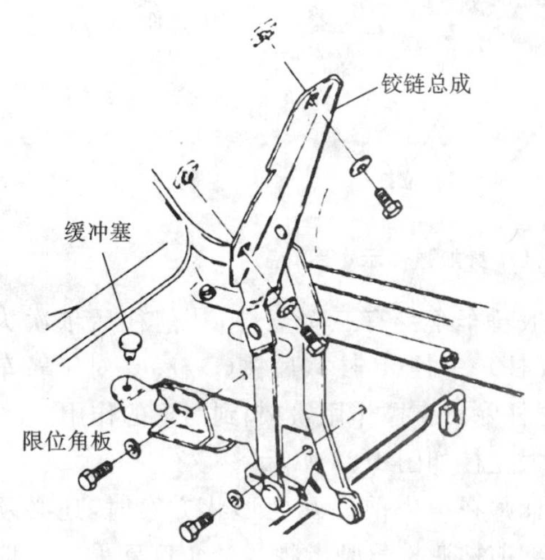

图 1-18 发动机罩的铰链结构

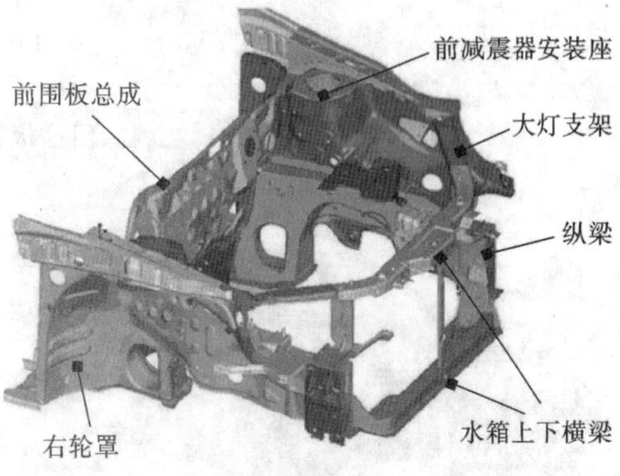

图 1-19 前围板

(5) 前纵梁。前纵梁(见图 1-20)是前车身的主要受力部件，承受车身纵向力并传递给地板等其他部件，直接焊接在车身下部。是动力总成、悬架支撑、散热器支架等的基体。其上再焊接轮罩(有的前轮罩与前纵梁为一体式)等构件。

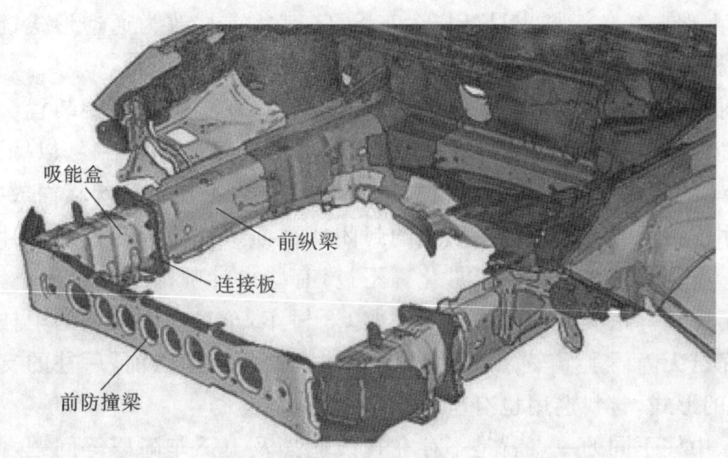

图 1-20 前纵梁

2) 中间车身

中间车身的立柱起着支撑风窗和车顶的作用，一般下部做得粗大，上部的截面尺寸需要考虑驾驶视野而缩小。立柱包括前柱(A 柱)、中柱(B 柱)与后柱(C 柱)三种。

(1) 立柱、门槛板、地板。图 1-21 所示为立柱、门槛板、地板位置及车身加强件示意图。

① 三大立柱。在轿车车身构造中，有些重要零件的位置涉及车辆的整体布置、安全及驾乘舒适性的问题，例如立柱。

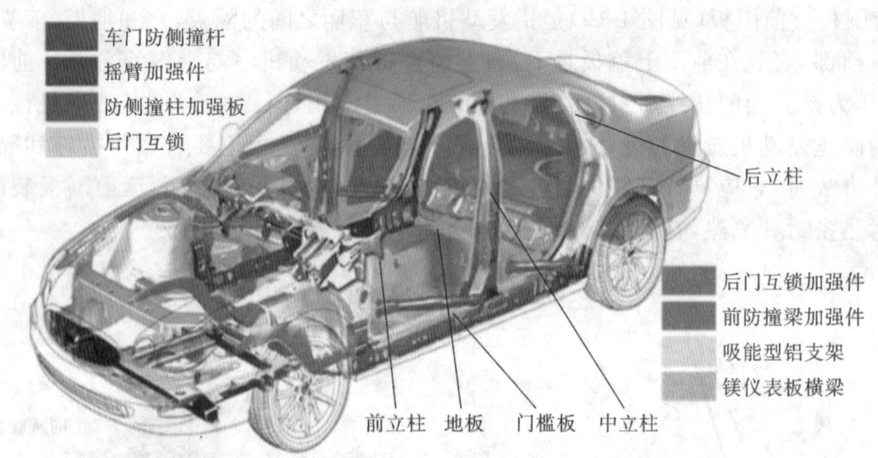

图 1-21 立柱、门槛板、地板位置及车身加强件示意图

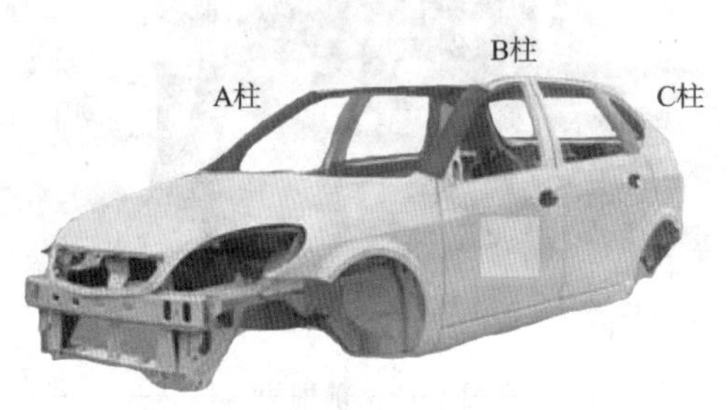

图 1-22 三大立柱

一般轿车车身有三个立柱，从前往后依次为前柱（A 柱）、中柱（B 柱）、后柱（C 柱）。对于轿车而言，立柱除了支撑作用，也起到门框的作用。

三大立柱如图 1-22 所示。

设计师在考虑前柱几何形状方案时，还必须要考虑到前柱遮挡驾驶者视线的角度问题。一般情况下，驾驶者通过前柱处的视线，双目重叠角总计为 5°～6°，从驾驶者的舒适性上来看，重叠角越小越好，但这涉及前柱的刚度，既要有一定的几何尺寸保持前柱的高刚度，又要减少驾驶者的视线遮挡影响，是一个矛盾的问题。设计者必须尽量使两者平衡以取得最佳的效果。在 2001 年北美国际汽车展上瑞典沃尔沃推出最新概念车 SCC，就将前柱改为通透形式，镶嵌透明玻璃让驾驶者可以透过柱体观察外界，令视野盲点减少到最小范围。

中柱不但支撑车顶盖，还要承受前、后车门的支承力，在中柱上还要装置一些附加零部件，例如前排座位的安全带，有时还要穿电线线束，因此中柱大都有外凸半径，以保证有较好的力传递性能。现代轿车的中柱截面形状是比较复杂的，它由多件冲压钢板焊接而成。随着汽车制造技术的发展，不用焊接而直接采用液压成型的封闭式截面中柱已经问世，它的刚度大大提高而重量大幅度减小，有利于现代轿车的轻量化。不过，有些设计师却从乘客上下车的便利性上来考虑，索性取消了中柱。最典型的是法国雪铁龙 C3 轿车，车身左右两侧的中柱都被取消了，前后门对开，乘员完全无障碍上下车。当然，取消中柱就要相应增强前、后柱的支持功能，其车身结构必须要用新的形式，材料选用也有所不同。

后柱与前柱、中柱不同的一点就是不存在视线遮挡及上下车障碍等问题，因此构造尺寸大些也无妨，关键是后柱与车身的密封性要好。

② 门槛板。

门槛外板：侧围下部的门槛属于底板焊接总成，为使焊接工艺简便，先与侧围各零件焊于一体，其内部与前支柱和后支柱连接处分别设有加强板，以提高接口刚度。此外，在下表面冲制有千斤顶支座固定孔，以方便厂内运输及维修。其余的溢流孔在浸漆后用特制的橡胶塞密封，可防止灌蜡后蜡液流出，以防止溢流孔丧失防腐作用。

门槛内、外板如图 1-23 所示。

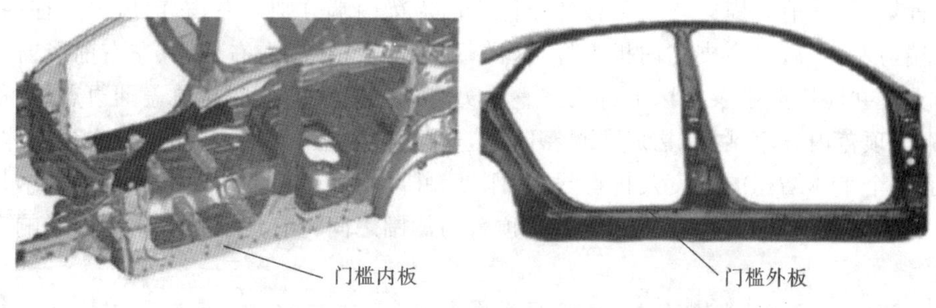

图 1-23 门槛内、外板

门槛内板结构如图 1-24 所示。

(2) 车顶。车顶是指车身车厢顶部的盖板，其上可能装备有天窗、换气窗或天线等，如图1-25所示。车顶主要由车顶板、车顶内衬、横梁(可能有前横梁、后横梁、加强肋等组成)、顶盖侧梁，有的车型还备有车顶行李架。

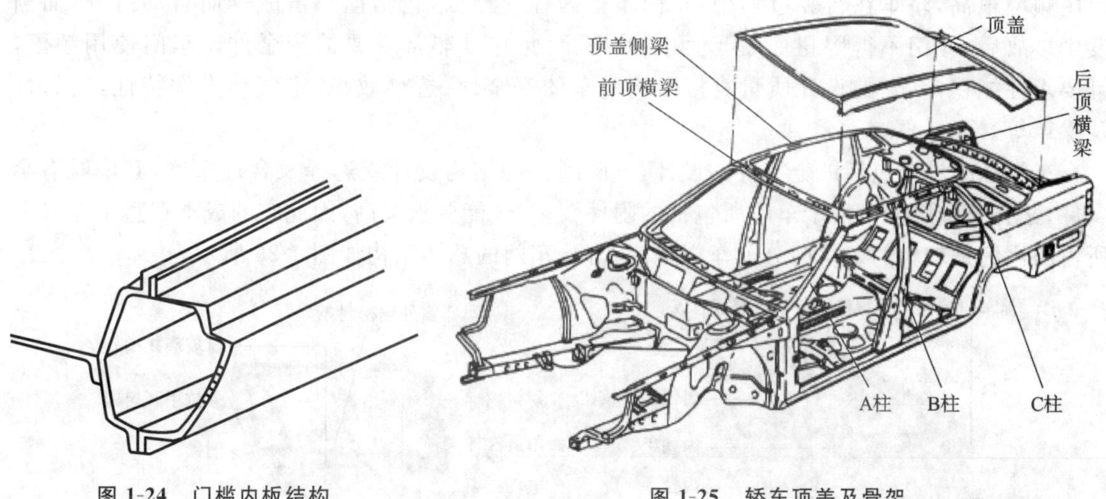

图 1-24 门槛内板结构

图 1-25 轿车顶盖及骨架

车顶盖：是车厢顶部的盖板。对于轿车车身的总体刚度而言，车顶盖不是很重要的部件，这也是允许在车顶盖上开设天窗的理由。从设计的角度来讲，重要的是它如何与前、后窗框及与支柱交界点平顺过渡，以求得最好的视觉感和最小的空气阻力。当然，为了安全车顶盖还应有一定的强度和刚度，一般在顶盖下增加一定数量的加强梁，顶盖内层敷设绝热衬垫材料，以阻止外界温度的传导及减少振动时噪声的传递。

轿车顶盖为带后风窗框的整体式大型冲压件，用厚 0.75 mm 的双面镀锌钢板制造的，采用连续冲压的方法，表面光顺，能够充分满足造型的要求。

顶盖取消了传统的侧部贴焊流水槽，代之以两侧表面压筋式凹槽，这样，一方面使侧围表面平滑，另一方面提高了其纵向抗弯刚度，从而省略了顶盖内表面的中间加强横梁。顶盖后部的整体式后风窗框提高了横向抗弯刚度，而且由于是一次成型，保证了风窗口的尺寸要求，有利于风窗玻璃的安装及密封。风窗下沿冲制出的流水槽与行李箱流水槽相连。翻边与包裹架点焊并安装有密封条，构成了对行李箱的密封防护。顶盖前部与前风窗支柱外板上的压印贴合，用铜焊打磨的方法焊接，既能保证外观质量，又提供了较好的密封性能。后下部的压印冲制出两个孔用于与后翼子板的垂直翻边进行塞焊。此外，分别用翻边与侧梁及后风窗支柱点焊连接，与中支柱、后支柱连接的缺口部位用二氧化碳气体保护焊焊接，以保证密封效果。

车顶骨架:顶盖前后横梁均为单板冲压件。前横梁两端分别与左、右前风窗支柱内板点焊,后横梁两端与左、右后风窗支柱内板点焊,这样,顶盖前后横梁、左右侧梁、左右前风窗支柱及左右后风窗支柱共同构成了乘客区上部的完整受力骨架。横梁的外侧与顶盖翻边点焊,作为风窗上框;内侧与顶盖内表面粘接,构成了封密断面,这样,使顶盖与车体上部骨架连为一体,参与承载,提高了整个车体结构的强度及抗弯、抗扭刚度,并减轻了车体的质量。但是这种结构要求冲压模具及焊装夹具均具有较高的精度,否则顶盖与侧围之间将有可能贴合不严而影响车体质量及密封性。

顶盖侧梁的形状极为复杂,它既要承受纵向载荷,又要与前、中、后三个支柱及内饰拉手配合而设计出搭接和安装平面,所以从安全性出发,顶盖侧梁在前支柱至中支柱之间加设侧梁加强板,使之与侧梁组成闭合断面,以提高结构强度和抗弯抗扭刚度。侧梁的下侧翻边与顶盖的垂直翻边点焊连接,上侧翻边与顶盖内表面粘接,既保证了顶盖外表面的表面质量,又起到了密封隔振的效果。

(3) 车门。车门是车身上的一个独立总成,是供乘员或货物进出的必要通道,因此它的使用频率很高,轿车在行驶过程中,车门不得因任何原因,包括撞车事故等而自动打开,而当发生事故后,车门不得因扭曲变形而打不开,因此它是非常重要的安全件。车门使用频繁,且要求性能稳定,它的设计质量直接影响整车的安全性、造型效果、空气动力学特性,密封性及噪声等。

车门总成设计包括钣金零件的设计,车门附件的结构设计或选择及合理布置,其中既有金属件,又有非金属件。由于车门所包括的附件较多,性能要求又高,因此它的成本在整个车身上所占的比例是较大的。车门分前车门和后车门,车门的总体结构如图 1-26 所示。

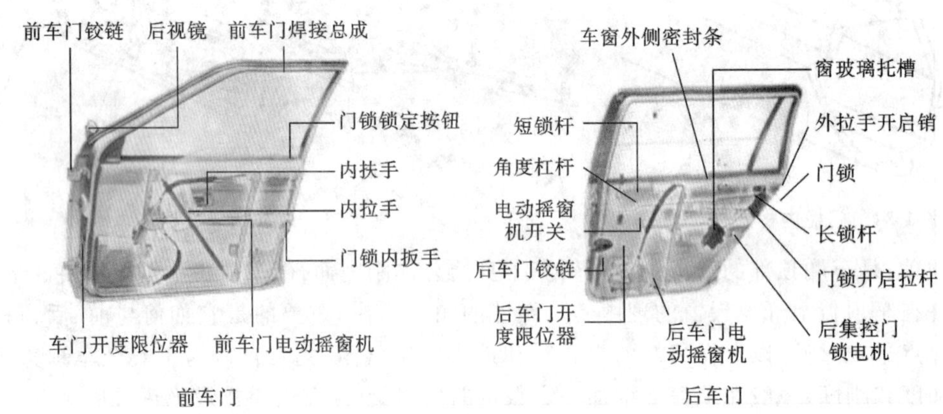

图 1-26　车门的总体结构

3) 后车身

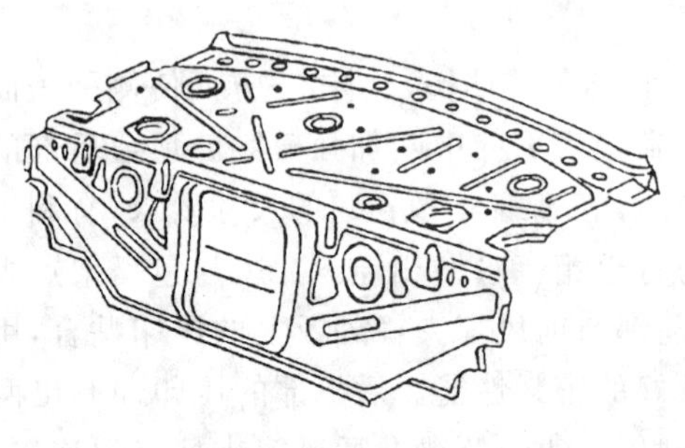

图 1-27　后挡板

(1) 后挡板。后挡板为整体冲压 L 形薄板件,它将乘员空间与行李舱分隔开。后挡板的垂直面作为后座椅靠背的支架,水平面作为包裹架,其上设有音响扬声器固定孔及后座椅安全带出口。后挡板与地板、后轮罩及左、右侧围连接,表面有纵横交错的加强筋,保证了后挡板具有一定的刚度,如图 1-27 所示。

(2) 后围焊接总成。后围焊接总成包括后围上连接板、后围下连接板、后围加强板、锁销加强板和后围托架等零件。后围板参与构成行李舱，为尾灯及后保险杠提供安装配合面及相应的固定孔，是车体骨架中承受横向载荷的主要零件之一。后围焊接总成如图1-28所示。

(3) 行李箱总成。行李箱盖要求有良好的刚性，结构上基本与发动机盖相同，也有外板和内板，内板有加强筋。一些被称为“两厢半”的轿车，其行李箱向上延伸，包括后挡风玻璃在内，使开启面积增加，形成一个门，因此又称为背门，这样既保持一种三厢车形状又能够方便存放物品。如果采用背门形式，背门内板侧要嵌装橡胶密封条，围绕一圈以防水防尘。行李箱盖开启的支撑件一般用钩形铰链及四连杆铰链，铰链装有平衡弹簧，使启闭箱盖省力，并可自动固定在打开的位置，便于提取物品。行李箱总成如图1-29所示。

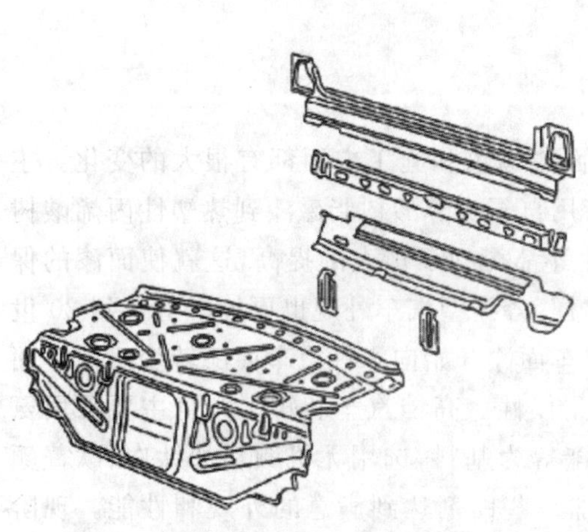

图1-28 后围焊接总成

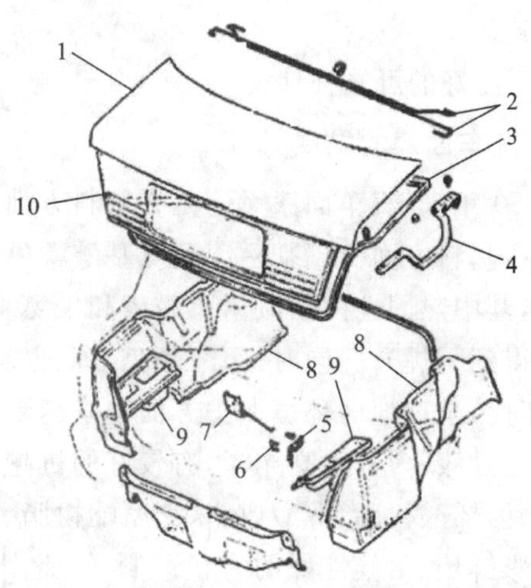

图1-29 行李箱总成

1—行李箱盖面板外蒙皮；2—扭力杆；3—密封条；4—铰链；5—锁芯；6—E型环；7—行李箱盖锁；8—行李箱侧装饰板；9—行李箱侧箱；10—后饰板

(4) 翼子板。翼子板是遮盖车轮的车身外板，因旧式车身该部件形状及位置似鸟翼而得名。按照安装位置又分为前翼子板和后翼子板，前翼子板安装在前轮处，因此必须要保证前轮转动及跳动时的最大极限空间，因此设计者会根据选定的轮胎型号尺寸用“车轮跳动图”来验证翼子板的设计尺寸。

后翼子板无车轮转动碰擦的问题，但出于空气动力学的考虑，后翼子板略显拱形弧线向外凸出。现在有些轿车翼子板已与车身本体成为一个整体，一气呵成，但也有轿车的翼子板是独立的，尤其是前翼子板，因为前翼子板碰撞机会比较多，独立装配容易整件更换。有些车的前翼子板用有一定弹性的塑性材料(例如塑料)做成。塑性材料具有缓冲性，比较安全。

二、车用涂料

早期汽车涂料大多以植物油为主要原料，故被称为“油漆”，不论是传统的以天然物质为原料的涂料产品，还是现代发展中的以合成化工产品为原料的涂料产品，都属于有机化工高分子材料，所形成的涂膜属于高分子化合物类型，应为有机涂料，简称涂料。

涂料是一种含颜料或不含颜料的有机高分子胶体混合物的溶液或粉末材料，这种材料可以用不同的施工工艺涂覆在物件表面，形成黏附牢固、具有一定强度、连续的固态薄膜。这样形成的膜通称为涂膜，又称漆膜或涂层。而汽车涂料就是指涂装在轿车等各类车辆车身及零部件上的涂料，一般是指新车的涂料及辅助材料和车辆修补用涂料。这就要求汽车涂料具有以下特性。

(1) 漂亮的外观。现在轿车上多使用金属闪光涂料和含有云母珠光颜料的涂料，使外观看上去更加赏心悦目，给人以美感。

(2) 极好的耐候性、耐磨性，要求在各种温度、暴晒及风雨侵蚀的条件下，漆膜的使用寿命不低于汽车本身的寿命，一般大于 10 年。

(3) 极好的施工性和配套性。要求各涂层之间附着力好，无缺陷。

(4) 极好的机械性能。适应汽车的高速、多震和应变。

(5) 极好的耐擦洗性和耐污性。要求耐毛刷、肥皂、清洗剂清洗与其他常见的污渍接触后不留痕迹。

(6) 良好的可修补性。

1. 汽车面漆的发展

近 50 年来，汽车面漆无论是在基料方面还是在面漆颜色和施工方面都有很大的变化。主要表现在基料方面由硝基磁漆到氨基醇酸磁漆，底漆用自干型醇酸树脂磁漆到热塑性丙烯酸树脂磁漆，其中热固性丙烯酸树脂磁漆和聚氨基耐污性等都得到了很大的提高，这就使面漆的保护性能得到了提升。同时，面漆颜色方面也越来越多样，各类型汽车外观也更加丰富。到 20 世纪 90 年代，全球地区环境保护方面越来越受重视，汽车面漆开始向水性汽车面漆转变。汽车面漆主要是磁漆，多数为高光泽，有较好的机械性能和耐候性。高档汽车和轿车车身主要采用氨基树脂、丙烯酸树脂、醇酸树脂、聚氨酯树脂、中固聚酯等为基料，选用无机颜料如钛白、酞菁颜料和色彩鲜艳、耐候性好的有机颜料等，此外，还添加一些助剂达到满意的外观和性能。现阶段，中国基本还在使用溶剂型汽车面漆，一些西方发达国家已经采用了水性汽车面漆。

中国在 2009 年涂料总产量跃居世界第一，成为全球涂料生产、消费大国，但中国汽车涂料的质量、品种等方面还比较滞后。综合来看，中国汽车涂料的发展问题就是缺乏创新技术、生产控制技术落后、涂料的装备水平低。中国国产名牌汽车涂料企业控制市场份额很小，涂料行业同质化竞争十分严重，这些使得中国汽车涂料企业的利润空间变小，很长时间中国涂料行业的平均利润率都低于 10%，所以从另一种层面上来看，中国汽车涂料未来发展的空间还是很大的。

中国汽车涂料未来发展策略主要有以下几点。

(1) 汽车漆企业应该转变观念，树立要对涂料行业的系统认识，为自主创新铺垫道路。中国涂料行业在发展的过程中一直忽视涂装工艺，一般涂料研究所和涂料生产商都不注重涂料的实际应用，其销售和服务人员也缺少涂装的相关专业知识。虽然有些企业已经意识到这方面的缺乏，也采取了相应的措施，但是与合资企业或者国外先进企业相比，这一方面还是非常薄弱。所以涂料企业应该坚持走涂料和涂装一体化的道路，这样会有更加宽阔的发展空间。

(2) 吸取经验并自主创新。近些年中国汽车工业和汽车涂料行业引进项目比比皆是，世界知名的汽车公司和汽车涂料公司都进入中国市场。在缺资金、缺技术的时期，以市场换技术、资金的策略是正确的，在经济全球化和区域一体化发展背景下，民族的与世界的已经难以分开，但是如果一直依靠引进，没有自己的品牌，是要受人控制的。所以中国汽车涂料企业在吸取经验的情况下要善于自主创新，才能拥有自己真正的市场。

(3) 走国际化道路。中国汽车涂料行业在创建自主创新体系时，要结合国情发挥我们的优势，也要集成国内外一些先进技术成果，提升中国涂料行业的核心竞争力，所以涂料行业应与三资企业合作创新，逐渐走向国际化道路。

2. 汽车涂料组成

涂料一般是由挥发分（稀释剂）和不挥发分两个部分组成。将它在物件表面上涂布后，其挥发分逐渐挥发逸去，留下不挥发分而干涸成膜，把不挥发分的成膜物质称为涂料的固体分或固体含量。成膜物质又可分为主要、次要和辅助成膜物质三种。主要成膜物质可以单独成膜也可以黏结颜料等物质共同成膜，它是涂料的基础，因此也常称为基料。汽车涂料一般由四种基本组分组成：成膜物质（树脂）、颜料（包括体质颜料）、溶剂和添加剂。

1）成膜物质

涂料的主体组分和基础，其作用是使颜料保持明亮的状态，使之坚固耐久并能黏附在物体表面，对涂料和涂膜的性能起决定性的作用，具有黏结涂料中其他组分形成涂膜的功能。成膜物质具有一定的保护与装饰作用，如光泽、硬度、弹性、耐水、耐酸碱等。目前成膜物质有来源于自然界的天然树脂、用天然高分子化合物加工制得的人造树脂和化工原料合成的合成树脂。成膜物质通过化学、物理改性后，可以提高漆膜的耐久性、附着力、防蚀性、耐磨性和韧性等。

主要成膜物质（有称漆基、黏结剂）可以单独形成涂膜，它大致又可以分为两大类。一是油料，如桐油、梓油、苏子油等。以油作为主要成膜物质的涂料，习惯上称为油性涂料；二是树脂，包括天然树脂、人造树脂和合成树脂。以树脂为主要成膜物质的涂料，称为树脂涂料。另外，以油和某些天然树脂合用为主要成膜物质的涂料，称为油基涂料。汽车用涂料条件要求比较高，在储存期内性能必须稳定，不能发生明显的物理、化学变化，涂装后能在规定条件下迅速固化成膜，因此其主要成膜物质均为各种优质的合成树脂。

2）颜料

颜料是涂料中的是次要成膜物质，也是构成有颜色的涂料（色漆）的一个主要的组分，但不能单独构成涂膜。颜料使涂膜呈现色彩，使涂膜具有遮盖被涂物体的能力，以发挥其装饰和保护作用。颜料按来源分为天然颜料和合成颜料；按化学成分分为无机颜料和有机颜料；按所起的作用又可分为着色、防锈和体质颜料三大类。涂料中使用最多的是无机颜料，合成颜料使用也很广泛，现在有机颜料的发展很快。

次要成膜物质包括各类颜料，其作用主要是提高涂膜性能，增加涂料品种，它能赋予面漆色彩和耐久性，起美观装饰作用，同时使涂料具有遮盖力，并提高强度和附着力，改变光泽，改善流动性和涂装性能。颜色分着色颜料、体质颜料、防锈颜料等。颜料是一种微细末状的物质，它在涂料中能改善涂料的物理和化学性能，提高涂膜的耐水性、耐油性、防腐性、耐磨性等，大多数不溶于水或油的介质中，只能均匀地分散在其中。有些颜料还能提高漆膜机械性能、提高漆膜耐久性、提供防腐蚀、导电、阻燃等性能。

3）溶剂

溶剂，又称稀料，是一种能溶解树脂油类等物质，是涂料中的“挥发分”，包括溶剂、稀释剂、助溶剂。溶剂的选择直接影响每个涂层的闪干要求。水性底色漆涂层需要加热闪干，溶剂型底色漆涂层可以在室温条件下闪干。它的主要作用能将涂料中的成膜物质溶解或分散为均匀的液态，以便于施工成膜，使漆料能正常涂布，是涂料生产制备和涂装中不可缺少的成分之一，可使涂料中的主要成膜物质的黏度（或稠度）达到施工的要求。当施工后又能从漆膜中挥发至大气的物质，原则上溶剂不构成涂膜，也不应存留在涂膜中。溶剂是易挥发的液体，涂料经涂装干结成膜后应完全挥发掉，又称为挥发部分。

涂料涂装时选择溶剂很重要，它可以影响涂料的性能和涂膜的质量，选择不当甚至造成涂料的报废或工程返工。优质的溶剂能改善面漆的涂布性能和漆膜特性，增强光泽，从而减少抛光工作量，同时也有助于更精确地配色。常用的溶剂有烃类溶剂、烯类溶剂、醇类溶剂、酯类溶剂、酮类溶剂、醇醚类溶剂以及氯化烃类溶剂和水。很多化学品，包括水、无机化合物和有机化合物都可以作为涂料的溶剂组分。现代的某些涂料中开发应用了一些既能溶解或分散成膜物质为液态，又能在施工成膜过程中与成膜物质发生化学反应形成新的物质而存留在漆膜中的化合物，被称为反应活性剂或活性稀释剂。溶剂有的是在涂料制造时加入，有的是在涂料施工时加入。

4）添加剂

添加剂也称助剂或称为涂料的辅助材料组分，但它不能独立形成涂膜，它在涂料成膜后可以作为涂膜的一个组分而在涂膜中存在。添加剂的作用是对涂料或涂膜的某一特定方面的性能起改进作用。不同品种的涂料需要使用不同作用的添加剂；即使同一类型的涂料，由于其使用的目的、方法或性能要求的不同，而需要使用不同的添加剂；一种涂料中可使用多种不同的添加剂，以发挥其不同作用。

添加剂包括催干剂、增韧剂、乳化剂、润湿剂、稳定剂等。由于近十多年来涂料工艺发生了巨大的变化，添加剂的使用也越来越普遍。虽然添加剂在涂料中的比例不超过5%，但它们起着各种重要的作用，有能加速干燥并增强光泽的加速剂，有减缓干燥速度的缓凝剂，还有能减弱光泽的消光剂，有些添加剂起的是综合作用，能减少起皱、加速干燥、防止发白、提高耐化学物质的能力等。

3. 汽车涂料分类

（1）使用领域（涂装对象）。新车生产线上用的涂料（OEM 涂料）、汽车修补涂料。OEM 涂料分为：汽车车身用涂料、零部件用涂料、塑料件用涂料等。

① 汽车原厂漆：是指汽车出厂前统一涂装所用的油漆，一般的定义指的是能够进入汽车喷涂线，并能够在车间烘烤的车身漆。小轿车、微型、中型面包车和微型货车的车身漆大部分是汽车原厂漆。

② 汽车修补漆：指的是用于汽车表面修补护理的漆。汽车零部件漆指的是保险杠漆、汽车内饰、装配饰件等所用的漆，如前后的保险杠、挡泥板、车轮罩、车门、仪表板、保护板、水箱面罩等，其中，保险杠漆占了零部件漆的绝大部分。

（2）按施工工序分为底漆、中涂、漆（二道底漆）、面漆、罩光漆等。

（3）按涂料的形态分为水性涂料、溶剂性涂料、粉末涂料、高固体分涂料等。

（4）按施工方法分为刷涂涂料、喷涂涂料、辊涂涂料、浸涂涂料、电泳涂料等。

（5）按功能分为装饰涂料、防腐涂料、导电涂料、防锈涂料、耐高温涂料、示温涂料、隔热涂料、防火涂料、防水涂料、隔音减振涂料等。

4. 汽车涂层应具备的特性

汽车涂装的目的是使汽车车身具有优良的外观装饰性、耐候性、舒适性（居住性）、密封性、耐腐蚀性，以提高其商品价值和延长其使用年限。

1）保护功能

涂装应具有极好的耐候性和耐腐蚀性，耐汽油、机油和公路沥青等的作用，能适应在各种气候的环境条件下使用，涂层能与汽车本身同寿命。在苛刻的日晒夜露、风雨侵蚀的情况下保光保色性良好，不起泡、不开裂、不脱落、不粉化，无锈蚀现象。涂膜应坚韧耐磨，机械强度好，能适应汽车行驶中的震动和应变，还应具有优良的耐温变性。

2）极好的装饰性

要求涂层的色泽鲜艳、色彩能满足多元化、个性化的需求；要求外观丰满，鲜映性好，使人看上去舒适；要求面漆涂层具有耐酸雨性和抗划伤性（或自修复性），如果这两个性能不佳，则使涂层极易损失装饰性。涂层的装饰性对中、高级轿车涂装来说尤为重要。涂层外观平整光滑，光亮如镜，色调高雅大方，才能显得该轿车豪华庄重高贵。

3）汽车涂装用材应具有极好的施工性能和配套性

要求能适应高速流水生产线的涂装作业条件，如各种自动涂装（电泳、静电 喷涂等）专用涂料应具有最佳的作业性；成膜固化快，一般在20～30 min之间为宜，或能使用“湿碰湿”（2C1B或3C1B）烘干工艺。要求涂层间结合力优良，不引起咬起、渗色、开裂等涂膜弊病。

4）环保性能

为实现环保、清洁生产的社会时代要求，在涂装过程中VOC、CO排放量要少，涂装材料能适应节能型的涂装环境条件（如水性涂料的喷涂环境条件“温度、湿度范围”较宽些）和固化工艺（如“湿碰湿”烘干工艺）。汽车涂装材料中不应含有铅、汞、镉和六价铬等有害物质，以防废旧汽车回收时产生二次污染，引发环境问题。

5）特种功能

特种功能是指涂料经涂装后，在特定的环境条件下，发挥的特殊作用。现代的一些涂料品种能提供多种不同的特殊功能，如电绝缘、电磁波屏蔽、防静电、杀菌、耐高温、吸收和反射红外线等。

6）合理的制造成本

汽车市场竞争激烈，价格问题特别敏感，降低汽车的制造成本是永续性的课题，再加上汽车涂料用量大，要求汽车涂装材料物美价廉、性价比高，能为降低汽车涂装成本创造条件。上述技术要求（性能）靠单一涂层（单一涂料品种）很难实现，一般是通过多层涂装的组合来达到。汽车涂层大部分是由多层涂装组成的涂层，随汽车零部件使用环境不同，对涂层的技术要求不同，所选用的涂料和涂层结构也有较大的差异。例如，汽车车身涂装要求全面达到上述技术要求，而对车架、车轮等车下部件涂装而言，主要是以防腐蚀保护性涂装为主，其耐候性和外观装饰性相对差一些。也就是说对汽车用涂料的某一品种来说，并非要求都具备上述全面的性能。

5. 汽车涂层及涂层材料

传统的汽车涂装包括四层：电泳底漆、中涂漆（又名“二道底漆”）、底色漆和罩光清漆。每个涂层（见图1-30）都有特殊的用途，且具有独特的配方。

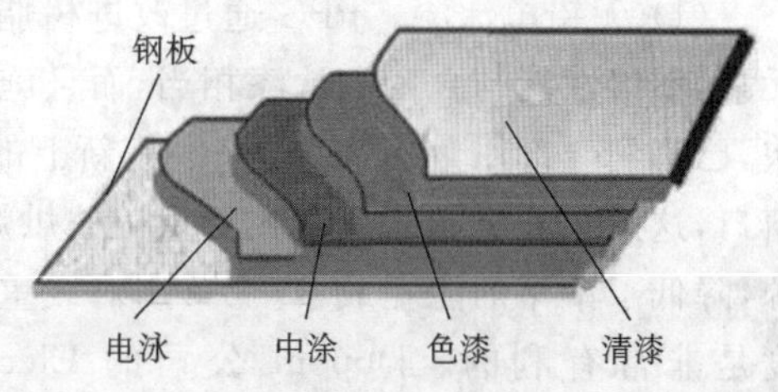

图1-30 汽车涂层

6. 底漆涂层

底漆涂层是由底漆涂布在经表面处理过的被涂面上构成（即转化膜+底漆），它是整个涂层的基础。

1）底漆涂层必须具备的特性

(1) 被涂面应具有极好的附着力，涂层应具有极好的机械强度。

(2) 底涂层应具有极好的耐腐蚀性、耐水性，抗化学试剂性优良。

(3) 与中间涂层或面漆涂层的配套性应优良，与前处理的转化膜配套性也应优良。值得注意的是，前处理工艺（转化膜）与底漆（尤其是CED底漆）的配套性（适应性）在设计、制定工艺时应特别重视，配套性好坏直接影响底涂层的耐腐蚀性和附着力。

(4) 所选用的底漆应具有良好的施工性能，能适应大量流水生产的自动涂装；通过工艺措施能确保汽车车身的100%表面涂上底涂层。在涂底漆前被涂面应清洗干净，并进行转化膜处理(磷化处理)。新工艺形成的转化膜膜厚是纳米级，无有害物质、无沉渣，可室温处理，无须表调和钝化工序，运行成本低，并适用于多种底材(Fe、Zn、Al)前处理等优点。

2) 底漆涂层的发展历程及种类

汽车车身涂底漆所选用的底漆品种和涂装方法已经历了多次重大改革，其演变历史大致如下：

底漆材料：油基底漆—硝基底漆—醇酸、酚醛(或环氧)底漆—浸用溶剂型或水性底漆—AED电泳底漆(1962年)—CED电泳底漆(1977年)。

底漆涂装：刷涂—空气喷涂—浸涂(滚式浸涂和拖式浸涂)—阳极电泳(AED)—阴极电泳(CED)涂装。

CED涂料和CED涂装技术近40年来不仅成熟稳定可靠，且有着很大的技术进步，在汽车车身涂底漆工艺方面至今尚无更先进理想的涂装法(技术)来替代。

另一种涂装方式被称为“逆序涂装”，就是在外观需要特别美观的区域只进行底涂和面涂，等固化之后，再进行一次电泳涂装。这有效保护了最容易损伤的区域，但是在两层涂层结合的部分，也可能发生问题。据研究宣布，如果能成功控制底涂和面涂烘干后的电阻，那么电泳就能有效黏合在这些首次涂装比较薄的边缘区域，而不会涂装到厚度已经达标的区域。

除此之外，还有一种改进电涂性能的方法，是使用“复合固化”涂料，一部分涂料在烘干之前就经过紫外线固化。紫外线可以防止涂料在烘干的初期变软流动，所以避免了在金属边缘留下薄层区域的危险。电涂之后，通常进行底漆涂装，这种底漆将会被打磨掉，以便为面漆提供一个更光滑的表面。常用聚氨酯改性，或者蜜胺树脂交联，或者异氰酸酯类改性的聚酯树脂体系。涂装之前，车身通常还会先涂装一种弹性的抗片落涂层。

3) 阴极电泳漆的发展趋势

无铅、无锡、低害化是阴极电泳漆的发展方向。铅的毒性很强，但在电泳漆的防腐蚀催化、钝化和加速交联等方面有着重要的作用。要去除铅及与其性能相似的锡是一个很难的课题，Dupont公司开发的EC3000无铅、无锡电泳漆率先取得了突破，已在许多电泳涂装线上使用，性能检测表明其各项性能指标不比含铅电泳漆差。

(1) 无铅电泳漆。PPG通过改进树脂而研发的EC6350去除了铅、锡，也不含其他重金属元素，不仅性能与含铅电泳漆相当，而且施工窗口更宽。近几年我国无铅电泳漆的应用明显加快，已达到全部用量的70%～80%，新上的电泳涂装线几乎全部采用无铅电泳漆。宽广的烘烤窗口，这意味着电泳漆可以在更宽广的烘烤温度条件下进行固化，烘烤温度降低也就节省了能源，降低了单车的能耗成本。另外，对载重汽车车身及车架等难以升温的厚重部件，降低固化温度是非常有利的。Dupont公司的Electroshield21和Electroshield27的烘烤温度可低至150℃。新一代120～140固化的阴极电泳漆正在研发中。

(2) 高泳透率、高耐腐蚀性的阴极电泳漆。进一步提高了阴极电泳漆的泳透率，可以使车身内腔漆膜达到一定厚度的同时，降低外表面的漆膜厚度，同时保证漆膜耐腐蚀性不降低。Dupont公司的Electroshield27使漆膜的厚度降低至外表面15 m、内腔9 m，其漆膜耐腐蚀性及平整度与外表面22 m、内腔12 m时相当。单车用漆消耗量降低13%以上，同时降低了车身的重量。

(3) 边缘耐腐蚀型阴极电泳漆。因表面张力不均衡，电泳涂膜在固化成膜时流动收缩，使尖锐的边角处涂膜特别薄，甚至几乎没有漆膜，这些部位容易产生早期腐蚀。新一代边缘耐腐蚀型阴极电泳漆借助有机和无机添加剂提高了锐边覆盖率，使边缘耐腐蚀性大幅度提高。

BASF 公司的 Cathoguaro1250 是典型的边缘耐蚀型电泳漆，PPG 公司的 ED5 和 Herberts 公司的 EC3000 的边缘耐腐蚀性也十分理想。

(4) 较好耐候性能的底面合一型阴极电泳漆。随着汽车涂装品质的不断提升，部分采用阴极电泳涂料涂覆的零部件或总成，不但要求达到较高的防腐蚀性能，还要求涂层具有必要的耐候性能。现用阴极电泳涂料以环氧树脂为主体树脂，为提高涂层耐候性能，主要的技术路径是开发分层电泳体系，该体系的主体树脂为两种树脂或多种树脂组分的混合物，其中一种树脂是环氧树脂，还有就是耐候型树脂，如丙烯酸树脂或聚氯酯树脂等。在电泳涂膜固化过程中，由于不同树脂间表面张力的差异，可使涂膜自发形成多相的涂层结构，进而得到分层结构的涂层。耐候型树脂在上层具有高耐候性能，环氧树脂在下层具有高防腐性能。如何选择具有适当表面张力差的树脂组分，并稳定控制涂层的双层结构和性能，是开发底面合一型阴极电泳涂料的技术难点。

(5) 低温固化型阴极电泳漆。常规阴极电泳涂料的固化温度为 170℃～180℃，电泳线能耗较高，特别是针对某些热容量较大的零部件或者带有橡胶、塑料材料的零部件，迫切需要开发低温固化型阴极电泳涂料。目前，国外已推出 150℃ 固化的阴极电泳涂料产品，国内虽然开展了很多研究工作，出现了不少专利，但成熟的产品并不多见。开发这类涂料的技术关键是寻求新型交联剂——可低温解封的封闭异氰酸酯交联剂。一种选用甲基乙基酮肟封闭的间苯二甲撑二异氰酸酯作为低温固化交联剂的阴极电泳涂料可在 140℃ 完成交联固化。同时，低温固化的特性也会带来诸多不便，包括涂料的储存稳定性变差、电泳涂膜的外观及综合性能下降等。

(6) 厚膜型阴极电泳漆。近年来，对防腐性能要求更高的汽车零部件，采用常规的阴极电泳涂料难以达到要求，必须增加电泳涂膜的厚度。特别是一些铸件、热轧钢板材质的零件，表面经喷砂(丸)处理后具有一定的表面粗糙度，采用厚膜型阴极电泳涂料才能实现效果良好的涂覆，改善尖角及锐边部位的防腐性能，避免涂膜过早出现不同程度的点状锈蚀。这种涂料主要是采用具有不同玻璃化温度的多种树脂配合，并通过添加特殊的高沸点助溶剂，使其具有一次性成膜厚，并且工作液参数稳定等特点，电泳槽液经长时间运行后仍能保持较好的涂膜外观与厚度。厚膜型阴极电泳涂料在使用中也可以通过调整涂装工艺参数(槽液温度、电泳电压、电泳时间等)实现膜厚在中厚膜、厚膜范围调节。

(7) 超高泳透力阴极电泳漆。近期，新型超高泳透力阴极电泳涂料已经在国内车身电泳线投入使用。通过特殊的涂料配方设计，超高泳透力阴极电泳涂料在保证车身内表面及空腔泳涂质量的同时，车身外表面膜厚明显降低，削减了涂料消耗，缩短了电泳时间。同时，超高泳透力电泳涂料的使用对涂装线的管理也提出了更为严格的要求，新型电泳涂料针对免中涂涂装体系的适用性及其与薄膜转化前处理的配套性能仍待进一步考察。

为了降低涂装成本，简化涂装工艺，一些汽车生产厂家采用了免中涂的涂装工艺，作为底漆与面漆之间的过渡涂层，中涂漆提供了比底漆更平整的漆膜表面，以利于保证面漆的平整度和光泽度。在取消中涂涂层后，对电泳底漆的平整度提出了较高的要求，要求电泳漆粗糙度值必须在 0～3 μm 以下。此外，也有双层电泳漆的工艺，第一层为黑色导电层，其作用是防腐蚀并具有良好的泳透力；第二层为灰色或彩色电泳漆，主要作用是抗石击和耐紫外线，并提供平整的漆面。通过调整电泳漆的配方和工艺参数，提高电泳漆的耐紫外光和抗石击性能，在耐候性阴极电泳漆上直接喷涂面漆。例如：PPG 公司的 Dura-Prime 电泳漆，在防腐蚀、抗石击、耐紫外线及涂层质量方面与目前使用的“电泳漆＋中涂漆”体系基本接近。20 世纪 90 年代初期，电泳涂料中的有机溶剂含量高达 15%左右；槽液中的有机溶剂含量保持在 3%～5%之间，90 年代后期降低至 2%～3%，至今已降到 0.4%～1.8%。目前，各公司仍致力于持续降低电泳漆的

VOC 含量。

7. 中间涂层

中间涂层是指介于底漆层与面漆层之间的涂层,其所用涂料称为中间层涂料。

1) 中间涂层必须具备的特性

(1) 应与底涂层、面漆层配套良好,涂层间的结合力强,硬度配套适中,干涂膜不应被面漆的溶剂咬起。

(2) 应具有较好的展平性和填平性能,能消除被涂面的微小缺陷,提高光滑度,且湿打磨性良好。

(3) 耐潮湿性良好,且具有一定的耐候性(屏蔽紫外线性)。中间涂层与金属闪光面漆配套使用这点特别重要,保护了 CED 底漆膜不受侵蚀。

(4) 在相应部位涂抗石击涂料后,应能提高该部位涂层的耐崩裂性。

2) 中层涂层的发展历程及种类

中涂涂料的发展趋向:低 VOC 化(水性化或粉末化)和开发采用适用"三湿"喷涂工艺(3C1B)的中涂,达到节能减排和简化工艺的需求。中间涂层一般为浅灰色,但有与面漆同色、同色调化的趋向,以使面漆易遮盖或车身内表面不喷面漆,达到削减涂料耗量和降低成本的目的。

中间涂层包括以下不同功能的涂料:

(1) 通用底漆:又称底漆二道浆。它兼有底漆和中涂涂料的性能,可直接涂布在金属表面上。

(2) 中涂涂料(俗称二道浆):涂在底漆层上。

(3) 腻子(俗称填密):大量流水生产的汽车车身已不允许靠刮腻子的办法来消除表面不平整的缺陷。模具化程度差的大客车车身和汽车修补涂装场合,尚需要采用少量腻子(如原子灰聚酯腻子)来消除被涂面的不平整度。

(4) 封底漆:遮盖底涂层的不均匀性,不同色调和显现底涂层缺陷的特征,对底涂层起封闭作用。

(5) 抗石击涂料:具有优良的耐崩裂性的涂料。

3) 中涂漆的发展趋势

(1) 高固体分化。随着环保要求日趋严格,由于资金效益使原有的涂装生产线难以改造为水性漆涂装线,在不需要较大改造资金投入的前提下,采用高固体分中涂漆代替原来的中低固体分中涂漆,是较为有效降低 VOC 排放量的途径。高固体分中涂漆采用高同体分的聚酯、聚氨酯、氨基等树脂制备,其施工固体分可高于 60%,甚至可达 70%,比传统中涂漆提高10%~20%,VOC 排放量可降低 20%~30%。

(2) 水性化。新建的汽车涂装线为了达到低 VOC 排放的要求,一般采用水性中涂漆。目前,水性中涂漆主要有水性聚酯氨基漆及水性聚氨酯漆,其施工同体分一般达到 50%~60%。一般的烘烤程序为:用 2 min 从常温升至 60℃,再用 3 min 从 60℃升温至 80℃,然后用 5 min 从 80℃升温至 140℃,最后在 140℃下保温 30 min。施工条件相比溶剂型漆来说要差一些,要求温度控制在 23±2℃,相对湿度控制在 60%~80%之间。漆膜性能与溶剂型中涂漆相当,抗石击能力略好。

汽车涂料的水性化是由底到面逐步发展的,底漆已经水性化,中涂开始水性化。进入 20 世纪 90 年代,加快了使用水性化的步伐,尤其在欧洲,中涂涂料已经实现了水性化。日本水性化研究工作也已经完成，日产汽车公司开始使用水性中涂涂料。但是由于生产成本高，环保要求没有欧美苛刻，所以日本没有全面推广使用。

(3) 粉末化。粉末涂料是 VOC 排放量最低的涂料之一。早在 20 世纪 60 年代，粉末涂料已经开始被应用并进行涂装车身评估；70 年代，Ford 公司首次用丙烯酸粉末涂料涂装车身，但由于当时的表面处理不好，且没有解决金属表面的全覆盖问题而导致严重腐蚀，以失败告终。本田汽车公司在 70 年代中期将粉末涂料作为面漆使用了几年，并在 1976 年得到日本涂料工业协会的嘉奖，但是随后本田汽车公司的注意力转向了水性涂料。20 世纪 80 年代通用建线时，原打算面漆和中涂漆都用粉末涂料，但在面漆涂装线上，由于无法解决换色困难对生产效率造成的负面影响而一直未采用。本田汽车公司首家成功使用了粉末中涂漆，其品种是环氧聚酯型粉末涂料。后来，奔驰公司在法国的 SMART 轿车厂，成功采用了“粉末中涂漆＋粉末面漆（只有两种颜色）＋粉末罩光清漆”的全粉末涂料工艺体系喷涂轿车。美国已有 90％的汽车中涂层漆是高固体分涂料。美国大力发展高固体分涂料，已开发出固体分为 90％的汽车中涂层漆，而欧洲采用粉末涂料的居多。采用环氧树脂、聚酯树脂和双组分聚氨酯树脂体系制造高固体涂料居多。

我国未见有汽车车身使用粉末涂料的报道，随着喷涂设备的改进和粉末水浆等新技术的成熟，这种涂装技术也必将成为国内汽车厂家的选择之一。

粉末涂料在投入生产线使用以前，有几个大的难点，其中最大的难点是如何形成平滑均匀的涂膜、粉末粒子的微粒化技术以及涂装装置的稳定供给。

现在，涂料和涂装方法的开发都取得了进展，原来比溶剂型涂料差的涂膜外观也得以提高，涂料的稳定供给以及涂着效率的改善已成为可能。近些年，带色的中间涂层已在美国广泛采用，其主要优点是中涂的颜色与面漆颜色配套，提高了外观装饰性。由于采用带色中涂，面漆中金属闪光底色漆的厚度可以从 20 μm 降到 15 μm，而金属闪光漆的遮盖量可以降低到 25 μm。这样，减少了涂料的用量，减少了流挂等弊病，降低了返修率。目前，国际上高固体分涂料发展方向是开发低温固化和快速固化涂料。

4) *面漆涂层*

面漆涂层是汽车多层涂装体系中的最终涂层。一般色漆主要由基料、色浆、铝粉、珠光粉、溶剂、助剂等组成。我们也应重点关注与配方有关的方面，以便施工前将色差控制在理想的范围内。

清漆层是实现防护性和装饰性的最重要的涂层，其对整体涂层的耐候性和鲜映性、丰满度等外观指标至关重要。一般清漆层越厚其外观效果越好，但不同型号的清漆，其膜厚对外观效果的影响程度存在一定差异。在清漆材料的开发中，用试验手段选择最佳性价比的清漆产品，根据产品设计的要求确定清漆最佳的膜厚工艺控制范围，做到最优化涂层设计。

(1) 面漆涂层必须具备的特性。

① 应具有优良的外观装饰性。在符合生产条件下（平整光滑优质的底涂层、涂膜厚度和烘干条件等），面漆涂层的光泽、遮盖性、色彩、丰满度、鲜映性等应达到产品设计的要求。

② 应具有优良的耐候性、保光保色性、抗老化、耐温变性和抗划伤性等。

③ 具有良好的耐药剂性、耐酸雨性、耐污染性。如与蓄电池酸液、机油、刹车油、汽油、肥皂液、清洁剂、沥青等直接接触，擦净后接触面不应变色或失光、产生斑印。

④ 应具有优良的耐潮湿性。在高温高湿气候条件下面漆层应不起泡、不变色或不失光。

⑤ 汽车面漆的施工性能和与底涂层的配套性能应优良。如能适应静电涂装、“湿碰湿”工艺的要求，又如水性面漆涂装对涂装环境、温度、湿度控制范围宽些等。

为适应环保、清洁生产法规要求，面漆（尤其是底色漆）的 VOC 含量应尽可能少些（高固体分化、水性化)。汽车用中涂、面漆和汽车涂层的标准(技术条件):各大汽车制造公司和汽车涂料公司都有各自的标准,其内容是大同小异,或各项指标的测试方法有差异,都涵盖上述涂层的特性要求。

(2) 面漆涂层的发展历程及种类。汽车面漆的演变:油基漆—硝基磁漆—醇酸树脂磁漆—氨基醇酸树脂磁漆(由低氨基含量—高氨基含量)—优质合成树脂(如丙烯酸树脂、聚氨酯、聚酯等)磁漆或底色漆+罩光漆—低 VOC 低污染型面漆(如水性底色漆+罩光清漆)。

20 世纪 80 年代以前,汽车面漆的颜色以本色为主,喷涂两道同色醇酸树脂面漆,采用 2C2B 工艺,后改用氨基醇酸树脂面漆(烤漆),采用 2C1B 的"湿碰湿",1980 年开始为适应金属闪光色面漆涂装,提高面漆涂层的装饰性和适应水性面漆涂装,普遍采用双涂层面漆涂装工艺(即底色漆+罩光清漆)、2C1B"湿碰湿"工艺。

面漆的涂装方法:刷涂—手工空气喷涂—静电喷涂(手工静电喷涂、自动杯式静电涂装机喷涂)—进入 21 世纪以来手工喷涂车身内表面、机器人自动杯式静电喷涂外表面—机器人全自动静电喷涂,实现面漆涂装无人化。

汽车的色彩向多元化个性化方向发展,并且各地区有时尚的色彩。不仅需要有自然界存在的各种本色,还应有各种闪光色(金属闪光色和珠光色)适应顾客的需求。因此,面漆涂装也是最终上色技术。面漆涂装不仅给汽车车身着色,更主要的是提高外观装饰性,把汽车打扮得漂亮、豪华、庄重。在平整光滑的底涂层上,使汽车涂层具有更高光泽、丰满度、鲜映性,使漆面光亮如镜。当然在需要有特种功能的场合,面漆涂装使涂层具有功能的修饰如迷彩色、防红外、防雷达伪装色。面漆涂装还应兼有对底涂层(中涂层和 CED 涂膜)和面漆涂层自身的保护作用。面漆涂膜需要具有防止紫外线透过和水透过性,才能保护底涂层;需要具有保光保色性、耐候性、耐污染性、耐酸雨性和抗划伤性等功能,才能保护自身。

汽车面漆分两类,即金属闪光漆和本色漆,大体上各占 1/2。

① 金属闪光漆。近几年金属闪光漆系列发展迅速,珠光漆、梦幻涂料等层出不穷,颜色也向具有高透明感、深度感、高色彩方向发展。它赋予汽车色彩、外观装饰性和保护整个涂层的功能。闪光漆的光谱特性相对复杂,除了颜料粒子的吸收和漫反射外,还有典型的镜面反射、金属与珠光片的边缘漫反射,随角异色效应明显,也更难控制。金属闪光漆目前在美国大多采用高固体分闪光漆,而日本采用最多的是中低固体分金属闪光漆。随着环境保护法规日趋严格,为了提高豪华轿车的漆膜外观品质,美国部分高级轿车近两年采用水性金属闪光漆,可大大降低 VOC 的排放。同时,水性金属闪光漆具有特殊的流变性,有利于铝粉定向,比溶剂型涂料具有更好的金属效应,所以水性金属闪光漆比水性中涂更早被日本汽车厂接受,欧美也已广泛使用。金属闪光漆水性化是必然的趋势,技术也已成熟,能很快推广应用。

② 本色漆。单色漆通过颜料粒子的选择性吸收和漫反射产生颜色,与闪光漆相比无随角异色效应,色差易于控制。所以一般厂家只控制 45°角色差。本色漆上是否再罩清漆,总的看法认为罩清漆后,漆膜外观、耐久性都有所提高。所以,美国克莱斯勒公司的所有轿车、通用汽车公司的部分轿车在本色漆上再罩上一层清漆,使漆膜外观得到改善。目前,欧洲和北美均使用双组分或单组分高固体分丙烯酸罩光清漆,但是异氰酸酯-丙烯酸体系的缺陷是异氰酸酯具有毒性。因此,从环保的角度来看,未来罩光清漆应是粉末涂料和水性涂料。目前,罩光清漆和本色漆以及高固体分涂料易被现在的生产线所接受,在应用中仍是主流。如果采用双组分高固体分涂料,施工固体分可达 85%以上,VOC 排放量已与水性漆相似,近期是可行的。粉末涂料是最有发展前途的罩光清漆,但作为本色漆,由于换色难,使用上会受到一定的限制。

5）面漆的发展趋势

（1）水性面漆。通常是“底色漆＋罩光清漆”的配套工艺。由于溶剂型底色漆是VOC排放的最大来源，占汽车车身涂装各道工序排放总量的50％左右；如果将底色漆改为水性涂料，VOC排放量可减少80％以上。市场上水性底色漆主要有水性聚氨酯树脂体系和水性丙烯酸氨基树脂体系，而在水性底色漆涂层的基础上，采用双组分溶剂型聚氨酯罩光清漆后，VOC排放已达到欧洲标准，从而导致现有涂装线上使用水性罩光清漆的情况很少。

水性漆也存在一些缺陷：表面张力大；颜料润湿性差；水的比热大、难蒸发，要求涂装环境的温度和湿度严格控制在规定的范围内等。经过欧美各国多年攻关研究，水性底色漆的涂膜性能和施工性能都得到了根本的改善，新技术、新应用层出不穷，例如：Dupont公司免中涂EcoConcept技术的2KBasecoat（双组分底色漆），将中涂漆与底色漆的功能集于一身，具有保护电泳漆（防止紫外线的破坏）、良好的流平和金属颜料定向性、良好的抗石击性和附着力等特性；PPG公司的B1B2双底色涂料体系也具有类似的特性，并在江淮汽车公司成功试用。水性底色漆可与溶剂型罩光清漆、粉末清漆和水性清漆配套使用。其中水性罩光漆产生于20世纪90年代，最初开发的是单组分水性罩光清漆，施工技术的经济效益不佳。1997年，杜邦公司研发成双组分水性清漆，与原单组分清漆相比，具有较好的涂膜特性（如耐酸雨性、抗擦伤性等），应用于英戈尔斯塔特的奥迪厂和莫塞尔的大众厂的新涂装车间。但水性面漆直到目前仍未被广泛使用，其主要原因是水性面漆的耐候性和装饰性较高固体分面漆差，施工环境和烘干条件要求较高，而且成本太高所致。迄今为止，水性涂料一般仍含有2％～15％的有机溶剂，施工时对环境仍有一定程度的污染。开发无溶剂水性涂料成为涂料厂商未来的主要课题。

（2）粉末清漆。Dupont、BASF、PPG、Kansai、Nippon等5大汽车涂料公司均已深入研究了汽车用粉末涂料。1998年，BMW率先采用PPG的Enviracryl粉末清漆，在德国Dingolfing车身工厂下线，都是采用GMA（甲基丙烯酸缩水甘油酯）丙烯酸树脂型粉末涂料。虽然其成本较双组分聚氨酯清漆明显要高，但其工艺上节省了废渣处理、VOC处理的运营成本，随着生产规模的扩大，原材料成本进一步降低，其直接成本会进一步接近于双组分聚氨酯清漆。之后，BASF SE与Daimler Benz和Diarr合作，推出了粉末水浆清漆，用于在德国Rastatt的MercedesAclass车。粉末水浆清漆漆膜的光泽和流平性都很好，耐化学品性、耐酸雨性和抗划伤性也很好。自从BMW采用了PPG和Dupont公司的粉末清漆，以及Mercedes Benz采用了BASF SE的粉末水浆以后，似乎粉末清漆在车身OEM涂料的应用上有些停顿，主要原因是在这段时期许多汽车工厂都在努力实施底漆的水性化，因为它是汽车OEM涂料中VOC的最大来源。有人预计，如果汽车OEM粉末清漆正式登场，汽车涂料的VOC含量可降低至15 g/m。

在汽车车身涂装中粉末涂料现仅适用于中涂和罩光，作为罩光清漆应用仅德国宝马一家两条线，已投产应用10多年，可是无跟进采用的报道。国内尚无喷涂粉末涂料的车身涂装线。将粉末涂料分散在水中制成水浆状粉末涂料，用作车身的罩光清漆，开发成功粉末浆罩光工艺（称为湿法）。施工性能与水性涂料相仿，因此原工艺用的喷漆室、静电喷涂设备不需要进行大的改动。粉末涂料的VOC排出量几乎是零，在烘干时也没有必要像溶剂型涂料那样充分地排掉滞留在烘干室内的溶剂蒸汽，仅需烘干室内保温。持续高温的燃料成本（即烘干室的废气排放量相应要比溶剂型涂料烘干室少），在高度关心低碳化的今日，粉末涂料需要高温烘干，CO_2排出量增大，将限制粉末涂料的扩大应用。粉末涂料的烘干温度低温化是其发展的趋向。

（3）高固体分面漆。高固体分面漆的施工性能条件与现有溶剂型涂料基本相同，旧有涂装线不需要进行大规模的改造就可以使用，因此为了降低VOC含量、适应环保要求，许多汽车厂开始使用高固体分涂料，由于其施工固体分比传统面漆提高了10％～20％，因此高固体分面漆

VOC 含量可减少 1/3 以上。

目前，最主流的环保型汽车面漆技术是“水性底色漆＋高固体分罩光清漆”，而高固体分罩光清漆主要技术包括：热固型丙烯酸（TSA）、环氧酯和双组分聚氨酯等三种。热固型丙烯酸是最早被大量使用的高固体分罩光清漆体系，但其耐酸雨能力不够理想，通过加入封闭型异氰酸酯可以得到改善。环氧酯技术是日本企业所发明，虽然耐酸蚀能力较好，但抗刮擦性稍逊色。双组分聚氨酯最早在 20 世纪 80 年代于奔驰工厂开始使用，是欧洲的主流技术，其抗酸蚀性、抗刮擦性均表现优良，外观丰满，施工固体分高，并且可以实现低温（80℃）烘烤；随着双组分喷涂设备的发展完善，双组分聚氨酯技术很可能在不久的将来成为最主要的汽车罩光漆体系。

6）原子灰

原子灰又称加乘聚合型腻子，是一种膏状或厚浆状的涂料，它容易干燥，干后坚硬，能耐砂磨。原子灰一般使用刮具刮涂于底材的表面（也有使用大口径喷枪喷涂的浆状原子灰，称为“喷涂原子灰”），用来填平补齐底材上的凹坑、缝隙、孔眼、焊疤、刮痕，以及加工过程中造成的物面缺陷等，使底材表面达到平整、均匀，使面漆的丰满度和光泽度等能够充分地显现。

（1）原子灰的组成。原子灰又称聚合腻子，是双组分膏状填补材料。它由主灰和固化剂两组分构成，使用时仅需要将主灰和固化剂按 100∶2 混合均匀即可涂刮。构成主灰的是特殊制造的不饱和聚酯树脂，树脂约占主灰总重的 40％，主灰的其他成分是经特殊筛选的多种足够细度的粉状填料，颜料及助剂等。将树脂和填料混合均匀，再经研磨，包装即为主灰成品。固化剂的有效成分是有机过氧化物，其他成分是起增塑作用的适量溶剂，少量填料，颜料和助剂等，将它们混合均匀，研磨成膏状，即为固化剂成品。

（2）原子灰的特点。原子灰有以下几个主要特点：

① 使用方便，仅需将主灰和固化剂混合均匀即可涂刮。

② 固化过程无其他小分子副产物，内外一起固化，因而强度高。

③ 与各种底漆附着力好，与各种面漆配套性好。

④ 高温型原子灰还具有耐 170℃烘烤的特点，可与各种烤漆配套。

8. 涂装工艺的发展趋势

目前，汽车车身普遍采用 3C2B 的涂装工艺（不包括电泳漆工序）。紧凑型工艺 3C1B 在应用中涂漆、底色漆和罩光清漆时采用“湿碰湿碰湿”法（3 湿）；在这种情况下，中涂漆层和底色漆层通常称为 B1 和 B2 层。3C1B 和 3C2B 之间的主要区别是，紧凑型工艺不需要中涂漆烘烤炉。在目前的 3C1B 技术中，低固含量溶剂型 HSSB 技术（用 3C1B-SB-1K 表示）需要的投资成本和运营成本通常低于溶剂紧凑型技术。该工艺成熟，漆膜性能、外观良好，质量稳定，但 VOC 排放量高，一般达到 60～75 g/m，已不能满足各国不断提高的环保法规要求。为了达到节能减排的目的，欧美各国在涂料品种及施工工艺方面做了深入的研究，并开发出溶剂型高固体分涂料 3C1B 及水性涂料 3C1B 的施工工艺，在保证涂膜外观质量和性能指标的同时，降低了能耗和 VOC 排放量。近年来又发展了水性免中涂的紧凑型涂装工艺，包括 BASF SE 公司的 IPⅡ集成工艺、PPG 公司的 B1B2 紧凑型工艺、Dupont 公司的 Eco-concept 工艺等，并且成功应用在戴姆勒克莱斯勒不来梅工厂、宝马美国工厂、大众西班牙工厂（POLO 车型）及墨西哥工厂（BORA 车型）；在我国，一汽大众成都新工厂也采用了这一新工艺。由此，VOC 排放量可有效控制在 20 g/m 以下。总而言之，汽车涂装工艺向着低投资、高效率、高材料利用率、质量稳定、低 VOC 及 CO_2 排放的方向不断发展。

学习任务3 汽车美容安全操作与防护

安全生产是指在劳动过程中，要努力改善劳动条件，克服不安全因素，防止伤亡事故的发生，使劳动生产在保护劳动者的安全、健康和国家财产及人民生命财产安全的前提下进行。

一、安全生产

1. 目的

总的来说，安全生产的目的就是保护劳动者在生产中的安全和健康，促进经济建设的发展。安全生产具体包括以下几个方面。

(1) 积极开展控制工伤的活动，减少或消灭工伤事故，保障劳动者安全地进行生产建设。

(2) 积极开展控制职业中毒和职业病的活动，防止职业中毒和职业病的发生，保障劳动者的身体健康。

(3) 搞好劳逸结合，保障劳动者有适当的休息时间，保持充沛的精力，更好地进行经济建设。

(4) 针对劳动者的特点，对他们进行特殊保护，使其在经济建设中发挥更大的作用。

2. 作用和意义

搞好安全生产工作：对巩固社会的安定，为国家的经济建设提供稳定的政治环境具有现实的意义；对保护劳动生产力，均衡发展各部门、各行业的经济劳动力资源具有重要的作用；对社会财富、减少经济损失具有实在的经济意义；关系到个人的生命安全与健康，家庭的幸福和生活的质量。

《中华人民共和国安全生产法》的第一条，开宗明义地确立了通过加强安全生产监督管理，防止和减少生产安全事故的发生，实现如下基本的三大目标，即保障人民群众生命安全、保障人民群众财产安全和促进社会经济发展。由此确立了安全(生产)所具有的保护生命安全的意义、保障财产安全的价值和促进经济发展的生产力功能。

二、汽车美容安全操作事项

1. 清洗、护理施工安全操作事项

为确保施工安全，人员和设备无损伤，施工人员必须遵守以下安全施工规则。

(1) 施工人员必须熟悉施工现场及周围环境，了解水、电、汽开关的位置及救护器材的位置，以备应急之用。

(2) 施工人员必须熟悉施工安全技术，清洗剂的使用方法和急救方法。

(3) 注意用电安全。地线必须可靠接地，防止漏电，使用电器时要严防触电，不要用湿手和湿物接触开关。施工结束后，要及时把电源切断。

(4) 现场施工人员直接接触酸、碱液时，应穿工作服、胶靴、防腐蚀手套，必要时应戴防毒口罩。

(5) 清洗、护理作业现场必须整洁有序，严禁烟火。

(6) 清洗、护埋现场应有消防设备、管路，要有充足的水源和电源，确保施工安全。

(7) 施工安全工作要有专人负责,定期检查,并不断总结安全施工的经验,确保安全施工。

2. 修补涂装施工安全操作事项

修补涂装施工条件较差,操作者大多在充满溶剂气体的环境中作业,不安全因素较多,操作者应熟知本工种作业特点和所使用的工具设备的合理操作方法,保证安全施工。

(1) 施工环境必须有良好的通风条件,若室内施工(特别是喷涂时),要有良好的通风设备。

(2) 操作前根据作业要求,穿好工作服和鞋,戴好工作帽、口罩、手套、鞋罩和防毒面具。

(3) 打磨施工中应注意物面有无凸出毛刺,以防划伤手指。

(4) 在用钢丝刷、锉刀、气动和电动工具做金属表面处理时,需佩戴防护镜,以免眼睛沾污和受伤;如遇粉尘较多,应戴防护口罩,以防呼吸道感染。

(5) 酸、碱溶液要严格保管,小心使用。搬运酸、碱溶液应使用专门工具,严禁肩扛、手抱。用氢氧化钠清除旧漆膜时,必须佩戴乳胶手套和防护眼镜(见图 1-31),穿戴涂胶(或塑料)围裙和鞋罩。

(6) 登高作业时,凳子要牢固,放置要平稳、不得晃动,热天严禁穿拖鞋操作和登高。

(7) 施工场地的易燃品、棉纱等应随时清除,并严禁烟火。涂料库要隔绝火源,并备有消防用品,设立严禁烟火的标识。

(8) 工作结束时打扫施工场地,用过的残漆、废纸、线头、废砂纸等要及时清理,放置在垃圾箱内。

喷涂呼吸器(过滤式)如图 1-32 所示,喷涂防护面具如图 1-33 所示,喷涂防护服如图 1-34 所示。

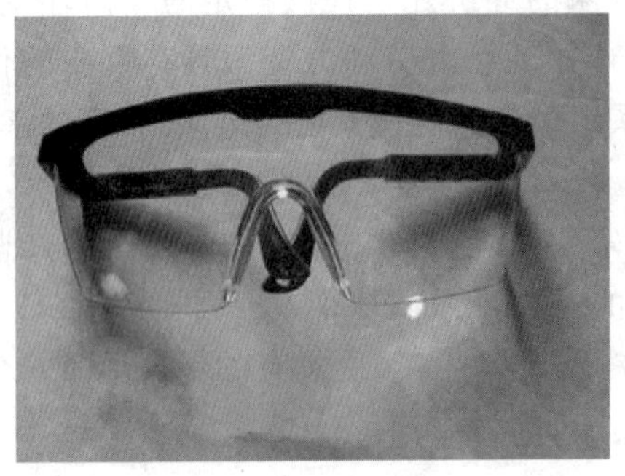

图 1-31 防护眼镜

图 1-32 喷涂呼吸器(过滤式)

图 1-33 喷涂防护面具

图 1-34 喷涂防护服

三、设备安全操作注意事项

1. 电动、气动工具安全操作事项

(1) 操作人员应熟悉所使用的工具，使用前应检查各零部件是否安装牢固，各紧固件连接是否牢靠，电缆及插头有无损坏、开关是否灵活及观察内部有无杂物。

(2) 使用前应检查所用电压是否符合规定，电源电压应尽量使用 220 V，如电源电压为 380 V时，应检查接地是否良好，并注意地线标记。

(3) 使用电动工具操作时，应检查是否接地，电线要有胶管保护。

(4) 使用中如果发现有大火花、异响、过热、冒烟或转数不足等现象，应停止使用，修复后再继续使用。

(5) 使用风动工具时，必须防止由于连接不牢而造成气压损失和人身事故。

(6) 使用砂轮机时，开机后砂轮应轻轻接触工件。

2. 空气压缩机安全操作事项

(1) 空气压缩机开动前认真检查空气压缩机、电机和电气控制部分是否良好，一切正常无误后，开动试转片刻，再正式使用。

(2) 气泵要按规定顺序启动，设备运转时要认真注意运转状况，观察气压表读数，发现异常现象要及时排除，并报有关部门。

(3) 在工作中禁止工作人员和其他人闲谈或随意离开机房、必要时应停机后再走，以防事故发生。

(4) 不经操作者同意，任何人不准开动机器。

3. 涂装车间通风机安全操作事项

(1) 风机设备必须由专人负责开动和管理，其他人不得随意开动。

(2) 操作人员在启动风机前必须检查电器设备正常后再启动。

(3) 操作人员必须每天清除电机及输气管道内的灰尘污垢以防通道堵塞。

(4) 风机在运转过程中，如果发现不正常现象应立即停机，将故障排除后再工作。

4. 照明装置安全操作事项

(1) 施工场地的照明设备应有防爆装置。

(2) 涂料仓库照明开关应设在库外。

(3) 各种电气开关均应为密封式，并操作方便。

(4) 如果使用手灯，必须使用 36 V 安全电压。

四、预防措施

1. 防火

为消除火灾隐患，安全操作，应做好以下几点防止火灾的工作。

(1) 完善防火设施。涂装车间所有结构件应采用耐火材料制成，并通风良好。

(2) 按防爆等级规定安装电器。凡能产生电气火花的电器和仪表不得在施工场所使用。电器和机械设备的超负荷运转引起的过热也是潜在的火灾隐患。所以施工场所的电线、电缆、电动启动装置、配电设备、照明灯等都应符合防爆要求，电动工具和电器部分应接地良好。在使用溶剂的直接场所，禁装闸刀开关，配电盘、熔断器、普通电动机及照明开关应安装在室外。

(3) 严禁烟火。施工场所严禁吸烟，并在施工场所显眼处设立禁止吸烟的标识(见图 1-35)。

(4) 防止冲击火花。涂装过程中应尽量避免敲打、碰撞、冲击、摩擦等操作。

(5) 严防静电产生。在施工场所的设备、管道、容器都应安装地线，防止静电产生。

图 1-35 禁止吸烟的标识

(6) 谨防自燃。浸有油性涂料或溶剂的棉纱、碎布等揩擦物，必须放在指定地点，定期销毁，更不许与涂料及熔剂混放在同一场所。

(7) 备足灭火器材。施工场所必须备有足够的灭火器、黄沙及其他灭火工具，并定期检查更换。

(8) 及时灭火。当燃烧物遇明火发生燃烧时，应使用扑盖物罩上，或使用灭火器扑灭。若发生较大火灾，应立即报警，立即切断电源、关闭运转的设备和邻近车间门窗，防止蔓延并组织扑救。

2. 防毒

清洗剂、护理用品、涂料及溶剂大部分都有毒，而在喷涂时所形成的喷雾、涂膜，在干燥过程中所挥发出来的溶剂气体通过人的呼吸道或皮肤渗入人体，对人体神经系统和血液系统产生刺激破坏作用，会造成头昏、头痛、失眠、乏力和记忆力减退等症状，它还能造成人体血液系统的损害，引起白细胞减少，出现血小板和红细胞降低，以及皮肤干燥、瘙痒等症状。为防止发生中毒事故，应采取预防措施。

1) 控制空气中有毒物质的浓度

(1) 施工场所应有良好的通风和排风换气设备，使空气流通，加速有害气体的散发，使空气中有害气体含量不超过卫生许可浓度。

(2) 在采用暖风的情况下，一般不采用循环风。在有害气体浓度不超标的场合才允许部分采用循环风。

(3) 含有毒成分的尘雾和气体应经过净化处理后排入大气，排气风管应超出屋顶 1 m 以上。

(4) 吸新鲜空气点和排废气点之间的距离在水平方向不小于 10 m。

(5) 毒性大、有害物质含量高的涂料严禁用喷涂法涂装。

2) 防毒措施

(1) 涂装人员在操作时，应穿戴好各种防护用具，如专用工作服、手套、面具、口罩和鞋帽等。不允许操作人员将工作服穿着离开车间。

(2) 限制使用有毒涂料和溶剂，尽量使用无毒或毒性低的涂料和溶剂。

(3) 控制有毒涂料的尘雾和气体外逸扩散。

(4) 操作前穿戴好劳动保护用品。使用有空气净化器的头罩或面罩。

(5) 施工时，如感觉到头痛、眩晕、心悸、恶心时，应立即离开现场到通风处呼吸新鲜空气，严重的应及时治疗。

(6) 长期接触漆雾和有机溶剂气体的人，在不知不觉中也会发生慢性中毒，因而有关部门对施工人员应定期进行体检，发现有中毒迹象，应调离工作，脱离与有机溶剂的接触。

（7）为防止有毒气体通过肺部吸入人体，在喷涂时要戴附有活性炭的防毒面具。有毒气体还可以通过皮肤进入人体，而对人体发生危害作用，因此在施工完毕后，要用肥皂洗脸和手。

（8）为保护皮肤，施工前可涂防护油膏，施工后洗干净，再涂其他润肤油膏保护。

（9）工作结束后，应洗淋浴，换好干净衣服到室外呼吸新鲜空气。还应多喝开水，以湿润气管，加速排毒和增加排毒能力。

学习任务4 汽车美容与环境保护

环境保护一般是指人类为解决现实或潜在的环境问题，协调人类与环境的关系，保护人类的生存环境、保障经济社会的可持续发展而采取的各种行动的总称。同时环境是国家的重要资源，也是人民生活质量的基本条件，环境保护是国策大事。

汽车美容保养业最大的业务量来自洗车，但不赚钱，排污也严重。真正赚钱的业务来自保养及车辆护理业务，但这些项目需要消耗大量的护理蜡、清洁剂等化学合成药剂，因此对操作者、使用者及环境都会带来持续的伤害。

因此汽车美容行业针对自身特点制定了相应的生产管理制度，具体如下。

（1）车辆清洗应在规定的固定地点进行，每天应对汽车清洗地点进行清扫，保持下水道通畅，场地整洁。

（2）保持场地清洁，汽车拆卸维修时，应做到油、水不落地，拆下的零件应放置在零件盆中，废油接入油盆中，拆修完毕后，立即清扫场地。

（3）废旧料应分类放置在规定的收集地点，废机油倒入收集桶内，定期处理废旧料和废机油。

（4）锉削制动蹄片应防止有害粉尘扩散，危害人体健康，有条件的应装置防尘罩或去尘装置。

（5）车辆喷漆应在烤漆房或喷漆间内进行，防止漆尘飞扬，污染环境。

（6）检修空调器时，制冷剂不得随意排放到大气中，应使用冷媒回收装置回收利用。

（7）维修车辆的废气排放应达到国家标准的规定要求，不得随意降低标准，不达到标准的不准出厂。

（8）环保工作由生产技术部门负责，定期进行监督检查，落实奖惩措施。

（9）设备发生故障时应及时停机，使用部门应立即通知设备管理员或单位领导，请维修人员检查排除故障。当修理人员在排除故障时，操作人员应积极协助修理人员排除故障。

（10）对设备使用年久，部件严重损坏，又无法修复和没有改造价值的，可办理报废手续报请经理批准。

（11）对设备的检查、保养、修理应做好所有记录，由设备员归档，以便检查。

（12）要严格执行设备管理制度，保管好各种工具和设备。

1. 废气的处理

汽车美容施工中产生的废气主要来源于喷涂散发的漆雾和溶剂挥发的蒸气。为防止废气造成大气污染，常采用活性炭吸附、触媒燃烧和直接燃烧等方法进行治理。

2. 废水的处理

清洗汽车车身、底盘时产生大量含油废液。这种油污主要以乳化油的状态存在，油分散的粒径很小，不易从废液中去除，通常采用破乳油水分离的方法净化处理。

3. 酸、碱性废液的处理

汽车表面清洗后的废液，根据废液中的酸碱值不同可采用加不同的酸碱来进行处理。

学习任务5　汽车美容与色彩

一、色彩基础知识

1. 色彩与光

光是色彩产生的重要条件。人类的生活环境离不开光，我们能看到的五彩缤纷的世界是由于光的存在，没有光，世界将会是一片黑暗，人类的视觉也就失去了意义。

最常见的光有自然光，如太阳光、月光等，另外还有人造光，如灯光等。色彩学是以太阳作为光源来解释光和色的物理现象的。1666年，英国科学家牛顿(1642—1727)，通过一个小孔将射进屋内的阳光用三棱镜进行分解，可产生一条按红、橙、黄、绿、蓝、靛、紫七色的顺序排列的标准色带。三棱镜将太阳光分离成色彩的光谱，被称作光的散射，即牛顿又对每种色光再进行分解实验，发现每种色光的折射率不同，但不能再分解。他再把光谱的各色光用透镜重新聚合，结果又汇成了与日光相同的白光。由此牛顿得出两点结论：一是白光是所有不同色光混合的结果；二是两种单色光相混合可出现另一种色光，如红光与绿光相混合呈黄光，蓝光与红光相混合是品红光。

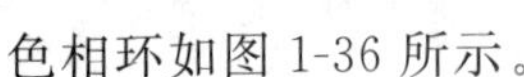
色相环如图1-36所示。

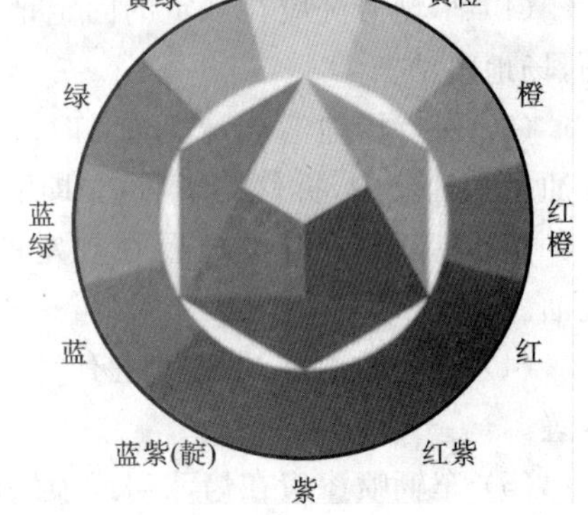

图1-36　色相环

2. 物体色彩形成的缘由

一是，发光体。在自然界中，太阳是最主要的光源。除了太阳之外，还有许多发光体。金属在常温下是不发光的，如果对它逐渐加温，也可以变为发光体，而且随着温度的升高，色彩逐渐由红橙色转化为黄绿色，温度极高时转化为蓝白色，这种转化在光学上称为“色温”。“色温”的单位是K，色温至3000 K，相当于白炽灯的光谱色，色温至6000 K接近阳光的白，至20 000 K呈蓝光且炫目。

当我们用光谱分析仪对不同色温的发光体进行测定时，可以看出，红、橙、黄、绿、蓝、靛、紫不同光波的含量是不等的。例如，白炽灯（还有火光、烛光等），含有较多的红黄光波，蓝紫（靛）光波较少；而日光灯发出的光波含有较多的蓝紫光波，红黄光波较少，所以看起来，前者发红，后者呈白、蓝、紫。晚上我们观看楼房中不同灯光时，这种差别是非常明显的。光源色对物体色彩的形成和影响起决定性作用，如夜晚灯光颜色对建筑物、水面倒影及地面的反映是显而易见的。

二是，透光体。当人们用一片有色玻璃遮住眼睛来观察外面的景物时，似乎是给自然景物“染”上了颜色。达·芬奇就做过类似实验，他发现“通过有色透光体观察物体时，有的物体颜色增强了，有的物体颜色削弱了”。通过有色透光体观察物体时，透光体的色彩决定了人的视觉的色调。透光体自身的颜色，是由它所能透射的色光决定的。根据这个原理，舞台灯光照明，幻灯放映，夜景灯光，只要改变一下滤色体就可以任意调整照明的色彩。在绘画写生中，当我们看到逆光的树叶、花瓣，涌起的海浪，以及人物、动物的某些部位（如人的耳轮、眼皮，鸡的冠），色彩较鲜明均属透光所产生。大气层也是一种透光体，每当日出或日落时云霞似锦，太阳变得“大如磨盘，红似火盆”，也是大气层透光折射所形成的视觉奇观。

三是，不发光体。平常的物体(指不发光体)都有反射和吸收不同波长的色光的特性。如红色物体，就是因为它有反射红色光而吸收其他色光的特性，被反射出来的红色光作用于我们的眼睛，因此物体看起来就是红色的。白色物体是由于它有反射一切光的特性，因此看起来是白色的。黑色物体是由于它有吸收一切光波的特性，不反射任何光波，所以看起来是黑色的。

自然界的所有物体对光的反射和吸收并不是绝对的。一个物体能反射某一色光不等于其他色光完全不反射，只是反射某一色光是主要的，而反射其他色光的能力相对较弱，程度不一样。不发光物体有反射某种色光的特性，光照强度的大小使该物体具有不同程度的“发光”效应，也能影响其他物体的颜色。如一个白色物体的背光部位附近有一个红色物体，白色物体的暗部反光部就会带有红色的感觉，所以物体的颜色并不是固定不变的，同一物体在不同光源、环境的影响下，它的颜色是会发生变化的。

二、色彩视觉

色彩是通过眼、脑和我们的生活经验所产生的一种对光的视觉效应。人对颜色的感觉不仅仅由光的物理性质所决定，比如人类对颜色的感觉往往受到周围颜色的影响。有时人们也将物质产生不同颜色的物理特性直接称为颜色。

人类能感受到色彩的存在就必须依靠人类的视觉器官——眼睛。人的眼睛又是如何看到颜色的呢？这主要取决于人眼视网膜上的生理构造和大脑，人的眼睛视网膜上有两种细胞——视杆细胞（圆柱细胞）和视锥细胞。视杆细胞能分辨出明暗、黑白，而视锥细胞能分辨出色彩，也可以微弱地分辨出明暗，只有在较强的光线时，视锥细胞才起作用。

视锥细胞分辨颜色，是由于其中存在着感红、感绿、感蓝这三种视色素，也称之为“红敏视锥细胞”“绿敏视锥细胞”“蓝敏视锥细胞”，它们就像是色光的三种不同的接收器，能分别对红、绿、蓝色光引起兴奋，将接收到的光波转换到神经脉中，将信息传到大脑，使得我们能感觉到色彩。

三、色彩的感觉

当国内车主对汽车的颜色还只是根据个人喜好来选择时，国外汽车的颜色已经成了一门专业的学问。国外多项研究结果表明：颜色不仅是车主个性的体现，而且与行车安全密切相关。汽车颜色与安全性研究表明：汽车行车安全性不仅受车况、驾驶操作等因素的影响，还受到车身颜色的视认性影响，也就是说，汽车颜色与安全密切相关。在天气晴好的条件下，浅色系汽车视认性佳，颜色安全性高，而黑色车的事故发生率最高。由测试得出结论：不同颜色汽车的安全性从好到差的排列依次是：白色、银色、黄色、红色、蓝色、绿色、黑色。

1. 色彩的进退

当两个以上的同形状同面积的不同色彩在相同的背景衬托下，我们发现给人的感觉是不一样的。

图1 37 白背景衬托下——红色与蓝色

如在白背景衬托下的红色与蓝色，红色感觉比蓝色离我们近，而且比蓝色大(见图1-37)。当白色与黑色在灰背景的衬托下，我们感觉白色比黑色离我们近，而且比黑色大（见图 1-38）。当高纯度的红色与低纯度的红色在白背景的衬托下，我们发现高纯度的红色比低纯度红色感觉离我们近，而且比低纯度的红色大（见图 1-39）。

图 1-38 灰背景衬托下——白色与黑色

图 1-39 白背景衬托下——高纯度的红色与低纯度的红色

颜色具有进退性，进退性就是所谓前进色和后退色，例如，有红色、黄色、蓝色、绿色共四部轿车与观察者保持相同的距离，但是看上去似乎红色车和黄色车要离观察者近一些，而蓝色和绿色的轿车看上去离观察者远一些。这说明了红色和黄色是前进色，而蓝色和绿色就是后退色。一般来讲，前进色的视认性较好。根据上面的分析结论是：在色相方面，长波长的色相，如红、橙、黄给人以前进膨胀的感觉，短波长的色相，如蓝、蓝绿、蓝紫有后退收缩的感觉。

2. 颜色胀缩感觉

将相同车身涂上不同的颜色会产生体积大小不同的感觉。如黄色感觉大一些，有膨胀性，称膨胀色；而同样体积的蓝色、绿色感觉小一些，有收缩性，称收缩色。膨胀色与收缩色视认效果不一样，据日本和美国车辆事故调查，发生事故的轿车中，蓝色和绿色的最多，黄色的最少，可见，膨胀色的视认性较好。

3. 颜色的明暗性

颜色在人们视觉中的亮度是不同的，可分为明色和暗色。红、黄为明色，暗色的车型看起来觉得小一些、远一些和模糊一些。明色的视认性较好。从安全的角度来考虑，轿车以视认性好的颜色为佳，有些视认性不太好的颜色，如果颜色合理搭配，也可提高其视认性，如蓝色和白色相配，效果就大为改善；荧光和夜光漆能增强能见度和娱乐气氛，因而被广泛应用于各种赛车、摩托车等，但对于轿车来说，目前选用这类颜色的仅限于概念车。由于荧光颜色过于强烈，因此在未来应用中必须有适当的管理办法来加以控制。

4. 颜色的感知性

如果说车身的颜色选择对驾驶员的行车安全具有举足轻重的作用，那么，汽车内饰的颜色选择也同样影响着行车安全，因为，不同的颜色选取对驾驶员的情绪具有一定的影响。内饰采用明快的配色，能给人以宽敞、舒适的感觉。有关专家建议，夏天最好采用冷色，冬天最好采用暖色，可以调节冷暖感觉。除去冷暖色系具有的明显的心理区别以外，色彩的明度与纯度也会引起对色彩物理印象的错觉。一般来说，颜色的重量感主要取决于色彩的明度，暗色给人以重的感觉，明色给人以轻的感觉。纯度与明度的变化给人以色彩软硬的印象，如淡的亮色使人觉得柔软，暗的纯色则有强硬的感觉，等等。恰当地使用色彩装饰可以减轻疲劳，减少交通事故的发生。

5. 私家车颜色选择

汽车车身的颜色可谓是五彩缤纷、色彩斑斓，在马路上构成了一道道美丽的风景线。其实，车身的颜色可以大致折射出一辆车的用途、性质，也可以反映出驾驶者（车主）的个性特点，还包含着丰富的汽车文化内涵。因此，在购车之前，要根据自己的需求、用途、个性与喜好等，对爱车的颜色进行自我定位，买车要买得称心、满意。

1）黑色车身

一般而言，黑色代表稳重、大方、不张扬。黑色是缩小色，但却会隐约显露权威性与尊严。多用于公务车、商务车，也有商务和家用兼用的车辆选用黑色。

黑色多适用于较大的车型，一些外形比桑塔纳小的轿车，很少有黑色的。而一些外形体积比较大的轿车，选用黑色的则比较普遍。如一汽的红旗系列、奥迪系列，上海通用汽车有限公司的别克君威、君越、林荫大道，广本的雅阁等车型。

家用休闲型、代步型轿车一般很少有选用黑色的。黑色车身的漆面比较容易着脏，容不得灰尘，时不时要擦洗打扫，维护保养要比其他大部分的颜色麻烦一些。

2）红色车身

红色代表奔放、激情，是速度、蓬勃与吉利的象征。红色车身多用于跑车、家用休闲型轿车、代步型轿车。

车身外形相对小的轿车，着红色的较多；车身外形相对大的轿车，着红色的较少。

3）白色车身

白色代表圣洁、典雅，是纯真、时尚与浪漫的象征。

不管是家用休闲型轿车，还是公务车、商务车，白色都占有一席之地。在休闲型家用轿车中，白色车身是备受青睐的对象。

白色是接纳所有尺寸的颜色，不管车形的大小。

白色对女士、男士都适用，同样，男女又都喜欢白色。白色更是年轻人的颜色，特别是年轻女性对其情有独钟，白色很有飘逸之感，更增添了一份纯洁与妩媚的自信。此外，白色车交通事故的发生率也较低。白色对轿车而言是节能色。但白颜色漆面如果不注意维护和保养，发黄、老化会比较快。白色也很怕雨水，雨水痕迹会容易留在车身上。

4）银灰色车身

银灰色代表随和、安详，平凡中带有庄重。

银灰色在休闲型、代步型的家用轿车中多见，MPV 车型、公务车特别是商务车中也是银灰色居多，大体形的轿车往往不使用银灰色。轿车的银灰色男女老少皆宜，是不老的流行色。银灰色轿车的漆面耐脏，沾上一些灰尘不那么显而易见。

5）黄色车身

黄色代表年轻、阳光与吉祥，是活力、积极、开放又大胆的象征。黄色是扩大色，黄颜色在跑车、休闲型家用轿车以及 1.0 左右小排量的车群中存在。

在现实生活中，黄色仿佛与大体形的轿车（排量 2.0 L 以上）不沾边。黄颜色似乎又是年轻人的专用色，它是浪漫的颜色。黄颜色的车身对少许灰尘不太敏感。轿车黄颜色的漆面喜新厌旧，一旦老化，将严重影响汽车车身的外观。有研究发现：当红、黄、蓝、绿四款颜色的车与观察者保持同等距离时，似乎红色和黄色轿车要近一些，而蓝色和绿色轿车要远一些，因此，红色、黄色也被认为是安全色。

6）蓝色车身

宝蓝、深蓝代表宁静、高洁、持重，是和平、善良与平安的象征。蓝色也适合家用休闲型、小体形轿车，但深蓝色在公务和商务的车群中也时有亮相，亦是成功人士喜欢的颜色。有报道说，在欧洲，蓝色紧随着银色已经成为第二流行色。

7）绿色车身

绿色代表青春与永恒，是生机盎然、希望、和平与不老的象征。

绿色属于休闲、代步型家用轿车色。在公务、商务的车群中倒也有墨绿色的存在。绿色非常好看，因为它是大自然的本色，也是永恒之色。

项目 2
汽车美容用品及工具设备

知识目标

（1）了解汽车美容用品分类及用途。

（2）掌握汽车漆面护理基本知识。

（3）掌握汽车美容工具与设备分类。

能力目标

（1）能正确使用汽车美容用品。

（2）能正确对汽车漆面进行护理。

（3）能正确操作汽车美容工具与设备。

学习任务1　汽车美容用品

汽车美容是一项复杂的系统工程。汽车的装饰材料、结构材料由于使用因素和环境因素的影响，需要清洁和保养，而汽车的外表涂层、外饰件和内饰件的材质纷繁复杂，所以不同的材质要求采用不同的清洁方法和使用不同的美容护理用品，以达到最佳的美容护理效果，否则，会引起相互间不良的化学反应而造成材料表面的破坏。

汽车美容在数十年的发展中，其美容材料已多样化、系列化。汽车美容用品就是汽车美容所需要用到的物品、汽车美容材料常称为汽车美容用品、汽车清洁系列用品、汽车护理系列用品、汽车专业保护系列用品。或者按照美容项目来分，包括车表美容(汽车清洗、除去油性污渍、新车开蜡、旧车开蜡、镀件翻新和轮胎翻新)、车饰美容(发动机美容护理和行李箱清洁、座套坐垫清洗、仪表盘清洗护理)、漆面美容(漆面失光处理、漆面划痕处理和喷漆)、汽车防护(粘贴防爆太阳膜、安装防盗器、安装语音报警系统和安装静电放电器)和汽车精品(汽车香水、装饰贴和各种垫套)等五个方面。

一、汽车清洗系列用品

1. 汽车清洗剂作用、成分及除垢机理

1) 汽车清洗剂的作用

汽车清洗剂是目前国内外大力推广的护理产品之一，使用汽车清洗剂具有以下的作用。

① 提高工作效力：采用清洗剂大大地提高了清洗速度，并可将清洗和护理合二为一，减少了美容工序，同时也增加了对车漆的护理，起到车漆表面保护作用。

② 节能作用：用清洗剂代替溶剂清除油垢，减少了汽油和柴油的消耗。

③ 经济作用：1 kg 的清洗剂可代替 30 kg 的溶剂，大大降低了汽车清洗费用。

④ 环保作用：如果采用环保型清洗剂清洗汽车，可减少对环境的污染。

因此，我们在清洗汽车时，因尽量使用清洗剂清洗汽车，以确保汽车清洗的质量和维护汽车车漆的完美。

2) 主要成分

(1) 表面活性物质。表面活性物质又称表面活性剂或界面活性剂，是一类能显著降低液体表面张力的物质，是清洗剂中不可或缺的成分。汽车清洗剂中的表面活性物质主要有软肥皂和合成清洗剂。

(2) 水玻璃。水玻璃的化学名称为硅酸钠，它在清洗剂中的主要作用是能够使溶液的 pH 值几乎维持不变。在清洗过程中，酸性污垢必定耗用碱盐，水玻璃维持溶液碱性的缓冲效果约为其他碱盐的两倍，因此能降低清洗剂的消耗。水玻璃具有很好的悬浮能力，这一能力是水玻璃和活性物质同时使用时能提高去污能力的重要原因。

(3) 磷酸盐。磷酸盐有磷酸三钠、磷酸氢二钠和缩合磷酸钠等多种。在清洗剂配方中，缩合磷酸盐最为重要。磷酸三钠又称正磷酸钠，它的 1%溶液，在室温时的 pH 值为 12，由于它的碱性太强，在清洗剂中用量不能太多。在配方中，它能增加清洗剂溶液的润湿能力，有一定的乳化能力，但它主要的作用是软水作用。

(4) 碱性物质。附着在金属表面的油脂，大体上可分为动、植物油和矿物油脂两大类。其

中动、植物油是脂肪，它和苛性钠一起被加热时会发生皂化反应，结果生成肥皂和甘油。这些产物都溶于水，此时生成的碱皂是极性分子，极性端被水所吸引，非极性端被油所吸引，因此溶剂的表面张力降低，油和溶液完全接触，溶液可以渗透油的内部，油脂膨胀并被溶液润湿，从而使它和金属间的附着力减少，最后变成微小的颗粒而分散在溶液中发生乳化。

(5) 溶剂。溶剂是表面清洗剂的主体，它连同表面活性剂等添加剂一起，共同对污垢起化学反应，达到清洗除垢的目的。溶剂主要有水基溶剂和油基溶剂两种，水基溶剂主要是水，油基溶剂主要有汽油、煤油、松节油等。

(6) 摩擦剂。摩擦剂是增加与清洗表面接触、摩擦的物质，如硅藻土等。

3) 除垢机理

一般而言，在汽车清洗过程中，先用冷水或温水将汽车表面水溶性的污垢冲洗掉；然后用清洗剂溶液冲洗，使憎水性的污垢被清洗溶液润湿、溶解并使其形成亲水层；最后再用冷水或温水冲洗污垢质点，并使其呈乳化液或悬浮状而脱离汽车表面被水冲洗干净。清洗剂除垢包括润湿、吸附、溶解、悬浮、去污等五个过程。

(1) 润湿。当清洗剂与汽车表面的污垢质点接触后，由于清洗剂溶液对污垢质点有很强的润湿力，使被清洗物的表面很容易被清洗溶液所润湿，并促进它们之间有充分的接触。清洗溶液不仅能润湿污垢质点表面，而且能深入污垢聚集体的细小空隙中，使污垢与被清洗表面结合力减弱、松动。

(2) 吸附。清洗剂中电解质形成的无机离子可吸附在污垢质点上，能改变对污垢质点的静电吸引力，并可防止污垢再沉积。清洗汽车外表面时，既有物理吸附(分子间相互吸引)，又有化学吸附(类似于化学键力的相互吸引)。

(3) 溶解。使污垢溶解在清洗剂溶液中。

(4) 悬浮。清洗剂中的表面活性物质能在污垢质点表面形成定向排列的分子层，进一步增加了去污作用。从清洗剂的基本结构来看，其分子内有两个部分：一部分是由长的碳氢链组成，它能在油中溶解，而在水中不溶解；另一部分是水溶性基，它使整个分子在水中能够溶解而发生表面活性作用。这种分子又称极性分子，分子中油溶性部分称为亲油基或憎水基，水溶性部分称为亲水基或憎油基。表面活性物质分子与污垢质点接触后，其憎水的一端会吸附在污垢质点上，而亲水的一端与水结合在一起。这样吸附在污垢质点周围的很多定向排列的分子就起了桥梁的作用，使污垢质点和周围的水溶液牢固地连接在一起，使憎水性污垢具有亲水性质。汽车表面上的污垢脱落后，悬浮于清洗剂中。

(5) 去污。最后通过射流冲击力将污垢冲掉。通过这种润湿—吸附—溶解—悬浮—去污的过程，不断循环或综合起作用，从而将汽车表面上的污垢清除掉。

2. 用品种类

1) 水性清洗剂

对水溶污垢采用水溶性清洗剂即可达到较好的清洗效果。此种清洗剂一般由多种表面活性剂配制而成，具有很强的浸润和分散能力，且配方中基本不含碱性盐类，不仅能有效地清除一般性污垢，而且对漆面原有光泽具有保护作用。

2) 有机清洗剂

对不溶于水性的污垢应采用有机清洗剂进行清洗。这种清洗剂主要用于去除车身表面的油脂或沥青污垢。在使用过程中，要注意的是，应避免有机清洗剂喷触塑料、橡胶等部件，因为有机清洗剂含有汽油或煤油等易燃成分，会腐蚀塑料和橡胶。同时在使用过程中也要注意避免在明火附近使用，应在通风良好的地方使用。有机清洗剂的主要成分是有机溶剂，国内产品中的有机溶剂主要有汽油、煤油、甲苯、二甲苯、三氯乙烯、四氯化碳等，进口产品中的有机溶剂主要有 prep-sol、pre-kleano 等。有机清洗剂在使用中应尽量避免接触塑料、橡胶部件，以免老化。

3）油脂清洗剂

油脂清洗剂：又称去油剂，它具有极强的去油功能，主要用于发动机、轮毂等油污较重部位的清洗。目前市场上的油脂清洗剂大致有三类：一是水质去油剂，该类产品具有安全、无害、成本适中等优点，但去油功能有限；二是石化溶剂型去油剂，该产品具有去油能力强，成本低等优点，但易燃、有害；三是天然溶剂型去油剂，该产品不仅功能强，且无害，但成本较高。

4）溶解清洗剂

溶解清洗剂：简称“溶剂”，是一类溶解功能很强的清洗剂，不仅能清除车身上的焦油、沥青、鸟粪、树胶、漆点等水不溶性污垢，而且还可用于“开蜡”，因此有些品种直接取名为开蜡水。

5）多功能清洗剂

此类清洗剂不仅能去除一般性污垢，而且还具有增亮、上光、柔顺、杀菌及防静电、抗老化等作用。表面多功能清洗剂类：此类清洗剂主要用于清洗汽车表面灰尘、油污等，且在清洗的同时进行漆面护理。

(1) 车外多功能清洗剂。

① 二合一清洗剂：所谓“二合一”即清洁、护理合二为一，既有清洗功能，又有上蜡功效，可以满足快速清洗兼打蜡的要求。此产品主要由多种表面活性剂配制而成，上蜡成分是一种具有独特配方的水蜡，它可以在清洗作业中，在漆面形成一层蜡膜，增加车身的鲜艳程度，有效保护车漆。二合一清洗剂适用于车身比较干净的汽车，洗车后直接用毛巾擦干，再用无纺棉轻轻抛光。

② 香波类清洗剂：此类清洗剂主要有汽车香波、洗车香波及清洁香波等品种，具有性质温和、不破坏蜡膜过滤、不腐蚀漆面、液体浓缩、泡沫丰富、使用成本低等特点。香波类清洗剂含有表面活性剂，有很强的分解能力，能有效地去除车身表面的尘土和油污等污垢。有的产品含有阳离子表面活性剂成分，能去除车身携带静电和防止交通膜过滤的形成。

③ 脱蜡清洗剂：此类清洗剂含柔和性溶剂，具有较强的溶解功能，不仅可去除车身油垢，而且能把以前的蜡洗掉，主要适用于重新打蜡前的车身清洗。

④ 环保型清洗剂：此类清洗剂主要成分为天然原料，对环境无污染，并具有特殊的清洗效果。如“洁碧”变色水蜡(龟博士 T-68)是一种双种配方水蜡，瓶内上半截的白色为天然巴西棕蜡，下半截的蓝色是环保型润洗车液，使用时先将液体晃匀呈乳白色。该清洗剂含流线式催干剂，自动驱水，几乎不用毛巾擦干，使用方便、快捷，洗车的同时即可完成打蜡工序。

(2) 汽车室内清洗剂。

① 丝绒清洁保护剂：此类产品主要用于毛绒、丝绒、棉绒等织物的清洁和保护。具有丰富的泡沫，去污力强，洗后留有硅酮保护膜，恢复绒织物原状，防止脏物浸入等特点。使用时，先轻轻将瓶里的产品摇晃均匀，然后喷在需要清洁的表面，再用清洁干布将泡沫擦净，污渍明显处应反复喷涂擦拭。

② 化纤清洗剂：此类产品在多功能清洗剂的基础上特别增加了清洗内室化纤制品的功能，对车用地毯、沙发套等化纤制品上的油污和时间不太长的果汁、血迹等具有很好的清洗效果，而且不会伤害化纤制品。使用时，先将液体倒入桶中，用高压喷枪按需要比例注水，然后用毛巾沾水中的泡沫去清洗脏处，再用干净布擦净即可。

③ 塑胶清洁上光剂：此类产品主要用于塑料及橡胶制品的清洁与护理，清除污垢的同时，

能在塑胶制品表面形成一层保护膜，具有翻新的效果。

④ 真皮清洁增光剂：此类产品主要用于皮革制品的清洁与护理，清除污垢的同时能在皮革制品表面形成一层保护膜，起到抗老化、防水、防静电的作用，延长皮革制品的使用寿命。

⑤ 多功能内室光亮剂：此类清洗剂不仅可对化纤、皮革、塑料等不同材料的内室物品进行清洗，而且可起到上光、保护、杀菌等作用。使用也很方便，只要一喷一抹，即可光洁如新，增加美丽光泽，并有防止内室部件老化、龟裂及褪色等功效。

3. 汽车清洗剂的配制

由于种种原因，自己配制的清洗剂清洗效果不如成品清洗剂，因此自己配制的清洗剂一般只用于低档汽车的清洗。

1）汽车清洗剂的主要成分

(1) 表面活性物质。表面活性物质亦称表面活性剂或界面活性剂，是一类能显著降低液体表面张力的物质，是清洗剂中不可缺少的成分。汽车清洗剂中的表面活性物质主要有软肥皂和合成清洗剂。软肥皂又称液体肥皂，一般都是钾皂，在软水中有很好的去垢能力和形成泡沫能力，能很好地溶在水中，在许多汽车清洗剂中是不可缺少的成分。在硬度较高的水中，使用合成清洗剂较为合适。因为它可以使肥皂在硬水中形成的钙镁皂浮出，而分散在溶液中。在使用合成清洗剂做活性物时，都用阴离子型及非离子型合成清洗剂。阴离子型清洗剂去垢能力较强，在碱性溶液和硬水中很稳定；非离子型清洗剂去垢能力比阴离子型清洗剂还强，在去垢过程中防止污垢再沉积能力也比阴离子型优越得多。将非离子型清洗剂加入阴离子型清洗剂中，增加了阴离子型清洗剂在冷水和硬水中的溶解度，因此可以增加阴离子型清洗剂的去污能力。

表面活性物质在水中溶解能力不同，对清洗质量有很大的影响，易溶的活性物质在溶液中是以分子的状态存在的。因这些物质形成的吸附层不坚固，乳浊液的珠滴会很快地聚合起来，而使污垢又重新沉淀在被清洗的物面上。

部分溶于水的表面活性物质，不论其是否以分子状态进入溶液，均能形成使油污的乳浊液、悬浮液和胶体溶液稳定而坚固的吸附层，这些物质是最好的清洗剂。不溶于水的表面活性物质只能以胶料的形态转入溶液中可以形成胶体溶液。胶料中的分子亲水部分朝着水，而憎水部分朝着胶料的里面，这类物质能形成坚固的膜，因而能很好地稳定乳浊液，但很难润湿污垢质点，而且在憎水的污垢质点上吸附力很弱，对这类物质清洗作用不好。

除软肥皂及合成清洗剂外，常用的表面活性物质还有油酸、三乙醇胺、醇类等。

(2) 水玻璃。水玻璃的化学名称叫硅酸钠。它在清洗剂中的主要作用是能够使溶液的 pH 值几乎不变。在清洗过程中，本性污垢必定耗用碱盐，水玻璃维持溶液碱性的缓冲效果约为其他碱盐的两倍，因此能降低清洗剂的消耗。水玻璃具有很好的悬浮能力或稳定悬浮系统的能力，这一能力是水玻璃和活性物质同时能提高去污能力的重要因素。

(3) 磷酸盐。磷酸盐有磷酸盐三钠、磷酸氢二钠和磷酸钠等多种。在清洗剂配方中以综合磷酸盐最重要。磷酸三钠又称正磷酸钠，它的 1% 溶液，在室温时的 pH 值为 12。由于它的碱性太强，在清洗剂中用料不能太多。在配方中它能增加清洗剂溶液的润湿能力，有一定的乳化能力，但它主要的作用是软水作用。磷酸三钠与硬水中的钙镁盐反应，成为不溶性的磷酸钙盐和镁盐，这些盐类在溶液中静止后，逐渐沉在容器底部。磷酸氢二钠除 pH 值较低外，其余性质与磷酸三钠相同。在配方中往往将两种磷酸盐混合使用，这样可以保证在较低的 pH 值情况下，仍能得到良好的去垢效果。缩合磷酸盐主要包括焦磷酸钠、三聚磷酸钠等，使用最多的是三聚磷酸钠。在去垢剂中加入缩合磷酸盐具有以下作用：缩合磷酸盐和钙镁离子生成络合物，并能在水中溶解，起软水作用；在水溶液中缩合磷酸盐具有特殊的分散污垢固体微粒的能力，这样可以加快清洗过程和提高清洗效果。缩合磷酸盐的 pH 值较低，但有很好的去垢能力、泡沫稳定性和乳化力。

(4) 碱性物质。附着在金属表面的油脂，大体上可分为动、植物油和矿物油脂两大类。前者是脂肪，它和苛性钠一起被加热时会发生皂化反应，生成肥皂和甘油。这些产物都溶于水，此时生成的碱皂是极性分子，极性端被水所吸引，非极性端被油所吸引，因溶剂的表面张力降低，油和溶液完全接触，溶液可以渗透油的内部，油脂膨胀并被溶液润湿，从而使它和金属间的附着力减小，最后变成微小的颗粒面分散在溶液中发生乳化。另一方面，若配制洗涤剂除油后用水冲洗被洗物面时，使用硬水肥皂便和硬水中的钙、镁离子生成不溶性的金属皂，沉淀在金属表面，很难除去。由于这个原因，使用高浓度的苛性钠起的作用也不大。若浓度过低也会吸收空气中的碳酸气使其浓度进一步下降。因此，现在已改用硅酸钠、磷酸钠系统的碱清洗剂了。因为这些碱性物质，都是弱酸强碱式的盐类，加水分解就变成碱，而且其酸碱度大体保持恒定，也就是说，碱度下降后便由水分解补充减低的碱度而保持一定的 pH 值，所以这样的碱清洗是缓冲溶液式的，它弥补了苛性钠的特点。在清洗液中为了保证足够的清洗能力，pH 值必须保持在 9 以上。矿物油脂，由于不会发生皂化反应，因而即使和苛性钠一起加热也很难去掉油脂，这些胶状颗粒可以吸附并悬浊金属表面的油脂。硅酸钠对游离碱也有缓冲作用，因此不论哪一种油脂均能被去除。使用硅酸钠溶液除油，特别是除油后还要进行化学除锈时，应特别注意除油后，被清洗表面一定要用水冲洗干净(必要时用热水最好)，否则，若物面上有一些硅酸钠残留物碰到酸就会发生氧化而形成硅胶，这对以后的清洗和被洗物表面喷漆都会产生不良的影响。清洗剂溶液中加入过多的碳酸等碱性物质，会使汽车表面的漆层发软起泡。苛性钠由于碱性太强，不适用于汽车清洗剂配方中，否则会引起漆层完全破坏。碳酸氢钠溶液 pH 值低，20℃时的 1%的碳酸氢钠溶液 pH 值为 8.4，但碳酸氢钠受热易分解成碳酸钠，故在调温使用的配方中不宜采用。

(5) 溶剂。溶剂是表面清洗剂的主体，它溶解表面活性剂等添加剂，共同对污垢化学反应，达到清洗除垢的目的。溶剂主要有水基溶剂和油基溶剂两种，水基溶剂主要是水，油基溶剂主要有汽油、煤油、松节油等。

(6) 摩擦剂。摩擦剂是增加与清洗表面接触、摩擦的物质，如硅藻土等。

2) 汽车清洗剂配方举例

(1) 车身表面清洗剂配方。汽车表面清洗的清洗剂大多是水基型清洗剂，即以水做清洗剂的基体，配以一定比例的清洗剂和喷射压力进行清洗。有时，也应用一些油基清洗剂。部分车身表面清洗剂配方如下。

配方一的主要成分：碳酸钠、磷酸三钠、磷酸氢二钠、水玻璃、软皂、水。

配方二的主要成分：三乙醇胺、油酸、硅藻土、煤油、酒精、水。

配方三的主要成分：直链烷基苯磺酸钠、辛烷基酚聚氧乙烯醚、乙二醇丁醚、水。

配方四的主要成分：乙二胺四乙酸(EDTA)、氟化烷基羧酸钾、水。

配方五的主要成分：焦磷酸钠、烷基醚基磷酸酯、烷氧基化脂肪醇、两性表面活性剂、丁氧基乙醇、醇、含氟表面活性剂、二甲苯磺酸钠、铬酸、水。

配方六的主要成分：磷酸甲酯、甲羟基膦酸、乙氧基(10 摩尔)化壬、烷基磺酸钠、水。

配方七的主要成分：壬基酚聚氧乙烯醚、聚氧乙烯脂肪胺、四氯乙烯。

配方八的主要成分：磷酸(85%)、乙酯、水。

配方九的主要成分：矿物油、油酸、三乙酸胺、水、硅藻土粉。

配方十的主要成分：乙二胺四乙酸(EDTA)、葡萄酸钠、十二烷基硫酸钠、椰子甜菜碱、氟化烷基羧钾、月桂基氧化胺、水。

配方十一的主要成分：C10-C18链烷磺酸二乙基胺盐、脂肪醇聚环氧乙烷、异丙醇、轻油。

(2) 汽车内室清洗剂配方。汽车内室表面主要指驾驶室、客车车厢的表面，座椅及内饰表面，电镀及铝件、塑料、橡胶表面等，其主要污垢是各类油污。所以，清洗剂主要是油性清洗剂，其中表面活性剂为主要成分。部分汽车内饰清洗剂配方主要有以下几种。

配方一的主要成分：硅酸钠、合成清洗剂、油酸甲酯、水。

配方二的主要成分：偏硅酸钠、氢氧化钠、磷酸三钠、阴离子表面活性剂。

配方三的主要成分：硅酸盐、碳酸钠、磷酸三钠、三聚磷酸钠、表面活性剂、其他钠盐。

(3) 汽车常见玻璃清洗剂配方。汽车玻璃清洗剂是清洗剂，作用是汽车玻璃清洗。

① 性能要求。

a. 优异的快速去污性能。

b. 防腐性，对挡风玻璃、雨刮器、漆面无腐蚀。

c. 优异的挥发性。

② 配方组成。

汽车清洗剂的主要成分：水、溶剂、表面活性剂、香精及一些其他助剂。常见配方如下。

配方一的主要成分：工业乙醇、二十烷基苯磺酸三乙醇胺盐、正磷酸、二乙醇胺、水。

配方二的主要成分：仲烷基碘酸钠、烷基醚硫酸盐、乙氧基化牛脂醇、十二烷基二甲基氧化胺、乙二胺四乙酸钠、聚乙二醇、亚磷酸酊-丁醇-乙二醇反应物(1∶2∶2摩尔比)、焦硅酸钠、聚磷酸盐(68%P_2O_3)。

配方三的主要成分：碳酸钙、浮石粉(二氧化硅粉)、水、乙醇(或甲醇、异丙醇)、润湿剂(丙二醇-乙二醇脂肪限聚合物)。

配方四的主要成分：水溶性聚磷酸盐(P_2O_5小于68%)、碳酸氢钠、柠檬酸、C13～C18烯基磺酸盐、三聚磷酸钠、硫酸钠。

配方五的主要成分：异丙醇、水、羧甲基纤维钠、净化剂。

a. 溶剂的选择。

分析研究表明，汽车玻璃附着污垢的主要成分为泥沙、灰尘、树胶、虫胶、汽油和柴油燃烧产生的油垢、残余上光蜡、昆虫遗体等。泥沙、灰尘可由水洗净，所以，汽车挡风玻璃清洗剂的主要溶剂应为水，但油垢、动植物胶质很难被水洗净，故清洗剂中必须加入有机溶剂，以增加清洗剂对污物的溶解性。同时，为了保证冬季使用，汽车挡风玻璃清洗剂必须防冻，有机溶剂的加入可使汽车挡风玻璃清洗剂的冰点达到防冻要求。有机溶剂可选择甲醇、乙醇、丁醇、异丙醇等。甲醇价格低廉，溶解性能好，防冻效果强，但闪点低、毒性大，安全性能较差；丁醇、异丙醇价格较乙醇高，毒性也较乙醇高，且气味异味感大；乙醇价格适中，溶解性好，防冻性好，无毒，安全，气味能被消费者接受，故选用乙醇为有机溶剂。

b. 表面活性剂的选择。

表面活性剂的少量添加能大大降低水的表面张力，改变体系界面状态，产生润湿、渗透、增容、净洗、分散等一系列作用，所以，适当的表面活性剂在汽车玻璃清洗剂中必不可少。表面活性剂的种类很多，可分为阴离子表面活性剂、阳离子表面活性剂、非离子表面活性剂、两性离子表面活性剂等。考虑到玻璃清洗剂要求清洗后残留物少。不形成条纹痕迹，使玻璃表面保持高度透明。因此配方中常以不残留固体的液体非离子表面活性剂为主洗剂，加入少量阴离子表面活性剂起润滑作用和光亮作用。根据经验和实验，选用AEO-9、LAS。

c. 助剂的选择。

乙二胺四乙酸(EDTA),白色固体粉末,在水溶液中能与钙、镁等金属离子形成稳定的络合物,使金属离子被束缚,使硬水软化,另外,提高水溶液的透明度,同时还具有一定的杀菌能力。

三乙醇胺(TEOA)主要用于表面活性剂、洗涤剂、稳定剂、织物柔软剂的制备。在液体洗涤剂中加入三乙醇胺,可改进油性污垢,特别是非极性皮脂的去除,同时,通过提高碱性来提高去污性能。另外,在液体洗涤剂中,其相容性也非常好。

d. 香精的选择。

为了遮掩清洗剂原料中难闻的味道,同时让消费者嗅到一些令人感到舒适的香气,常常在清洗剂中加入香精。香精在洗涤时会产生条纹,所以在洗涤剂中加入的香精很少,应选用一些香味较强的香精。

二、汽车专业保护系列用品

汽车专业保护剂是一种能起到增亮、抗磨、抗老化等保护作用的用品。主要用于皮革(包括人造皮)、塑料、橡胶、化纤等材质表面,起上光、耐磨、防老化等保护作用,包括汽车座椅、仪表板、保险杠、密封条、轮胎以及电镀件等。

保护剂的品牌很多,按适用的材质大致可分为如下几类。

皮革保护剂　　皮革清洗剂

图 2-1　皮革保护剂和清洗剂

1. 皮革保护剂

皮革保护剂既适用于皮革(含人造皮),也适用于塑料制品,所以有的叫"皮塑保护剂",主要功能是对真皮革制品及塑料制品进行上光、软化,起到抗磨、抗老化等作用。适用于皮革座椅、仪表台、方向盘、排挡区、车门内侧以及塑料保险杠等。

皮革保护剂和清洗剂如图 2-1 所示。

使用方法:将此保护剂均匀喷洒于皮革制品或塑料制品表面,用纯软布蘸少许保护剂轻擦几下即可。如果皮革制品或塑料制品过脏,先清洗后再用。经过保护剂处理后,皮革制品和塑料制品可达到翻新的效果。

2. 轮胎上光保护剂

轮胎的保护剂分两种:一种是以清洗功能为主的,在达到清洗目的的同时,对轮胎有增黑上光的作用,产品中所含的聚硅氧烷树脂(上光物质)对橡胶具有保作用;另一种是以上光为主的保护剂,它没有清洗功能,但上光功能很强,喷上后不用擦拭,数分钟后光亮如新。这两种产品建议同时使用,前者清洗,后者上光,这样保护作用更佳。

3. 化纤保护剂

用于汽车内饰部分的化纤保护剂,一般都与清洗功能相结合,即它们含有清洗、保护双重作用。汽车内饰的化纤制品(座椅、顶篷、车门内侧等)最易脏,而且最影响汽车的美观。单纯的化纤清洗剂,只起到去污清洁的作用。而化纤保护剂含有聚硅氧烷树脂,在清洗去污的同时,将这种聚合物附着在纤维上,能起到防紫外线、防老化、防腐蚀等作用,而且再脏了后也比较容易清洗。单纯叫化纤保护剂的产品不多,较多的是将清洗功能包括在名称中,如绒毛清洁柔顺剂、全能泡沫清洗剂等。注意产品说明中它对化纤类是否有保护作用,作用效果如何,应选择有较强保护作用的产品。

使用时化纤保护剂以雾化状态喷洒于处理物表面，然后用毛刷刷洗或用毛巾擦洗，晾干后即可。

4. 橡胶保护剂

橡胶保护剂用于密封条、发动机上的部分管线、轮胎等。橡胶保护剂也适用于工程塑料。这类产品是通过它的抗紫外线照射作用来防止橡胶及塑料的氧化，从而实现保护的作用。

同类产品还可选用保险杠翻新剂、皮革上光保护剂以及轮胎上光保护剂，它们的功能差不多。其使用方法同轮胎上光保护剂一样。

橡胶保护剂如图 2-2 所示。

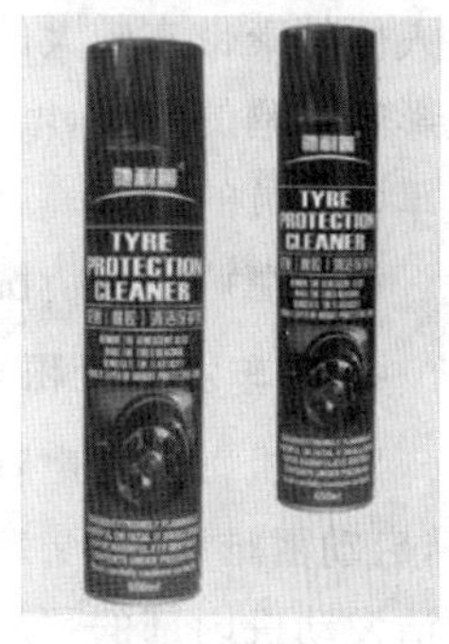

图 2-2 橡胶保护剂

三、汽车防锈剂

电镀件表层破损后很容易氧化生锈，而且又不太好除锈，用砂纸和研磨方法易损伤镀铬层。电镀件除锈保护剂用化学方法除锈，同时对电镀层起防止氧化的保护作用。同类产品还有多功能防锈剂，具有很强的防腐功能，对不同金属盒机械设备的腐蚀现象有很好的防护作用，有优越的避水性，对塑胶无任何腐蚀。

同类产品有多功能防锈剂，主要用于金属表面，起到除锈、防锈的作用，也可用于油漆、橡胶及塑料件表面，是发动机表面及汽车底盘的理想保护用品。

汽车防锈剂如图 2-3 所示。

图 2-3 汽车防锈剂

四、汽车免拆清洗剂

汽车免拆清洗剂指的是在不对汽车总成或者部件进行拆解的清洁过程中使用的清洁剂。一般可以按照清洁部位进行如下分类。

1. 座椅清洁剂

座椅是和车主接触最多的地方，长时间不清洗，很容易滋生细菌，对车主的身体健康造成影响。对座椅进行清洁时，一定要根据座椅的材质选择相应的清洁剂，例如皮革、棉布或者是化纤类的都有相应的清洁剂。

对不是很脏的座椅的清洁，建议使用长毛的刷子和吸力强的吸尘器配合，一边刷座椅表面，一边用吸尘器的吸口把污物吸出来。接缝处常是灰尘容易堆积的地方，可用手拨开再用吸尘器吸。

2. 汽车顶棚清洗剂

车辆使用久了之后，汽车顶棚往往会变灰变暗，失去原有的光泽，利用泡沫清洗剂可以很简单地清洁干净。首先，使用清洗剂之前，要摇晃均匀，喷出清洗剂为泡沫状，这样才不易流淌，然后对准清洗部位，均匀喷洒，然后作用 30～40 s 之后，再用干布擦拭干净即可。

3. 空调清洗剂

汽车空调的使用原理是让环境中的空气在蒸发箱中循环得以制冷。时间一长便有大量的脏物积聚在空调滤芯、蒸发箱、通风管上。吸烟造成的异味，口腔呼出的气体不断地附着在空调出风口，由于蒸发箱和管道中的潮湿环境很容易滋生繁衍各种细菌，如果不清洗，时间久了就会对人体健康带来较大的危害。夏天灰尘多，这些灰尘与冷凝水黏合堵塞在蒸发器等部件上，不仅影响空调的使用，增加电耗、噪声，降低空调系统的使用寿命，产生的霉菌、杂质、异味也会影响车内人员的健康。

汽车空调免拆清洗剂如图 2-4 所示。

4. 汽车发动机积炭清洗剂

发动机工作时声音较闷，排气不畅，怠速不稳，工作无力，油耗升高，水温、排气温度异常升高，启动困难，油门滞后，反应不灵敏等都是与积炭相关的现象。市场上很早就有利用燃油系统清洁发动机内部的积炭，很多人将发动机积炭清洗剂称为燃油宝。

汽车发动机积炭清洗剂如图 2-5 所示。

图 2-4 汽车空调免拆清洗剂

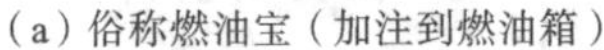

(a) 俗称燃油宝（加注到燃油箱）

(b) 发动机抗磨修复剂

图 2-5 汽车发动机积炭清洗剂

学习任务 2 汽车漆面护理

一、汽车漆面基本常识

1. 汽车漆面涂料成膜机理与漆面的类型

汽车面漆是汽车多层涂装中最后涂层用的涂料，它将会直接影响汽车的装饰性、耐候性和外观等。随着工业的发展和人民生活水平的提高，汽车面漆在近 60 多年中，无论是在所用的漆基方面，还是在色泽和施工性能方面都经历过几次变革。

根据汽车的使用条件、产品品种和设计要求，在选择汽车面漆或制定面漆技术条件时，应从外观、硬度和抗崩裂性、耐候性、耐潮湿性、耐药剂、施工性能和耐温度性、抗寒性等方面进行考虑。特别是在寒冷地区使用的汽车面漆涂层应充分考虑到这些方面，急冷急热的温度变化会使面漆涂层易开裂。

(1) 1924 年以前主要采用以植物油等天然树脂为基料的油性漆。

(2) 1934—1935 年主要采用硝化纤维磁漆。

(3) 1935—1945 年主要用硝化纤维磁漆和醇酸树脂磁漆。

(4) 1945—1955 年主要用醇酸树脂磁漆和氨基醇酸磁漆。

(5) 1955—1965 年主要用高氨基含量的氨基醇酸磁漆、热塑性丙酸树脂磁漆和热固性丙酸树脂磁漆。

(6) 1965—1990 年继续采用优质的氨基醇酸磁漆和热固性丙酸树脂磁漆，并不断提高其外观装饰性和施工性能。为适应环保要求，开发采用了高固体分的合成树脂磁漆，以及开发水性面漆。

(7) 20 世纪 90 年代以来，在一些环保法规要求高的地区，在新建的汽车涂装线上，开始采用水性面漆。

根据汽车的使用条件、产品品种和设计要求，在选择汽车面漆或面漆技术条件时选用面漆时应通过耐寒性和耐温度变化性(－40 ℃～60 ℃)试验，证实即使在最大的许可厚度的情况下，面漆层不应开裂。

汽车用面漆按漆基分类主要有以下六大类：① 三聚氯氨醇酸树脂面漆；② 丙烯酸树脂系磁漆(又可分为热塑性和热固性)；③ 聚氨基甲酸磁漆；④ 醇酸树脂系磁漆；⑤ 硝基磁漆(俗称汽车喷漆)；⑥ 过氯乙烯树脂磁漆。

涂装车间使用的面漆主要有单色面漆、金属色漆、罩光清漆等。单色面漆有醇酸树脂和氨基树脂，如红单色油漆。金属色漆有醋丁纤维、聚酯、三聚氰胺树脂，如魔力黑金属漆；高光泽罩光清漆有丙烯酸树脂，氨基树脂。

1) 涂料成膜机理

涂料由液态或粉末状态变成固态，在车身表面形成一层均匀的薄膜，这一过程称为涂装。汽车漆面涂装可以分为三种方式。

(1) 电泳涂装。新车通常在全自动生产线上完成底漆涂装。

(2) 静电喷涂。为了达到漆面厚度均匀，趋于完美的涂装效果，新车全面采用了静电喷涂。

(3) 压缩空气喷涂。汽车修补涂装时使用。涂膜的质量在很大程度上取决于操作者的熟练程度和技术水平。

2) 车身漆面的类型

(1) 根据车身漆面的形成条件划分。

① 原厂漆面。新车涂膜经过 200 ℃高温烘烤，在涂膜干燥过程中经过熔融和二次流平，涂膜干涸后具有镜面光泽，并且膜质坚硬、性能好且稳定抗氧化、抗腐蚀能力高，色彩纯正。此外，用于新车在全自动化生产线上完成涂装，环境洁净，无粉尘污染，也保证了车身漆面洁净无瑕疵。

② 修补漆面。汽车原厂涂装漆面因意外碰撞受损后，为了恢复其外貌和装饰效果，采用压缩空气喷涂方法进行修补，后经 600 ℃左右的高温烘烤而成。因修补涂料的选用以及技工操作水平的不同，修补漆面的质量或多或少存在差异、瑕疵。如果仔细观察，就可以发现修补漆面纹理不均匀，有压缩空气喷涂时喷雾落点留下的痕迹(严重者呈橘纹状)，以及局部漆面可能存在沙砾等。

③ 风干漆面。此类漆面属于修补后自然风干，未经烘烤，因此该漆面抗氧化、抗腐蚀性能差，半年左右就会褪色。

(2) 按照漆面劣化、损坏程度划分。

① 新车漆面。新车下线之前必须进行漆面保护。目前只有一少部分汽车全车涂上保护蜡，这种车在出售前必须使用专业的开蜡水对车漆做开蜡处理后方能投入使用，而且需要定期进行汽车美容专业护理。否则不规范、非专业的洗车和打蜡不但省不了钱，反而会加速车漆的老化速度或者造成漆面受到意外伤害。大部分新车在下线后粘贴有保护膜，这类汽车无须开蜡，可以根据用户需要进行漆面清洗、打蜡护理或封釉护理。

② 轻微损伤漆面。由于外界环境如紫外线、有害气体、酸雨、盐碱气候、制动盘与蹄片磨损产生的粉尘及马路粉尘等对漆面形成氧化层，造成哑光或老化。这些轻微损伤通过专业的美容护理即可恢复汽车光亮如新的效果。

③ 擦伤的漆面。损伤仅仅伤及外面，钣金未变形，漆面无刮花痕迹。

④ 划花漆面。划痕深入漆膜。

以上①②③④种情况都可以经过专业美容，如打蜡、抛光研磨来修复。如果划痕过长、过深且面积较大，则应修补漆面。

⑤ 碰伤漆面。应先修复钣金，再修补漆面。

⑥ 劣质老化的漆面。漆面经过日晒雨淋而严重老化，深色车漆发白、褪色，白色车漆泛黄，甚至有些车漆漆面龟裂，此时就必须进行重新涂装。

(3) 根据车身面漆漆膜构成划分。

① 单膜漆面。新车涂装和修补涂装的漆膜构成相似，单膜漆面由里及外分为电泳底漆、中涂底漆和面漆三个部分，其中面漆只是由一种材质的涂料，按工艺规范分 2～3 次涂布，然后进行干燥处理而获得。通常素色(又称实色)，即黑、白、红、黄、奶白、浅黄等不掺和闪光材料(如铝粉、云母等)的各色涂料，多采用单膜喷涂技术，也就是我们常说的普通漆，这种漆面主要用于经济型车辆。

② 双膜漆面。金属底色面漆涂装成膜后，涂膜表面没有洁亮的光泽感，双膜漆面就是在单膜漆面表面上再另外涂装透明清漆。透明清漆的出现有两个目的：一是增加漆的亮度和反光度；二是用以保护色漆层。透明清漆含有减少紫外线照射的保护功能(色漆不含此功能)，只要透明层完好无损，就可以有效地延缓色漆的老化(褪色)。这种漆膜就是我们常说的金属漆，其美容作业的操作性和效果较好。

③ 三膜面漆。三膜面漆是在双膜漆面上喷涂珍珠透明漆。三膜面漆涂装后漆面如同彩色照片烫压了一层透明塑料薄膜，既能保持色彩鲜艳持久，又能耐磨不变花，这种漆膜主要用于高档轿车。

3) 普通漆与透明漆的识别

(1) 透明漆的特点。

① 透明漆美观，光泽度很高。

② 透明漆护理得好坏，一般是通过“倒影线条”来反映的。

例如，拿一张报纸，放在汽车漆前面，若能从透明漆反射的影中读报，说明此车的透明漆表层光滑如镜，护理得好，而普通漆得不到这种效果。

③ 透明漆比普通漆更易受到环境污染的侵蚀。

如汽车尾气中排出二氧化碳的炭黑、飞机航空油中飘落的杂物，还有酸雨、酸雾、酸雪等，一旦这些杂物落在车上，加上空气中的水分，它们随即会变成腐蚀透明漆的酸性溶液。稍一加温(阳光中的紫外线)，便开始发生化学反应，侵蚀汽车漆的保护层。一次、两次并不明显，但若长期不做护理，最终这种化学反应会侵蚀到面漆层、底漆层甚至金属层。

(2) 普通漆与透明漆的识别有以下方法。

① 目测。透明漆光泽的层次比普通漆要深。

② 试验。用湿布沾一点研磨剂在车身上不显眼处擦几下，布上若有颜色，则是普通漆；反之，则是透明漆。

汽车漆面美容护理作业中，如果对漆面不易识别，可以按金属漆面对待。

2. 车漆的性能要求

汽车基材不仅要用底漆防腐、防锈，更重要的是用面漆涂装，以提高对金属的保护。面漆不但要有优良的装饰性（漆膜色彩鲜艳、光亮丰满），而且还要有良好的保护性。漆膜有耐候、耐水、耐油、耐磨及耐化学腐蚀性能的要求，因此，在选择汽车用面漆时应从以下几个方面来考虑。

1）外观

色彩鲜艳、光泽醒目、色差小、丰满度强和鲜映性好。

2）硬度和抗石击性

面漆应坚硬、耐磨，且具有足够的抗石击性（一般在2H以上）。保证漆膜在汽车行驶中由于路面沙石的冲击和摩擦时不产生划痕。

3）耐候性和耐老化性

耐候性和耐老化性是选择面漆时的重要指标之一，如果汽车用面漆的耐候性和耐老化性不好，则使用不久汽车面漆就会失光、变色及粉化，直接影响汽车的装饰性，新车很快变成旧车。因此，要求汽车用面漆涂层有良好的耐候性及耐老化性。

4）耐湿热和防腐蚀性

漆层在湿热条件下（如温度40 ℃，相对湿度90%）不能起泡或失光。

5）耐化学药品性

面漆层在使用过程中，如与蓄电池酸液、润滑油、刹车油和汽油以及各种清洁剂等直接接触，擦净后接触面不应有变化、起泡或失光等现象。

6）施工性能

高温原厂漆必须适应烘干温度在120 ℃以上、烘干时间30 min等施工条件。在装饰性要求较高的场合，还应具有优良的抛光性能。汽车修补漆必须与原厂漆相匹配，并能在60 ℃～80 ℃温度下烘烤成膜以适应手工涂装。

3. 漆面受损常见的几种情况

由于车漆是以树脂为主要成分的有机化合物，它具有燃点低、易氧化、易挥发等特性。自然界中有很多物质都能对它造成极大的损害，如自然氧化、水垢、洗车、鸟（虫）粪便、铁粉、酸雨、树液、不当护理等，都能破坏其装饰效果和降低防护性能，严重的会造成漆面龟裂，难以修复。

1）车漆氧化

阳光的常年照射是缩短车漆寿命的主要原因。阳光中的紫外线最终会造成汽车涂层氧化。如果车身在阳光下暴晒时还挂着水滴，那氧化的速度会加快很多。如果是轻微氧化，可以用蜡来除去，一旦氧化严重则必须研磨、抛光。

2）车漆龟裂

车漆龟裂是一种非常细微的裂纹，会不断地渗透车漆，直至“击穿”整个色漆层。龟裂的初期肉眼很难发现。当肉眼能觉察到时已经比较严重了。打蜡抛光时你会发现车身有条纹出现，就是由于裂缝中存有车蜡。由于喷漆的质量问题，车漆中的树脂也会因萎缩而产生龟裂。这种问题只能用重新喷漆的方法来解决。应对措施：经常打蜡是减少龟裂发生的好办法，当龟裂还在萌芽期时，蜡可以将肉眼看不见的裂纹抛掉。

3）车漆褪色

大气层中的油烟和污染物是造成车漆褪色、变色的主要原因，特别是在工业区和大城市里。褪色、变色现象一般都发生在车身的前盖、车顶和后厢盖。这种褪色与氧化不同：氧化时，车身整体发乌、发白，而褪色时，车漆出现不均匀的色差。金属漆的褪色是由于尘埃、雨水中的酸、碱物对金属漆中铝箔的腐蚀引起的。色漆则是由于漆中的颜料与上述污染物发生化学反应而导致颜色上的改变,有时会出现蚀痕。应对措施:防止车漆褪色,勤打蜡当然是必不可少的。另外,勤洗车也可以减轻车漆褪色,轻微的车漆褪色可以通过打蜡抛光来处理,中度褪色可用研磨处理,严重时必须重新喷漆。

4) 水垢危害

几乎各种车漆都可能出现水痕,或者叫水痕纹。水痕纹呈环状,是水滴蒸发后留下的痕迹。水痕中的化学物质在阳光照射下,车体升温时会继续与车漆发生化学反应,从而加重“病情”。洗车都是用自来水或井水,这些水中含有大量的钙、铁等离子,如果洗车后未能及时将洗车水完全擦干,水分蒸发后,洗车水中的钙、铁等成分就会残留在车漆上,这些残留物如果不及时擦干净,会形成很坚硬的斑点,俗称漆面结石。形成漆面结石必须用研磨剂或抛光剂轻轻磨去,这样必然造成车漆磨损。

5) 车漆蚀痕

蚀痕和水痕有什么区别呢?水痕现象是发生在水珠的一圈,呈环状,蚀痕则是整个水珠的一片,而不是一圈。鸟和昆虫遗物、树叶、焦油、沥青都有可能引起蚀痕,这些物质会与车漆产生化学反应,开始渗透。它们的渗透速度比水痕要快得多。应对措施:一般只能通过喷漆来去除车漆蚀痕,只有很轻微的可以用研磨抛光来解决。常用高级蜡抛光车漆有助于防止蚀痕的出现。

6) 交通膜

车辆在行驶中由于空气摩擦会产生强烈的静电。静电对灰尘、油污和化学粉尘吸附能力很强,慢慢会在车身表面形成一层坚硬的交通膜,这会导致漆面易发生氧化腐蚀。

7) 划痕

车漆划痕主要是由日常维护不当引起的,如擦车时,因车身表面灰尘中存在硬质颗粒状物质,导致在擦拭时造成漆面产生细小划痕。

8) 铁粉危害

在工厂附近,尤其是铁路、公路旁的空气中,存在着大量的金属粉尘(俗称铁粉)。汽车停止时,空气中的铁粉会浮落在车漆表面,浮在漆面上的铁粉能够清洗。汽车行驶时,因前进冲力的作用,铁粉会直接刺入漆面。刺入漆面的铁粉用平常洗车方法无法去除(用铁粉除去剂可以去除)。由于铁的分子结构不稳定,很容易被氧化,它会与漆发生氧化共鸣,在很多侵蚀车漆的有害物质中,形成的是从外到里、从里到外的快速腐蚀,所以铁粉对车漆造成的侵害是非常严重的。

9) 不当护理的危害

频繁的漆面美容养护容易造成车漆损伤。除了新车以外,为了去除前面所提到的各种漆面缺陷,在做封釉和镀膜之前,通常需要对漆面先进行抛光,即使是做车漆打蜡,如果漆面缺陷明显,为了达到最佳效果,也会先采取抛光工艺。漆面抛光可将存在缺陷的漆膜研磨掉,恢复漆面的光泽,但同时也会在一定程度上使车漆变薄。

4. 汽车漆面美容护理分类

在汽车美容业中,漆面美容主要分修复美容、护理美容和翻新美容三类。

1) 漆面修复美容

汽车漆面修复美容是指对喷漆后的漆面问题的处理。在没有专用的喷烤设备的车间喷漆,或者有喷漆房,但喷房的通风净化不洁净的情况下,过滤系统会失效或喷漆房内的空气压差不稳，用于喷漆的压缩空气就会或大或小，致使修补漆的接口边缘出现流挂、尘埃、橘皮等现象。这些现象需要经修复才能达到高质量的漆面效果。一般的修复工艺是先磨平再抛光。

2）漆面护理美容

漆面护理美容是指汽车在正常使用中进行护理，目的是保护漆膜使漆面光泽持久，避免粗糙、失去弹性和光泽。汽车漆面护理美容的施工工艺为先进行车身清洗再打蜡上光。

3）漆面翻新美容

漆面翻新美容是指受污染的漆面造成粗糙失光不需要喷漆，经过翻新美容后就能达到原来的效果。

旧车漆面翻新美容的施工工艺为：车身清洗—漆面研磨—漆面还原—打蜡上光或漆面封釉。

5. 漆面美容的主要内容

1）漆面美容的主要内容

（1）漆面失光处理。汽车在使用过程中受到风吹、日晒、雨淋及空气中有害物质的侵蚀，使漆面逐渐失去原有光泽，可采用特殊处理工艺与方法、配合专门的护理品，去除失光，再现漆面亮丽风采。

（2）漆面浅划痕处理。日常护理不当和摩擦会使漆面上出现轻微划痕。在汽车美容作业中一般采用抛光研磨的方法，对漆面上出现的浅划痕进行处理。

（3）漆面深划痕处理。汽车漆面深划痕多为硬性划伤所致，当用手拭划痕表面时，会有明显的刮手感觉。目前，在汽车美容行业中深划痕的处理仍采用喷涂施工来完成。

（4）喷涂修复。喷漆是汽车美容作业中要求最为严格、技术含量最高的施工项目。当汽车漆面出现划伤、破损及严重腐蚀失光等现象时，可采用喷漆工艺来修复。

2）漆面失光的原因

透镜效应是指当漆面上存有小水滴时，由于水滴呈扁平凸透镜状，在阳光的照射下，对日光有聚焦作用，焦点处的温度高达1000 ℃，从而导致漆面被灼蚀，出现肉眼看不见的小孔洞，有些深达金属基材，若灼伤范围较大，分布密度较高，漆面就会出现严重程度的失光。造成漆面损伤、老化和失光的因素主要有自然因素与人为因素两种。

（1）自然因素。自然因素：风沙尘土的吹打；雨雪与泥水的冲击；沥青路面飞溅起的沥青、树胶、虫屎、鸟粪和油污；大气中的各种工业排放物；酸和碱以及阳光中的紫外线等。

（2）人为因素。人为因素：新车开蜡用品选择不当或操作方式不当；洗车时选用了碱性的清洗剂；冲洗车辆时水枪压力过大，清洗程序或手法不正确；表面附有尘埃时，用抹布或毛巾擦拭，使车漆面出现微小划痕；不注意日常打蜡保护，使漆面出现紫外线、酸雨等不应有的侵蚀。

3）漆面失光的处理方法

（1）自然氧化不严重或浅划痕导致的失光处理方法。自然氧化导致的失光，漆面无明显划痕，用放大镜观察漆面斑点较小，通常可采用抛光研磨的方法进行处理。

（2）自然氧化严重或透镜效应严重引起失光。用放大镜仔细观察漆面，若发现漆面有较多的斑点，则说明漆面受侵蚀严重，要求进行重新涂装翻新施工。

6. 漆面护理常见的用品

汽车漆面护理用品通常使用车蜡，车蜡是传统的汽车漆面保养物，车蜡的主要成分是天然蜡或合成蜡，它通过渗透漆面的缝隙使表面平整，从而使亮度增加，传统汽车打蜡是以上光保护为主，随着汽车美容业的发展，汽车打蜡被赋予新的内容，如果一部车打了蜡，能够达到较好的光亮效果，就需要比较厚的蜡层，但车蜡属于软性物质，油膜与漆面的结合力差，保护时间较短，这种蜡常常因下雨或冲洗等因素流失，有时甚至附着在挡风玻璃上，而形成油垢，因此汽车应该定期进行汽车美容打蜡。

图 2-6 研磨剂

1）研磨用品

(1) 研磨剂(见图 2-6)。研磨是通过表面预处理清除漆面上的污物，消除严重氧化及微浅划痕或减轻表面缺陷的工序。研磨所需的材料主要是研磨剂(又称沙蜡)。

研磨剂按使用范围不同分为普通型研磨剂和通用型研磨剂。

普通型研磨剂含有坚固的浮岩摩擦材料。根据浮岩颗粒的大小分为深切、中切和微切三类。普通型研磨剂主要是用于处理普通漆不同程度的氧化、划痕、褪色等漆膜缺陷。

坚硬浮岩如果用在透明漆上很快就会把透明漆层打掉，因此其适合用于透明漆的研磨。

通用型研磨剂又叫透明漆研磨剂，主要由微晶物和合成磨料组成，它们的切割功能依旧存在，但不像浮岩那样坚硬，可用于普通漆和透明漆。

(2) 抛光剂。汽车抛光主要是处理汽车漆的轻微损伤，清除漆层表面的微氧化物和杂质，消除研磨造成的细微划痕，填平漆膜表面上如针尖般细小的缺陷，包括酸性、碱性水点，航空油、柴油、轮船油渍，石灰、水泥点，昆虫点，鸟类粪污点，落叶，金属斑(工业污染)，漆点等，使漆面达到镜面般平滑的效果，为还原、打蜡做好准备。

抛光剂也是一种研磨剂，是一种颗粒更细的摩擦材料的研磨剂。

抛光剂按摩擦材料颗粒或功效的大小不同分为微抛、中抛和深抛三种。

微抛是用于去除极细微的车漆损伤，一般指刚刚发生的环境污染及酸性侵蚀(鸟粪、落叶等)。

中抛和深抛主要是用来处理不同程度的浅丝划痕。中抛主要适用于透明漆的抛光；深抛主要适用于普通漆的抛光。

车辆抛光对比如图 2-7 所示。

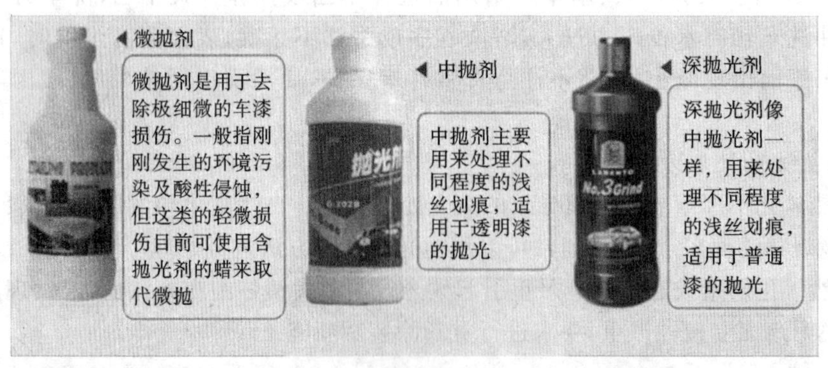

图 2-7 车辆抛光对比

(3) 还原剂。还原是介于抛光与打蜡之间的一道工序,还原剂可使研磨和抛光等工作成果再上一个台阶。在还原剂中有些产品又称为“增光剂”。

还原剂与抛光剂的本质区别在于还原剂含蜡(或上光剂),而抛光剂不含蜡(或上光剂)。

还原剂如图 2-8 所示。

图 2-8 还原剂

2) 车蜡

(1) 车蜡的作用。汽车打蜡是汽车表面护理中的一项重要作业,也是开车人或车主们最大的需求。车蜡在保护车身漆层时,还可以复旧如新,使车漆表面保持亮丽的光泽。

车蜡的主要成分是聚乙烯乳液或聚硅氧烷类高分子化合物,还有油脂和其他添加成分。车蜡涂覆在车身上具有上光、隔离、抗高温、防静电、防紫外线等作用。

(2) 车蜡的种类。

① 车蜡按物理状态的不同可分为固体蜡、半固态蜡、液体蜡和喷雾蜡(见图 2-9)四种。这些车蜡的黏度越大光泽越艳丽、持久性越强,但去污性越弱,而且打蜡操作越费力;相反,黏度越小的车蜡越便于使用,但持久性越弱。

图 2-9 车蜡物理状态分类

② 车蜡按装饰效果的不同分为无色上光蜡和有色上光蜡(见图 2-10)。无色上光蜡主要以增光为主,有色上光蜡主要以增色为主。

③ 车蜡按其作用不同,可分为防水蜡、防高温蜡、防静电蜡及防紫外线蜡等多种。

防水蜡和防静电蜡如图 2-11 所示。

④ 车蜡按生产国别不同分为国产蜡和进口蜡。目前,国产车蜡基本上都是低档蜡,进口蜡

大多为中高档蜡。常见进口车蜡多来自美国、英国、日本、荷兰等国家。例如，美国龟博士系列车蜡、英国尼尔森系列车蜡、美国美丽狮系列车蜡等。

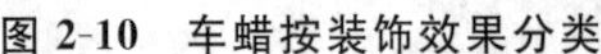
图 2-10 车蜡按装饰效果分类

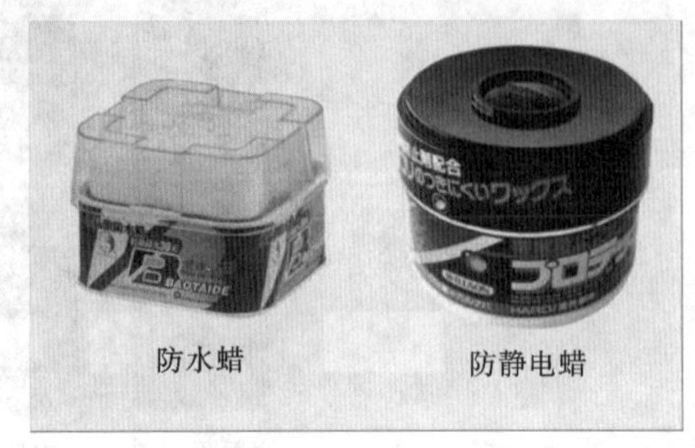

图 2-11 防水蜡和防静电蜡

⑤ 车蜡按功能不同分为上光蜡和抛光研磨蜡两种。国产上光蜡的主要添加成分为蜂蜡、松节油等，其外观多为白色或乳白色，主要用于喷漆作业中表面上光。国产抛光研磨蜡主要添加成分为地蜡、硅藻土、氧化铝、矿物油及乳化剂等，颜色有浅灰色、灰色、乳黄色及黄褐色等多种，主要用于浅划痕处理及漆膜的磨平作业，以消除浅划痕、橘纹，填平细小针孔等。

7. 漆面护理常用的工艺

1）涂料的选用原则

需要涂装的产品很多，对涂层的作用要求不一样，在涂装前选择性能相适应而又具有一定的经济性的涂料是必要的。涂料有不同成膜物质组成的类型，品种有上千种，若不掌握它们的各自性能、用途，使用时选择非常困难。选择涂料时要充分考虑产品涂装过程中的多种条件的影响因素，同时还必须满足涂料的配套使用。

涂料品种繁多，如何选择既符合产品质量要求，又价廉物美的涂料品种，应根据如下几点。

（1）涂料的性能能满足于被涂产品的质量要求，如汽车面漆不能选择内用磁漆和经不起暴晒的涂料品种。

（2）涂层之间的配套性要考虑，如底漆、中涂、面漆三者配套结合力要好，质量性能要一致等，不能将面漆质量很好的涂膜和底漆质量很差的涂膜进行配套。

（3）涂料的施工性要适应被涂产品的施工工艺要求。如干燥条件、生产方式、环境场地等，必须符合所确定的工艺要求。

（4）货源要充沛，价格要适宜。

（5）环境污染必须符合要求。

总之，在选择涂料品种时，必须对被涂物的使用环境条件、被涂物的材质进行充分的考虑。另外，还要考虑产品涂装过程中影响涂层质量的有关因素，如产品涂装前的表面状况、表面处理方法、处理质量、产品材质、涂膜间涂膜料的配套。涂料和涂装方法之间合理地使用，才能满足产品涂装的要求。

2）涂装方法的选择与应用

国内常用的涂装方法有刷、浸、淋、滚、空气喷涂、刮涂、高压无气喷涂、电泳涂装、粉末涂装等。还有一些专用性很好的涂装方法，如塑料、木漆、火漆、转鼓等方法，常见的涂装方法有以下几种。

(1) 刷涂法。刷漆法是一种比较古老而又普通的施工方法。这种施工方法的特点是设备简单、投资少、操作方法容易掌握、适用性强，可用于多种涂料施工。其缺点是手工劳动、生产效率低，不适应机械化、自动化生产的要求。刷涂法在建筑、维修工程中应用较广。油性调和漆、酚醛比等可用这种方法施工。另外，在使用环氧沥青涂料时，由于其流平性差，涂刷后须马上用刷匀饰一遍，以减少漆膜表面的“橘皮”“鸡眼”等弊病。

刷漆的质量，主要取决于操作者的实际经验和熟练程度，刷漆以前，必须将油漆搅拌均匀，并调到适当的黏度，一般以 30～50 s(用 4 号杯)范围最为适宜，刷漆的操作是将毛刷蘸少许漆，然后自上而下，从左到右，先里后外，先斜后直，先难后易，纵横涂刷。最后用毛刷轻轻刷边缘棱角，使物面上形成一薄而均匀、光亮平滑的漆膜。

刷漆时应注意以下几点：

① 对垂直的表面，最后一次涂刷应由上而下进行。

② 对水平的表面，最后一次涂刷应按光线照射方向进行。

③ 操作者应遵循先里后外，先难后易，先上后下，先左后右的操作顺序。

④ 对木材表面，应顺着木纹的纹理涂刷。根据涂装产品和涂膜质量的要求，如果需要多层次多道刷涂，则应在头道涂刷漆膜干燥后打磨处理干净，再进行刷涂。并应根据产品刷涂的各道涂料的不同涂装特点要求，正确地选用不同规格、型号、新旧不同的刷具，进行正确的涂装操作。

(2) 高压无气喷涂法。高压无气喷涂是一种新的喷涂方法。喷料通过高压泵加压，然后通过一个特别喷嘴小孔喷出时，立刻剧烈膨胀雾化成极小的微粒喷涂到工件表面，而形成均匀的漆膜，这种涂装方式叫高压无气喷涂。若以高压静电使油漆带负电，则称为静电高压无气喷涂法。高压无气喷涂法与空气喷涂法相比，除压力高之外，涂料的雾化不借助于空气，所以涂料中不含有压缩空气中的水分与杂质，因而提高了漆膜的质量。高压无气喷涂不仅适用于一般的涂料，还适宜于 6～100 s 黏度较高涂料，这样不仅扩大了可喷涂的涂料品种，还可节约大量的稀释剂。由于所用涂料的黏度大，漆的固体含量高，一次成膜就较厚，且附着力好，所以可减少喷涂次数。

① 喷涂的基本原理。

喷涂最普遍采用的方法是空气喷涂法。它的工作原理是用一种专用的喷枪做工具，以压缩空气把漆液从储罐里吸上来，压缩空气的气流再把漆液带到喷枪的喷嘴，吹散成细雾，均匀地喷涂于物体表面。可以获得厚薄均匀、光滑平整的漆膜，使有缝隙、小孔的物面，以及倾斜、弯曲的地方均能喷到。施工效率比刷涂法高 5～10 倍。它的适用性也强，大部分油漆品种都可以用喷涂法。

喷涂法的缺点是油漆的利用率低，喷涂时有相当一部分漆随溶剂在空气中飞散掉，喷涂时漆膜较薄，必须喷涂几次，才能获得一定的厚度，飞散在空气中的溶剂，对人体有害，必须有良好的通风设备。

② 喷涂的基本操作方法。

a. 施工前，根据漆的种类、空气压力、被涂物的大小以及物面的状态将漆调至适当的黏度，一般控制在 15～25 s 范围内，但也要以不同的涂料和施工的要求、天气的变化等条件，依照各供应商和生产厂家的具体要求为主。

b. 供给喷枪的空压气压力，一般为 3～5 kg/cm^2。

c. 喷嘴与物面的距离，一般以 25～40 cm 为宜。

d. 喷出漆流的方向，应当尽量垂直于物体表面。喷涂时最好以 10～12 m/mim 的速度均匀移动。

e. 操作时每一喷涂幅度的边缘，应当在前面已喷好的幅度边缘上重叠 1/3～1/2。

(3) 电泳涂装法。电泳涂装法是一种特殊的漆膜形成方法。它是汽车涂装近年来最普及的涂底漆方法之一。

电泳涂装是将具有导电性的被涂物浸喷在装满水稀释的、浓度比较低的电泳涂料槽中作为阳极(或阴极)在槽中另设置与其相对应的阴极(阳极)，在两极间通一定时间的直流电，在被涂物上析出均一，水不溶漆膜的一种涂装方法。根据被涂物的极性和电泳涂料的种类，电泳涂装方法可分阳极电泳和阴极电泳两种。

阳极电泳涂装法:被涂物为阴极，所采用的电泳涂料是阴离子型(带负电荷)。阴极电泳涂装法:被涂物为阴极，所采用电泳涂料是阳离子型(带正电荷)。电泳涂装法在实际应用中显示出高效、优质、安全、经济等优点，受到世界各国涂装界的重视。随着新型电泳涂料的开发和涂装技术的进步，尤其是 1977 年开发成功的阳极离子电泳涂料和阴极电泳涂装技术，电泳涂装工艺在汽车工业中速度是史无前例的，并由汽车工业推广应用到建材、轻工、农机、家用电器等工业领域。以前汽车车身涂底漆采用阳极电泳涂装法，而现在采用阴极电泳涂装法涂底漆的汽车车身达 99%以上。在我国汽车工业中已形成采用阴极电泳涂装替代阳极电泳涂装之势。

电泳涂装法的机理及其特征。电泳涂装过程伴随电解、电泳、电沉积、电渗等四种化学物理现象，现将这些现象简要说明如下。

① 电解:任何一种电液体在通电时产生分解的现象为电解，当电流通过电泳涂料的溶液时，水便发生电解反应，在阴极放出氢气，在阳极放出氧气。

② 电泳:在导电介质中带电荷的交替粒子在电场的作用下，带正电荷胶体树脂粒子和颜料粒子由电泳过程移向阴极。

③ 电沉积:漆粒子在电极上的沉析现象称为电沉积。在阴极电泳涂装时带正电荷的粒子在阴极上凝聚，带负电荷的粒子(离子)在阴极聚焦。电沉积的第一步是水的电化学分解(电解)。假使槽液的 pH 是中性的，在阴极上的被反应是形成氢气和氢气根离子，这一反应致使在阴极表面区产生高碱性界面层，当阳离子(树脂和颜料)与氢气根离子反应变成不溶性时就产生漆膜的沉积。

④ 电渗:刚沉积到被涂物表面上的涂膜是半渗透的膜，在电场的支持作用下，涂膜内部所含的水分从涂膜中渗析出来移向槽液，使涂膜脱水，这种现象称为电渗。电渗使亲水的涂膜变成憎水涂膜，脱水而使漆膜致密化。电渗性好的电泳涂料泳涂后的湿漆膜用手摸也不粘手，可用水冲洗掉附着在湿膜上的槽液。

(4) 静电涂装法。

① 高压静电涂装法。高压静电喷涂技术，是 20 世纪 60 年代兴起的又一项涂装新技术，和电泳涂装一样，它的出现是涂装技术领域里的又一次技术上的革命。静电喷涂法比一般喷涂法的先进性在于，它充分体现了现代涂装领域所面临的经济、效率、生态、能源等问题对涂装技术

发展的要求，即高效、高质量、低耗、节能、减少或消除环境污染、改善劳动健康水平等要素。涂装技术中引入高压静电技术，相应的静电喷涂设备以及操作技术等开发了涂料的新品种，用来代替一些传统的、已不能适应现代工业发展的涂装方法。

目前，在国内应用较广的高压静电涂装操作方法有手提式静电喷涂、固定旋杯式静电喷涂、固定旋风式静电喷涂、圆盘式静电喷涂等几种操作方法。

a. 手提式静电喷涂操作技法：手提式静电喷涂操作，除喷涂大型通用机械设备、机车头或车厢、船舶、大型建筑的内外墙面等涂装外，都应在专用的静电喷涂室里进行操作。

b. 固定旋杯式静电喷涂操作技法：大多数在传送线上设有静电喷涂室进行自动涂装。

c. 固定旋风式静电喷涂操作技法：技术生产准备工作相同于手提式静电喷涂，喷涂中只是在自动旋转喷杯口处加入了旋风装置（压缩空气风管用以加强涂料雾化），自动喷涂过程与旋杯式喷涂过程基本相同。

d. 圆盘式静电喷涂操作技法：圆盘式静电喷涂的技术特点是以圆形凹面金属盘为喷枪，由可以做上下往复升降机机构的绝缘材料空心棒与圆盘喷枪头连为一体，高压电缆由空心圆盘喷枪的周边将负高压电输入圆形静电喷涂室内，在喷枪与被涂件阳极之间形成高压静电场。

② 静电喷涂法。静电喷涂法是一种比较先进的涂装方式，它是应用电荷的同性相斥、异性相吸这一特性设计而成的。借助高压电场的作用，使喷枪射向工件的正漆带电，并在电场的作用下带正电正漆迅速移向带异种电荷的工件表面，从而形成均匀的漆膜。

a. 静电喷涂的类型：静电喷涂按操作方式可分固定式和活动式。固定式静电喷涂，是先进的连续生产作业的重要组成部分。在静电喷涂室中设置静电喷枪，工件则由传动链控制从室内通过，即完成涂装工序。活动式静电喷涂设备中，手提式静电喷枪和可移动的静电发生器为喷涂时的灵活机动性提供了条件，但仍需要进行手工操作，它除了可单独使用外，一般都是与固定式静电喷涂机配合使用，做补漆用。

静电喷涂时，对涂料的要求。采用静电喷涂法应使用易带电的涂料，涂料的主要成膜物质的聚合物作为绝缘体是众所周知的，具有导电性的聚合物的合成有很多困难，成本也较高，所以目前广泛使用的导电涂料是以绝缘聚合物为主要成膜物质，在其中掺入导电填充料而制得，掺入的导电填充料有碳、石墨、金属粉末等。例如，导电性能较差的环氧树脂中掺入银粉或线粉即可制成导电涂料，常用的有硝基、氨基醇酸等静电涂料。

b. 自动静电涂装法：静电喷涂法是以接地被涂物作为阳极，涂料雾化器或电栅作为阴极，接上负高压电，在两极间形成高压静电场，阴极产生电晕放电，使喷出的漆滴带电，并进一步雾化，按同性相斥、异性相吸的原理，使带电的漆滴在静电场的作用下，沿电力线方向吸往被涂物上，并在被涂物背面的部分表面，靠所谓的“静电环抱”现象也能涂上涂料。

8. 面漆喷涂准备工作

面漆涂装的好坏，主要取决于本身性能与前工序处理的好坏。比如底漆涂层不洁净，裂纹没有填好，研磨不光滑，在面漆涂装后，膜漆的缺陷就会暴露无遗，所以在面漆涂装前要严格检查每一道工序。了解油漆的性能，按照厂家给定的比例配比，采用正确的喷漆方法，正确使用喷枪等喷涂设备，才能保证施工质量，提高油漆装饰性。

(1) 全面检查各部位的底漆层，是否已经平滑。

如果有不平之外，需要再用320号砂纸进行手工打磨。同时用铲刀清除残留腻子和其他污物，并打磨光滑，彻底清洗干净。然后用压缩空气吹除一切灰尘，晾干。潮湿或不干净的表面，遮盖胶带是粘贴不上去的。

(2) 对不需要喷涂的部位,应用遮盖纸和胶带遮盖封闭。遮盖是面漆喷涂前的准备工作中的很重要的一步,它的作用是防止漆雾喷到不该喷的地方。常规的基本遮盖材料是遮盖纸和胶带。遮盖纸的宽度从7～91 cm不等,其耐湿强度好,可在烘房中安全使用,并可防止溶剂渗透(切勿用旧报纸,旧报纸不但不能遮盖,还会使面漆染上颜色)。遮盖纸和胶带可按需要铺贴在不需要喷涂的部位,贴胶带时要用力压,让它在汽车表面上粘牢,否则油漆会流进胶带。特别是使用双色漆时,如果颜色分界线不在装饰嵌条下,那么必须把胶带的边缘压紧、贴牢。不好贴胶带的部位如车轮,可用遮盖罩罩上(遮盖罩有塑料轮胎罩、车身罩、底盘罩、前后车灯罩等),纸边上的胶带要与嵌条上的胶带相重叠,上面的纸要与下面的纸重叠。喷涂水平表面(如发动机罩、行李箱)时,要用两层遮盖纸,以防渗色或溶剂使用面漆倒光。防止渗色的另一个方法是反贴,即把胶带贴在遮盖纸的反面,并吹入少许空气,使遮盖纸稍稍离开汽车表面。

(3) 必须根据车主的要求调配好相应的色漆料。如果是斑点修补,首先要根据汽车生产厂家的漆码获得原色,以减少修补漆配方与原汽车生产厂家所用的面漆配方的差异。几乎所有品牌的汽车漆码都可以在各种汽车牌号漆码位置图上找到。最好把色卡与汽车本身的颜色对比一下。如果车主需要将整车重喷,则首先确定原漆的类型。在调配色漆时必须充分搅拌,使所有沉淀的颜料搅拌起来混入漆液中。不同颜料的密度差异很大,有些颜料密度高达漆液的7～8倍,因此它总是沉淀,无法始终保持悬浮状态;有些则不易沉淀,所以必须充分搅拌均匀,以免造成色差。

一般来说,出厂的面漆黏度通常很高,目的在于减慢沉淀的速度,因此在使用时除了先充分搅拌均匀后,要稀释到适合喷枪雾化的黏度。稀释后的漆料通常用铜丝或不锈钢丝网孔径0.125～0.08 mm网筛过滤,装饰性要求高的涂料品种,应用孔径0.08 mm以上的网筛过筛,也可采取先粗后细的二次过滤方法,以提高过滤的速度。

(4) 根据施工资料中的要求,调整好喷涂压力,一般取0.4～0.5 MPa,也可在喷涂过程中视喷漆膜的情况进行调整。

9. 汽车车漆涂装工艺

空气喷涂法是靠压缩空气的气流使涂料雾化,在气流的带动下,喷涂到被涂物表面上的一种喷涂方法。空气喷涂法几乎适用于各种涂料,作业性好,但是涂着效率低,漆雾飞散多,致使操作环境差。

空气喷涂法操作要点:空气喷涂是由空气和涂料混合使涂料雾化,雾化程度取决于喷枪的空气流速和空气输出量。在涂料喷出量恒定时,空气输出量越大,涂料雾化越细。同一喷枪喷涂不同品种或不同黏度的涂料,其漆雾的细度也不同,黏度越高漆雾越粗。调整方法为加大空气输出量或减小涂料的喷出量,漆雾都可变细。喷枪操作中,喷涂距离、喷枪的运行方式和喷涂扇面的搭配是喷涂的三原则,也是喷漆技术的基础,喷漆工必须熟知并严格遵守。

喷涂距离:是指喷枪头到被涂物的垂直距离。标准的喷涂距离:空气雾化的手提式气喷枪或静电喷枪为25～30 cm。喷涂距离过近,单位时间内形成的漆膜就增厚,容易产生流挂;喷涂距离过大,漆膜变薄,涂料损失增大,严重时漆膜会失光。

喷枪的运行方式:包括喷枪对被涂面的角度和喷枪的运行速度,应保持喷枪与被涂面呈直角、平行运行,喷枪的移动速度一般在10～12 m/min内调整,并要求保持恒定。如果喷枪倾斜并成圆弧状运行或运行速度多变，都得不到厚度均匀的涂膜，容易产生条纹和斑痕。喷枪的运行速度过慢，则容易产生流挂；喷枪的运行速度过快和喷涂扇面搭接不够时，就不容易得到平滑的漆膜。喷涂扇面的搭接宽度应保持一致，相邻两枪喷涂扇面搭接程度一般为喷涂扇面的1/3。如果喷涂扇面的搭接宽度多变，膜厚不均匀，容易产生条纹和斑印。

10. 面漆修补涂装工艺

1）整车修补涂装

整车修补涂装是汽车美容修补施工中最有代表性、最为全面的涂装工艺。它的关键是要保持有湿边，同时应尽量减少水平表面上飞漆，以防止漆雾沉积到已干的部位而造成砂状表面。在整车涂装程序中，目前较为普及的是德国巴斯夫等公司推荐的两种方法的喷涂顺序比较好。在喷漆室中首先喷涂车顶，然后是喷涂发动机前盖和侧面等，这样在尽量减少水平表面上飞漆的同时总能保持“湿边”，可以防止飞漆落到已干区域而产生砂状表面。如果有可能，选用下吸式喷漆室较好。这时由于有气流从车顶流向车底，雾的形状有所不同；另外一种方法它可以在保持飞漆最少的同时，使三个主要水平表面尽可能湿一些。具体操作方法如下。

（1）车顶的喷涂。在车顶与挡风玻璃、后窗交界处采用带状喷涂法进行涂装。首先从靠近漆工的车边缘的地方开始喷涂。尽可能保持枪与车顶表面在15～20 cm之间的距离，先从左到右喷涂，再从右到左进行喷涂，喷成中等湿度（每层走枪都是从车顶的边缘开始）。由于修补施工时多采用重力式或虹吸式喷枪，受喷枪杯的影响，喷枪的俯角受到一定限制（要尽可能地保持垂直，不要把喷枪拿歪）。每层扇幅重叠覆盖60%～70%的方法从边缘向中心喷涂，一直喷涂到可以看见明显柔和的光泽时为止。

（2）发动机前盖的喷涂。首先用黏性抹布把表面擦拭干净（注意：不得采用气枪来消除表面的灰尘，以免前盖上灰尘吹到刚刚喷过涂料的车顶上）。采用带状喷涂法喷涂挡风玻璃与前盖交界处（在前盖边缘最好不要采用带状喷涂法），扇幅重叠覆盖60%～70%。每层都从边缘到中心进行喷涂，随后喷涂另外一边，从中心开始往边缘移动进行喷涂，每层扇幅的覆盖约10 cm。

（3）后盖的喷涂。用黏性抹布擦干净表面，要准备足够的涂料，避免喷涂中途涂料用完而造成色差。采用带状喷涂法，沿后窗玻璃的底边喷涂一遍，两层扇幅之间覆盖60%～70%。随后喷涂另一边，从中心开始向边缘移动进行喷涂。在整个喷涂过程中，涂层要湿，走枪速度要快。每层扇幅的覆盖约10 cm。

（4）侧面的喷涂。用黏性抹布擦拭表面，备足涂料，由于汽车侧面较长，需要采用分段喷涂法。在适合于漆工走枪的距离处采用带状喷涂法垂直向直喷涂一层，以此分隔成段。在这一段内从底部或顶部开始走两道枪，先从左到右，再从右到左，采用一道喷涂法继续喷涂下去。每一道枪之间扇幅覆盖50%，直到这一段表面全部被喷涂覆盖完毕，接着转移到下一段，也是先采用带状喷涂法垂直向下喷一枪，划出第二段。重复上述操作，喷涂第二段，如此重复直到该侧面全部喷涂完毕。

2）整板修补涂装

汽车车身的某一部分，如前盖、车门、后盖等整板大面积的涂层遭到破坏时，就要进行整板修补涂装。一般可能出现两种情况：其一是在板面上没有大的变形或裂痕，只需要对整块板面进行面漆涂装；其二就是板面被破坏，需要整修后面再安装到车身上。前者可以在车身清洗后，涂抹封闭隔离漆，再直接喷涂面漆；后者必须在车身清洗后进行除锈、防腐涂底漆、刮腻子填补凹凸不平之处，喷涂中间漆、封闭隔离漆后，才能喷面漆。

整板修补与整车修补不同。整车修补时，面漆的颜色不做重点考虑，因为只要保持整车颜色的一致性，与客户指定的颜色色号相符即可。而整板修补必须考虑到这块的颜色与车身上其他部位原厂漆的色差问题，所以，在进行整板修补之前，必须将修补漆的样板与车身上其他原厂漆的部位进行严格比色，待正确无误才能正式开始涂装。具体操作如下。

（1）硝基漆的喷涂。硝基漆由于固体含量低，成膜较薄，因此，喷涂层数要多些，喷涂压力为 0.4～0.55 MPa，黏度 18～23 s。喷涂第一道硝基漆时宜少宜薄，如果喷涂量过多、过厚，稀释剂易将底漆咬起。喷涂时，喷枪与物面距离可适当远些，枪头喷出扇面可适当调宽，重叠宽度 1/3～1/2。喷涂的时间间隔约 20 min。

喷涂第二道、第三道时，可采用横喷、纵喷再横喷，使漆膜均匀，待漆膜完全干燥后，用细砂轻轻打磨全部漆面，使漆面无光无橘面(注意不漏打、不磨穿，如果用水砂纸需要揩干水迹)。干燥后，用硝基快干腻子刮补砂眼及缺陷，再等干燥后用细砂纸打磨直到使整个漆面无砂眼、无缺陷。对整个漆面再喷涂硝基漆 2～3 层。

如果在喷涂时出现发白现象，可在稀释剂中加体积分数 20F-1 硝基漆防潮剂，即可消除发白现象。施工要求：喷涂均匀，色泽均匀鲜艳、无流痕、无粗粒，无橘皮。喷涂后 10 min 表面干燥，完全干燥 10～12 h。

在喷漆施工中常用进口硝基漆，主要有两类：一类是硝基型素色漆，如英国 ICIP030 系列单工序硝基纯色漆；另一类为二工序硝基底色漆，如 ICIP032 系列二工序硝基银底色漆(包括：二工序银底色漆、三工序纯色漆、二工序珍珠色漆、三工序珍珠色漆)。

① 英国 ICIP030 系列单工序硝基纯色漆，是丙烯酸硝化棉型漆。在施工中用 P850—804 稀释剂，配比为 1∶1，喷枪压力 0.31～0.39 MPa，喷涂 2～3 层，每层间隔时间 5～10 min，表干 5～10 min，打蜡与抛光建议过夜干燥后进行。当气温在 30℃以上，或相对湿度超过 85%时，应在漆料中增加体积分数 10%～20%的 P851—727 化白水(防潮剂)，这样能改善漆膜的流平性和防止漆膜发白。

② 英国 ICIP032 系列二工序硝基银底色漆，属丙烯酸硝桦棉型漆。施工时分银底色漆和单组分快干清漆或双组分镜面清漆两步。P032 系列二工序硝基银底色漆是为面漆提供颜色和遮盖力，施喷于已做处理的底漆和完好的旧漆上。先薄层预喷时银底色漆用 P850—804 稀释剂，配比为 1∶2.5，喷枪压力为 0.31～0.39 MPa，喷枪距离为 20～25 cm，枪的移动速度要适当加快。间隔 10 min 后进行着色喷涂，喷涂时涂料黏度、压力大小，喷枪与物体距离和头道距离相同，但移动速度可适当放慢，40～50 cm/s。喷涂 2～3 层，每层间隔 10 min，静置至银底色漆呈现均匀表面。干燥 20～30 min 后，再施喷单组分快干清漆或双组分镜面清漆。当气温超过 30℃或相对湿度在 85%以上时，应在银底色漆中添加适量的 P351—727 化白水(防潮剂)，以防止涂膜发白。在喷涂银底色漆时要注意：底层必须用二道底漆封闭，施工过程中不能表面喷得过于湿润，操作中应使用洒喷法，不能像其他色漆需要流平性。若漆膜产生流平，则会使金属粒子聚集，产生色差，造成金属粒子不均匀。每层间隔时间较有色漆长，喷枪喷幅应加大，喷幅重叠以 3/4 为宜。一定要选用喷涂，漆需均匀，如果出现颜色不均，可继续采用降低黏度，进行喷洒漆雾法修正不均匀部位。单组分快干清漆(ICI190—390)，可提供面漆罩光及保护银底色漆，施工时一般不需要稀释，如果必须稀释，可加入少许稀释剂。若温度太高或相对湿度太大，可加入 P851—727 化白水，以防发白及漆膜粗糙。施工时喷枪

压力为0.24～0.28 MPa，喷涂一单层（或二双层），每层间隔约10 min。表干10～15 min，打蜡抛光建议在过夜干燥后进行。

双组分镜面清漆，须按说明书规定比例、型号加固化剂及稀释剂，喷涂中采用湿对湿喷涂法。连续喷涂两单层，每层间隔时间5～10 min。

（2）醇酸树脂面漆的喷涂。醇酸漆是20世纪50—60年代汽车面漆的主要品种，属氧化固化型涂料，其耐候性、机械强度和附着力等显著优于硝基漆，因而取代了硝基漆。但由于其装饰性（外观、光泽、漆膜丰满度）较差、硬度低、耐候性能差、耐水性差（在湿热的气候条件下易起泡）、施工性能也较差，现在几乎被氨基醇酸树脂漆代替，仅在重型汽车和无烘干条件时使用。

醇酸漆的喷涂通常采用湿喷湿工艺。可用X-6醇酸稀释剂调整黏度为25 s（涂—4黏度计）左右，喷涂压力0.4～0.5 MPa，喷涂一层宜少宜薄，第一层喷涂后，不待漆膜干燥就连续在湿膜表面再喷涂第二层、第三层，喷到所需的厚度，使漆膜一次成型。

湿喷湿工艺要点：醇酸漆中溶剂挥发（如溶剂汽油、二甲苯等）需要一定时间。温度越高，溶剂挥发越快，成膜物氧化聚合反应也越快，其喷涂间隔时间越短，气温低则相反。若间隔时间控制不当，会使漆膜发生流挂、起皱等现象。

（3）热塑性丙烯酸面漆的喷涂。该产品属自干性喷漆，主要特点是快干、高遮盖力，良好的保光、保色性能，抛光性也很好等。它可以直接喷涂在脱脂钢板、原装汽车涂层、经磨花及除去油污后的旧漆膜上。其施工工艺如下：

① 油漆准备。采用亚加力面漆，此漆由亚加力（快干、慢干）稀释剂以100∶150兑稀至黏度为12～15 s（DIN4杯，20℃）。

② 设备准备。喷枪枪嘴（重力式）1.5 mm，（虹吸式）1.8 mm，喷枪压力0.2～0.4 MPa。

③ 喷前试验。为使喷涂面漆的色相与原装面漆色相一致，应进行如下程序的试制。

a. 在小样板上喷涂几层面漆，每层之间要有一定闪干时间（根据商品说明书）。

b. 调整稀释比、空气压力等参数，使样板的颜色与车身原厂漆的颜色一致。

c. 为准确起见，将样板喷涂至全遮盖。

d. 以不同角度仔细对比颜色，并以上述办法进行微调，直至明度、色相完全一致。

④ 正式喷涂。在一切准备工作完备后，正式喷涂面漆到汽车车身待喷涂的板面上，而且要达到全遮盖。每层之间留有足够的挥发时间。最后一层时可加入30%的亚加力清漆，进行混合稀释后喷涂，将有效提高漆膜的光亮度。

⑤ 喷涂后最好干燥3～4天以后再打蜡、抛光。

⑥ 在施工中，当环境温度超过25℃或相对超过70%时，漆膜会出现漆面粗糙泛光及发白的现象。因此，须在漆中加入化白水以改善漆膜性能。另外，施工时一般喷涂3层，每层之间闪干时间为4～8 min。

（4）丙烯酸改性醇酸面漆的喷涂。丙烯酸改性醇酸涂料较醇酸漆改善了干性速度，缩短了涂层的不沾灰时间，提高了涂层的硬度、耐候性及耐介质性能，保留了醇酸树脂涂料所固有的丰满涂层外观，避免了一些双组分涂料给施工所带来的诸多不便等。其施工工艺如下：

① 按照产品说明书的要求将涂料稀释，并根据环境选择适当的稀释剂。

② 喷涂程序同热塑性丙烯酸面漆的喷涂施工。

③ 根据已调整好的施工工艺，正式喷涂到汽车车身待修补的板面上，而且要达到全遮盖。颜色不同时，喷涂的层数也不一样。根据说明书的要求，每层之间留有足够的闪干时间。

④ 待色漆根据说明书的要求干燥一定时间后，在其涂层表面再喷涂 2～4 层金油（镜面清漆）的丙烯酸改性清漆。

⑤ 待清漆干燥 1～2 h 或不沾灰后，才能移出喷漆间。

（5）丙烯酸聚氨酯面漆的喷涂。丙烯酸聚氨酯涂料为双组分涂料，由含羟基丙烯酸树脂和含异氰酸基的脂肪族二异氰酸酯类混并而成。其主要特点是：优良的耐候性、保光、保色性能，比聚酸聚氨酯的耐紫外光性能还好，涂层的物理力学性能和耐介质性优良，室温固化，特别适合汽车修补施工。其施工工艺如下。

① 先将其表面用 P600 号水砂纸或 P500 号砂纸打磨好，再用 R-MPK700 清洗溶剂清洗，并涂以 P-M 双组分底漆。

② 如果待修补部位的旧涂层属于硝基纤维素或热塑性丙烯酸涂料，则必须把该涂层全部打磨掉，或用双组分底漆将其全部覆盖。

③ 喷涂程序同热塑性丙烯酸面漆的喷涂施工。

④ 涂料配比：R-MSolo 素色漆 4 份，加 D5000 固化剂 1 份，HS300 稀释剂 1 份混合，混合后的漆料室温下须在 3～4 h 内用完。

⑤ 施工条件：喷涂压力 0.3～0.4 MPa，喷嘴口径 1.3～1.5 mm（重力式），1.7～1.8 mm（虹吸式）。

⑥ 根据已调整好的施工工艺，正式喷涂到汽车车身待补的板面上，而且要达到全遮盖。先薄喷一层，间隔 5 min，再湿喷一层，总厚度为 60～70 μm。

⑦ 待色漆干燥后，可根据需要喷涂清漆罩光。

⑧ 待表面达到不沾灰时约 1 h 后，把汽车移出喷漆间或转移到烘房烘烤。

（6）底色漆＋清漆系统的喷涂。目前，车主汽车漆要求不断提高，不仅要求有五彩缤纷的鲜艳色彩，而且还要有清澈明亮的镜面效果。当前汽车涂层一般采用包括线性底色、银底色、珍珠色的底漆加罩面清漆的二工序工艺。现以英国 ICI2K 漆二工序的操作工艺为例，具体说明此类漆的喷涂施工工艺。

① 采用中性洗涤剂洗涤板面，再用清水彻底清洗干净。以清洁布蘸湿 P850-14 除油剂（快干）或 R850-1402 除油剂（热天用）擦抹于工件表面除油，随后立即用另一块清洁布擦干。

② 如果发现凹陷、裂缝等部位，用 P551-1050 腻子（原子灰，不能用于镀锌铁板表面）或 P551-1052 万能腻子（可使用于镀锌铁板上）填补平整、细磨。

③ 如果有微填针眼、砂纸痕及刮痕，可用 P551-1059/1060 幼粒腻子填补。填补后金属表面建议用 P400 号砂纸干磨。

④ 根据喷涂需要，严谨地用胶带贴护，并用除油剂除油。

⑤ 喷涂一层 P565-597 磷化底漆于裸金属表面（配比：磷化底漆 1 份＋P275-61 固化剂 1 份），并立即喷二道底漆。

⑥ 以 P565-7612K 填满底漆或 P565-8802K 快干厚膜底漆 4 份＋P210-925/6 固化剂＋850-1492/32K 稀释剂体积分数 40%，混合后喷涂 3 层，间隔 10～55 min，并喷上研磨指示层以达到更完美的打磨效果。或者以 P565-7772K 超能免磨底漆或 P565-6682K 透明底漆 2 份＋P210-925/62K 固化剂 1 份＋P850-1492/32K 稀释剂，体积分数 40%混合后喷涂 2 层，间隔 5～10 min。干燥后，用 P800 号水砂纸做彻底打磨，如有需要则可用 P800 号水砂纸打磨（免磨底漆可免于打磨）。

⑦ 涂布面漆的处理：先用气压清除车身的脏水；再更换贴护纸或胶带；然后则可用 P850-14 除油剂除油；最后用粘尘布除尘。

⑧ 涂液配比：P422 系列银底色、纯底色、珍珠色 1 份＋2K 稀释剂 1 份。喷涂压力为 0.3～0.35 MPa，喷嘴口径 1.4～1.6 mm。

⑨ 为了验证底色漆颜色的正确与否，可以按以下程序做喷涂板试验。

a. 在样板上喷涂 2～3 层底色漆。每层之间闪干 5 min。

b. 调整压缩空气压力、稀释比、稀释剂的配方等，直到颜色与原装漆的颜色完全一致。

c. 在样板上喷涂至全遮盖。根据要求的时间放置干燥，然后再喷涂 2～3 层罩面清漆。每层间要留有一定的闪干时间。待干燥后再把它与原车上的颜色进行对比。如果样板的颜色与原车待修补板面附近的颜色（包括明度、色相等）完全一致，就可以进行正式喷涂施工。

⑩ 按照上述喷涂样板相同的工艺，在待修补的表面上喷涂一层底色漆，闪干 5～10 min。喷涂第二层底色漆，喷涂的范围比第一层的面积稍稍大一点，使其闪干后喷涂第三层底色漆，喷涂的范围比第二层的面积更大一些，也可在第三层底色漆（1 份底色漆＋1/2 份稀释兑稀＋1.5 份清漆）混合后喷涂。

⑪ 底色漆一般不打磨。如果表面确实存在某些缺陷，如疵点、色相不正、严重橘纹等，一定需要打磨，可先采用超细砂纸轻轻地将那些缺陷打磨。然后将表面清洗干净，再根据需要喷涂 1～2 道底色漆。

⑫ 清漆配比：以 P190-625 皇牌清漆 2 份＋P210-925/6 固化剂 1 份＋P850-1492/3 稀释剂，体积分数 5%～15%。混合后使其达到施工要求。

⑬ 喷涂底色漆在室温干燥 30 min 后喷涂清漆。喷漆压力 0.35～0.4 MPa，喷涂口径1.4～1.6 mm，将兑稀后的清漆喷涂到整块板上。根据需要一般喷涂两层以下大约中等湿度的涂层，每层相隔 10～15 min。

⑭ 在相邻的板面上做润色施工时所需的材料，可采用将清漆兑稀，体积分数 200%后使用。

⑮ 自干（20 ℃）16 h，或 60 ℃烘烤 35 min 后可进行抛光。

⑯ 用 P150 号水砂纸磨平尘点或小垂流，用 P562-32 幼蜡去除砂纸痕（机械打蜡效果更佳），再用 P971-29 超级蜡水抛光漆面及去除花痕（机械抛光效果更佳），最后用 P971-9 油蜡做漆膜保护层（也可用机械打油蜡）。

3）斑点修补涂装

斑点修补涂装比整板修补涂装更要注意光泽一致，表面的鲜映性也大体相同，与四周几乎浑然一体，肉眼看起来几乎完全无法分辨，所以必须有良好的润色工艺使被修补斑点的四周呈平缓、逐步过渡。

（1）斑点修补前的表面处理。

① 用中性洗涤剂和水清洗车身。

② 用溶剂清洗车身。

③ 磨斜口（俗称薄边）。如果新漆层直接盖在旧漆面的损坏部位，那么损坏的漆膜外形就能透过新漆层显露出来。因此必须把已遭损坏的部位的边缘，打磨成逐渐变薄的平滑过渡状态。当修补漆膜的破坏程度还没有深到金属基材时，则这里的薄边要求更为精细、平滑，为无痕迹修补创造条件。

如果用磨块磨斜口，其步骤为：当修补面积直径在15～20 cm之间较小的面积时，建议用橡胶打磨块或其他体积较大的打磨块垫包砂纸进行打磨。打磨的方法采用画圆圈砂的方法，对大面积打磨则是走直线砂。采用手工打磨时首先用80号粗砂纸磨掉破损部位的外缘，再用240号砂纸打磨，然后用360号或400号砂纸打磨。打磨过程中要经常用海绵蘸水，使表面始终保持湿润，除去粗砂纸打磨时留下的痕迹。

如果用打磨机磨斜口，建议采用装有柔性衬垫的轨迹式或双作用打磨机。用磨盘约2.5 cm宽的外边打磨粗糙的漆面边缘。打磨机与被磨表面的夹角不能大于10°，否则会在漆面上磨出沟来。

在以上对粗糙的漆面磨平后，把磨盘放平，前后移动打磨机磨出斜口。按从里向外的方向打磨整个破损部位。在施工期间，应经常停下来用手摸一摸，看看还有没有粗糙的边缘。整个外边缘都要磨出新口，所有原来损坏的边缘都要磨掉，以免重涂漆时起皮。表面磨光滑后，当出现了面漆和底漆的环带时，这时磨斜口的工作才算完成。

④ 对斑点中心裸露出的金属基材进行除锈后，按照产品说明书的要求，用双组分金属表面调整剂进行处理。稍后用抹布蘸水，擦拭涂有金属表面调整剂的表面及其周围区域。要反复擦拭几次，直到擦拭干净为止。

⑤ 在裸露出的金属表面上，应覆盖与原来底漆相匹配的底漆，要避免交联型的底漆夹在挥发型涂层之间，随即喷涂3～4层中间涂料，喷涂到比原面漆稍高些（中间涂层一般收缩50%），干燥30 min后，用400号砂纸进行打磨。

⑥ 中间涂层和相邻原装面漆的加工，采用400号砂纸蘸水打磨中间涂层的中心部位，打磨中间涂层须平滑地延伸到原来面漆的上面。采用手工抛光的方法，清除相邻原面漆上的过喷，并擦拭打磨中间涂层的边缘，同地对本色漆上面整个润色区域进行抛光。用蘸有少量水和清洗溶剂的抹布把已抛光的表面擦拭干净。

对改性丙烯酸面漆进行斑点修补时，打磨中间涂层要特别注意先采用400号砂纸打磨斑点周围过喷的边缘。打磨时要注意采用适当的打磨模块，蘸水打磨，开始打磨时不要打磨斑点的中心部位。在打磨斑点的中心部位时，要经常注意打磨的进度，千万不可打磨过头。一旦发现斑点中心的部位的粗打磨痕迹被打磨平整，马上停止打磨。要注意打磨过程的中间涂层如何平滑地延伸到原来面漆的上面。最后，再次用蘸有水和少许清洗溶剂的抹布将打磨好的表面擦拭干净。

（2）斑点修补时面漆的施工。

① 素色漆的喷涂。斑点修补和整板修补所用面漆的品种是一样的，但涂料的施工工艺却有所不同。在素色漆的喷涂中，主要以热塑性丙烯酸面漆的喷涂为例来介绍其施工工艺。

a. 喷涂前的准备。首先全面检查涂料的品种、色号、稀释剂的型号及喷枪等设备的完好情况。在确定涂料已经搅拌均匀的情况下，准备好两把喷枪。第一把喷枪的喷杯上做好记号“色漆”，放入已配好的面漆。把喷枪暂时设定在中间位置上，进行样板上喷涂，记录其喷涂层次、间隔时间、稀释比、喷枪压力等，以便使所获得的面漆的颜色与原装面漆的颜色一致。为了与原厂车面漆的颜色相比较，以全遮盖的方式喷涂样板，直至调色结果满意为止。在第二把喷枪中加入以1份慢速稀释剂与1份中速稀释剂混合加入体积分数5%热塑性丙烯酸清漆混合后的漆料，在喷杯上做好“消雾圈涂料”的记号备用。

b. 面漆的喷涂施工。先用第一把喷枪在中间涂层的表面上喷涂第一层面漆，每次走枪开始和结尾时采用收边施工法。然后用第二把喷枪喷涂消雾圈涂料于斑点的边缘，间隔数分钟后，以同样的方法喷涂第二层、第三层，每一层都要比前一层范围大一些，直到达到全遮盖。喷涂后，在常温下干燥 1 h，随后喷涂三层热塑性丙烯酸清漆。这里用的清漆用慢速稀释剂体积分数 200%，最后用消雾圈喷剂喷涂丙烯酸清漆的边缘。自干 1 天(最好 1 周)后，才能进行抛光操作。由于热塑性丙烯酸漆喷涂后大约要收缩 50%，所以必须在施工时，预留一定的高裕量。

② 二工序漆的喷涂。二工序面漆的涂装也与素色漆涂装一样，要将已遭损坏部位磨斜口，清除旧漆，并进行除锈、喷涂中间涂料，以打磨后喷涂面漆。

a. 二工序热性丙烯酸面漆的喷涂，主要包括底色漆的喷涂和清漆的喷涂。

底色漆的喷涂：首先采用清洗溶剂清洗整个打磨后的表面，严格按照产品说明书的标准，喷涂增黏剂到整个打磨过的表面上，干燥 30～60 min。根据说明书的要求先准备好喷枪，喷杯中装上热塑性丙烯酸底色漆，按照素色漆同样的要求先喷好底色漆。在施工中应注意底色漆切不可打磨，如果出现非打磨不可的情况，则底色漆必须干透后，才能再用超细砂纸进行湿打磨，而且操作时务必小心谨慎。

清漆的喷涂：在对热塑性丙烯酸清漆喷涂时，先按照说明书的要求稀释，检查黏度合格后将其装入喷杯中，做好记号“清漆”。配制消雾圈涂料，装入另一个喷枪中，做好记号“消雾圈涂料”。将喷枪压力调整为 0.25～0.28 MPa，喷涂清漆 2～3 层中等到湿度的涂层，每层间隔时间 15～20 min(做润色时一直扩展到邻近的板面上，但不要超过喷涂过增黏剂的区域，喷涂消雾圈涂料到清漆的润色区域，在 0.14 MPa 压力下，喷涂消雾圈涂料至整个涂过清漆的表面上)。抛光前要干燥 24 h 以上，直至清漆完全干透，采用抛光机进行抛光。

喷涂丙烯酸聚氨酯清漆后，不需要抛光就能得到良好的光泽和鲜映性。中喷涂清漆前，要让热漆塑性丙烯酸面漆干燥 2 h 以上(如果有必要，在喷涂清漆前可对丙烯酸面漆做轻微的抛光)后，可以用丙烯酸聚氨酯清漆罩光。丙烯酸聚氨酯清漆与固化剂的配比必须十分准确，喷涂压力一般为 0.35 MPa，在待修补区域喷涂 2～3 层中等湿度的涂层，每层间隔 15～20 min。如果在夏天可在配好的聚氨酯混合料中添加 50 g/L 左右延缓剂以改善其流动性。此时干燥时间必须适当延长，最好 24 h 以上(如果有必要，可进行润色加工；如果发现表面存在着疵点或灰尘，可在清漆干燥 48 h 后再进行打磨抛光)。

b. 丙烯酸聚氨酯清漆的修补。首先用清洗溶剂清洗表面，对修补表面进行加工，做好磨砂工作后涂底漆，喷涂热塑性丙烯酸底色漆至全遮盖。干燥 2 h 以上，按照说明书要求喷涂丙烯酸聚氨酯清漆，干燥 12 h，或在推出喷漆间之前干燥数小时。

11. 涂装注意事项

汽车涂装的成膜过程主要是烘干，汽车修补涂装较多采用双组分漆，80℃烘烤 30 min。为确保涂膜的质量，涂膜干燥，自干或烘干场所应具备下列条件。

(1) 烘干室内或自干场要求无灰尘，空气要干净。

(2) 温度要符合涂料的技术要求，过高或过低都会影响干燥效率和漆膜质量。

(3) 空气要流动。漆膜在空气流动的场所(或烘干室内)要比空气不流动场所干得快，因空气的流动有利于溶剂的挥发。

(4) 无论在自干场所，还是烘干室内都要设置排风换气装置。便于在干燥过程中从漆膜挥发出来的溶剂不超过一定的浓度，以防溶剂蒸汽爆炸或影响漆膜质量。

12. 涂膜缺陷及防治

1）流挂

流挂：是指在涂覆和固化期出现的下边缘较厚或流痕的现象。根据流痕的形状，流挂可分为下沉、流挂、流淌等。

下沉：涂装完毕到干燥期间涂层局部垂流，产生厚度不均匀的半圆状、波状等的现象。

流挂：在采用浸、淋、喷、刷等涂装方法的场合，涂料在被涂物的垂直面和边缘附近积留后，照原样固化并牢固附着的现象。

流淌：被涂物垂直表面漆膜大面积的流挂现象。

造成流挂的原因：① 溶剂挥发过慢或与涂料不匹配；② 一次涂得过厚，喷涂操作不当，喷枪用力过大；③ 涂料黏度过低；④ 环境温度过低或周围空气的溶剂蒸汽含量过高；⑤ 涂料中含有密度大的颜料；⑥ 在光滑的漆膜上涂布新涂料时，也易发生垂流。

流挂的防治：① 正确选择溶剂，注意溶剂的溶解能力和挥发速度；② 提高喷涂操作的熟练程度，喷涂均匀，一次不宜喷涂过厚（一般控制在 20 μm 左右为宜）；③ 严格控制涂料的施工黏度和温度；④ 加强换气，施工场所的环境温度因控制在 15 ℃以上；⑤ 调整涂料配方或添加组流剂；⑥ 在旧漆膜上涂新涂料要预先打磨。

2）颗粒

颗粒：漆膜中凸起物呈颗粒状分布在整个表面或局部表面上的现象。由混入涂料中的异物或涂料变质所引起的称为涂料颗粒；金属闪光涂料中铝粉在涂面造成的凸起异物称为金属颗粒；在涂装或在刚涂装完的湿膜上附着的灰尘或异物称为尘埃。

造成颗粒的原因：① 涂装环境的空气清洁度差，调漆室、晾干室、烘干室内有灰尘；② 被涂物表面不清洁；③ 施工操作人员的工作服、手套及涂装前擦净材料掉的纤维；④ 易沉淀的涂料未充分搅拌或过滤；⑤ 涂料变质。

颗粒的防治：① 调漆室、涂装室、晾干室、烘干室送给的空气要除尘充分，确保涂装环境洁净；② 被涂面应清洁；③ 操作人员应穿戴不掉纤维的工作服和手套；④ 供漆管路上应安装过滤器。

3）露底

露底：露出中涂或底层的现象。

造成露底的原因：① 选用的涂料遮盖力差或在使用前未搅拌均匀；② 涂料的施工黏度（或施工固体分）偏低，涂得过薄；③ 喷涂不仔细或被涂外形复杂，发生漏涂现象；④ 底、面涂的色差过大，如在深色漆面上涂亮度高的浅色涂料。

露底的防治：① 选用遮盖力强的涂料，增加涂层的厚度或增加喷涂的道数，涂料在使用前和涂装过程中应充分搅拌；② 适当提高涂料的施工黏度和选用施工固体分高的涂料，每道涂装应达到规定的喷涂厚度；③ 提高喷涂操作的熟练度，谨慎操作；④ 底涂层的颜色尽可能地与面漆颜色相近。

4）咬起

咬起：涂面漆后涂层被咬起脱离，产生皱纹、胀起、起泡等现象。

造成咬起的原因：① 涂层未干透就涂下一道涂料；② 涂料不配套、底涂层的耐溶剂性差或含有溶胀底涂层的强溶剂；③ 涂层涂得过厚。

咬起的防治：① 底涂层干透后再涂面漆；② 改变涂料体系，另选用合适的底漆；③ 在易产生咬起的配套涂层场合，应在底涂层涂上薄薄的一层面漆，等稍干后再喷涂。

5）白化

白化：涂装过程中刚涂装完毕的底涂层表面呈乳白色，类似云彩那样变白失光的现象。

造成白化的原因：① 施工场所的空气湿度太高；② 有机溶剂的沸点低；③ 涂料或稀释剂含水，或压缩空气带入水分；④ 溶剂或稀释剂的选用配比不恰当，渗入涂层而产生白化。

白化的防治：① 涂装场地的环境温度最好在 15 ℃～25 ℃，相对湿度不高于 70%；② 选用沸点较高和挥发速度较低的有机溶剂；③ 防止通过溶剂和压缩空气带入水分。

6）拉丝

拉丝：在喷涂时涂料雾化不良，呈丝状喷出，使漆膜表面呈丝状的现象。

造成拉丝的原因：① 涂料的黏度高；② 选用的溶剂溶解力不足；③ 易拉丝的树脂含量超过无丝喷涂含量。

拉丝的防治：① 通过实验选择涂料的最适宜的施工黏度；② 选用溶解力适当的溶剂；③ 调整涂料配方，减少易拉丝树脂的含量。

7）缩孔

缩孔：受被涂物表面存在的（或混入涂料中）异物（如油、水等）的影响，涂料不能均匀地附着，产生抽缩而露出被涂面的现象。露底面积大且不规则的称为抽缩；呈圆形（直径多为 0.1～0.2 mm）的称为缩孔；在圆孔内有颗粒的称为“鱼眼”。

造成缩孔的原因：① 所有涂料的表面张力偏高，流平性差；释放起泡性差，本身对缩孔的敏感性大；② 调漆工具及设备不清洁，使有害异物（有些肉眼看不到的）混入涂料中；③ 被涂面不净，有水、油、灰尘等异物；④ 涂装环境空气不清洁，有灰尘、漆雾等；⑤ 涂装工具、工作服、手套不干净。

缩孔的防治：① 选用涂料时，要注意涂料对缩孔的敏感性；② 在涂装车间，不能带入对涂料有害的物质；③ 应确保压缩空气的清洁，无油无水；④ 确保涂装环境清洁，空气中无尘埃、漆雾、油雾等漂浮物；⑤ 严禁裸手、脏手套和脏擦布接触被涂面，确保被涂面的洁净；⑥ 在旧涂层上喷涂时，应用砂纸充分打磨，并擦干净。

8）凹坑

凹坑：漆膜表面产生像火山那样的，大小直径为 0.5～3 mm 的凹穴现象。其与缩孔、鱼眼的区别在于不露出被涂物。其产生原因和防治与缩孔相仿。

9）针孔

针孔：在涂膜上产生针状小孔或像皮革的毛孔那样的小孔的现象，孔的直径 100 μm 左右。

造成针孔的原因：① 涂料的流动性不好，流平性差，释放起泡性差；② 涂料中混入不纯物，如溶剂型涂料中混入水；③ 涂装后晾干不充分，烘干时升温过快，表面干燥过快；④ 被涂物的温度过高和表面油污物，被涂物面有小孔；⑤ 环境空气湿度过高。

针孔的防治：① 注意涂装设备的清洁，防止不纯物混入涂料中；② 涂装后规范晾干，添加挥发慢的溶剂使湿漆膜的表干减慢；③ 注意被涂物的表面温度及清洁度，消除被涂物表面的小孔；④ 改善涂装环境。

10）起泡

起泡：在涂装过程中，漆膜表面呈泡状鼓起，或在漆膜中产生起泡的现象。

造成起泡的原因：① 溶剂挥发快，涂料的黏度偏高；② 涂层烘干时加热过急，晾干时间过短;③ 底材、底涂层或被涂物含有(或残留有)溶剂、水分或气体;④ 搅拌混入涂料中的气体未释放尽就涂装。

起泡的防治:① 使用制定溶剂,黏度应按涂装方法选择,不宜偏高;② 涂层烘干时升温不宜过急;③ 底材、底涂层或被涂物应干燥清洁,不应含有(或残留有)溶剂、水分或气体;④ 添加醇类溶剂或消泡剂。

11) 起皱

起皱:在干燥过程中漆膜表面出现皱纹,凹凸不平,且有平行的线状或无规则的线状等现象。

造成起皱的原因:① 漆膜烘干升温过急,表面干燥过快;② 漆膜过厚或在浸涂时产生的肥厚的边缘;③ 晾干过渡,表干后再烘干易产生起皱现象。

起皱的防治:① 每道涂层控制在不产生起皱的厚度限值内;② 执行晾干和烘干的工艺规范。

12) 色不匀

色不匀:漆膜的颜色局部不均匀,出现斑印、条纹和色相杂乱的现象。

造成色不匀的原因:① 涂料中的颜料分散不良和两种以上的色漆相互混合时混合得不充分;② 所有溶剂的溶剂力不足或施工黏度不适当;③ 涂得太厚,使漆膜中的颜料产生里表"对流现象";④ 在涂装场所的附近有能与漆膜发生作用的气体。

色不匀的防治:① 选用分散性和互溶性良好的颜料;②选择适当的溶剂,采用符合工艺要求的涂装黏度和膜厚。

13) 橘皮纹

橘皮纹:在喷涂时不能形成平滑的漆膜面,而出现类似橘皮状的皱纹表层,皱纹的凹凸度约 3 μm。

造成橘皮纹的原因:① 涂料的黏度大,流平性差;② 压缩空气的压力低,出漆量过大和喷具不佳,导致雾化不良;③ 被涂雾和空气的温度偏高,喷涂室内风速过大,溶剂挥发过快;④ 晾干时间短,喷涂厚度不足;⑤ 喷涂距离不恰当。

橘皮纹的防治:① 选用合适的溶剂,添加流平剂或挥发性较慢的高沸点有机溶剂,以改善涂料的流平性;② 选择合适的压缩空气,选择出漆量和雾化性能良好的喷涂工具,使涂料达到良好的雾化;③ 一次喷涂到规定的厚度(宜控制到不流挂的限度),适当延长涂层晾干的时间,不宜过早进入烘箱烘干;④ 被涂物应冷却到 50 ℃以下,喷涂室的气温应维持在 20 ℃左右;⑤ 调整喷涂距离。

14) 砂纸纹

砂纸纹:面漆涂装和干燥后仍能清楚地见到砂纸打磨纹的现象。

造成砂纸纹的原因:① 所用的打磨砂纸太粗或质量太差;② 涂层未干透(或未漏漆)就打磨;③ 被涂物表面状态不亮,有极深的锉刀纹或打磨纹。

砂纸纹的防治:① 应按工艺要求选用打磨纸;② 待涂层干透和冷却至室温时再打磨;③ 对要求装饰性大的场合,以湿打磨代替干打磨;④ 提高涂装前被涂物的表面质量。

13. 喷涂防火安全注意事项

(1) 涂装车间的所有结构件都应采用耐火材料支撑。

(2) 使用易燃涂料的涂装车间是属于火灾危险区,应采取相应的消防措施,一般应布置在厂房的一边,并用防火墙与其他车间隔开。

(3) 所有的门应开在最近的出口处，而且门要朝外开。一般要求最远的工位到外出口或楼梯口的距离在一层楼房中不大于 30 m，在多层楼房中不大于 25 m。通向安全门的通道要保持畅通无阻。

(4) 在与相邻的车间有传送装置的情况下，出入口应装防火门，其耐火强度不低于 0.75 h。

(5) 每立方米的空间体积对应的窗户或易打开的顶盖面积不小于 0.05 m^2。

(6) 涂装车间应有两个出口，其中一个出口应朝外，车间面积在 100 m^2 以内的可安装一个出口。

(7) 供涂装车间、调漆部和涂料库用的消防灭火用具，每 30 m 应保证有下列消防工具：两个泡沫灭火机，0.3～0.5 m^3 容积的沙箱，一套石棉衣和一把铁铲。涂装车间顶棚应设置喷水头和消防灭火水栓。

(8) 所用的各种电气设备和照明灯、电动机、电气开关等都应有防爆装置，电源应设在防火区域以外。

(9) 涂装车间的所有金属设备都应接地可靠，防止静电积聚和静电放电。

(10) 涂装车间内严禁烟火，不许带火柴、打火机等火种进入车间。在安装和维修设备须动用明火时，应采取防火措施，检查确保安全的情况下才许动用。

(11) 在车间现场的涂料存储量不应超过每班用量，在用量大时应设置有专用的调漆部和涂料库，用管道集中输起，并用防火墙将调漆部和涂料库与涂装车间隔开。

(12) 擦过溶剂和涂料的棉纱、破布等应放在专用的带盖铁箱中，并在节假日前应及时处理掉。

(13) 在涂装过程中应尽量避免敲打、碰撞、冲击、摩擦等动作，以免发生火花或静电放电，而引起着火燃烧。

(14) 喷涂作业应在专门装备的喷涂室内进行。

(15) 喷涂室、浸涂料设备、烘干室等都应符合防火安全技术要求。

(16) 严禁向下水道倒易燃溶剂和涂料。

14. 消防应急措施

1) 消防常识

(1) 车间消防工作应以“预防为主”，加强消防教育工作，提高消防意识。

(2) 成立和健全车间义务消防队。担负着消防宣传教育，巡查和消除隐患责任。平时加强消防训练，确保安全生产。

(3) 报警电话：119。

(4) 车间常用灭火机：CO_2 灭火机。

(5) 车间固定自动灭火装置：消防系统 CO_2 自动灭火装置。

(6) 初起火灾扑救基本方法。① 冷却灭火法：将灭火剂直接喷洒在可燃物上，使可燃物温度降到燃点以下，使火熄灭的方法。② 隔离灭火法：将燃烧物与附近可燃物隔离或疏散开，从而使燃烧停止的方法。③ 窒息灭火法：采用适当的措施，阻止空气进入燃烧区，使燃烧物缺乏氧气而熄灭的方法。

2) 安全疏散

(1) 人员疏散：发生火灾应迅速撤离现场，在烟雾能见度差时要做到用湿毛巾捂住嘴鼻，低姿从熟悉通道撤离，不可盲目跳楼。

(2) 物资疏散：疏散那些可能扩大火势和有爆炸危险的物品，如油漆、稀料等，转移到安全地带。

3) 电器起火的安全措施

(1) 禁止无关人员进入着火现场，以免发生触电伤亡事故。

(2) 迅速切断电源，保证灭火顺利进行。

(3) 正确选用 CO_2 灭火器，在 1～2 m 以外距离进行喷射灭火。

(4) 火灾扑灭后，要注意保护现场，查找原因，制定防范措施，保证安全生产。

15. 喷涂安全操作规程

(1) 工作时应穿戴劳防用品，要保持工作环境的卫生与通风良好。喷漆室四周严禁有塑料布。

(2) 喷气室严禁烟火，作业场所 10 m 以内不准进行电焊、切割等明火作业。

(3) 操作者应熟练 CO_2 自动灭火系统开关位置和使用方法，在听到 CO_2 自动灭火系统警报 30 s 之内应立即赶到工作现场。

(4) 不准随意推动流水线上车身。

(5) 流水线发生故障检修时，不得在线上工作，待故障排除流水线启动后，方可上线工作。

(6) 喷漆室内铁凳、撑杆，严禁随地拖动，移动时须用手抬起移位。

(7) 工作完毕后，砂皮、纱布等物品应放在指定的垃圾箱内。

二、汽车常用修补材料

一般小的擦伤，例如，油漆表面有伤痕，伤痕泛白或者哪怕是油漆表面被刮成发丝状了，其实都没有必要补漆。轻的，用车蜡就可以处理；重的，做抛光也就可以了。

严重一点的，能看到下层底漆的颜色。一般来说，保险杠、后视镜和轮眉这些部位是塑料件，不需要补漆。车身的钢板上面的损伤，需要补漆。

1. 砂蜡修补划痕

汽车划痕蜡，就是所谓的砂蜡(见图 2-12)。一般浅显的划痕就用砂蜡，需要涂抹几次后，用干净的抹布擦干净；大一点的划痕要反复擦几次才能盖上，同时还起到防水的作用。

2. 补漆笔修补划痕

补漆笔(见图 2-13)是一种汽车剐痕修补工具，对照车漆原来的颜色选择合适的型号即可。在细小的剐痕或油漆剥落处涂上补漆笔后，即可修补、掩盖及填平伤痕。补漆笔的成分一般为原车车漆，所以只能使用专用的补漆笔。

图 2-12　沙蜡

图 2-13　补漆笔

3. 面漆

面漆一般有三种：普通漆、金属漆、珠光漆。

普通漆：主要成分是树脂、颜料和添加剂。

金属漆：比普通漆多了一种成分——铝粉，添加铝粉的车漆，光泽更加饱满艳丽。

珠光漆：是在金属漆中加入云母粒。云母是一片片很薄的物质，反光有方向性，能使车漆产生色彩斑斓的效果。

三、调色工具

在漆面修复的过程中，所使用的工具会涉及以下几类。

1. 调色设备与工具

汽车修补涂装中，常用的调色设备有调漆机、电子调漆秤、阅读机、调色电脑、色母海报、比色卡、分色仪、烘箱、配色灯试验样板、比例尺、容器等。

1）调漆机

调漆机（见图 2-14）又称油漆搅拌机，各大油漆公司都有调漆机及其配套产品。调漆机配有电动机和搅拌桨，利用这种工具很容易混合倒出涂料。

涂料中的树脂、溶剂及颜料因密度不同，经过一段时间就会分离，因此在使用前需要充分混合。

2）电子调漆秤

电子调漆秤（见图 2-15）是一种称量涂料用的专用天平，用来辅助计算适当的混合比，由托盘秤、电子显示器和集成电路板组成。

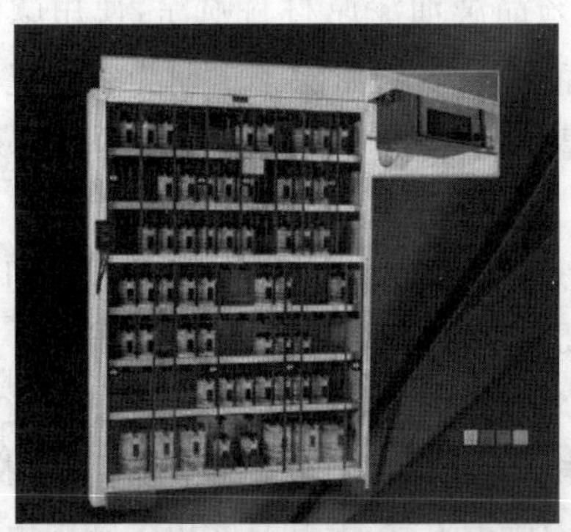

图 2-14 调漆机

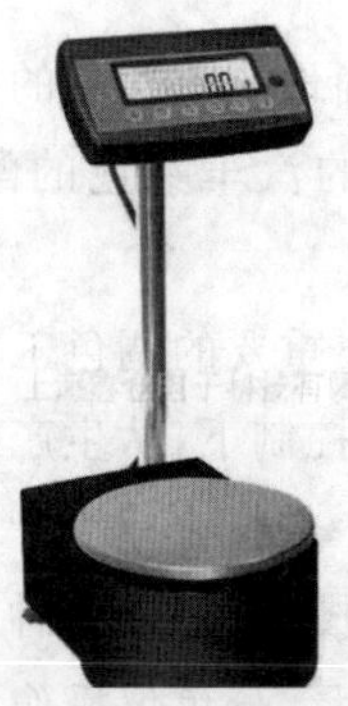

图 2-15 电子调漆秤

电子调漆秤的操作程序：

（1）水平放置电子调漆秤，避免高温、震动。

（2）打开电子调漆秤总电源开关，按下电子调漆秤电源开关，暖机 5 min。

（3）按下归零键，将被称物置于秤板中心，依序操作。

（4）使用完毕后，按下电子调漆秤电源关闭键，关闭电子调漆秤电源总开关。

使用中应水平放置，并避免高温和震动。

3）阅读机

目前国内查阅油漆配方的方法主要是胶片调色。胶片调色即通过阅读机阅读胶片，查配方，因为这种方式成本低、操作简单，所以目前采用较多。配方微缩胶片又称菲林片，胶片中列出汽车生产厂商、颜色编号等，用户根据生产厂商提供的颜色编号可找到相应的配方，查找容易，使用方便。

阅读机操作程序：

(1) 打开阅读机总电源开关。

(2) 拉开置片板，将微缩胶片依正确方向置入置片板上。

(3) 推开置片板后，打开机座底部电源开关。

(4) 检视微缩胶片，查出颜色配方。

(5) 使用完成后，关闭机座底部白色开关，拉出置片板，取出微缩胶片，推回置片板。

(6) 关闭阅读机总电源开关。

图 2-16 调色电脑

4) 调色电脑

电脑调色（见图 2-16）即电脑中存有所有色卡配方，用户只需将自己所需漆号和用量输入电脑，就可以计算出配方数据。电脑调色使复杂的调漆工作变得简单而准确，调漆质量也有较大提高，而且数据更新容易，是一种先进的调色方法。

5) 色母海报

色母海报是由汽车修复涂料供应商提供的表现其色母特性的色卡。各家供应商所提供的色母指南有所不同，但目的是相同的，也就是使调色人员能够明了、直观地理解该品牌色母的特性，方便调色。

6) 比色卡

比色卡由 100% 品牌油漆原材料喷涂，使用颜色类别编排，能简便、准确地核对颜色的属性。所有知名品牌的涂料供应商除了定期为客户提供国际市场上最新推出的汽车颜色的配方外，还会给客户提供国际市场上最新推出的汽车颜色的比色卡。

比色卡是很重要的调色工具，一套完整齐全的比色卡会起到事半功倍的效果。即使在现代最严格、科学的控制下，从生产线下来的汽车颜色还是会存在误差的，这就是差异色。

7) 分色仪

分色仪（见图 2-17）是一种可以进行电脑分色的电子仪器，具有修正软件，可以手提，并可以结合智能磅使用。分色仪操作简单，用途广泛，对技术要求不高，尤其是在以下范围内使用时更能突出优势。

(1) 新车型。

(2) 颜色资料不全。

(3) 颜色色号不在车身上。

(4) 可建立一个客户档案。

(5) 可储存自己的配方资料。

(6) 可使用于工业喷涂。

8) 烘箱

烘箱（见图 2-18）是一种强制烘干实验样板的烘干设备，在人工调色烘干样板时使用。

图 2-17 分色仪

图 2-18 烘箱

9）配色灯

配色灯是一种接近日光的所有波长的灯，可在夜间或下雨时代替日光，有时也做成灯箱。

10）试验样板

试验样板用于调漆后的试喷涂，待样板干燥后与车漆颜色对比，以便进行微调。

11）比例尺

比例尺是一种用金属或塑料制造的尺子，上面带有刻度，可计量适当量的固化剂、稀释剂，能方便快捷地帮助调配涂料。混合涂料时也可以做搅杆用，且涂料一般不会沾在比例尺上，用后也容易清洁。

注意：各大油漆公司的比例尺一般不可混用。

12）容器

涂装所用的容器多为聚丙烯型一次性容器。

四、涂料颜色调配

世界汽车漆颜色有几万种，而且同一品种涂料，不同批次存在色差，使用年限不同，也会与原漆产生色差，这就必须对涂料的颜色进行调配，尽量使之与汽车原色漆颜色一致。

汽车面漆修补涂料的调色工作十分复杂，目前采用的方式主要有人工调色和电脑辅助调色。一般来说，汽车修补涂料由三部分调和而成，色母部分、树脂部分、溶剂和助剂部分。色母由高颜料含量的主导色浆组成，有金属漆系列色母和单色漆系列色母。树脂是涂料成膜的主要成分，色母中也含有部分树脂，是树脂部分中的一种或几种。溶剂主要是调整涂料成品黏度的，在色母和树脂部分中也含有部分溶剂，涂料中所有的溶剂必须按涂料的固化方式、作业方式进行设计。

1. 颜色调色工艺流程

人工调色是作业人员对参照色板的目视，判定参照色板的色调，确定其色彩组成，反复调整对比确定无色调差异后，再判定饱和度与明暗差异，反复调整对比调整明暗度和饱和度，最终使调和的涂料颜色与参照色板无目视色差的作业过程。人工调色最大的特点：目视、反复对比、色差大、速度慢。目视调色需要作业人员具有色彩判断力和调色知识，反复对比的过程需要作业人员具有耐心。色彩判断力和调色知识是调色作业人员必备的素质。色彩判断力是指对参照色板色彩的判定，确定其主要组成。单色与复色、各种色彩间的转变、色彩的稳定、色彩的饱和度、色彩的明暗等，这些知识都是调色作业人员必备的。

电脑调色是利用电脑对参照色板的色调、明暗度进行数据化，并将其与已存入电脑内的各种色母标准色进行对比、计算，确定参照色板色彩的组成，调色作业人员利用电脑调色配方制成涂料，再利用色差仪确定色差，电脑或人工进行微调的调色过程。电脑调色的前期工作十分繁重，首先要将色母标准化、数据化，再在专用的调色电脑中建立数据。电脑调色的准确性取决于色母的标准化和数据的实用性。所以，目前大部分汽车修补漆调色中心的技术支持与色母都来源于实力雄厚的大公司。电脑调色的特点：速度快、色差小、工作量小、目视与电脑结合。

颜色调色工艺流程如图 2-19 所示。

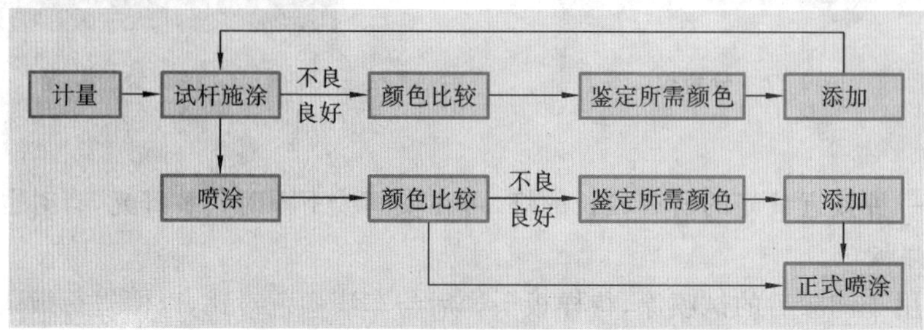

图 2-19　颜色调色工艺流程

2. 颜色调配程序

1）色号的查询

大多数汽车的颜色信息（即原厂色号）附在车身某个或几个特定部位上（即色号牌上）。查看汽车厂出厂编码板，记下编码板上所示汽车制造厂商的油漆编码（VIN），对调色非常有帮助。不同的厂商油漆编码的位置是不同的。表 2-1 列出了部分国外汽车制造厂商油漆编码位置，与图 2-20 所指位置代号相配合。

表 2-1　车厂名称和色码位置

车厂（车牌）	漆 码 位 置	车厂（车牌）	漆 码 位 置	车厂（车牌）	漆 码 位 置
阿库拉	15,21	奥迪	14,17,18	凌志（雷克萨斯）	3,7,10,15
阿尔法·罗密欧	5,8,14,17,18	宝马	2,3,4,7,8	莲花	1,18
玛莎拉蒂	5	莫斯科人	14	本田	15,22
马自达	7,10,15	日产	2,4,7,10	现代	2,7,10,15
克莱斯勒	2,4,5,8,9,10	欧宝	23,4,7,8,10	无限	7,10
雪铁龙	2,3,4,7,8,10	标致	2,3,8	迷你	22
大宇	2	波尔舍	(2,7,8,10,12,15)	五十铃	2,7,10,13,15
达夫	12	伯罗顿	4,5,20	依维柯	5
大发	2,7,10,20,22	利拉特	3,4,7,9,10	美洲豹	2,4,5,15
托马斯	15,18	雷诺	3,7,8,10,15	起亚	15
法拉利	5,18	波罗乃兹	3,10	劳斯莱斯	3,5

2）表面准备

在日常工作中，我们通常所使用的配色标准板（油箱盖、车身部位），表面往往有许多污染

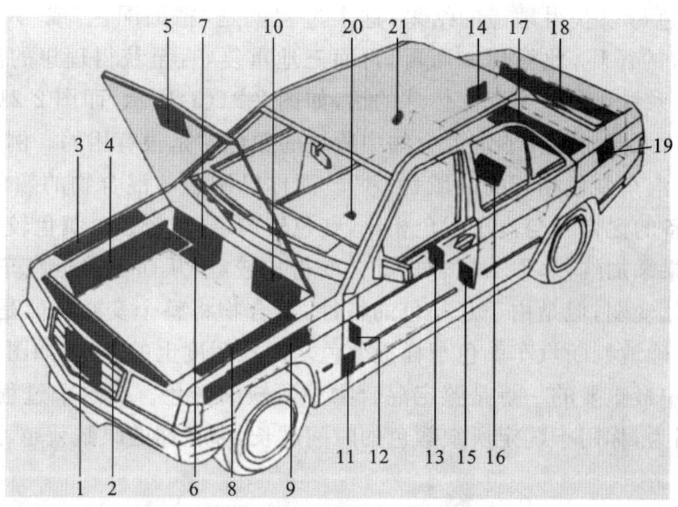

图 2-20 色号位置

物，可能会影响颜色的比对效果，因此，在配色前应该用细蜡进行清洁处理，以免造成将来车身上的颜色差异。

3）色卡的对比

如果在车身上无法找到原厂色号，那么可以利用油漆公司提供的各种色卡，从色相、明度、彩度三个方面进行对比，挑选出相对接近的颜色。然后根据色卡查出对应的胶片标号，即可得到相对接近的配方。

4）配方的查询

在车身上查到原厂漆号或通过色卡对比找到色号后，找到正确的微缩胶片号，用阅读机进行阅读，找到正确的配方。当然也可以用电脑查到配方，因为电脑中存有所有色卡配方，用户只需将查找到的色号和所需分量输入电脑就可直接查阅计算好的配方数据，快捷、方便、计算准确。便携式电脑测色仪的探头可直接在汽车上待修补的部位测到最为可靠的数据。该数据经配色系统处理后，就可以获得精确的配方。

5）计量添加色母

找到颜色配方，确定需要油漆的数量，利用电子秤计量添加相关色母的重量。在添加色母时，最好先倾斜漆罐，然后逐渐拉操纵杆，让色母慢慢倒出。如果先拉操纵杆，那么当漆罐倾斜时可能有大量色母立即倒出。为了在倾斜末尾进行精细调整，也必须小心操作操纵杆，以控制色母流量。虽然各种色母的重量因颜色而异，但是通常情况下一滴的质量大约为 0.03 g，三滴的重量在 0.1 g 左右。

6）对比色板

添加并搅拌均匀后的涂料，从色相、明度、彩度三个方面与待调配的标准色板进行对比，以保证调配良好。

对比方法有比较法、点漆法、涂抹法和喷涂法。比较法是用调漆棒与车色直接比对；点漆法是将漆点在车身上，待干燥后进行比对；涂抹法是将漆均匀涂布在车身上，待干燥后进行比对；喷涂法是将漆喷涂在试板上，待干燥后与车身进行比对。前三种方法速度较快，但较不准确，喷涂法虽然速度较慢，但准确度高。如果比对结果发现颜色有差异，则需要添加色母进行微调；如果比对结果已经能满足颜色要求，则进行实车喷涂。

7）添加色母进行微调

如果颜色的对比结果表明，所刷颜色与汽车的颜色不一样，则必须鉴定出应添加哪一种色母，继而添加该色母以获得理想的结果，这个过程就是“精细配色”或“人工微调”。这是一个比较和添加涂料的循环，此循环一而再，再而三地重复，直至获得理想的汽车颜色。

如果把颜色体系看作是一个色立体球的话，如图 2-21(a)所示，而图 2-21(b)所示是在中间水平切开后的截面，该截面图在鉴定混合物中所缺的颜色时是很有用的。例如，当配红色时，如果你确定圆球上与汽车颜色相配的区域是“A”。而你已制备的混合物的颜色是“B”，那么你便可以知道，你所制备的混合物与汽车颜色相比，红色较弱(绿色较强)，黄色较强(蓝色较弱)。因此你也会发现，如果添加红色，那么混合物就会变得比较红，从而更接近汽车颜色；如果添加蓝色，混合物的黄色就变弱，但是由于互补色的特性，混合物将整个变暗。但是需要注意，实际上该截面不能用来准确地判断汽车颜色与样板颜色之间在明度上的差别，如图 2-21(a)所示，垂直方向，只是在配色中最重要的一点是鉴定混合物中所缺的颜色。在这个过程中，你的第一个印象最重要。这是因为，你用于确定所缺颜色的时间越长，那么你的眼睛就越习惯于样板，从而使判断变得困难。

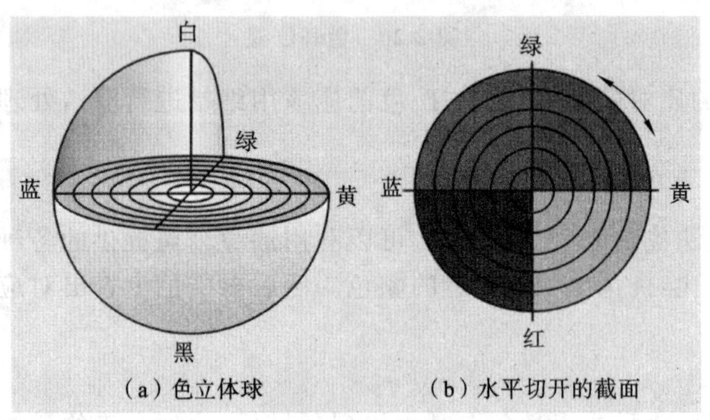

图 2-21　颜色体系

8) 喷涂试饭

将涂料装入喷枪中，喷涂试板，试板晾干 15 min 后，放入烤箱中烘烤 20 min，温度为 70℃。

提示：应在与待喷车相同的条件下喷涂颜色试板，这些条件包括喷涂距离、气压、稀释比例、出漆量、温度和晾干时间。

9) 表面工作

在日常工作中，我们通常所使用的配色标准板(油箱盖、车身部位)，表面往往有许多污染物，可能会影响颜色的比对效果，因此，在配色前应该在待修补表面周边进行清洁抛光，以免造成将来车身上的颜色差异。

10) 对比试板

在自然光下比较试板与车身颜色的差异，以获得准确的配色。

11) 添加色母进行微调

如果颜色的对比结果表明，所调颜色与汽车的颜色不一样，则必须鉴定出应添加哪一种色母，继而添加该色母以获得理想的结果，这个过程就是“精细配色”或“人工微调”。这是一个比较和添加涂料的循环，此循环一而再，再而三地重复，直至获得理想的汽车颜色。

将选择好的色母加入计量配色涂料，并用搅拌杆进行颜色比较，喷涂试板，使新涂层与以前涂装的混合物部分重叠。在用该种色母进行的精细配色完成后，再找出涂料所缺的另一种颜色。

确定颜色调配接近的程度是一项困难和重要的工作，虽然涂料的颜色越接近汽车的颜色越好，但是在实践中有一个点，达到此点我们便可认为颜色已经够接近了，不会有问题了。最好用比色计，用数字表示颜色相差的程度，但是如果没有比色计，那么就必须靠我们的双眼，最好让尽可能多的人来帮助进行鉴定，得出结论。

12）最后的调配

把微调完毕的涂料，按要求添加相应比例的固化剂、稀释剂并混合，到此面漆调配结束，可进行面漆的施工。

13）修补操作

把微调完毕的涂料，按要求添加相应比例的固化剂、稀释剂并混合，按正确的施工程序进行涂装，注意采用合适的修补技巧，达到无痕迹修补。

学习任务3 汽车美容工具与设备

汽车美容是指针对汽车美容具体的作业项目，按照汽车美容部位不同材质的保养条件，利用专业美容系列技术设备，采用不同性质的汽车美容护理产品及施工工艺，对汽车进行的全新保养护理。针对汽车美容不同的作业项目，应选用不同的美容设备、工具及用品。

一、汽车美容通用工具与设备

1. 空气压缩机

空气压缩机（见图2-22）是一种用以压缩气体的设备。空气压缩机与水泵构造类似。大多数空气压缩机是往复活塞式，旋转叶片或旋转螺杆。离心式压缩机有非常大的应用范围。

空气压缩机是汽车美容护理以及维修的通用设备之一，应用范围很广。空气压缩机在汽车美容护理方面主要用于提供充足的达到预定压力值的高压压缩空气源，以确保汽车美容护理作业车间所有的气动设备都能有效地工作。如用于泡沫清洗机去除清洗后车身面漆上积聚的水渍、各种气动工具（研磨、抛光和除尘工具）、发动机和变速器的免拆清洗以及轮胎充气等。

图2-22 空气压缩机

1）分类

（1）按工作原理可分为三大类：容积型、动力型（速度型或透平型）、热力型压缩机。

（2）按润滑方式可分为无油空压机和机油润滑空压机。

（3）按性能可分为：低噪声、可变频、防爆等空压机。

（4）按用途可分为：冰箱压缩机，空调压缩机，制冷压缩机，油田用压缩机，天然气加气站用、凿岩机用、风动工具、车辆制动用、门窗启闭用、纺织机械用、轮胎充气用、塑料机械用压缩机，矿用压缩机，船用压缩机，医用压缩机，喷砂喷漆用压缩机。

（5）按形式可分为：固定式、移动式、封闭式。

2）使用前检查事项

（1）检查各部分螺丝或螺母有无松动现象。

（2）皮带之松紧是否适度。

(3) 管路是否正常。

(4) 润滑油面是否适当。

(5) 电线及电器开关是否合乎规定,接线是否正确。

(6) 电源之电压是否正确。

(7) 压缩机皮带轮是否可轻易用手转动(检查时须停机注意安全)。

(8) 检查所有的阀是否均处于合适的位置及正确的启闭状态。

(9) 检查系统并除去其内的外来异物。

(10) 打开并再次关闭储气罐下部的排污阀。

(11) 若系统设备检修后重新启动时,应除去所有为安全维护而安装的维修附件及维修用标志牌。

3) 使用中注意事项

(1) 以上各点检查完毕后将排气阀门全开,然后按下启动按钮或启动柴油机,使机器在无负荷状态下启动运转,这样可以延长空压机及原动机的寿命。

(2) 检查运转方向是否和皮带防护罩上箭头指示相同,若不相同,请将三相电机的三条电源线中任意两条调换即可。

(3) 启动后 3 min 左右若没有异音,则将阀门关闭,使储气罐中的压力逐渐升高到达预定的压力,达到设定之压力后,压力开关自动切断电源、电机停止运转。此时压力开关处释气阀会有几秒钟的释气,将排气铜管内之压缩空气排出,这是正常现象。目的是使电机再度运转时,负载减轻且较易动,并非漏气。

4) 压力的调整

特别注意:请有经验的技师或本厂业务员进行,不得自行调定。

(1) 依顺时针方向旋转压力调整螺丝,则增高使用压力,反之则降低设定压力。

(2) 依顺时针方向旋转压差调整螺丝,则增高压差,反之则减小压差幅度。

5) 日常维护事项

(1) 检查各部螺丝或螺母,是否有松动现象。

(2) 皮带松紧是否适当。

(3) 管道是否正常,油位是否合适。

(4) 电线及电器开关是否合乎规定,界限是否正确。

(5) 各轮脚支点是否已固定平稳。

(6) 压缩即皮带轮是否轻易以手转动。

(7) 压缩机工作前,最好空转 2~3 min 以上,再正常操作。

(8) 检查运转方向是否和指示箭头指者相同,若不相同时,将三相电动机三条电源线中任意两条对换即可。

(9) 要经常检查空气滤清器是否有污染附着,过滤棉要常取下清洗(用汽油)或更换,以保持良好的空气过滤效果。

(10) 每日于空气压缩机使用后,应旋开排污阀,将桶内所凝聚水分及油污等,排除干净。

(11) 空气压缩机缸头及铜管部分,因空气压缩而发热,一般温度均很高,这是必然的现象,并非异状。

(12) 空气压缩机在运转中若逢停电或使用后,应将电源切断,以确保安全。

2. 高压清洗机

高压清洗机(见图2-23),是通过动力装置使高压柱塞泵产生高压水来冲洗物体表面的机器。它能将污垢剥离,冲走,达到清洗物体表面的目的。因为是使用高压水柱清理污垢,所以高压清洗也是世界公认最科学、经济、环保的清洁方式之一。

图2-23 高压清洗机

高压清洗机用于汽车外表的清洗、发动机的清洗、底盘的清洗、车轮等的清洗。使用普通的自来水为水源,通过其内的电动泵再加压,输出的水流压力在0.2～1.2 MPa范围内,并可以按需要进行调节。压力大时,能将黏附于底盘上的泥土冲洗下来。而冲洗挡风玻璃和钣金部分时,水压可按要求调小一点,以免造成损伤。

1)高压清洗机分类

按驱动引擎来分,可分为电机驱动高压清洗机、汽油机驱动高压清洗机和柴油驱动清洗机三大类。顾名思义,这三种清洗机都配有高压泵,不同的是它们分别采用与电机、汽油机或柴油机相连,由此驱动高压泵运作。汽油机驱动高压清洗机和柴油驱动清洗机的优势在于它们不需要电源就可以在野外作业。

按用途来分,可分为家用、商用和工业用三大类。家用高压清洗机,一般压力、流量较小,寿命比较短一些(一般100 h以内),携带轻便、移动灵活、操作简单。商用高压清洗机,对参数的要求更高,且使用次数频繁,使用时间长,所以一般寿命比较长。工业用高压清洗机,除了一般的要求外,往往还会有一些特殊的要求,水切割就是一个很好的例子。

高压清洗机分为高压冷水清洗机和高压冷/热两用清洗机。前者用于气温较高的南方,后者除了提供常温的高压水外,还增加了电加热装置,输出高压水的温度可调节,清洁效果更好,但能耗大,一般仅适于在冬季寒冷的地区使用。高压清洗机的种类很多,性能不一,价格差别也较大。

2)使用方法

接好进出水管,插上电源(有220 V的,也有380 V的),按下电源启动开关,打开进水开关向泵内注水,排去泵内的空气约几秒钟,等喷出的水有压力后,就可进行正常的洗车程序了。

3)注意事项

供水一定要干净,无杂质。进水管下面一定要安装过滤网,以免杂质进入泵内;洗车停顿或结束时,一定要及时关闭电源,以免让工作泵空转,否则的活,很容易加速工作泵内运动部件的磨损。

3. 泡沫清洗机

泡沫清洗机为汽车美容清洁用的主要设备之一。它与高压清洗机不同之处在于它输出的水不但可以增压(输出压力为0.1～0.5 MPa),而且还能加入专用的清洗剂,再通过压缩空气(由空气压缩机提供),使清洗剂泡沫化,然后从泡沫喷枪喷出,能将泡沫状的清洗液均匀地涂敷于车身外表,通过化学反应,从而起到极佳的除尘和去油污的作用。

使用泡沫清洗机的目的在于:清洗剂里加入了强力发泡剂(一种阴离子活性剂)和助洗剂,

在压缩空气的搅动下能产生丰富的泡沫，而浓稠的泡沫容易捕集污垢粒子，使油污溶解于泡沫的外表，减少了油污的沉积，所以去污能力特强，并且使清洗剂发挥了最大的效用。据统计，采用泡沫清洗机后，清洗一辆轿车的材料成本不足0.20元，经济效益明显提高。泡沫清洗机种类较多，有气动和电动两类。

1）工作原理

利用空气压缩机输送过来的高压气体，将机内的洗车液同水充分搅拌混合，使之喷到汽车上的泡沫多而丰富。

2）使用方法

打开泡沫机进阀及泄气阀，加入洗车液约400 mL，灌满水，关闭阀门，接通空气压缩机进气管，打开进气开关，等泡沫压力表显示达2.5 kgf(25 N)以上后，就可使用该机向汽车喷射泡沫了。

3）注意事项

停止工作时，必须将罐内的压力泄放干净，以免罐内的压力过大，对气管及接头造成损伤。

气动式泡沫清洗机如图2-24所示。

4. 水枪和气枪

水枪和气枪分别是与高压清洗机和空气压缩机配套使用的，是重要的清洗设备，种类较多，有的带快速接头，可做快速切换；有的带长短接杆，使使用更为方便。

气枪通常为外购件，不随空气压缩机附送，水枪则常常作为高压清洗机的附件配套使用。高级的水枪带水压和水形调节，高压水枪在汽车清洗中的应用，不但提高了清洗作业的质量，极大地保护漆面，同时也提高了清洗作业的效率，使用起来十分方便。

常见的水枪外形如图2-25所示，常见的气枪外形如图2-26所示。

图2-24　气动式泡沫清洗机

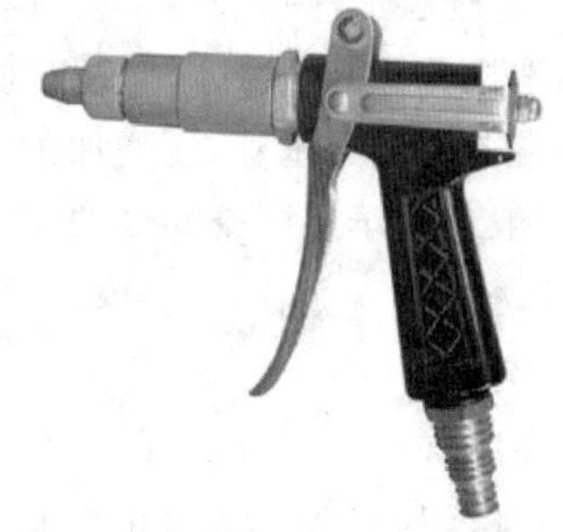

图2-25　常见的水枪外形

5. 抛光机及其附件

抛光机（见图2-27）也称为研磨机，常常用作机械式研磨、抛光及打蜡之用。其工作原理是电机带动安装在抛光机上的海绵或羊毛抛光盘高速旋转，由于抛光盘和抛光剂共同作用并与待抛表面进行摩擦，进而达到去除漆面污染、氧化层、浅痕的目的。抛光盘的转速一般在1500 r/min～3000 r/min，多为无级变速，施工时可根据需要随时调整。

研磨抛光机的种类较多：按驱动方式不同，可分为电动抛光机及气动抛光机；按其运转的速度不同，可分为高、中、低速三种。

一般情况下：转速在1200 r/min以下的为低速抛光机；转速在1600 r/min左右为中速抛光机；转速在2000 r/min左右为高速抛光机。

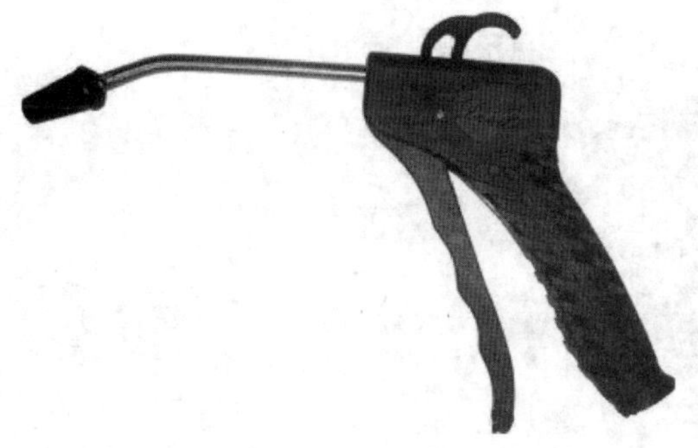

图 2-26 常见的气枪外形

图 2-27 抛光机

按其转速的不确定性，我们又可分为定速抛光机及调速抛光机等。

研磨抛光机既可做研磨用又可做抛光用，研磨时配装的是专用研磨盘，抛光时配装的是专用抛光盘。它们都有两种不同的安装方式：吸盘式安装法和紧固式安装法。

1）吸盘式安装法

首先将一个硬质（硬塑料）托盘用螺栓固定在研磨抛光机的机头上，托盘的另一面可粘住带有尼龙易粘平面的物体。这时我们就可根据需要选择各种吸盘式的研磨盘和抛光盘，使用起来极为方便，只需把研磨吸盘或抛光吸盘贴在托盘上即可。

2）紧固式安装法

研磨抛光机头不带托盘，只有一个公/母接头，安装时只需把研磨紧固盘或抛光紧固盘直接拧上去就可以了，安装方法也不是很复杂。

研磨盘、抛光盘的材料可分为全毛、混纺毛及海绵三种。一般研磨盘的质地硬、较粗，而抛光盘的质地软、较细。这两种盘目前使用最多的是海绵盘。

工作原理：研磨抛光机是利用海绵般的高速运转与车体漆面摩擦产生热能，再同研磨剂、抛光剂等化学药品综合使用，从而有效地消除漆面划痕及污点等。

6. 注意事项

未经过专业培训的人员，严禁使用研磨抛光机。经过培训的专业人士，也必须熟练以后才可上车操作，且刚刚使用时，研磨抛光机的转速不可调得太快，力度不可太大，必须先在不显眼处试验一下油漆的性质才可进行全车操作。

7. 打蜡机及其附件

打蜡机（见图 2-28）也称轨道抛光机。打蜡机工作时是以椭圆形的轨迹旋转，它的托盘直径比抛光盘的大，有 8 in(1 in=25.4 mm)、10 in 和 12 in 三种，它的机体比抛光机轻很多，而且它的双手扶把紧；贴机体的中心立铀；轨道抛光机现已普遍用于打蜡，专业人员已不再用它做研磨或抛光用，因为它的速度和轨道式的旋转使其产生不了足够的热能让研磨剂、抛光剂与车漆进行化学反应，简而言之，它的功效远不如研磨抛光机。但打蜡时用它十分方便，因其质量轻，做工细，不会对车漆表面造成划痕，并且它的光盘面积大，比人工打蜡省去许多时间和力气。

打蜡机必须同盘套配合使用，其盘套有以下两种。一是打蜡盘套。一种衬有皮革底（防渗）的毛巾套，其作用是将蜡均匀地涂抹车体。二是抛蜡盘套。用以蜡面的抛光。抛蜡盘套的材料有三种：一是全棉的（毛巾套）；二是全毛的（或混纺）；三是海绵制成的。目前，最广泛使用的是全棉（毛巾套）盘套。

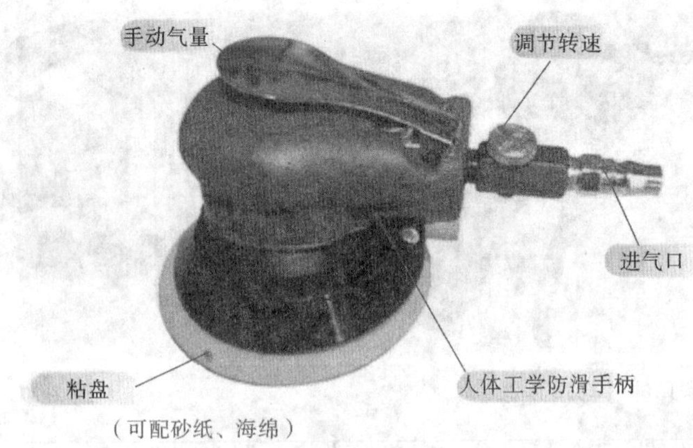

图 2-28　打蜡机

8. 吸尘机

车身内经常积聚有大量的灰尘，特别是座椅上的褶皱处和一些角落部位的灰尘极难清除。吸尘机是汽车美容车间必备的工具。现在市面上常见的吸尘器主要有便携式、家用型和专业型三种，又分干式和湿式两类。一般来说，专业型的吸尘吸水机效果最好，使用较多，它具有较好的防水性，集吸尘、吸水、风干于一体，配有适合于内饰结构的专用吸嘴，操作简单，其内置的真空泵能产生很大的真空度，再配上形状不一的各种吸头，能很方便地伸进各个角落部位，快速地吸去附着于其上的灰尘。

专业汽车美容护理的吸尘吹干机与家庭使用的吸尘器有所不同，它的功能较强，吸力大且具有吸尘、吸水、吹干三大功能。外用接头较多，大小不一，均为针对汽车室内宽窄不一样的地方而设计的。

1）工作原理

利用电机的快速转动，带动工作泵加速气管内空气的流动速度，逐渐形成真空，从而达到吸尘、吸水及吹风的目的。

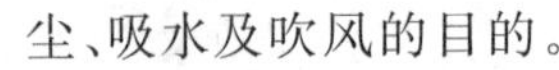

图 2-29　吸尘机

2）使用方法

安装好外接头（吸尘和吹干有不同的接头口）；启动电源开关；手持外接风管，进行全车吸尘或吹风工作。

3）注意事项

要经常清理吸尘吹干机的过滤网，及时将杂物箱内的垃圾倒掉，外表需要经常擦洗，随时保持干净、亮洁。

吸尘机如图 2-29 所示。

9. 高效多功能洗衣机

汽车美容店使用的洗衣机不同于家庭用的普通洗衣机，它要求能清洗较大重量的织物，而且必须是清洗、烘干和免烫三合一的高效多功能洗衣机，这样才能在完成了汽车美容的同时，也完成了各种织物的清洗和烘干，不会影响交车时间。

10. 专用脱水机

车上的座椅套，可拆式地毯和脚垫等织物容易弄脏，每隔一段时间使用后应取下用水或泡沫清洗，彻底去除灰尘、污渍和杀灭滋生细菌。由于这些织物体积大、分量重，水洗后难以用普通脱水机脱水。汽车美容专用甩干桶，容量大、转速高、功率大，能在数分钟时间内达到很好的脱水效果，汽车美容专用甩干桶是汽车美容店必备的设备。

1）工作原理

地毯脱水机是利用电机带动离心泵，靠其离心作用把地板垫、毛巾、海绵等上面的水分及污物甩干净。

2）使用方法

将地板垫等物卷成圈，放到脱水机内，启动电源开关即可。

3）注意事项

地板垫放入脱水机内，必须放置均匀，使之重心平衡，且一次甩干的物体不可太重，以免损坏电机。

专用脱水机如图 2-30 所示。

图 2-30 专用脱水机

11. 蒸汽消毒机

高温蒸汽消毒又被业内称为“高温桑拿”，本质上就是通过高温蒸汽使车内的织物纤维组织和皮革组织扩张从而排出污物，同时掺入除菌剂之后通过高温使之汽化，也可以达到车内消毒的作用。

1）工作原理

蒸汽消毒机是利用电能加热，使机内的水变成高温高压的蒸汽，喷射到车室内各个部位，利用由于蒸汽的穿透性强，蛋白质、原生质胶体在湿热条件下用以变性凝固，酶系统容易破坏，蒸汽进入细胞内凝结成水，能够放出潜在热量提高温度，更增强了杀菌力。

2）使用方法

开启电源，加热，等机内水变成蒸汽且有一定的压力后就可使用，主要喷射到玻璃、仪表、座位坐垫、地毯、顶篷等处，特别是出风口等部位，因其位置较隐蔽，一定要用蒸汽消毒机全面彻底将其清洗干净。

3）注意事项

在用蒸汽消毒机（见图 2-31）清洗仪表等部位时，特别注意不要让蒸汽喷射到室内收录机及音箱等电器部位，以免造成损坏。蒸汽清洁过程中移动要缓慢，要确保需要清洁部位有足够的高温消毒时间。

12. 光触媒机

光触媒是以二氧化钛为代表的具有光催化功能的光半导体材料的总称，它比臭氧、负氧离子有着更强的氧化能力，可强力分解臭源，有极强的防污、杀菌和除臭功能。

光触媒机如图 2-32 所示。

图 2-31 蒸汽消毒机

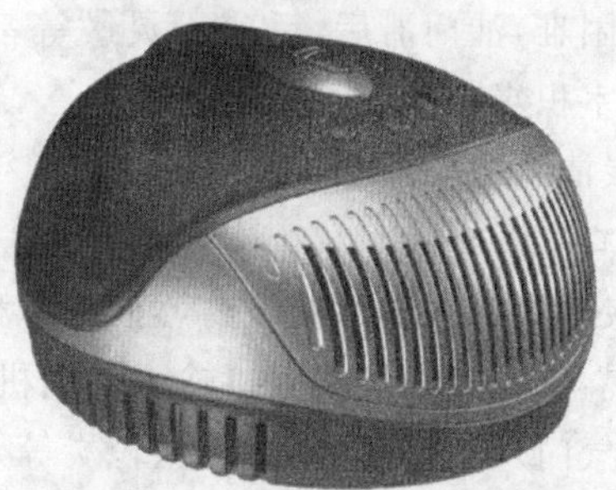
图 2-32 光触媒机

1）喷光触媒的规范

（1）喷涂距离一般为 30～40 cm，以水平垂直方式从左到右喷涂，不能斜角度或倒立喷向施工面。

（2）上下喷涂间距为 5～6 cm。

（3）喷涂速度以每秒 1 m 的速度均匀地进行纵横向喷涂。

（4）误喷处理：应尽快用湿抹布擦拭干净。

（5）光触媒是速干型产品，在阳光的照射或日光灯照射和通风下，一般 30 min 可烘干。如果有需要可进行第二次喷涂。

（6）喷涂用量按实际测量面积 10～15 mL/m^2，成膜 0.5～1 μm 可达到较佳效果。

2）注意事项

用遮盖胶布或旧报纸遮好不施工的物品，如汽车内饰、音响、玻璃、镀品、深色表面、光泽度高的表面、精密仪器等。喷涂完毕后，清理收拾好现场，恢复施工前原貌；施工完毕后半小时，打开门，保持空气畅通及充足的光线照射。

13. 废油抽吸机

目前在市场上废油抽吸机（见图 2-33）有三种：一种是靠直流电源直接驱动的废油抽吸机（12 V）；一种是靠交流电源直接驱动的废油抽吸机（220 V）；一种是靠压缩空气直接驱动的废油抽吸机（配打气泵）。

图 2-33 废油抽吸机

1）工作原理

废油抽吸机是借助压缩空气或电机驱动，利用真空吸力作用将废油抽吸出来。

2）使用方法

拉出机油尺，插入吸油管；启动电源开关，按下“启动键”，油底壳内废油即自动被抽吸入贮油杯。

3）注意事项

抽吸废油时，应选择口径合适的吸管；废油抽得差不多时，吸管应来回抽动，才可把油底壳内的废油全部抽干净。在抽吸废油的过程中，应将气门室盖上的机油盖打开，以平衡曲轴箱内的大气压强。

14. 积炭清除机

发动机工作时声音较闷，排气不畅，怠速不稳，工作无力，油耗升高，水温、排气温度异常升高，启动困难，油门滞后，反应不灵敏等都是与积炭有关的现象。积炭的分类及清理可以分气门、燃烧室积炭和进气管积炭两种。

积炭清除机如图 2-34 所示。

1）工作原理

积炭清除机的全称应该为燃油系统积炭清除机。它是将特制的油系统清洗剂同燃油按比例充分混合，通过积炭清除机输入发动机，让发动机怠速运转，在燃烧的过程中，将发动机内部喷油嘴、气门及缸壁等处的胶质、积炭等杂质清洗干净，达到保养的目的。

2）使用方法

利用随机附送的快速活动接头，连接好进油管道，将电源输入线分别夹到蓄电池的正负极上（红色线接“+”极，黑色线接“-”极），打开启动开关供油，启动发动机，怠速运转 10 min 左右

图 2-34 积炭清除机

即可。

3）适用范围

积炭清除机配备多种不同车型的活动接头，可清洗各种化油器式、电机喷射式汽油发动机和各种四冲程柴油发动机，能够清洗大部分进口及国产车辆，能对车辆、工程机械、发动机组以及轮船、机车的发动机进行有效清洗。

4）工作效果

如果经常利用积炭清除机作为日常定期保养，清洗后的发动机马力增加，扭矩增大，增加启动和加速性能，使燃料燃烧充分，能节省燃料，控制尾气的排放，保护环境，减少污染。

15. 油路清洗机

油路清洗机(见图 2-35)的全称是发动机润滑系统油路清洗机。它通过专用的清洗液对发动机的润滑系统进行不解体(免拆)清洗，能提供表态、动态、反向清洗三种工作方式，清除发动机润滑系统的积炭和油泥，达到加强散热，提高效率，降低排放，延长汽车寿命的目的。

图 2-35 油路清洗机

油路清洗机的使用方法如下。

1）静态清洗

发动机静止，清洗液从发动机机油滤芯接口注入发动机主油管，通过冲洗和溶解作用，把油泥溶入清洗液中一起流下，到达油底壳内，随后在一定的负压下从油底口处抽出。

2）动态清洗

发动机怠速运转，发动机自身的油泵和清洗机的油泵同时工作，清洗液可到达静态清洗时不能清洗的地方，清洗更彻底、更干净。

3）反向清洗

发动机静止，清洗液自发动机机油滤芯接口处注入机油泵油道，并沿着与机油运行的相反方向进行冲洗，从滤网内侧向外流入油底壳，这样就可以把沉积在机油泵滤网外侧的污物溶解，清洗干净。机油泵滤网是保证机油流量的关键部位，只有经过这样的反向冲洗，才能使发动机恢复正常流量和散热功能。

二、洗车设备

1. 喷头固定式清洗机

常见的喷头固定式汽车清洗机一般由电动机、离心水泵、直头喷管、旋转喷头及清洗台等组成。

按洗车功能的不同，有些喷头式清洗机底部装有高压喷水头，用以清洗汽车底盘。在清洗台的顶侧，装有花洒般的喷嘴。当汽车驶进清洗台，进入清洗位置后，接通电源，在水泵的作用下形成高压水流，对汽车进行清洗。

喷头固定式清洗机如图 2-36 所示。

图 2-36 喷头固定式清洗机

图 2-37 直通式综合洗车车台

2. 直通式综合洗车车台

直通式综合洗车车台（见图 2-37）由冲洗和刷洗两个部分组成。清洗汽车底盘和车身时，车辆停在固定工位上。前喷架用来冲洗客车车底盘，后喷架用来冲洗挂车和铰接式客车后部。两个侧面喷架分别冲洗货车、挂车侧面，驾驶室用喷水轮冲洗。当进行单车清洗时，后喷架停止工作，洗车台只用一台水泵供水，货车洗毕即驶离洗车台，滚刷由控制系统发出指令让开。客车清洗时，先在高压冲车位清洗底盘（此时侧喷架不工作），然后低速通过刷洗工位。车身刷洗是由各滚刷依次完成的，车头、车侧滚刷，滚刷与车身表面保持一定的压力，车头清洗随之结束，车辆在前移中完成侧面的一次清洗。待车头、车侧、车尾滚刷时，差动气缸充气，开始了车身侧面的二次清洗。车尾清洗完毕，滚刷复位。各刷均有单独的供水系统，并按与车身的接触先后供水。客车驶离洗车台前，再由门架用清水冲洗。整个洗车过程由光电装置控制。洗车台的喷架在清洗作业中做摆复运动，既绕固定支座摆动，又沿固定轴线往复移动，从而扩大了清洗面积，消除了死角。

3. 清洗辅助设备

清洗辅助设备主要指污水分离、处理回收和排污装置。货车每次清洗下来的污泥有 10～50 kg，若每天洗车 100 辆，则污泥多达 1～5 t。如果污水处理不当，不仅影响水质，还可能使清洗设备降低或失去清洗能力，并污染环境，故必须搞好污水处理回收的工作。

三、外表美容设备与工具

外表美容设备与工具有以下几种。

1. 外饰用湿性海绵

这种海绵一般应具有较好的藏土藏尘能力，能使沙砾或尘土很容易深藏于海绵的气孔之内。这样可以避免因擦洗工具过硬或不能包容泥沙而给车身造成划痕。使用前，小海绵吸入适量已经配好的洗车液，这样可用于清除车漆上附着力较强的污垢。

湿性海绵如图 2-38 所示。

2. 外饰用半湿性大毛巾

使用这种用清水浸湿后拧干的大毛巾，可以提高擦车速度，节省时间，一般多用于鹿皮擦车前的预处理。

半湿性大毛巾如图 2-39 所示。

图 2-38 湿性海绵

图 2-29 半湿性大毛巾

3. 外饰用半湿性小毛巾

外饰用半湿性小毛巾主要用于擦洗门边污垢和车身底部的泥沙。

4. 外饰用干性小毛巾

外饰用干性小毛巾用于外饰小毛巾擦洗过的门边和车身底部后所留下的水痕。

5. 半湿性鹿皮

鹿皮具有质地柔软、韧性及耐磨性好和防静电等特点，在选用鹿皮时，尽可能选择较厚的，其皮质韧性好，耐磨性好。脱脂鹿皮经过清水浸湿后，拧干可用于擦净车身表面的水痕。

半湿性鹿皮如图 2-40 所示。

图 2-40 半湿性鹿皮

6. 洗车手套

用于擦洗车身，洗车手套上的绒毛可以容纳灰尘，使得汽车漆面在擦拭时避免被灰尘划伤。

7. 板刷

板刷主要用于轮胎、挡泥板等处附着泥土污垢的清除，另外，不提倡使用塑料纤维板刷。

8. 空气清洁枪

空气清洁枪主要用于汽车内饰件，也可以在清洗车身后将后视镜、车窗等处残余的水珠吹出清除。

四、室内美容工具

室内美容工具有以下几种。

1. 内饰用半湿性小毛巾

这种用清水浸湿后经拧干的小毛巾，主要用于擦洗汽车内饰部件以及窗玻璃等。

2. 内饰用干性小毛巾

这种未经清水浸湿过的干性小毛巾，主要用于去除窗玻璃上所留下的水痕。

3. 吸尘器

由于汽车空间小，结构复杂，且如果长期人口周密，易造成室内污染，不及时进行清理，严重影响驾驶员的身体健康。吸尘器是一种能将灰埃、脏物及碎屑吸除的用电设备。

五、喷涂工具

喷涂设备主要是指喷枪。喷枪的作用是利用压缩空气将涂料雾化，形成扇形喷幅的漆雾，涂料均匀地分布在工件表面，干燥后固化成漆膜。要做好喷涂工作，保证喷涂质量，必须正确地使用和维护喷枪。

1. 喷枪类型

按涂料供给方式将空气喷枪(高气压)分为三种类型：吸力式、重力式和压送式。目前使用比较多的还有一种高流量低气压喷枪。

1) 吸力式喷枪

吸力式喷枪(见图 2-41)工作时扣动扳机，压缩空气冲进喷枪，气流经过空气帽开口时形成局部真空，罐中的油漆被真空吸出，通过已开启的针阀，形成雾状喷射流。

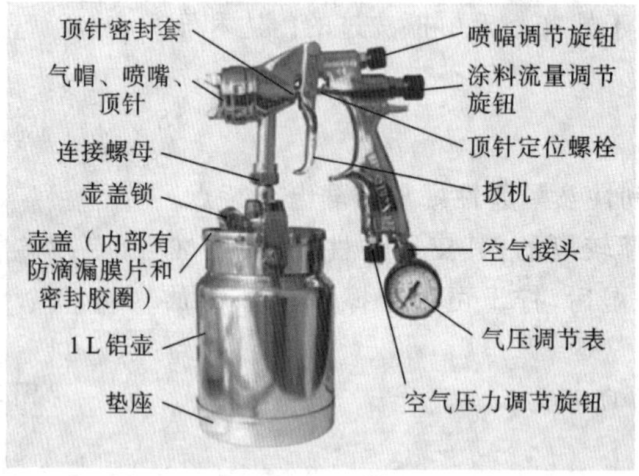

图 2-41　吸力式喷枪

优点：喷枪工作稳定，便于向油漆罐加油漆或变换颜色。

缺点：喷涂水平表面困难；黏度变动导致排量变化；油漆罐比重力式喷枪大，因而操作者较易疲劳。

2) 重力式喷枪

重力式喷枪(见图 2-42)是利用油漆自身重力流入喷嘴进行雾化喷射的，这种喷枪适于较稠的涂料的喷涂。

优点：油漆黏度不变，所以喷量不会变化；油漆罐的位置可按喷漆件的形状变更。

缺点：由于油漆罐安装在喷嘴上方，反转操作就会影响喷枪的稳定性；油漆罐容量小，不适合喷射较大的表面。

3) 压送式喷枪

压送式喷枪(见图 2-43)是利用压缩空气进入油漆罐中，推动油漆从细管进入喷嘴的。压送式喷枪适合大面积喷漆，但变换颜色及清洗喷枪需要较多的时间，较少用于汽车表面的修补。

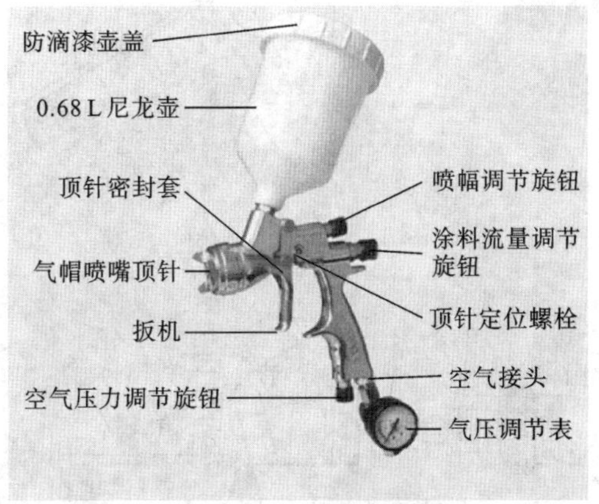

图 2-42 重力式喷枪

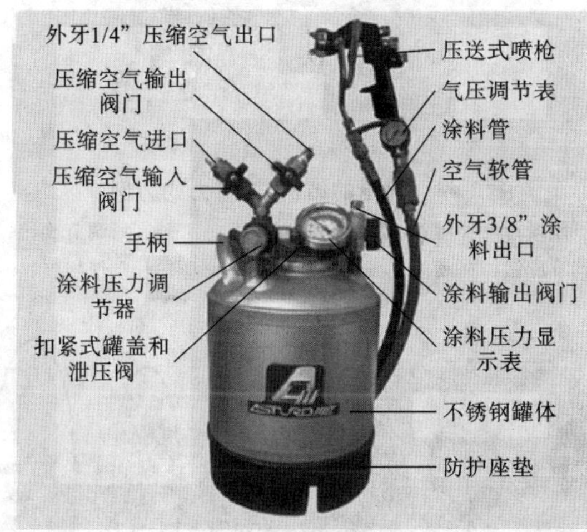

图 2-43 压送式喷枪

2. 喷枪的结构

喷枪主要由风帽、喷嘴、枪针、涂料流量控制旋钮、喷幅调节旋钮、喷涂气压调节旋钮、枪身、空气接口、扳机等组成(见图 2-44)。

3. 模式调整

喷涂模式调整是指喷雾扇形区域的调节,有以下三种基本调节方式。

1) 空气压力调节

在软管连接器和喷枪之间安装一个气压表,即可调节喷枪入口的实际压力。应将压力调节到厂家推荐的压力值。

2) 喷雾扇形调节

调节喷雾扇形形状控制旋钮可以调节喷雾直径的大小。调节喷雾形状时,将扇形控制旋钮旋紧至最小,可使喷雾的直径变小,喷涂到板件上的形状变圆;将扇形控制旋钮完全打开,可使喷雾形状变成宽的椭圆形。

喷雾扇形调节如图 2-45 所示。

3) 涂料流量调节

调节涂料控制旋钮可适应不同喷雾形状所需的涂料流量。逆时针转动涂料控制旋钮可增

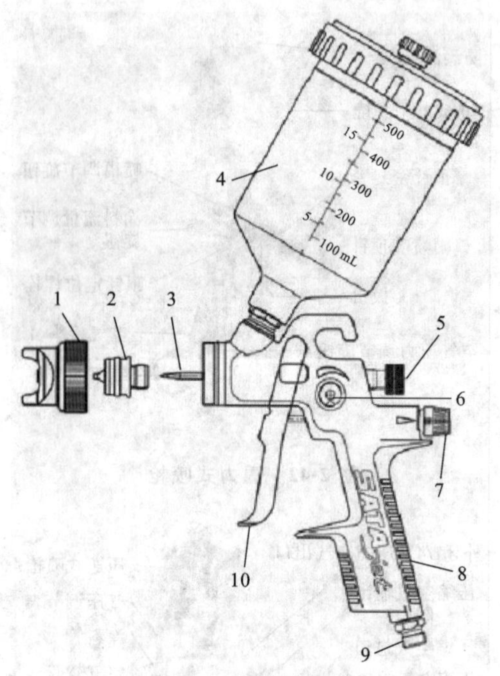

图 2-44　喷枪的结构(以重力式为例)

1—风帽；2—喷嘴；3—枪针；4—料壶；5—涂料流量调节旋钮；
6—喷幅调节旋钮；7—喷涂气压调节旋钮；8—枪身；9—空气接口；10—扳机

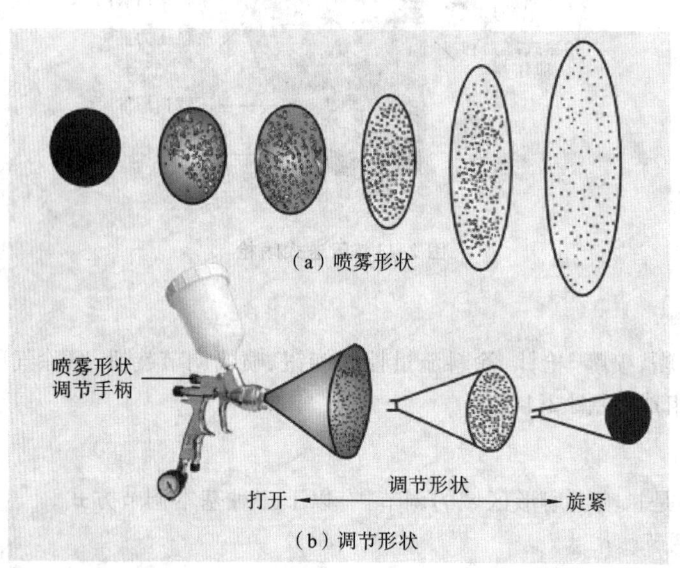

图 2-45　喷雾扇形调节

大出漆量，顺时针转动可减小出漆量。

涂料流量调节如图 2-46 所示。

4. 喷涂试验

设定好空气压力、喷雾扇形和出漆量后，就可以在遮蔽纸或报纸上进行喷雾形状测试。喷涂时喷枪与测试纸的距离根据涂料确定，一般为 150～200 mm。试验应瞬时完成，将扳机完全按下，然后立即释放。喷射出来的涂料应在纸上形成椭圆形，通过旋转喷雾扇形按钮，使试样达到一定高度为止。一般情况下，进行局部修理时，试样高度从底部到顶部应达到 100～150 mm；

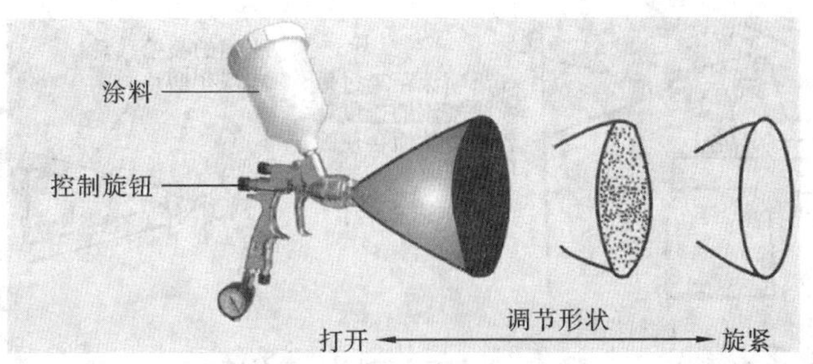

图 2-46 涂料流量调节

进行大面积或全车身修理时，试样高度在150～200 mm即可。如果涂料颗粒粗大，可以旋紧涂料流量控制旋钮1/2圈以减少流量；如果喷得太细或者过干，则旋出涂料流量控制旋钮1/2圈，以达到增大涂料喷出量的目的。

5. 操作要领

1）喷涂角度

喷枪与工作表面必须保持垂直，绝对不可由手腕或手肘做弧形的摆动。

喷涂角度如图2-47所示。

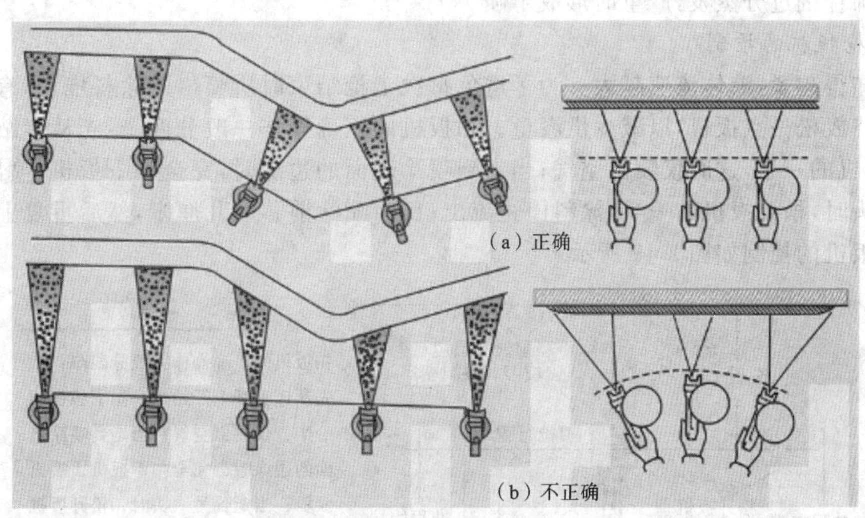

图 2-47 喷涂角度

2）喷涂距离

正确的喷涂距离应与喷枪的气压、喷枪的扇面调整大小以及涂料的种类相配合，一般喷涂距离为150～200 mm。喷涂距离过短，喷涂气流的速度就较高，从而会使涂层出现波纹；如果距离过大，就会有过多的溶剂被蒸发，导致涂层出现橘皮纹或发干，并影响颜色效果。

喷涂距离如图2-48所示。

3）喷涂的移动速度

喷枪的移动速度与涂料干燥速度、环境温度及涂料的黏度有关。喷枪移动过快，会导致涂层过薄，涂料不能均匀覆盖表面；而喷枪移动速度过慢，会导致出现流挂的现象。

4）喷涂压力

一般调节气压为0.2～0.25 MPa，或进行试喷来定。压力过低有可能雾化不好，会使稀释剂挥发过慢，涂料像淋雨一样喷涂到工件表面，容易产生流泪、针孔、气泡等现象；而压力过高则

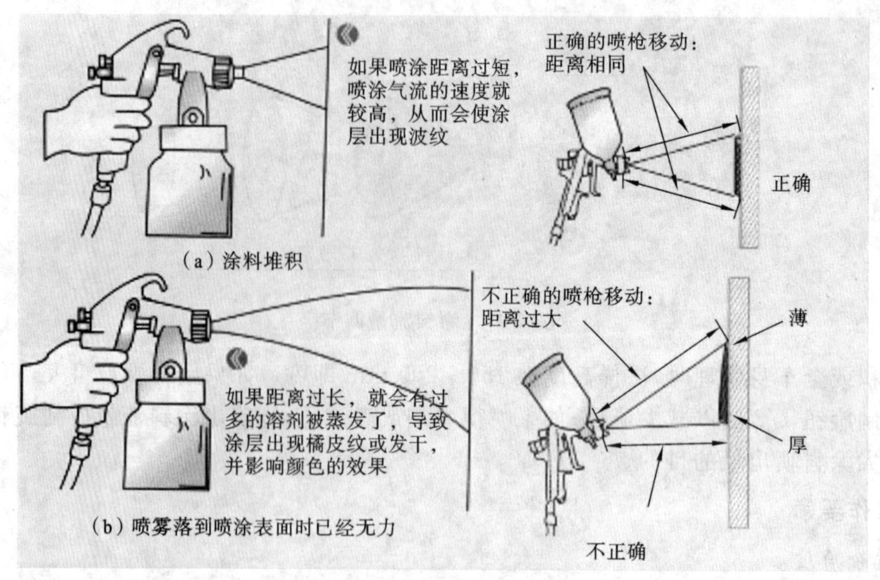

图 2-48 喷涂距离

有可能使稀释剂过分蒸发，严重时形成干喷。

5）喷枪扳机的控制

扳机扣得越紧，液体流速越大。为了避免每次走枪结束时所喷出的涂料堆积，有经验的漆工都要略略放松一点扳机，以减少供漆量。扣扳机的正确操作一般分四步：先从遮蔽纸上开始走，扣下扳机的一半，这时仅喷出空气；当走到喷涂表面的边缘时，完全扣下扳机，喷出涂料；当走到另一头时，松开扳机的一半，涂料停止流出；反向喷涂前移动几厘米，然后重复上述操作步骤。喷枪扳机的控制如图 2-49 所示。

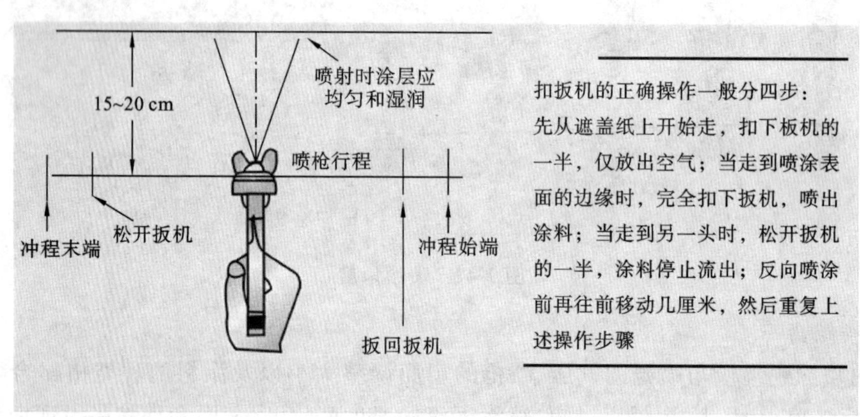

图 2-49 喷枪扳机的控制

6）收边法喷涂

在斑点修补或者新喷涂层与旧喷涂层的边缘润色加工时都要进行收边操作。就是通过手腕部的移动，喷枪按月牙形轨迹离开修补表面，利用这种喷枪移动方法，漆层厚度会随着喷枪的移开而逐渐变薄。

收边法喷涂如图 2-50 所示。

7）喷涂方法、路线的掌握

喷涂方法有纵行重叠法、横行重叠法及纵横交替喷涂法。喷涂路线应按从高到低、从左到

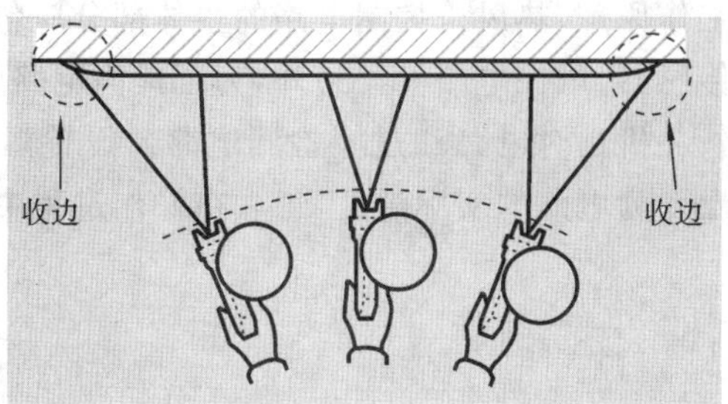

图 2-50 收边法喷涂

右、从上到下、先里后外的顺序进行。在行程终点关闭喷枪，喷枪第二次单方向移动的行程与第一次相反，喷嘴与第一次行程的边缘平齐，雾形的上半部与第一次雾形的下半部重叠。行程重叠不当，会造成漆膜不均，色调不同，出现流挂现象。

喷程的重叠方式如图 2-51 所示，平面喷涂方式如图 2-52 所示。

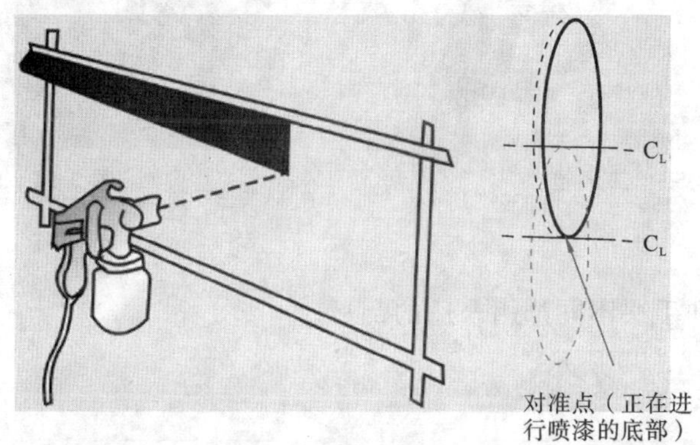

图 2-51 喷程的重叠方式

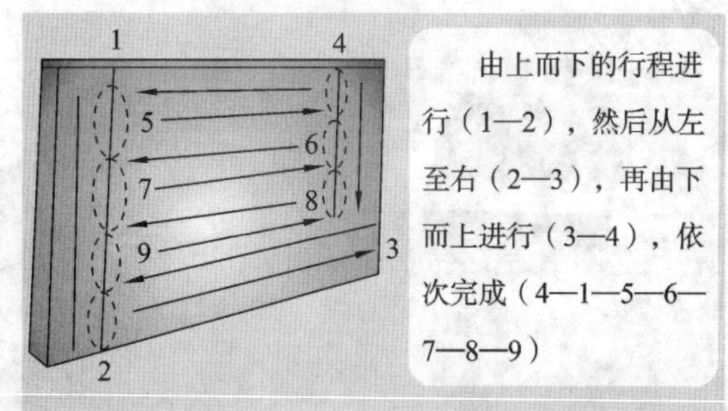

图 2-52 平面喷涂方式

6. 提示

在喷枪的使用上，如果采用的是吸力或重力式喷枪，当需要倾斜喷枪时千万小心不要让油漆滴落到构件表面上。为了防止油漆泄漏、滴落，在喷杯中油漆不要装得太满，整个操作过程要平稳、协调，随时用抹布或纸巾擦净泄漏出来的油漆。

六、贴膜工具

1. 热风枪（用来给防爆膜加热定型的工具）

热风枪（见图 2-53）主要是利用发热电阻丝的枪芯吹出的热风来对元件进行焊接与摘取元

件的工具。根据热风枪的工作原理，热风枪控制电路的主体部分应包括：温度信号放大电路、比较电路、可控硅控制电路、传感器、风控电路等。另外，为了提高电路的整体性能，还应设置一些辅助电路，如温度显示电路、关机延时电路和过零检测电路。设置温度显示电路是为了便于调温。温度显示电路显示的温度为电路的实际温度，工人在操作过程中可以依照显示屏上显示的温度来手动调节。

2. 喷壶

喷壶如图 2-54 所示。

图 2-53　热风枪

图 2-54　喷壶

3. 各类贴膜刮板

根据贴膜的位置和手法不同选用合适的刮板。

各类贴膜刮板如图 2-55 所示。

4. 水刮板

水刮板用来清洁玻璃、赶水、驱水。

水刮板如图 2-56 所示。

图 2-55　各类贴膜刮板

图 2-56　水刮板

5. 钢刮板

钢刮板，收边用，或者加热烫边用。

钢刮板如图 2-57 所示。

6. 壁纸刀

壁纸刀如图 2-58 所示。

7. 钢板尺

钢板尺如图 2-59 所示。

图 2-57 钢刮板

图 2-58 壁纸刀

七、打磨工具

1. 百洁布

百洁布用于去光和除油脱脂，分粗磨和细磨，可加水研磨或加除油剂研磨。

百洁布如图 2-60 所示。

图 2-59 钢板尺

图 2-60 百洁布

2. 砥板

砥板用于抵在砂纸上，便于研磨作业，一般选用硬木块制作。

3. 磨料与砂纸

砂纸(见图 2-61)是用黏合剂把磨料粘贴在特制的纸或布上制成的。砂纸用磨料粒度数码表示，数码越小，磨料越粗。磨料粒度不同，用途也不同。

图 2-61 砂纸

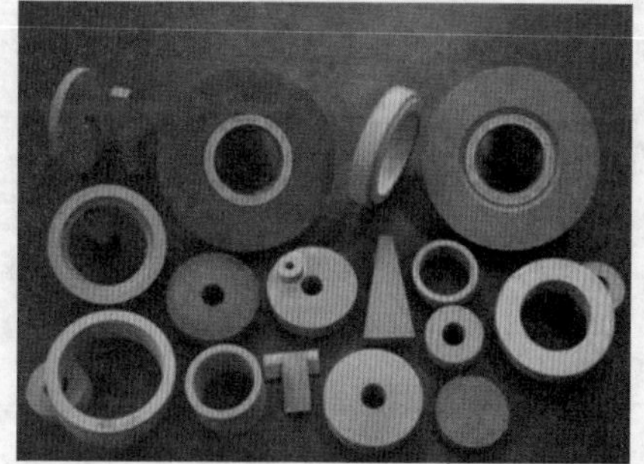

图 2-62 砂轮

4. 砂轮

砂轮(见图 2-62)，主要是用来打磨腻子，质料较为粗糙。为了节省砂布、砂纸，在打磨头道和二道腻子时可先用砂轮片粗磨一下，可提高效率、节约材料。

5. 抛光膏

抛光膏又叫砂蜡，是一种乳膏状物质，它由硅藻土矿物油、蜡、乳化剂、溶剂、水等组成。分为水性和油性两种，颗粒有粗细之分。

八、汽车护理设备

汽车修补喷涂时，为了保护修补部位以外范围不受漆、雾、灰尘的污染，因此就要对非修补区域进行覆盖保护，这就是所谓的遮蔽。遮蔽是非常重要的工作，所有部分修补涂装（包括点修补、点扩展修补和区域修补），在喷漆前，都要对喷涂区域周围的区域进行遮蔽保护，修补面积较大或点较多时还需要进行整车遮蔽。有时在清除修补区域旧漆膜的作业和研磨、抛光等作业时，也需要对相关部分进行遮蔽保护。

汽车遮蔽如图 2-63 所示。

1. 专业遮蔽纸

专业的遮蔽纸不容易黏附灰尘、耐溶剂性及耐渗透性强，使用简单方便；旧报纸表面的细毛容易沾上灰尘，在喷涂时容易形成脏物。

2. 遮蔽胶带

这些专门为汽车修补涂装所设计的胶带耐热及耐溶剂性强，剥离后不会残留粘胶在车身上；另外，市面上销售胶带耐热温度、材料的性质也不尽相同，选用时有待甄别。

3. 整车防漆防尘塑料薄膜

主要用于整车遮蔽，价格成本较遮蔽纸便宜，使用时若配合专门的压贴磁条和薄膜切割刀将更省时、节约、方便。需要注意的是：喷溅在膜上的涂料干燥后容易脱落，因为塑料薄膜不易附着涂料，为了避免剥落的粉尘附着于漆面影响后面的涂装质量，被涂装区域的边缘应以遮蔽纸进行过渡遮蔽。

整车塑料薄膜遮蔽如图 2-64 所示。

图 2-63　汽车遮蔽

图 2-64　整车塑料薄膜遮蔽

4. 自粘式喷漆遮蔽膜

一面带粘胶的遮蔽薄膜，粘力稳定，贴附性、再剥离性良好，无残留胶的现象。自粘式喷漆遮蔽膜适合用于聚酯板、钢板、铝板、瓷砖、云石、人造石。

5. 自动粘胶带切割机（遮蔽纸切纸架）

自动粘胶带切割机适合各种不同类宽度的遮蔽纸，塑料薄膜一样适用。在遮蔽纸切纸架上装好遮蔽纸和自动粘胶带，使用时只要拉出所需遮蔽纸或遮蔽膜的大小，粘胶带会自动粘在上面。

6. 固定磁条

固定磁条配合塑料薄膜使用，主要用于固定非自粘式遮蔽膜，可随意移动位置。遮蔽任务完毕后，拿起磁条薄膜完好无损，便于循环利用，若用粘胶带就会撕破薄膜。

7. 轮胎套

轮胎套专门用于喷漆时遮蔽轮胎，可反复使用，遮蔽和取卸方便。

8. 绳子

遮蔽前、后挡玻璃时，玻璃边沿橡胶与铁板接触处的缝隙不易遮蔽，为避免涂料过喷或喷不到位，可用绳子卡在玻璃密封条下面。

9. 缝隙胶带(聚氨酯带)

缝隙胶带是一种遮盖材料，用于发动机罩或车门处，防止涂料透入缝隙。缝隙胶带为聚氨酯泡沫体，并加入黏合剂而制成，因此其简化了有缝隙区域的遮盖。缝隙胶带呈圆柱形，因此可以防止喷涂台阶，使涂装的表面很容易打磨。

10. 遮蔽边条

同前面的绳子作用一样，是一种辅助遮蔽材料，主要用在有密封条的部位的遮蔽。

九、汽车修补涂装设备

刮涂腻子又称打腻子，是一项手工作业方式。精细的工程要刮涂多次腻子，每刮一次均要求充分干燥，并用砂纸进行干或湿打磨。腻子层一次刮涂不宜过厚，一般应在0.5 mm以下，否则较难干燥，易发生收缩开裂，有时在腻子中调入少量同类性质和相似颜色的底漆，进行喷涂，填补细眼，充当二道底漆使用。

刮涂腻子时，以左手握平腻子板，右手拿刮刀。拿刮刀有两种拿法：一种是拇指与食指、中指握住，这种拿法适合拿牛角刮刀、橡皮刮刀及钢片刮刀；另一种拿法是握拳法，适用于拿腻子铲刀。刮涂腻子时，要用力按住刮刀，使刮刀和物面倾斜成一定角度，顺着表面刮平。

1. 刮涂工具

在汽车维修过程中，外表经钣金工的敲补、焊接后，油漆师傅还须用腻子填补磨平。填补腻子的常用刮漆工具有硬刮具和软刮具两种。

1）硬刮具

牛角刮刀(见图2-65)、层压胶板刮刀、环氧板刮刀和钢皮刮刀等。硬刮具通常用于平面及大面积凹坑。

层压胶板刮刀、环氧板刮刀如图2-66所示，钢皮刮刀如图2-67所示。

2）软刮具

软刮具一般涂刮小的凹坑，刮出的腻子表面较平滑、遗留孔隙较小。

2. 除锈工具

除锈工具包括铲刀、钢丝刷、手用电动钢丝磨头、手用电动砂轮等。

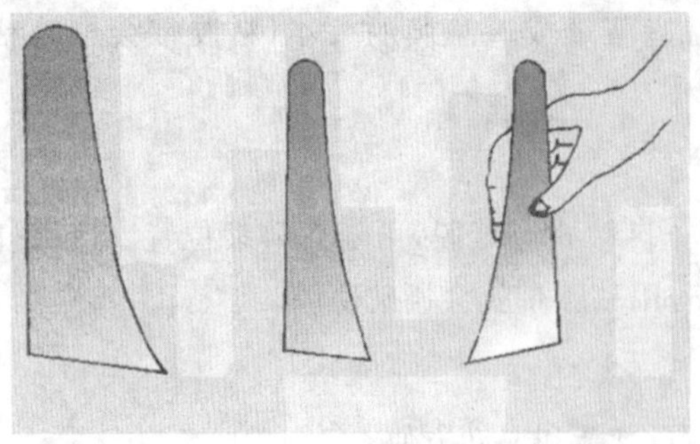

图 2-65　牛角刮刀

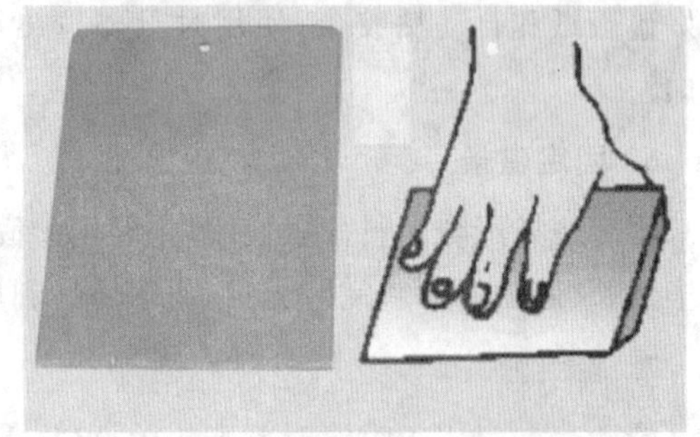

图 2-66　层压胶板刮刀、环氧板刮刀

1）铲刀

铲刀用于铲除旧漆膜和旧腻子。

2）钢丝刷

钢丝刷（见图 2-68），一般用来清除汽车金属表面上浮锈以及附着的污物。

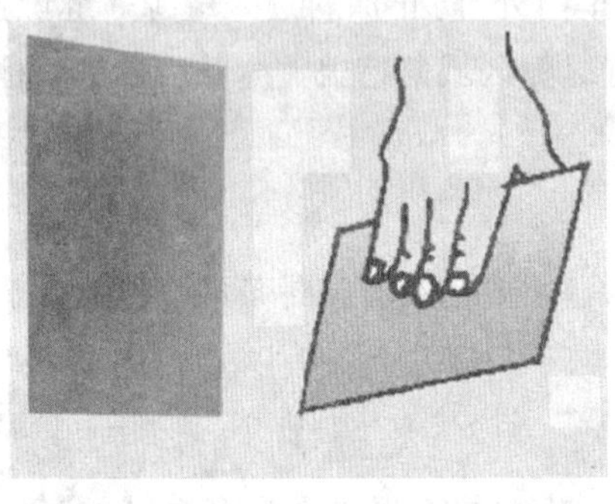

图 2-67　钢皮刮刀

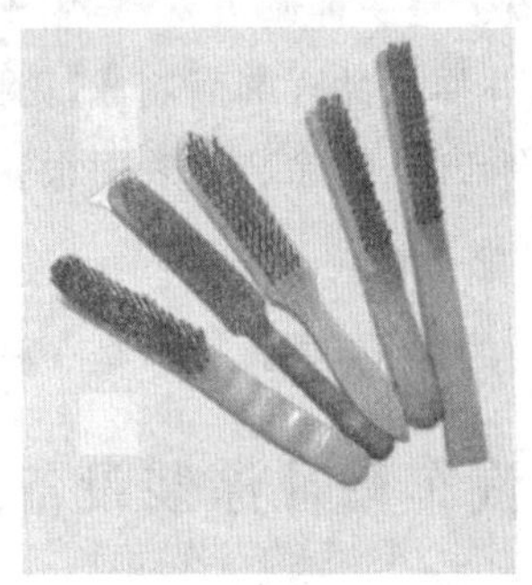

图 2-68　钢丝刷

3）手用电动及风动钢丝磨头

手用电动及风动钢丝磨头，作用同钢丝刷，但它比前者效率高，而且不伤人，不会有金属污染。

钢丝磨头如图 2-69 所示。

4）电动砂轮

电动砂轮（见图 2-70），即手提砂轮机，可以在手中随意移动，利用砂轮的高速运转除去铁锈，特别对较深的锈斑效果较好。其工作效率高，施工质量也较好，使用方便，是一种较理想的除锈工具。

图 2-69　钢丝磨头

图 2-70　电动砂轮

3. 打磨、抛光工具

1）砂纸

砂纸是用黏合剂把磨料贴在特制的纸或布上制成的。砂纸用磨料粒度数码表示，数码越小，磨料越粗。磨料粒度不同，用途也不同。

2）磨石、橡皮块

磨石（见图 2-71）主要用于磨平第一道和第二道腻子用，可以提高工作效率，节约砂纸。一般采用人造磨石，它的规格有 46 粒（粗）、66 粒（中粗）、80 粒（中细）、100 粒（细）、120 粒（极细）。橡皮垫一般是用平整的硬橡胶板自制，主要用于垫在砂纸上打磨腻子，打磨掉物体凸处的腻子，保留凹处的腻子。

3）气动砂纸打磨机

日常的经验表明：大多数汽车修理厂采用气动粗砂纸打磨，采用圆盘式砂纸打滑机产生的花纹常呈涡流状，耐用有划痕。

气动砂纸打磨机如图 2-72 所示。

图 2-71 磨石

图 2-72 气动砂纸打磨机

4. 烤漆房

烤漆房全名叫喷烤漆房，是一种给设备表面进行喷漆染色并烘干的设备，它不但能对设备起到美观的作用，而且还能保护物品。

1）烘房的分类

为适应涂装工艺和平面布置的需要，汽车涂装用的烘房的类型和形状很多，一般按用途、形状和工件的通过方式、热源的种类和加热方式分类。

（1）按用途分类。根据汽车涂装工艺使用烘房的目的，可按它们的用途名称来分类，例如，电泳烘房、PVC 烘房、中涂烘房、面漆烘房等。

（2）按形状和工件的通过方式分类。按被涂物通过烘房的方式的不同，汽车涂装用烘房可分为通过式、箱式和多行程烘房。通过式和多行程烘房，一般都用地面或悬挂式连续运送被涂物。按烘房的被涂物进出口端的结构不同，通过式烘房又可分为直通式，桥式和“Π”字形（在德国又称为“A”字形）烘房。桥式烘房的被涂物进出口端有一定的倾斜度：被涂物（如车身）在“Π”字形烘房的进出口端呈垂直升降，采用滑橇式输送系统。桥式和“Π”字形烘房与直通式比较，除占地面积稍大外，其最大优点是保温性能和烘房内温度均匀性好；它们的进出口端上部的高度较烘房底板低（低 200～300 mm）；因热空气的密度较低，集中在烘房内不易向炉外逸出，这样不仅热损失明显减小，而且对工位环境也有较大的改善。因此桥式和“Π”字形烘房在新建的汽车涂装线中已占有主导地位。如上海大众汽车二厂 ABB 车间应用桥式及直通式烘房,汽车三厂油漆线应用“Π”字形烘房。箱式烘房是指带门的直通双向或单向烘房,使用小批量、间歇式生产。其优点是比无门的直通式烘房的保温性好一点,占地面积小;但缺点是被涂物出入烘房时炉门敞开,热量损失较大,影响炉内温度的均匀性。

(3) 按热源的种类分类。随地区动能供应源的不同,涂装用烘房的加热源有气体燃料(天然气、工业煤气)、油(轻质柴油、煤油)、电等,不同热源的烘房加热装置的结构相差甚大,燃气和燃油的结构相仿,燃油需要压缩空气雾化和泵供油。

(4) 按加热方式分类。按加热方式可分辐射式、对流式、对流式和两者结合式的烘房。在汽车涂装领域中,由于汽车零部件的外形和结构复杂,为使被涂物工件加热均匀,后两种加热方式使用较多。

2) 烘房的组成

烘房由烘房实体、烘房两端的进、出口端壳体、热传递系统、电控和测温记录系统等组成。

(1) 烘房主体(俗称通道)。它是烘房的保温壳体。烘房实体一般是镶板式结构。德国杜尔公司设计的烘房,是在工厂焊接成 6 m 或 9 m 长的实体模段,再运往现场焊装成烘房实体(可任意数量进行组合),这种结构能确保上述性能,并优于镶板式结构,尤其是气密封和热绝缘性能达到十分理想的状态。

(2) 烘房两端的进、出口端壳体。由于烘房有效空间的气温高于外界和周围设备的温度,如果没有特别的防护措施,大量的热空气和蒸汽将会散发出来,并有冷空气的侵入。在烘房两端进、出口处采用的保护装置有以下三种形式:一是设置上下升降或左右开的炉门(仅适用于间歇式烘干作业);二是设置进、出口端(桥式烘房)或垂直升降式进、出端(“Π”字形烘房),使烘房底面高于进、出口的上缘,利用热空气比冷空气轻来隔热;三是在烘房进、出口端设置风幕间隔区段。

(3) 热传递系统。在汽车制造业中,绝大部分涂装用烘房设备有辐射加热和对流加热两种系统。辐射热传递是采用直接加热辐射元件(通常现场使用的是烟道气加热辐射板),通常设置在烘房的加热升温区,尤其在烘干中涂、面漆场合。在烘房升温区使用辐射加热,可确保高要求的无尘,也可最大限度地避免灰尘卷起。对流热传递是通过循环空气对流,其优点是若加热几何形状复杂的被烘干物,其温度分布非常均匀。循环空气的加热是靠热交换器、循环风机及风管等,以一定的风速在烘房内部循环(典型的风管出口风速为 5~10 m/s)。

(4) 烘房的电控和测温记录系统。先进的烘干设备已采用微机控制系统控制温度和加热系统。

项目 3
汽车美容技术

知识目标

（1）掌握汽车车表美容项目内容。

（2）掌握汽车内部美容项目内容。

能力目标

（1）能进行汽车清洗、打蜡、镀膜和封釉。

（2）能对汽车车室、发动机室和行李箱进行清洁。

学习任务1 汽车车表美容

一、汽车清洗

汽车清洗是汽车美容的首要环节，同时也是一个重要环节。它既是一项基础性的工作，也是一种经常性的美容作业。汽车在使用过程中，其表面会受到风吹、日晒、雨淋等自然侵蚀，使表面逐渐沉积灰尘和各类污物。如果这些污垢不及时清除，不仅会影响到汽车的外观，还会诱发锈蚀和损伤。因此，汽车清洗对保持车容美观、延长车辆使用寿命有着重要的作用。

1. 我国汽车清洗发展史

1）原始阶段

20世纪80年代前，汽车清洗在车主对自有车辆清洗的基础上发展而成，仅有简单的洗车工具，如水桶、毛巾、自来水管等，营业场所大多为路边临时建筑或露天作业，主要开展对社会车辆的清洗服务。

特征：设施简陋，人员素质低，服务场所和人员流动性较大，服务项目单一，基本未纳入政府部门管理，部分洗车仅为停车、餐饮招揽生意的附属服务。

2）成长阶段

20世纪90年代初，使用基本的清洗工具材料，如高压水枪、蓄水池、洗衣粉等，有相对固定的营业场所和从业人员，作为服务点基本纳入了工商税务部门的管理。

特征：服务项目单一，技术要求无标准，逐渐成长为一项社会所需要的服务业，接纳了较多的农村劳动力。

3）垄断阶段

1991—1993年，各地政府部门为创建卫生城市、提升城市综合形象而采取的一项强制措施，在城市要道口修建大型洗车场，拥有成套的专用设备，如清洗机、高泡机或大型自动洗车机进行流水线作业，并普遍使用洗车液，有专门的工作人员，但服务项目仍停留在外表的清洗上。

特征：计划经济的产物，投入高、规模大，靠行政命令推行，因违背市场经济规律而很快消失。

4）发展阶段

1993—1996年，开始接受国外汽车美容护理的基本理念，由简单的外观清洗进入车内的美容护理，有专业的汽车清洗设备，如高泡机、吸尘器、洗衣机、脚垫烤干机等，使用专业的洗车液；从业人员也具备了一定的专业汽车护理常识，并据情护理，从业者在数量上和质量上都有一个较大的发展。

特征：同行之间的竞争不仅仅比价格，更主要的是比服务质量，用优质服务去吸引顾客，赢取自己的经济收入。

5）专业阶段

1996—2003年，进行全面防锈、护理、养护等方面的汽车美容，并开始研究顾客潜在的需求，深刻领会并具体落实了专业洗车的方式和科学美容的方法，统一进行汽车美容施工流程；从业人员专业素质较高，技术人员一般都是通过专业学校培训的。

特征：企业内部有较科学的管理，同行之间的竞争由硬性发展为软性，竭力为顾客提供享受式的服务，如在汽车美容店配上休闲茶楼、方便购物的精品店、供顾客活动的娱乐室等，并根据情况引导顾客消费，但这种配套的、专业的汽车美容服务店在中国只占1/5的比例。

6）现代化阶段

2003年以后，发展为品牌和规模化的汽车美容服务网络，表现为“绿色环保、以人为本的个性化服务”。为拥有专业的全套汽车美容技术和科学养护方式，使用绿色环保设备、绿色环保护理用品等统一专业的施工操作流程。

2. 汽车清洗的简介

1）汽车清洗的概念

汽车清洗是采用专用设备和清洗剂，对汽车车身及其附属部件进行清洁处理，使之保持或再现原有风采的最基本美容工序。

现代美容洗车与传统洗车的区别有以下几点。

(1) 目的和作用不同。人们每天必做的事情之一便是洗脸，干净的面孔总能为人们带来愉悦的感觉，但随着社会的发展，人们的生活水平不断提高，传统意义上的洗脸正逐步被面部保健美容所取代。洗车也类似，传统意义的洗车只是去除车表的泥土、灰尘等污物，美容洗车则是在此基础上对汽车进行漆面保养，传统洗车正逐步被美容洗车所代替。

(2) 使用的材料及工具不同。传统洗车用的是洗衣粉、肥皂水、洗洁精等碱性洗涤剂，美容洗车用的是专业洗车香波，这种洗车液呈中性，选用非离子表面活性剂制成，能使污渍的分子分解浮起而轻易被洗掉，且其化学成分不会破坏车身表面蜡分子的存在，还兼有保护作用，而肥皂水和洗衣粉虽能分解油垢，但它们会破坏蜡分子的存在，使漆膜氧化失光，加速密封胶条的老化，使油漆脱落，金属被腐蚀甚至穿洞等，因此，不能用碱性洗车液洗车。另外，高压水枪在汽车清洗中的应用，不但提高了清洗作业的质量，还极大地保护了漆面，同时也提高了清洗作业的效率。

(3) 施工技术不同。传统洗车主要靠人力完成从冲洗、清洁到擦干的工序，而美容洗车则更多地采用现代化的设备和高性能的清洗产品，降低了人力消耗，改善了作业条件，提高了劳动生产率。

(4) 对环境的影响不同。传统洗车作业场所一般不规范，即随时随地就可实施，甚至是“一人、一桶、一抹布”，这样的洗车不但影响了城市形象，同时清洗的泥沙及废水还会造成城市的环境污染及水资源的浪费。专业的“美容洗车”作业场所固定，配套设备完善齐全，将洗车水经过多次沉淀、过滤、消毒和软化处理后反复利用，不仅节约了宝贵的水资源，保护了环境，而且还保证了洗车的效果。

2）汽车清洗的作用

(1) 保持汽车外观整洁。汽车在行驶中经常置身于飞扬的尘土中，遇雨雪天气时还要在泥泞道路上行驶，车身外表难免被泥土弄脏，影响汽车外观整洁，为使汽车外观保持清洁亮丽，必须经常对汽车进行清洗。

(2) 清除大气污染的侵害。大气中有多种能对车身表面产生危害的污染物，尤其是酸雨，其危害性最大，它附着于车身表面会使漆面形成有色斑点，如果不及时清洗还会造成漆层老化。轻微的酸雨要可以用专用去酸雨材料清除，对严重的酸雨需要使用专业的设备和清洗剂才能彻底清除。为此，车主应定期将汽车送到专业汽车美容店进行清洗。

(3) 清除车身表面的顽渍。车身表面黏附树汁、鸟粪、虫尸、焦油、沥青等顽渍，如果不及时清除就会腐蚀漆层，给护理增加难度。为此，车主要经常检查车身表面，一旦发现具有腐蚀性的顽渍应尽快清除，如果已腐蚀漆层，必须到专业汽车美容店进行处理。

3）汽车清洗时机

(1) 依天气来判断。

① 连续晴天时：只要用鸡毛掸子清除车身上的灰尘，再用湿毛巾或湿布擦拭前后玻璃及车窗与两旁的后视镜。一般先清除车顶，再清除前后挡风玻璃、左右车窗、车门，最后清除发动机盖及行李箱盖。如果一直为此种天气，大约一周做一次全车清洗工作即可。

② 连续雨天时：只要用清水先将全车喷洒，使车上的污物掉落。因为还会再下雨，接下来用湿布或湿毛巾擦拭全车所有的玻璃。放晴之后，将全车清洗一遍。

③ 忽晴忽雨时：如果遇到此种气候，就应常常清洗车身。

(2) 依行驶的路况来判断。

① 行驶在工地上或行经工地时：一般车都会受工地的污泥溅及，尤其是工地，地上的水泥容易溅起。如果车被溅及，应立即使用大量清水清洗，以免附着久了伤及烤漆。

② 行驶在海岸有露水或有雾区时：如驱车在海边垂钓过夜，因海水盐分重且又有露水、雾气湿重，倘若回来没有用清水彻底清洗一遍，则易使车身钣金因盐分而遭受腐蚀。

③ 行驶在山区有露水或有雾区时：在此种情况下，只要在停车后，使用湿毛巾或湿布擦拭即可。

(3) 特殊情形。如车停在工地旁受工程所造成的水泥粉波及，行驶中受工程单位粉刷天桥、路灯的油漆波及，行驶中受道路维修工程的柏油波及，或行驶中受前方载运污泥车所掉的污泥溅及，除应立即用大量清水清洗外，对油漆、柏油类的清洗应在打蜡中进行。

3. 普通洗车步骤

(1) 用清水冲洗全车车身上所附着的污泥。先从车顶开始冲洗，使污物由上往下流出。

(2) 冲完车顶后再冲前、后挡风玻璃上的污物，最后冲左、右两侧的玻璃门窗。

(3) 用水柱清洗车轮挡泥板内侧及凹缘处，并用布擦、挖凹缘内的积泥。

(4) 使用水柱清洗减震器上的积泥。

(5) 用刷子及清水清洗前、后保险杠上的污泥，包括清洗后保险杠下方裙角、保险杠下方的气坝等。

(6) 用布或刷子、海绵清洗轮圈护盖上的污泥。

(7) 用水柱彻底清洗前挡泥板上的污泥。

(8) 清洗后挡泥板、后保险杠与车身的接缝。如果水柱力量不足，可用空气压缩机加压的高压水枪。

(9) 清洗前后视镜与车窗接合处。

(10) 用高压水枪喷洗前、后视镜及后车窗。

(11) 用高压水枪清洗车身底盘下各车轴、连杆的污秽处。

(12) 清洗车轮时务必清除胎纹沟内的小石子，以免损坏轮胎。

(13) 用毛巾配合水柱从车顶开始擦洗。

(14) 全车用毛巾与水柱擦洗完后，再用半湿性毛巾，由车顶、前挡风玻璃至后车窗擦干。

(15) 擦干前发动机盖板，即完成全部步骤。

4. 高压水枪洗车步骤

(1) 先用高压清水将全车车身喷洗一次。这种方法并不能洗净车身，但可清除附在车身上的沙砾、污泥。

(2) 用高压清水喷洗前挡风玻璃及通风口。

(3) 用高压清水喷洗后车窗。

(4) 用高压清水喷洗前车窗。

(5) 用高压清水喷洗车门、门饰及饰条。

(6) 用高压清水喷洗底盘与门槛间缝隙。

(7) 用高压清水喷洗门外饰板及饰条。

(8) 用高压清水喷洗车轮顶部污泥。

(9) 用高压清水喷洗前后保险杠及与车身接合的缝隙。

(10) 用高压清水喷洗钢圈。

(11) 用清水与毛巾从车顶开始再清洗一次。

(12) 由车顶开始用半湿性毛巾擦干车身上的水痕,最后擦拭前发动机盖板。

5. 冲洗法

1) 液流冲洗

汽车、部件总成、零件以及上漆前表面脱脂和组装前清除零件上的工艺污垢(灰尘、刨屑、油膏等),都采用表面冲洗处理。液流冲洗就是洗涤液对污垢表面起机械作用、热作用和理化作用。液流的机械作用是指用液流冲击表面,此时,液流冲击区的污垢发生变形,从而由于法向应力和切向应力的作用导致污垢层破坏和冲落。在液流沿表面流动时,洗涤液一边流动一边将污垢粒子从清洗区带走。提高洗涤液的温度能使污垢的强度降低,从而提高清洗效率。在洗涤剂液流的作用下,表面张力下降,由此降低了污垢对表面的吸附能力,也就加快了它们的乳化、分散和胶溶作用的理化过程。根据冲洗的用途和方法,三种作用方式(机械作用、热作用和理化作用)可以同时采用。

图 3-1 液流冲洗

液流冲洗如图 3-1 所示。

2) 蒸汽冲洗

蒸汽冲洗法是指用温度为 90 ℃~100 ℃、压力为 0.5~2 MPa 的蒸汽流冲洗被清洗的表面。高温、大容量的洗涤液及液流冲击表面时产生的湍流运动,保证达到有效的清洗。这种方法可以彻底清洗尘埃及路上污泥的沉积物、润滑脂、润滑油及其分解物、残留覆盖层,同时也可清除被毒化合物玷污的表面。蒸汽冲洗装置的效率取决于液流的能量。此能量表现为冲到被清洗表面上的液流压力及量,同时也取决于液流的温度和洗涤剂的活性。根据水的耗量,装置可以分为耗量为 200~500 L/h 时的低压装置及耗量为 500~1500 L/h 的高压装置。

蒸汽冲洗如图 3-2 所示。

3) 高压冲洗

采用高压(100 mm 水柱)热水冲洗表面的方法。这种方法比蒸汽冲洗的效率高,它具有清洗质量高及成本低,同时仍然能保护漆层的特点。用高压冲洗表面的方法可以避免使用化学药品和试剂,因而能保护周围的环境。由于机械能量高度集中在液流中,所以不用化学药品和高温就能获得较好的效果。

高压冲洗如图3-3所示。

图3-2　蒸汽冲洗

图3-3　高压冲洗

二、汽车打蜡

汽车打蜡作为汽车美容的传统项目，打蜡的作用：一是防水、防酸雨，由于车蜡的保护，会使车身的水滴附着量减小，效果十分明显，能达到50%～90%；二是防高温和紫外线，天气越来越热，汽车常年在外行驶或存放很容易因光照而导致车漆老化褪色，而打蜡形成的薄膜可以将部分光线反射，有效避免车漆老化；三是车蜡可以防静电，当然同时也防尘。汽车在行驶时与空气摩擦产生静电，而车蜡则可以有效地隔断车身与空气、尘埃的摩擦。少了静电，车自然少了对灰尘的吸附，而且车蜡还能起到上光的作用，使汽车显得更新更好看。

1. 打蜡步骤

1）清洗

汽车打蜡前，必须对车辆进行彻底清洗，去除污渍，擦干后再上蜡，否则用再好的蜡打上也没有光泽。对有残蜡的车，必须用开蜡水进行除蜡处理。如果车漆已经褪色或氧化，必须在清除掉旧的和氧化了的车漆后，才能上蜡。

2）上蜡

上蜡可分为手工上蜡和机械上蜡两种。手工上蜡简单易行，可控性强，对于边角、棱角处上蜡抛光更容易，目前各美容店使用较多；机械上蜡的突出优点是效率高。无论是手工上蜡还是机械上蜡，都要保证将蜡在漆面上涂布均匀。

(1) 手工上蜡。首先将适量的车蜡涂在专用打蜡海绵上，以保证每次处理的面积一定，不可大面积涂抹。打蜡时以大拇指和小指夹住海绵，以手掌和其余三个手指按住海绵，以画小圆圈的方式均匀涂蜡。具体顺序是右前发动机舱盖—右前翼子板—右前车门—右后车门—右车顶—右后翼子板—行李箱，左半车身与右半车身顺序相同，蜡膜尽量做到薄而均匀。每道涂抹都应与上道涂抹区域有1/5～1/4的重叠，防止漏涂。

手工上蜡如图3-4所示。

(2) 机械上蜡。机械上蜡时，将车蜡涂在打蜡机海绵上，具体涂布过程与手工上蜡相似，打蜡机的转速控制为150～300 r/min。值得注意的是，在边、角、棱处的涂布应避免超出漆面，可配合手工上蜡完成。

机械上蜡如图3-5所示。

提示：不要涂太多的蜡，涂太多的蜡会增加抛光的工作量，而且还容易粘灰尘，抛光时会产生刮痕。

图 3-4 手工上蜡

图 3-5 机械上蜡

3）抛蜡

根据不同车蜡的说明，一般上蜡 5～10 min 后，蜡表面开始发白，用手背接触，呈粉末状，即可进行抛蜡。抛蜡是遵循先上蜡后抛光的原则，确保抛光过的车身不受污染。抛蜡分为手工抛蜡和机械抛蜡。

(1) 手工抛蜡。手工抛蜡通常使用不脱毛纯棉毛巾按原上蜡的顺序进行往复直线擦拭，适当用力按压，通过挤压形成蜡膜，直至漆面抛光至镜面般光亮。

(2) 机械抛蜡。抛光机抛蜡时，先要将涂蜡盘套卸下，换上干净的抛光盘套，抛光机的转速控制在 1000 r/min 以下。确认盘套的绒线中无杂质后开机，然后将打蜡机盘套轻放在车身上，让打蜡机进行横向与纵向覆盖式的抛光，直至车漆亮泽、令人满意为止。

(3) 清除残蜡。手工清除边角、缝隙处剩余的残蜡，这样才能得到完美的打蜡效果。

2. 注意事项

汽车打蜡的质量不但同车蜡的品质有关，而且同打蜡的作业方法关系密切。要做到正确打蜡，在汽车打蜡时应注意以下几点。

① 掌握好上蜡的频率。由于车辆行驶的环境与停放场所不同，打蜡的时间间隔也应有所不同。一般有车库并经常在良好的道路上行驶的车辆，每 3～4 个月打蜡 1 次，否则应 1～2 个月打蜡 1 次。这并非硬性规定，一般通过目视或用手触摸车身，感觉不光滑或光泽较差就应再次打蜡。

② 打蜡前应确保车身干爽，如车身不够干爽，打蜡后会出现颜色深浅不一致的情况。

③ 作业环境应清洁、阴凉通风。漆面过热或强烈阳光直射时，车蜡的附着力会下降，影响打蜡效果。如果打蜡场所及周围环境不清洁，沙尘会在车身上附着，不但会影响打蜡的质量，而且极易产生划痕。

④ 打蜡时如果在海绵上出现与车漆相同的颜色，可能是漆面已经破损，应立即停止打蜡，进行修补处理。

⑤ 未抛蜡的汽车不能上路行驶，否则再抛蜡时会造成漆面划伤。

⑥ 不可将蜡涂在玻璃上和塑料件上，否则玻璃上形成的油膜很难擦干净，而且车身塑料件上蜡后呈白色，干燥后不易清除。

⑦ 抛蜡结束时，要仔细清除车牌、车灯、门边缝隙、橡胶制品的边角缝隙、钥匙孔周围等处的残存车蜡，防止产生腐蚀。

三、汽车镀膜

漆面镀膜技术是世界上最新一代的车漆保护技术。真正的汽车镀膜应该是无机镀膜，也就是永远不会氧化的水晶玻璃镀膜。只有无机镀膜，才是覆盖在汽车表面的镀膜层，不会被紫外线、酸雨等外界因素氧化而消失。

镀膜是用镀膜机将带有负离子的液态蜡均匀地喷涂到车漆上，由于液态蜡带有静电，所以会自动吸附到车漆上，在车表面形成一层蜡质保护层。对车身漆面上的划痕，它拥有优于传统的抛光处理、喷涂处理的修复和保养功能。

1. 优点

镀膜的主要成分是氟碳和玻璃纤维素的聚合物，它的特性在于在车漆表面形成高硬度、抗氧化、耐腐蚀的保护层，隔绝外界物质对漆面的损害。镀膜不仅使车身色彩得到还原，增加亮度，达到焕然一新的效果，而且做了镀膜后，彻底解决因手工摩擦打蜡而留下的一道道光圈，并使蜡层分布更均匀、细腻，硬度更大、亮度更持久。镀膜后效果可持续 2 年以上的时间，在此期间，车身漆面基本不用再做其他护理即可得到优良的漆膜硬度。

2. 作用

① 汽车镀膜具有抗氧化、防老化的作用，施工后在车漆表面形成坚硬的无机(二氧化硅玻璃晶体)镀膜层，与车漆紧密结合，提高漆面硬度和平滑度，将漆面与空气完全隔绝，并且无外力因素永不脱落。

② 能够大大地提高车漆表面清漆的光泽度，使车漆看上去更加鲜艳、光彩夺目。

③ 耐腐蚀。坚硬的非有机(玻璃晶体)膜层自身不会氧化的同时也防止外界的酸雨、飞虫、鸟粪等对车漆的腐蚀，致密的玻璃晶体膜具有超强抗腐蚀性，镀膜能有效防止酸雨等腐蚀性物质对车漆造成的损害，同时防止车漆褪色。

④ 耐高温。玻璃晶体本身具有耐高温的特质，能有效反射阳光，将外部的热辐射进行有效反射，防止高温对车漆伤害。

⑤ 防划痕。坚硬的非有机(玻璃晶体)膜层可以将车体表面的硬度提高到 7 H ，远高于车蜡或釉 2 H～4 H 的硬度，能更好地保护车漆不受沙砾的伤害。

⑥ 易清洗。电离子镀膜具有超强的自洁性和拨水性，不易黏附灰尘、污渍，清洗时只用清水即可达到清洗的效果，使车辆保持高清洁度和光泽度。

⑦ 超持久强大的韧性和延伸性，通常保护车漆表面亮度，形成镜面效果 2 年以上。镀膜的效果远远超过打蜡和封釉的效果。

⑧ 超环保使用水容环保材料，自身不氧化，更不会对车漆造成二次污染，而传统的打蜡、封釉项目容易对车漆造成二次污染。

⑨ 超强的拨水性。坚硬的非有机（玻璃晶体）膜层表面氟素处理后具有超强的拨水性，使水落在车体的瞬间收缩成水珠滑落，有效地防止水垢的形成。

3. 工艺流程

1）洗车

用高压水将车身表面的泥沙冲洗掉，然后用洗车香波将车身表面污渍清洗干净。用气枪将车身表面及缝隙中的水吹出并配合干毛巾将整个车身擦干。

2）用洗车泥擦拭车身

用洗车泥擦拭车身，其目的是有效去除漆面氧化层、沥青点、铁粉等洗车洗不掉的漆面污垢。应从发动机舱盖开始从前到后均匀地将车漆擦拭一遍，擦拭过程中要不断喷水，一是起到润滑作用，二是把粘在车上的污垢冲洗干净，以便达到最佳效果。

3）贴防护胶条

胶条保护作业是镀膜工序中重要的工序之一，它可避免施工事故的发生。首先用遮蔽纸将刮水器片、喷水嘴、橡胶条、各部位镀铬件、车灯等部位粘贴保护。车窗玻璃最好用遮蔽纸粘贴，以防抛光时不小心将其磨损。

4）研磨抛光

使用抛光机配合羊毛轮和研磨剂将漆面上的划痕、氧化层及漆孔中的污渍进行研磨处理，下一步进行抛光作业。

5）还原

使用抛光机配合还原盘和还原剂按照抛光的顺序进行还原作业。

6）喷膜

将镀膜液摇晃均匀，适量倒在镀膜专用海绵上，在漆面上擦拭力度均匀，画小圈沿直线将全车擦拭一遍，不要有遗漏的部位。涂抹顺序与打蜡相同。

7）烤干

用红外线烤灯将镀膜的漆面按喷膜的顺序烤干，或按照说明书的时间要求自然干燥。

8）擦膜作业

用超纤维专用毛巾擦去膜与车漆产生的结晶，方法为画小圈直线擦拭。

9）收尾作业

去掉胶条、玻璃遮蔽纸，清理门边干燥的研磨剂。

四、汽车封釉

汽车封釉就是采用柔软的羊毛或海绵通过震抛机的高速振动和摩擦，将釉剂挤压进车漆的纹理中，使其在车漆表面形成独特牢固的网状保护层，提高原车漆面的硬度、光泽度，使车漆能更好地抵御风沙的侵袭，并且不怕日晒，不怕酸碱，不怕火烧。

1. 优点

1）釉剂不溶于水

由于汽车打蜡时所使用的蜡都是溶于水的，因此如果汽车刚刚打完蜡就碰上阴雨天气，打上的蜡就会被雨水溶解，起不到保护漆面和美容的作用。同时，由于蜡可溶于水，打蜡后给洗车造成了诸多不便，而釉剂是渗入车漆的毛孔里，并形成带固化剂的液体玻璃，不溶于水，因此汽车封釉后可长期保护汽车漆面。

2）不损坏原有的漆面

和打蜡相比，封釉的第二个优点就是不会损害汽车漆面，由于传统的汽车打蜡都要先洗车后打蜡，频繁的洗车打蜡会对汽车漆面造成危害；而封釉则是使流动的釉剂在汽车漆面表层附着，并以透明状硬化，相当于给汽车漆面穿上一层透明坚硬的“保护衣”，因此可以起到保护汽车漆面的作用。

3）保护时间长

汽车封釉之后保护可达 3 个月左右，同时避免了经常洗车的烦恼，汽车表面的灰尘可以轻松擦去。

4）独有的漆面保护性

釉剂表面不黏着、不附着的特性，使得漆面即使在恶劣和污染的环境中也能长久保持洁净。汽车封釉还可以有效抵御温度对车漆造成的影响，使漆面硬度得到大幅度的提高，同时还有防酸、防碱、防褪色、抗氧化、防静电、抗紫外线等功能。

5）美容效果好

对新车进行封釉美容可以延长车漆的使用寿命，减缓褪色，使车漆光彩永驻。对旧车封釉其效果就更明显，旧车封釉可以使氧化褪色的车漆还原增艳，具有翻新的效果。

2. 工具

封釉所需的主要设备和工具有封釉机、洗车泥、鹿皮或专业无尘纸、纸胶带、空气压缩机、气枪等。

封釉机是封釉的专用电动或气动工具。它可以通过高频振动与快速转动，与漆面摩擦产生热量，使漆面局部产生一定程度的扩张，于是釉剂通过振动均匀地挤压渗透漆面中，并在漆面上形成一层极薄的保护膜，从而有效地保护和美化漆面。

封釉机的使用与抛光机相似。封釉机一般采用吸盘式封釉波纹海绵轮与封釉机的托盘相连。

3. 流程

1）脱蜡清洗

为保证封釉的效果，封釉前必须用脱蜡洗车液将车身表面的污物清洗掉，注意不要有残留，因残留物会在擦拭车身时造成摩擦而损坏车漆，稍不注意就会损伤其光洁度。车身表面清洗擦干后，还要用压缩空气把洗车时在车体接缝处残留的水吹净，如图 3-6 所示。

2）用洗车泥擦拭车身

车身氧化层及车身长期积存的尘土、树胶、飞漆等脏物很难靠清洗来去除，因此经过清洗的车身表面可能仍然有些粗糙，这就需要用洗车泥进行全面的打磨处理。

3）全车贴防护胶条

汽车清洗干净后，要用胶条把车身所有与漆面相邻的镀铬装饰和橡胶条的边缘部分以及诸如车标、字母、塑料护板等都粘贴起来，防止抛光时造成损伤，以及后续工序可能对这些部位造成污染、腐蚀等不良影响。

4）抛光处理

抛光可以去除车漆表面的氧化痕迹及发丝划痕，抛光后对车身表面进行高压冲洗。

5）还原处理

使用抛光机配合静电抛光轮、增艳剂进行还原处理。抛光机在漆面上旋转的同时产生静

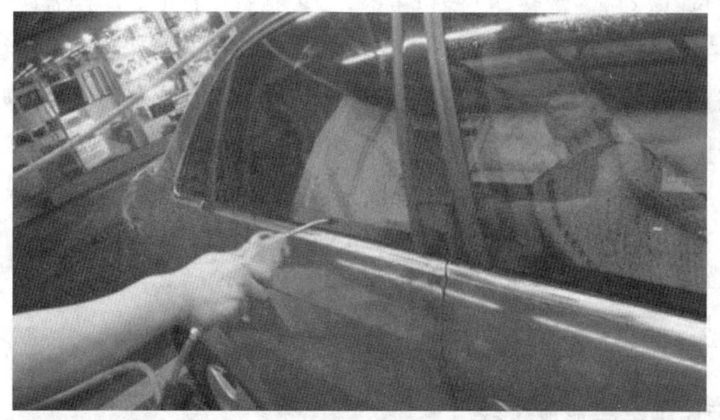

图 3-6 压缩空气将接缝处的残留水吹净

电，将漆面孔中的脏物吸出。同时，增艳剂渗入车漆内部，发生还原反应，可以达到车漆增艳如新的效果，还原处理还可以将车漆表面细小的划痕磨平。

6）上釉

用海绵将釉剂一次均匀地涂抹在清洁的漆面上，并将漆面涂满，涂抹顺序与打蜡相同。

7）抛振

使用封釉机将釉剂通过振动挤压至车漆的底部，使分子间形成如网状的保护层。

8）无尘打磨

利用无尘纸或柔软的海绵轻轻抛光漆面，并轻轻擦去外表多余的粉末使其干净。

9）收尾工作

把防护胶条撕掉，将被粘贴表面处理干净。

4. 注意事项

(1) 封釉后 24 h 内切记不要用水冲洗汽车。因为在这段时间内，釉层还未完全凝结，将继续渗透，冲洗将会冲掉未凝结的釉剂。

(2) 封釉后尽量避免洗车。釉剂可防静电，因此日常护理用除尘掸就可轻松去掉车身上的灰尘。

(3) 漆面封釉，会使车漆表面如同罩上一层很强的保护膜，延长漆面使用寿命。如果釉的质量好且行车环境好，漆面可保持较长的时间。

学习任务 2 汽车内部美容

一、汽车车室美容

汽车车室包括驾驶室和车厢，它是驾驶员和乘客在行驶途中的生活空间。对汽车内室进行装饰，可营造温馨、美观的车内环境，从而使司乘人员乘坐舒适，心情愉快，给人一种宾至如归之感。汽车内饰美容就是对汽车内部空间的美容护理。汽车的内饰件大多数由塑料、人造纤维、皮革、橡胶等材料制成，真皮、塑料、丝绒等专用清洁保护剂，不仅有美容功效，还有防尘抗尘、防水、杀菌除臭等作用。另外，还有皮件、塑件上光翻新保护剂，能令皮革、塑料件恢复原有光泽，并可在其表面形成一层保护膜，防止老化。通过吸尘、清理后，采用保护剂或干洗护理剂擦拭，清洁车室、地毯、脚垫、座套等，再喷清洁剂与高温蒸汽消毒，便可使车室焕然一新。

现代车辆已越来越注重车身内部的装饰，特别是一些豪华的轿车，装备有结构复杂和昂贵的仪表、空调、音响、电视(VCD)、各类电控装置，以及丝绒或真皮座椅等，犹如居家般舒适。因此要创造一个良好的乘坐环境，保持车内的清洁、做好各项美容和护理工作已显得非常重要。

车厢内饰部分平时受外界油、尘、泥沙、吸烟、乘客汗渍及空调循环等不良因素的影响，使车厢内空气受污染，内饰中的地毯、真皮或丝绒座椅、空调风口、后备厢等处，经常接触潮湿的空气和水渍，使丝绒发霉、真皮老化，甚至产生难闻的气味。还会滋生细菌，既影响身心健康又影响驾驶者的心情。因此，汽车车室的清洁护理非常重要，一般每三个月应做一次全套室内专业护理。

1. 汽车车室污垢种类与形成过程

1）污垢的种类

汽车车室污垢主要有以下三种。

(1) 水溶性污垢，有糖浆、果汁中的有机酸、盐、血液及黏附性的液体等。

(2) 非水溶性固体污垢，有泥、沙、金属粉末、铁锈、虱虫等。

(3) 油脂性污垢，有润滑油、漆类产品、油彩、沥青及食物油等。

2）污垢的形成过程

(1) 黏附。污垢会在重力作用下停落或黏附在物件的表面。当有压力或摩擦力产生时，污垢也会渗透物件的表层，变得难以去除，如汽车玻璃及仪表台上的灰尘。

(2) 渗透。饮料或污水会渗透物件的表面，被物件所吸收，以致很难清除，如车门内饰板、后挡台、脚垫上的饮料或血渍等。

(3) 凝结。黏性污垢变干凝固后，会紧紧粘贴在物件表面，如汽车内饰丝绒、脚垫或地毯表面的轻油类污垢。

2. 去除污垢的方法

1）有效清洗污渍的方法

要想有效地清洗污渍，需要以下四个方面的相互配合，才能发挥最佳的清洁效果。

(1) 高温蒸汽。可以使极难去除的污垢，在清洗之前先软化，为手工清洁部件上的污渍做好准备。

(2) 水。用水可去除去水溶性污垢，但不能去除油脂性污垢，而且难以清洁触及不到的内部部件上的水溶性污垢。

(3) 清洁剂。能去除轻油脂及重油脂类污垢，帮助水分渗入内饰丝绒化纤制品。

(4) 动力。清洗车室内部件时，拍打、刷洗、挤压等皆有助于去除污垢。

2）清洗方法

清洗按照使用设备的不同可以分为机器清洗和手工清洗。

(1) 机器清洗。机器清洗最大的特点就是使用内饰蒸汽清洗机，配合多功能强力清洁剂。蒸汽清洗机可以清除内饰部件上很难清洗的污渍，利用温度极高的热蒸汽软化污渍。可用于丝绒、化纤、塑料、皮革等几乎所有车室部件的清洗。机器清洗操作起来比较方便省事，操作时应根据不同材料的部件选择不同的温度，以免损伤部件。

(2) 手工清洗。手工清洗要求配制合适的清洗剂。一般来说，清洗剂应使用负离子纯净水作为溶媒，采用 pH 值平衡配方。高效的去污配方主要由非离子活性剂、油脂性溶解剂、泡沫稳定剂和香料等组成，能迅速去除车室内饰表面的尘垢和各种污渍。

3. 车室清洗护理工艺

车室的清洗护理是一项系统细致的护理作业，一定要遵循规范的操作程序。其基本步骤主要包括室内除尘、内饰的清洁与护理、车内消毒和喷空气清新剂三项。

1）室内除尘

除尘吸尘是车室清洗护理的第一步。汽车内饰最忌受潮，潮气会使内饰发霉、变质，并发出难闻的气味，因此室内除尘应避免采用水洗的方法。

专业的车内清洁步骤如下。

(1) 首先将车内的脚踏垫和杂物取出，抖去尘粒，拍掉烟灰。

(2) 对汽车内的刹车踏板等部件，可以用小牙刷或沾有清洗剂的抹布进行刷洗。要特别注意的是离合器踏板、刹车踏板、油门踏板部分，要认真清扫，特别要清除上面的油脂类污垢，这对开车时防滑有很大好处。

(3) 用真空吸尘机进行细致吸尘。应遵循从高到低的原则。首先进行顶棚的除尘，然后依次是仪表板、座椅、车门内侧及后备厢。地板的吸尘要分两次操作，第一次吸掉沙砾，第二次更换带刷子的吸头，边刷边吸，主要吸掉灰尘。要特别注意地板拐角部位的尘垢，必要时应反复吸除至干净。

车内吸尘如图 3-7 所示。

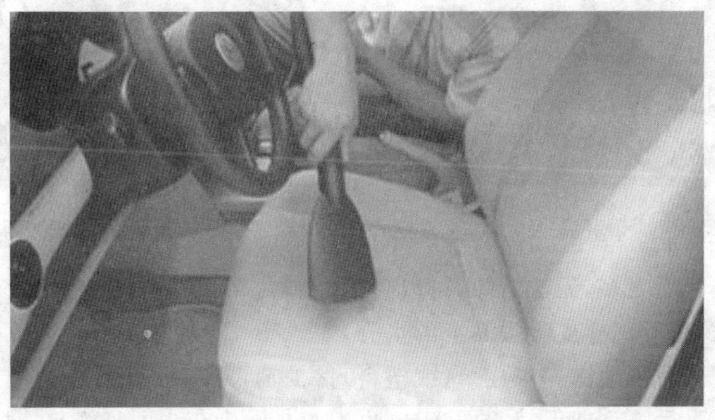

图 3-7 车内吸尘

2）内饰的清洁与护理

汽车内饰件除尘结束后，还应和外观一样，进行清洗，营造一个清新的车内环境。内饰清洁与护理的步骤如下。

(1) 全车"桑拿"(选用)。内饰清洁与护理前可以用蒸汽清洗机给汽车"蒸桑拿"，以增加污物的活性，使之在清洁时容易从载体上分离。

具体方法是在蒸汽清洗机中放入适量的清水，对车内除顶棚和仪表板外的部位(包括后备厢)进行"桑拿"，同时也可去除车内的异味。

(2) 顶棚的清洁与护理。顶棚多由毛料或纤维绒布制成，因其位置特殊，黏附的油污不多。主要是由于顶棚绒布具有吸附性，故其主要污染是吸附烟雾、粉尘及人体头部的油脂，这些污物如果不及时清除，在空气中水汽的作用下便黏附在顶棚上，难以清除。清除时，难以使用机器，只能人工操作。

对化纤织物的清理，应选用专用的化纤织物清洁剂，不能使用碱性较强的洗衣粉或洗洁精。因为这些碱性物质在清洁过程结束后，仍有一部分残留在织物内部，这部分碱性物质极易使化纤织物变黄、腐蚀。因此选用化纤织物清洁剂一定要慎重，在没有把握的情况下，最好先在车室隐蔽部位进行试用，确认不会使纤维变色或变质后，再进行大面积使用。

方法是：将化纤织物清洁剂喷到污垢处，稍停片刻，用干的洁净纯棉布或毛巾将顶棚中的丝绒清洁剂污液吸出，再从污迹边缘向中心进行擦拭。污垢严重时可多次重复以上操作，处理干净后用另一块干净的棉布顺着车顶的绒毛方向抹平，使其恢复本来的容貌。

顶棚清洁如图 3-8 所示。

必须注意：车顶棚内填充物是隔热吸音的材质，吸收水分的能力强，清洁时抹布一定要干一些，否则湿乎乎的抹布会使清洗剂浸湿车顶材料，以至很难干燥。

(3) 仪表板等塑胶件的清洁护理。仪表板与置物箱大多为塑胶制品，外表存在较多细条纹，其上沾染的成分简单，多为灰尘，容易清除。

清洁方法一般是先用湿毛巾擦拭，再使用专用塑胶护理上光剂处理。只需轻轻擦拭，清洁、上光便一次完成，即可得到一个干净光亮的表面。仪表板清洁如图 3-9 所示。

图 3-8 顶棚清洁

图 3-9 仪表板清洁

如果个别部位积垢太多，无法清除，可以喷洒塑料皮革清洁剂，然后用软毛刷刷除，再用沾有清水的毛巾擦拭，最后用鹿皮吸去其上的水分。

仪表板清洁完成后可喷涂一层皮革(或塑料)保护剂，3～5 min 后再用绒布擦拭，即能起到很好的保护作用。最后喷涂能保持表面光亮，也不容易沾染灰尘并且容易擦拭。

注意：仪表盘部位在使用清洁剂擦拭时，动作要轻柔，避免划伤仪表盘。

方向盘多由酚醛树脂、ABS 工程塑料制成，有些还附有人造革软化层，容易沾染油脂、汗脂、积聚各种污垢，应用塑料清洁剂清洁。如果方向盘外面包有外套，可先将外套拆下单独处理，方向盘外套的材料多为橡胶或橡塑件，可以用橡胶或塑料清洗剂清洗，再用清水冲洗，最后喷涂橡胶保护剂和光亮剂。

(4) 座椅的清洁护理。座椅的使用频率极高，沾有大量的人体汗渍、油渍和细菌，是车内清洁的重点。座椅的清洁护理应根据座椅的材质来确定。座椅一般有两种材质，一种是化纤织物，一种是人造革或真皮制品。不同的面料要使用不同的清洁剂清洁，否则不科学的清洁方法会给面料带来损害。另外，织物和皮革的颜色是通过吸收染料而形成的，有机染料会与某些清洁剂发生化学反应，出现褪色(氧化)现象。因此对某些牌子的清洁剂首次使用时，应先在座椅面料的不显眼地方进行试用，确认无褪色后，才能正式大面积使用。

① 化纤织物座椅的清洁护理。

a. 化纤织物座椅清洁时应注意的问题。

化纤织物，其特点是非常柔顺、色泽丰富、乘坐舒适，但容易吸附烟尘和汗渍。因此这类座椅的清洁应注意三个问题。

一是恢复座椅的本来面貌,除去表面及渗入内部的各类污物和油垢。

二是保持或恢复绒毛即纤维性材料本身的柔顺性,必须采用专用的清洁剂进行处理,绝对不可以用汽油、稀料或丙酮等清洁剂,更不能用碱性较强的洗衣粉或洗洁精。因为这些物质对绒毛制品的柔顺性、光亮度及颜色都有很大的影响。

三是清洁剂不能影响绒毛材料的颜色,防止清洗后出现颜色不一的情况。因此,在选用化纤织物清洗剂时,应在车室座椅上隐蔽的部位进行试用,确认不会使织物变质、变色后再进行大面积使用。

b. 化纤织物座椅的清洗方法。

化纤织物座椅的清洗分为机器清洗与手工清洗两个部分。

机器清洗是将化纤织物清洁剂装入电热式喷水、吸尘、吸水多功能清洗机中,并喷在座椅表面,对污物严重的地方可以重点喷涂,对座椅表面则应使用小扒头来清洗,这种机器可以循环使用清洁剂,直至其吸收污物、油脂达到饱和后再更换。由于化纤织物清洁剂具有清洁、柔顺和着色三重功能,因此清洁护理可以一次完成。

手工清洗主要用来清洗小的缝隙(机器扒头难以接近清洗的地方)。取一块洁净的干毛巾,使用小包装且带有喷头的化纤织物清洗剂喷到污处,停留 1～2 min,使脏物充分溶解软化,然后将毛巾用力压在脏污处,挤出溶解了油垢、污物的液体,再从四周向中间仔细擦拭(或用毛刷刷洗),直到清除污迹。然后用干毛巾或鹿皮吸干,对特别重的污迹可多次重复上述过程。

注意:应根据织物的质地不同选择合适的清洁剂。清洁时要充分考虑织物纹理的变化和规律,一般采用纵横双向清洁效果较好。清洁结束后再用干毛巾顺着纤维织物的方向擦拭。

② 人造革、真皮座椅的清洁护理。

人造革、真皮座椅的共同特点是其表面都有许多细纹,这些细纹里极易吸附许多脏物污垢,一般方法很难去除干净。用湿毛巾擦拭后,看起来似乎很干净,但其上积聚的油污等是无法擦掉的,而且人造革和真皮也不可用水清洗,否则不但影响美观,而且会产生裂纹而影响使用寿命。因此,这类座椅必须使用专用的皮革清洁护理剂。

专用的皮革清洁护理剂具有清洁美容和保养护理功能,它们不但具有清洁、上光的功能,还具有除静电、增强保护的功能。

对较脏的皮革座椅,建议首先用化纤织物清洁剂进行预处理。因为有些污垢可能藏在皮革表面,使用化纤织物清洁剂能有效润湿和充分分解油污,使下一步清洁工作更加彻底。

座椅清洁剂喷涂如图 3-10 所示。

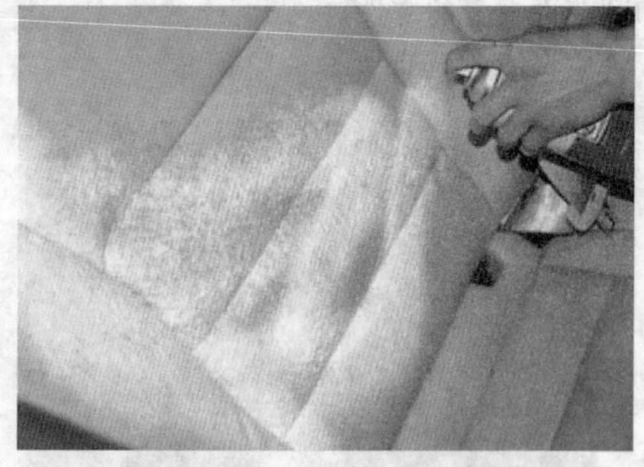

图 3-10 座椅清洁剂喷涂

清洁护理方法是:首先将化纤织物清洁剂喷到座椅表面,稍停片刻,用软布仔细擦拭(擦拭时,不可将座椅弄得太湿,以免清洁剂顺着接缝渗入座椅内部),方法同处理化纤织物座椅一样,从四周向中间逐渐进行,再用一块干的软毛巾将其擦干;然后打开车门,使空气流通,晾干皮革上的水分;最后将真皮上光保护剂喷在打蜡海绵上,像打蜡一样,均匀涂在座椅表面,10 min 后用干毛巾擦干作为最后的上光处理。

如果皮革座椅不太脏,可以直接用真皮上光保护剂进行清洁上光。

注意:座椅清洁后喷涂保护剂和光亮剂是非常必要的。因为树脂型保护剂能在座椅的表面形成一层保护膜，可以免受污垢的直接侵蚀，并有耐磨、抗紫外线损害和易清洁等功效，保护剂还有防止皮革龟裂的作用。喷涂光亮剂能使座椅表面更加艳丽。

如果座椅上装有座位套和头枕套，应取下用高效多功能洗衣机清洗。当整车美容和护理作业完成时，座椅套和头枕套的清洗和烘干工作也结束了。

(5) 门饰板的清洁护理。门饰板有化纤织物和皮革两类。

一般汽车的门饰板距离坐车人近，最容易被手弄脏，而且油污等较多，可采用与座椅清洁相同的方式进行清洁。

(6) 安全带的清洗。拆下脏的安全带，用中性肥皂水或温水擦洗。不可选用染色剂或漂白剂作为清洗剂清洗，否则将降低安全带的强度。

清洗安全带时应注意以下几点。

① 安全带一定要保持清洁，如果安全带不干净，就会影响其效能的发挥。

② 卷带前，安全带必须完全干透。

③ 不能用化学方法擦洗安全带，因为化学清洗剂会破坏织物。安全带不能与有腐蚀性的液体接触。

(7) 地毯和踏脚垫的清洁。地毯和踏脚垫多由纤维织物制成，对不可拆卸的地毯，应用电热式喷水、吸尘、吸水多功能清洗机清洁，或用蒸汽清洗机进行消毒处理，最后喷涂保护剂和光亮剂。

对拆卸下的地毯或踏脚垫，取下后先用敲击法弹掉附着在其上的沙砾、碎屑，然后用空气清洁枪吹落灰尘。如果地毯很脏，去掉灰尘后，用泡沫清洗液或专用地毯清洗液清洗，并且用清水冲洗干净，再将它们折叠起来，放入专用脱水机内脱水后放回车内便可。

(8) 空调通风口的清洁。空调系统为司乘人员提供了舒适的乘坐环境。但汽车在行驶时，大量的灰尘污物会进入空调的进风口，吸附在风道内侧，在高湿的环境下，会滋生大量的细菌，危害人体健康。

对空调通风口清洁时，首先要清楚空调进出风口和进气滤网的位置(有的车型无进气滤网)，用真空吸尘机对各进出风口吸尘，然后取下进气滤网，拍去灰尘，用湿毛巾擦去进出风口的灰尘和污垢(见图 3-11)。空调系统的进出风口和控制面板材料多为硬质塑料，沾染的污垢简单，基本为粉尘沉降，由于空调通风口有栅格，建议清洁时使用海绵条蘸取塑料清洗剂处理，也可以用小的软毛刷配合进行仔细清洗。后排座椅上的控制面板由于较易沾染指纹、油脂和汗渍，应采用塑料清洗剂进行清洁，喷涂后用毛巾轻轻擦拭，但切勿用力过大，以免损坏电控开关和刮花面板上的饰件。

空调滤芯更换如图 3-12 所示。

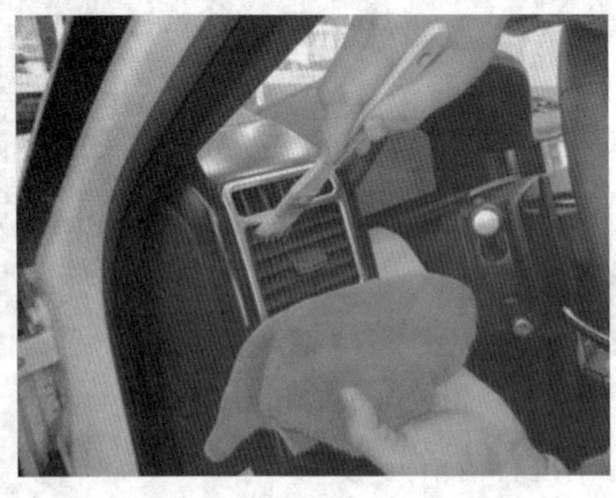

图 3-11　空调通风口清洁

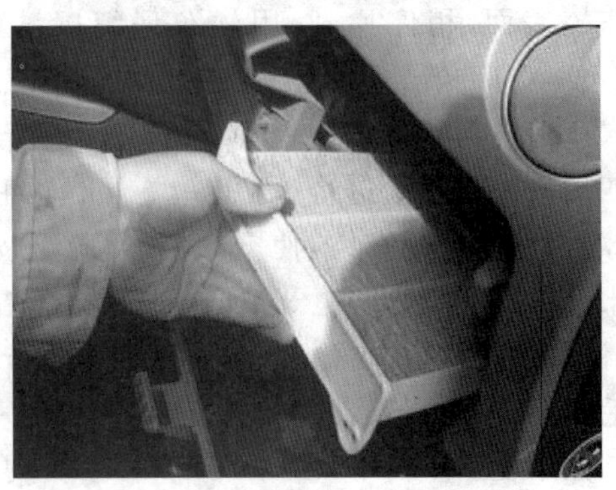

图 3-12　空调滤芯更换

(9) 汽车内饰清洁时的注意事项。

① 使用适当的清洁剂。

清洁汽车不同材质的内饰部件时,最好使用专用于该物件或最相称的清洁剂,如用化纤织物清洁剂清洗丝绒纤维制成的座套、地毯等。

② 不能随意混合或加温使用内饰清洁用品。

不同的内饰清洁用品混合后,可能产生有害物质,而某些化学成分混合后,可能会释放有毒气体。将清洁剂加温,如放入蒸汽清洗机内使用,也会产生有害气体。因此,除非产品包装上注明特别的混合比例或配合机械的使用方法,否则切勿随意混合或加温使用内饰清洁用品,以免发生化学反应,产生有害物质。

③ 使用不熟悉的产品时应先测试。

对首次使用的清洁剂,应先在待清洗部件的不显眼处进行测试,以防褪色或有其他损害。

④ 正确保存清洁用品。

正确地保存清洁剂,这样既能保证产品充分发挥效能,又有助于防止产品过早变质。

3) 车内消毒和喷空气清新剂

车内清洁后,复装地毯、踏脚垫、座椅套和头枕套,此时车内已经焕然一新,但仍然有许多看不见的细菌无法彻底清除。尤其是冬天,开车人一般很少开窗通风透气,车内积聚了大量细菌,即使经常打开车窗,保持车内空气流通,但对遗留在车内座椅、内饰、顶棚等处的细菌却无济于事,加之车内卫生死角较多,所以对车内进行彻底的消毒是很有必要的。

室内消毒一般是采用清水产生的高温蒸汽进行杀菌消毒。

首先将一定量的清水倒入蒸汽清洗机中,接通电源,加热约 30 min,同时观察温度表和压力表的读数,当温度达到 1400 ℃时,即可用产生的蒸汽对车内部件逐一进行消毒。

消毒时注意避免接触电器部分。整个过程大约需要 1 h。

消毒完毕可以选择合适的香型,喷洒少量的空气清新剂,使乘坐环境更为舒适。

车辆完成车室清洁后,为了节约时间也可以用空气清新剂进行清新杀菌处理,净化室内空气。喷施方法:将发动机熄火,将空调设置在进风状态,向空调各出风口处喷施空气清新剂,连续喷 10 s;启动发动机,打开空调系统,将其设置为内循环和最大出风量,在各进风口处连续喷洒空气消毒剂 10 s 进行杀菌,去除异味,发动机持续运转 5 min;然后打开车门使空气流通;最后再喷洒空气清新剂。

蒸汽消毒如图 3-13 所示,空调消毒如图 3-14 所示。

图 3-13 蒸汽消毒

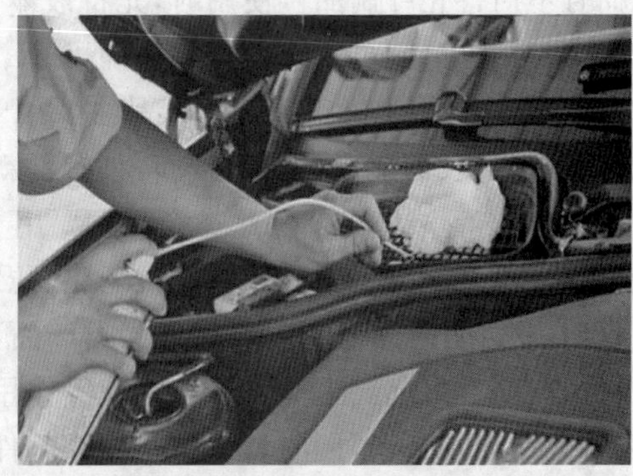

图 3-14 空调消毒

4. 内饰护理小技巧

1) 内饰件常见顽固污迹的清除

(1) 霉。内饰件受污染未及时清洁导致霉变，对此进行清除时可用热肥皂水洗霉点，用冷水漂洗干净，再浸泡在盐水中，然后用专用清洗剂清洗擦干。

(2) 口香糖。口香糖清除时可用冰块使其硬化，然后用钝刀片刮掉，最后用清洗剂清洁擦干即可。

(3) 焦油。可先用冷水彻底刷洗，如果难以去除干净，可用焦油去除专用清洗剂浸润一段时间，然后擦拭干净即可。

(4) 黄油、机油等。用专用的油污去除剂，从污迹周边向中心清洗，当污迹已经洗掉时，用毛巾擦干。

(5) 人造革裂口。座椅、门边内衬等常使用人造革，在使用过程中，难免意外受伤，甚至出现裂口。对这类破损，可采取以下方法进行修补：先用电吹风将裂口两边吹热，再将一块纤维布衬在裂口下面，并精心将裂口两边对齐，然后压平，最后将人造革修复液涂在修理部位上，待完全干后即可。

(6) 地毯破损。汽车内饰地毯常见的破损形式为烧痕和裂口。对这类破损进行处理时，先将损坏部分的毛边切除，另找一块地毯(或在座椅下不显眼处切下一块)做补片，用胶将补片沿损坏部位毛边切除处粘接上，再用毛刷理顺接缝即可。

2) 清洗剂的选用

用于汽车内饰的清洗剂属于强碱型，pH 值较高，与洗车剂一样，大多数是浓缩型的，使用时应根据用品使用说明及车况酌情稀释。汽车内饰不同于外饰，不可能用水或混合液体冲洗，只能以“干洗”的方式进行。因此，要根据清洗对象的材料特征采用相应的专用产品。汽车内饰的产品有很多，根据汽车内饰件材料的不同大致有以下几种清洗剂可供选择。

(1) 丝绒清洁保护剂。此类产品主要用于对手绒、丝绒、棉绒等织物进行清洁和保护，具有泡沫丰富，去污力强，洗后留有硅酮保护膜，恢复绒织物原状，防止脏物浸入等特点。使用时，先将产品在瓶内轻轻摇晃均匀，然后喷在需要清洁的表面，再用清洁干布将泡沫擦净，污渍明显处应反复喷涂擦拭。

(2) 化纤清洗剂。此类产品在多功能清洗剂的基础上特别增加了清洗内饰化纤制品的功能，对车用地毯、沙发套等化纤制品上的油泥和时间不太长的果汁、血迹等具有很好的清洗效果，而且不伤害化纤制品。使用时，先将液体倒入桶中，按需要的比例注水，然后用毛巾蘸水中的泡沫去清洗脏处，再用干净布擦净即可。

(3) 塑胶清洁上光剂。此类产品主要用于塑料及橡胶制品的清洁与护理，去除污垢的同时能在塑胶制品表面形成一层保护膜，具有翻新效果。

(4) 真皮清洁增光剂。此类产品主要用于皮革制品的清洁与护理，清除污垢的同时能在皮革制品表面形成一层保护膜，起到抗老化、防水、防静电的作用，从而延长皮革制品的使用寿命。

(5) 多功能内饰上光清洗剂。此类产品不仅可对化纤、皮革、塑料等不同材料的内饰物品进行清洗，而且可起到上光、保护、杀菌等作用。上光清洗剂使用也很方便，只要一喷一抹，即可使内饰物品光洁如新，同时具有防止内饰部件老化、龟裂和褪色的功效。

(6) 多功能内饰绿色(环保型)清洗剂。此类清洗剂是近年来才出现的高档产品，特点是清洗功能强，使用起来好似溶剂，但破坏性极小，应用范围也较广泛，该类产品可用来清洗皮革、仪表台、变速操纵杆区等，同样适用于家庭和办公室，如清洁计算机、复印机、卫生间等，效果也相当好。

二、发动机室清洁

发动机室为发动机工作的空间，除安置发动机及其附件外，还有制动总泵真空辅助器、油路、离合器总泵、钢索、连杆、雨刷、电动机及连杆组、空调压缩机、冷凝器及其冷媒管路、水箱、变速器等众多的部件。这些部件不但拥挤，且易受各机件的传动而污染(如制动油、润滑油、清洁水、水箱精、齿轮油、动力油等)，除此之外，发动机室最大的污染源为灰尘、污泥等。发动机室下方因其通风冷却需要，并未与地面完全隔离密封，故在行进中雨水易溅及发动机或发动机室的其他部件，或灰尘易撒满整个发动机室内。如果长期未予清除，易使水分、灰尘进入发动机、油路(如制动油路)、电器部件中而造成故障或损坏。

发动机室美容主要是采用专业美容清洁用品对发动机及其附件进行清洗和保养，延长其使用寿命的一种操作工艺。

1. 污染物及危害

发动机室的污染物主要以油性污染物为主，如尘土、油污及各种酸碱物质等。这些物质会与金属产生氧化反应从而腐蚀零件。润滑残留物是汽车发动机最常见的污渍。同时，长期的高温工作环境会使得发动机的橡胶、塑料制品元件因老化而失去弹性，产生破裂，严重时会导致发动机发生故障。油污严重将会影响发动机散热，如果有电线老化产生火花，在炎热的夏季，很容易发生汽车自燃。

2. 清洁方法

清洗发动机，专业人员或车主都可操作。其方法可分为柴油或煤油清洗、高压水枪清洗、高压空气清洗及一般简单的清洗。

特别提醒：无论使用何种方法，在清洗发动机或发动机室时，应先将发动机熄火，使所有电器不作用，并使发动机室温度下降，千万不可在高温下清洗。

1) 柴油或煤油清洗法

(1) 将柴油或煤油装在压力容器内，再将其喷洒(或沾在布上)在发动机室内油污处。

(2) 在喷洒前先用布或纸将易受油变质的物品遮盖好，如高压线、电路线路等部位。

(3) 油污处喷洗后应稍等油污溶解。

(4) 油污溶解后再用干净布将其擦干。

(5) 擦拭污泥后可用空气枪吹干，如果无此装备，可用车用打气机吹干。

2) 高压水枪清洗法

(1) 打开发动机罩，将分电器、制动油壶、蓄电池加水盖用布遮盖。

(2) 打开高压喷水枪喷洗发动机及其污秽处。

(3) 用高压枪喷洗前挡风玻璃下的挡风口。

(4) 喷洗前挡风玻璃与发动机室隔热空间内的树叶、污泥和灰尘。

(5) 用高压水枪冲洗水箱、散热片及冷气冷凝器散热片上的树叶、飞虫、灰尘，注意应先由内往外冲洗。

(6) 用高压水枪冲洗左右车轮挡泥板、发动机室内侧排水孔，并将树叶、污物取出。

(7) 用高压水枪冲洗发动机室内侧支撑条内的污物或灰尘。

(8) 用空气喷吹枪或车用打气机喷除火花塞孔内的沙砾。

(9) 取下遮盖布，并用清洁的布将发动机室各部彻底擦拭干净。

3）高压空气清洗法

（1）用高压空气枪吹除发动机空置内侧凸条的油污。

（2）用高压空气枪吹除空气滤清器外壳上的灰尘，尤其是中央固定螺栓凹缘处。

（3）用高压空气枪吹除火花塞凹孔内的灰尘。

（4）用高压空气枪吹除发动机四周的附件，如蓄电池、下挡泥板等。

（5）用高压空气枪吹除冷凝器及水箱散热器上的污物。

（6）用高压空气枪吹除两旁排水孔的污物。

（7）用高压空气枪吹除风扇上的污物。

（8）打开空气滤清器盖子进行清除工作。喷扫时要用布将化油器顶部塞住，以免进入灰尘。

（9）清除空气芯子内灰尘。

4）一般简单法

（1）喷涂发动机外部清洗剂。首先摇晃发动机外部清洗剂使其混合均匀，然后将发动机外部清洗剂喷涂到整个发动机室及发动机外部各部件总成处，如图 3-15 所示，停留 3～5 min，以使污垢尽可能地被吸附到泡沫中。用毛刷和海绵刷清洗发动机室的各个角落。

（2）高压水冲洗。当清洗剂的泡沫开始消失时，用高压洗车机仔细冲洗。清洗时应使用散射水柱进行冲洗，务必彻底冲洗使清洗剂无残留，如图 3-16 所示。

图 3-15　发动机外部喷清洗剂

图 3-16　高压水冲洗

（3）顽固油污的去除。对发动机上残留的顽固附着污物，可将去污力较强的化油器清洗剂直接喷涂在污物处稍等片刻用毛刷或海绵刷洗，用毛巾擦抹干净后再喷涂发动机外部清洁剂，停留 2～3 min，最后用水冲洗干净。

（4）清除锈蚀。金属生锈过程是一个缓慢的氧化过程。开始时，金属表面会出现一些细小的斑点，然后斑点逐渐扩大，颜色变深，形成片状或层状的锈蚀物，如果不及时清除会影响机件的使用寿命。清除锈蚀应使用清洁剂除锈，方法是将除锈剂喷涂在锈蚀处，停留 5～10 min 后，用水充分清洗，严重的可以用毛刷辅助刷洗除锈，然后用软布擦干。除锈完后，用多功能防腐润滑保护剂喷涂一层。

（5）清洁空气滤清器。目前汽车空气滤清器普遍采用纸质滤芯，它安装在滤清器壳里，对吸入发动机的空气进行过滤，使用一段时间后会有大量的尘土、沙砾吸附在上面，减少了发动机的进气量，因此应定期清洁。清洁时，将纸质滤芯从滤清器的壳里取出，用压缩空气由内往外吹，直至干净。如果发现滤清器破裂，必须及时更换。

（6）电器元件的清洁。发动机中的电器元件包括继电器、点火线圈等，这些部件需要用专业的电子清洁剂来清洁。如果长期用水和普通的清洁剂处理，则只能加速生锈、老化，进而影响汽车正常启动和行驶。擦干电器部分，然后再用电子清洗剂清洁处理电器及电路部分。清洁后不必用水冲洗，只需擦干或任其自然干燥，最后喷涂一遍汽车线路保护剂即可。

(7) 蓄电池的清洁。由于汽车行驶时的颠簸振动和发动机室温度的升高，蓄电池电解液常常会从加液口中溅出，电解液会腐蚀车架的底板和电池的安装支架，因此应定期检查清洁。清洁时，先将置电池从车上拆下，用除锈剂清除。清洗时注意不要让清洗液从加液口流进蓄电池，破坏电板的纯度。蓄电池极柱氧化会引起接触不良，因此清洗完毕安装时可在蓄电池极柱上涂抹一层凡士林，防止极柱氧化。

(8) 流水槽的清洁。前风窗玻璃下方发动机盖与两前提子板接合处的流水槽，大部分很脏，清洗时必须注意观察流水槽是否疏通，并配合软毛刷刷洗，再用干净软布擦干。清洗干净后，喷涂橡胶保护剂，防止橡胶老化。

(9) 喷涂发动机外部保护剂。清洗过的发动机外部表面易气化锈蚀，因此先用高压气体将发动机上所有的零部件、轴承孔、铰链及缝隙吹干，再将发动机外部保护剂均匀涂在发动机壳上。

三、行李箱的清洁

汽车行李箱是装载物品的空间，是由行李箱组件与车身地板钣金件构成。多数汽车行李箱位于轿车车身的后部，因此又称为后备厢。

行李箱与车身内部很相似，内饰多为绒布，清洁方法基本相同。清洁时，先取出行李箱内的备用轮胎、随车工具以及杂物和底板防护垫，拍去灰尘，用真空吸尘器吸去内部的灰尘、泥沙和污垢，然后用电热式喷水、吸尘、吸水多功能清洗机进行清洁，或者用湿毛巾进行擦拭，主要是去除灰尘，对局部沾污严重的部位，则用丝绒清洁剂进行清洁。

行李箱的密封条可用水进行清洁，吸干水分后上车蜡或橡胶保护剂。清洁后，对丝绒内饰可再喷涂一层丝绒保护剂或丝绒光亮剂，还可以对整个行李箱喷洒消毒清新剂。最后复装备用胎、随车工具和杂物等。

项目 4
汽车装饰技术

知识目标

（1）了解汽车装饰基础知识。

（2）掌握汽车车身装饰项目内容。

（3）掌握汽车车内装饰项目内容。

能力目标

（1）能简述汽车装饰项目。

（2）能正确对汽车车身进行装饰。

（3）能正确对汽车车内进行装饰。

学习任务1　汽车装饰基础知识

一、汽车装饰的概念

根据car2100权威定义，汽车装饰是指通过增加或者替换一些附属的物品，以提高汽车表面和室内的美观性、实用性、舒适性，这种行为称为汽车装饰。所增加或者替换的附属物品，称为装饰品或者装饰件。广义的汽车装饰还包括汽车改装、汽车美容等。

汽车外部装饰如图4-1所示。汽车内部装饰如图4-2所示。

图4-1　汽车外部装饰

图4-2　汽车内部装饰

汽车改装是改装车辆的性能或外观。然而实际意义上的汽车或车辆改装，一般是指发动机的改装。大多数车辆从汽车厂出厂后一般都可以满足司乘人员的期望和条件。改装，从某种程度上而言，已成为一种汽车爱好者展示对爱车个性化偏好的常见方式。汽车被改装后，一般能够为司乘人员节省更多燃油，提供更强的动力，甚至提供更好的操控性。汽车改装来源于赛车，虽然大多数的改装车从来没有参加过比赛。改装车通常是为了满足车迷驾驶的乐趣。外观改装通常包括改装车辆的两侧侧裙、前后保险杠、尾翼、风翼、通风口，以及轻便型的轮胎。这里仅涉及车身、车内的装饰。

二、汽车装饰的功用

1. 车身装饰

1）提高行驶安全

汽车车身装饰能够让车辆在雨雪天、雾天，或者夜晚等情况下提高车辆在道路行驶时的辨识度。

2）美化车身外形

人们对新车的外围装饰有更多的个性化需求，需要对车身外围重新进行美化制作；轻微损伤事故后车外围的修复，也需要满足个人的审美需求。大包围主要包含前包围、侧包围、后包围、轮眉、挡泥板和门饰等。新型材料制作的前、后和侧包围不但能减轻车身重量，降低气体流动阻力，还能呈现整体外观个性。

2. 车内装饰

1）美化内饰环境

车室作为车内人员活动的重要空间，舒适与否对人会产生重要的生理及心理影响，美化汽车内饰能拥有一份好心情。

2）有助于健康

汽车内饰中的地毯、座椅、空调风口、行李箱等处，经常接触潮湿的空气或水渍，在特定的环境中，这些地方最易滋生细菌，使内饰霉变，散发出臭味。

3）延长内饰件使用寿命

车室的清洁、杀菌、除臭可以有效地防止各种污物对车室（如地毯、真皮座椅、纤维织物等）的腐蚀，加上通过使用专门的保护品，对塑料件、真皮及纤维品进行清洁上光保护，可大大延长内饰件的使用周期。

4）延长发动机寿命

发动机清洁翻新作为内饰美容的一部分，对汽车发动机性能的影响非常大。

三、汽车装饰的分类

汽车内饰主要包括以下子系统：汽车防滑垫、仪表板系统、副仪表板系统、门内护板系统、顶棚系统、座椅系统、立柱护板系统、其余驾驶室内装件系统、驾驶室空气循环系统、行李箱内装件系统、发动机舱内装件系统、地毯、安全带、安全气囊、方向盘，以及车内照明、车内声学系统等。

1. 按照部位进行分类

（1）汽车外部装饰，主要包括车身外部的顶盖、车窗、车身周围、车灯，以及车轮和底盘的装饰。

（2）汽车内部装饰，主要是对汽车驾驶室以及乘客室进行装饰，包括地板、顶棚壁、座椅、仪表板等。

（3）其他装饰，包括各种车载电子电器设备、通信和智能设备，以及防盗防护设备等。

2. 按照作用分类

（1）美观类装饰，如车身大包围、各种贴饰、扰流板等。

（2）舒适类装饰，如天窗、真皮座椅等。

（3）娱乐类装饰，如各种车载影音设备。

（4）防盗类装饰，主要是各种防盗装置。

（5）保护类装饰，包括保险杠、防撞胶等。

（6）便利类装饰，如电动门窗、车载电话、电子导航装置等。

（7）实用类装饰，如汽车货架、车载冰箱等。

（8）安全类装饰，如安全带、气囊等。

学习任务2 汽车车身装饰

汽车外部装饰是在不改变汽车本身功能和结构的前提下，通过加装或改装前后保险杠、大包围、导流板等外饰件，改变汽车的外观，从而使汽车更加靓丽和时尚，以满足人们的审美观和个性化需求。汽车外部装饰主要包括：汽车太阳膜装饰；车身贴膜；车身大包围；流板和扰流板装饰；天窗装饰；车灯装饰；车底装饰；其他外饰件，如车轮饰盖、轮弧饰片装饰、眼线装饰、加装旗杆灯、汽车货架、备胎罩、防撞条、装饰条（用在汽车上的车身护条饰条，增加了车身侧面的美感，与车身弧度高度吻合，持久耐用不变形。同时，对车门开关时易磕碰的车身漆提供了有效保护）。

一、汽车面漆的装饰

1. 护膜装贴

护膜装贴，又名犀牛皮(见图 4-3)，即汽车漆面保护膜，它是一种高性能聚氨酯薄膜，具有超强的韧性，能够抗刮划，抗碰撞。贴上它，可以使汽车漆面高磨损区域表面免遭损坏，所以被形象地称为犀牛皮。

图 4-3　犀牛皮

1) 犀牛皮的特点

(1) 具有很强的坚韧性，能有效抗击碎石的碰撞。

(2) 具有很强的耐磨性和耐擦拭性，可以有效抵御金属件的轻微剐蹭。

(3) 抗氧化性能好，由于材料的密度高，可以阻隔空气中有害物质的侵蚀，有效延缓面漆和金属的氧化。

(4) 优良的抗紫外线性能，对面漆也有一定的保护作用。

(5) 透明度好，对汽车面漆的原色和外观几乎不会产生任何影响，粘贴后如果不仔细观察很难被觉察到。

(6) 施工方便。其单面涂有黏结力较强的水溶性压克力胶，撕下外层的薄膜后便可以粘贴，良好的柔性，可以使其粘贴于任何曲面和拐角处。

2) 装贴工艺

(1) 选择合适的尺寸。犀牛皮的宽度尺寸有 70 mm、80 mm、100 mm、150 mm 和 200 mm 等多种，装贴前应根据待贴部位的宽度选择合适的尺寸，以免浪费。

(2) 清洁待贴表面。为保证犀牛皮粘贴牢固，应使用专用清洗剂对待贴部位进行彻底的清洁。

(3) 犀牛皮的装贴。撕去犀牛皮的保护膜，将涂胶面直接粘贴于已清洁的部位，再用塑料刮刀压实，去除内部的气泡后便完成了犀牛皮的装贴。

(4) 犀牛皮的更换。汽车受到严重的刮碰时，犀牛皮也会损坏，为避免影响外观，必要时应予以更换。由于犀牛皮的黏结力很强，如果用力撕的话，很可能将面漆涂层一起剥离下来，为此，更换时可用电热吹风机对粘贴部位进行均匀加热，使胶的黏结力降低，然后一边加热，一边小心将其撕下。最后，将新的犀牛皮保护膜按施工工艺换上。

2. 车漆喷涂

汽车不仅应具有必需的使用功能，而且还是一件艺术品，在车身造型和装饰上体现出很高的艺术内涵。车身的艺术品位和装饰品位越高，越受人们的欢迎，越能激起人们的购车欲望。特别是目前市场竞争达到火热的程度，汽车商家们为提高产品的装饰性能，以其艳丽华贵的外表，达到提高商品价值和市场竞争力的一个亮点。

目前，汽车以其艳丽华贵的外表，极大地提高了自身的商品价值，并以此作为市场竞争的一种手段，提高其市场的竞争力。正因如此，厂商投入了极大的人力、物力对喷涂技术进行研究，尤其是将彩色画面等喷漆或印刷在汽车上的技术，恰恰符合了公众对强烈的“与众不同”要求的欲望，使多色花纹喷涂技术具有其强大的生命力和竞争力，展现其远大的前途。

1) 多色喷涂设备及方法

通过高压气流将涂料喷射到被涂物表面上。

喷涂设备将原画面(彩图、照片)用扫描仪读入并通过电脑进行记录和编辑,以达到与原画面一致的最完美的涂装画面,然后通过控制器将印刷执行指令传输到涂装装置中,涂装装置按指令程序进行四种颜色的气流喷射,通过水平方向和垂直方向的移动,在被涂物表面进行涂装。

为保证汽车曲面部位涂装的鲜明度,使用了与曲面形状对应的装置。这种装置是在水平方向(X 轴)与垂直方向(Y 轴)的基础上增设了(Z 轴)随动机构,以保证喷嘴与曲面对应的运动轨迹,这种三维涂装装置,可进行最大角度为 30°的曲面随动涂装。

在宽幅为 2～3 mm(呈线状)的范围内进行喷涂,为提高喷涂质量,防止粉尘和振幅的影响,必须选择适合的喷嘴口径和喷嘴前端的形状,以减少气流喷射枪在喷漆时特有的粉尘和振幅,从而提高装饰质量。粉尘和振幅与喷嘴距喷涂物的距离和气流压力有着密切的关系。当气压为 0.5 MPa、喷嘴距离为 20 mm 时,即能达到很高的装饰质量水平。

2) 美术油漆装饰工艺

美术油漆装饰工艺属于工艺美术的一种,它包括涂制美术字、图案、石纹漆、木纹漆、花基漆、裂纹漆、锤纹漆、皱纹漆、彩纹漆等。美术油漆工艺,不仅对被涂物有保护作用,而更重要的是有美化装饰作用。

(1) 美术字方法。

① 直接书法或绘画涂装。具有相当书法和绘画水平的操作者,可利用油漆笔或油漆刷,选择适当的色漆,直接将文字或图案书写或绘画到汽车外表特定的部位,这种操作方法没有相当的水平是办不到的,否则容易出现质量问题,影响装饰效果。

② 刷涂法涂装。将需要的文字或图案在车身表面上描绘出底线,然后按底线进行涂刷文字或图案。这种做法比较简便,容易操作,但需要事先做出文字或图案的样板。样板的制作,需要由高水平的书法和绘画人员事先做好。现在计算机技术发展很快,可用电脑打字技术,做出所需的文字或图案,作为涂装的样板。

③ 漏板喷涂法。事先将需要的文字用薄纸板或薄铁板刻画成漏板,把漏板紧贴在需要的车身表面上,可用微型喷枪或前面介绍的喷漆器进行喷涂,使漆雾穿过有缝隙的漏板喷射到车身表面,形成需要的文字或图案。

(2) 花基漆涂装。花基漆涂装也是美术油漆装饰的一种。根据用作花基的材料或方式可分为三种:用油漆做花的、用广告颜色做花的和用溶解法做花的。

(3) 彩纹漆涂装。彩纹漆涂装是一种新型的美术油漆工艺方法。将黏度适合的、密度小的调和漆少量陆续地滴在水中,至漆液散开漂浮水面,漆膜面积占水面积的 50%左右,将已涂好白漆而又干燥好的被涂物轻轻浸渍在水中时,即沾上漆膜,浸后吹去水面多余的漆,立刻取出,待漆膜干燥后,用酯胶清漆罩光即可。

彩纹漆的涂装方法又叫作水面浮漆浸渍法。漆膜纹形既像彩云又像大理石,成纹自然,色彩缤纷,美观醒目。

① 涂漆前的准备。

a. 被涂物件不论是金属件还是木制件,都必须预先涂有干燥好的白色硝基磁漆(其色泽应均匀洁白、光滑),方能涂制彩纹漆。

b. 木制件涂漆时,浸渍水中取出后对所涂物件不应有副作用。也可先进行防水处理。

c. 如果涂立体物件,水的深度必须超过物件的高度。如果涂板状或框架物件,水的面积必须超过物件的面积范围。

d. 被涂物件以轻便灵活为宜,冬天的水温应在 10 ℃以上。

② 彩纹漆涂装工艺。

步骤1：

将盛水容器放满水：如果水温低于10 ℃，应将容器中的水加热至10 ℃以上，与室内温度保持一致。

步骤2：

将需要用的油性调和漆放置在小型容器中，每个容器内放小木棒一根，作为稀释漆液调色搅拌以及取滴漆液用。

步骤3：

涂装彩纹漆的色彩调配。

a. 黑色一般不单独使用，可用少量与大红色混合均匀成紫红色，滴放水面为一色涂装。

b. 用少许黑色与中绿色混合均匀成墨绿色，滴放水面为一色涂装。

c. 紫红色、墨绿色不要混合，应同时滴放水面为二色涂装。

d. 大红色与中蓝色混合均匀，滴放水面为一色涂装。

e. 中蓝色可做单一色涂装。

f. 中蓝色、大红色不要混合，两者同时滴放水面为二色涂装。

g. 中蓝色与大红色混合均匀后，再与中蓝色、大红色（不混合）三者同时滴放水面为三色涂装。

h. 黄色、中蓝色、大红色（不混合）三者同时滴放水面为三色涂装。

步骤4：

试滴漆液。

漆液的黏度以滴到水面上后立即散开为宜。一般新开桶的漆可不用稀释，存放较久的漆则需要适当稀释后滴放水面、立即散开为宜。

待漆液散开时，选择或搅拌纹形，选择纹形时可用口吹气促使纹形自然，吹得若不理想，可用搅拌片以接触面小的侧面轻轻卷动，待能看见纹形时，将物件轻轻浸渍于水中，并将水面浮飘的余漆膜吹至旁边，或用废纸将余漆膜揩净。如若是用水池涂装，可开放自来水让飘浮的余漆从溢水口放出，随即将被涂物件取出。在取出物件时，不能让水面的残余漆膜再沾上被涂物件，以免影响这时彩纹漆在物件表面形成的图形。

这时操作人员用棉纱、汽油将手擦净后，随即将口罩用汽油润湿，再将已涂彩纹漆物件边缘周围揩净，露出直线白边，使作为边缘的白色图案线较清晰可观。待彩纹漆干燥后，用酯胶清漆或醇酸清漆罩光即可。

（4）珍珠汽车漆装饰。

① 珍珠汽车漆的特性。

a. 具有细腻柔和的珍珠光泽效应。

珍珠汽车漆在施工中珠光颜料能在漆膜中获得有规则的定向排列，入射光线照射在漆膜表面时，漆膜能显示出类似丝绸和软缎般细腻柔和的珍珠光泽，这就是所谓的珍珠光泽效应。珍珠光泽效应是珍珠漆独有的特色，是区别于一般金属漆的重要标志。

b. 具有明亮闪烁的金属闪光效应。

一般金属漆是依靠金属颜料片具有对光的镜面反射作用而在人们眼里产生金属闪光效应，但漆膜却缺乏三维空间的立体感。而采用经过着色处理的珠光颜料，不但同样可获得一系列不同色泽的金属色珠光涂料，且珠光漆总是只反射部分入射光，而把大部分入射光透射到下一层晶片上，又重复一次反射和透射，使漆膜的丰满度优于常规金属漆。

c. 具有随视角变化的视角闪色效应。

当透明片状颜料平行地分布在涂料中时，入射光将在拆光指数不同的透明层界面发生光的多次折射和反射，在部分吸收和部分透过的作用下，平行的各种反射光之间必然会发生光的干涉现象。这种随观察者的角度不同而看到不同干涉色的现象，被称为视角闪色效应或多色效应。正是这种效应，才使我们能感受到珍珠汽车漆的全新色彩艺术的风韵。

d. 具有随曲率的变化而变化的色彩转移效应。

采用干涉色幻彩云母钛珠光颜料制成的连续漆膜，能同时显示出两种截然不同的颜色，这种颜色的变化称为色彩转移效应。

该漆色彩会随轿车车身曲率改变而发生变化，其色彩转移效应表现为从蓝到橙，从黄到紫，从红到绿等，即从一种原色变到它的互补色。正是这种色彩转移效应，才使人们能根据不同的需要设计出不同涂料的配方，以创造出各种奇妙和梦幻般的珍珠汽车漆。

e. 全新的环保型产品。

以水做溶剂替代有机溶剂的水溶性混合色漆系统，是全新的环保型产品。施得乐银底漆(c型)总共有 58 种混合色漆，色调有 13 000 种以上的配方，并能调配出世界上所有汽车漆系列的色调。它在市场上被认为是使用最方便的水溶性漆，只要经水(完全除盐的水)稀释，即可喷涂施工，覆盖力强，且符合全世界现行的所有法规。

(2) 喷涂施工。由于珍珠汽车漆具有上述特性，有极高的装饰性和方便的使用性，用它装饰车身外表，可取得事半功倍的效果，真不愧为当今世界汽车业高装饰用漆的主流。

由于各公司的珍光汽车漆有不同的配方，具有不同的特性，施工环境条件也不一样，所以在以珍珠汽车漆装饰施工时，应按各自的珍珠汽车漆产品使用说明要求，按实际施工条件，综合考虑，制订出具体的施工工艺进行施工。

3. 车身漆面镜面装饰

1) 选用能达到镜面装饰的涂料

由于科技不断发展，新型的高性能涂料不断出现，选用适当的高性能涂料进行涂装，便可实现漆膜的镜面装饰效果。

现以达壮 DG 双组分高光泽低温烘漆为例。

(1) 特性。具有高光泽、高膜厚、耐酸碱、抗化学性高的双组分面漆。漆料中的高固体，适合于高级轿车、巴士及广告车等使用。

(2) 镜面效果的施工。当温度在 18 ℃以上时，建议使用超级催干剂来做全车大喷，以达到最佳的镜面效果。

① 施工中 MS 调配比。DG 色漆三份，超级催干剂一份，稀释剂一份。

② 超级催干剂与稀释剂的选择。催干剂与稀释剂的选择与施工环境温度有着密切的关系。

③ 施工黏度。黏度为 17～18 s(DIN-4/20 ℃)，涂料可使用 6 h(20 ℃)。

④ 喷涂压力为 0.3～0.4 MPa。

⑤ 喷涂施工先用一般喷法喷一次，间隔为 10 min，再湿喷一次，静置 15 min，待部分溶剂挥发，再加温 60 ℃烘烤 45 min，或 70 ℃烘烤 30 min；自干时，20 ℃需 20 h。

若是小面积维修喷涂施工，在修补的邻接处，总会留下喷漆的痕迹，可用 DG 接口剂 D868 处理，只要在边缘(新漆与旧漆交接处)喷上一道即可将修补痕迹消除。

2) 进行漆膜美容装饰达到镜面效果

(1) 采用至尊专业漆膜处理达到镜面效果。

① 主要优点。

适用于所有类型漆膜的光洁美容处理，可产生完全光亮的镜面效果；采用波浪状的海绵轮，操作简便，有效散热，不伤漆膜，其魔术搭扣设计更易于磨轮更换。

② 施工步骤。

a. 水磨：使用 3M 美纹砂纸（1200 号、1500 号、2000 号），以同向磨平漆膜桔纹等缺陷，去除尘粒，并使用 2000 号美纹砂纸交叉方向细磨，可提高细磨效果，完全不产生深砂痕，操作简便轻松。

使用 3M260L 漆膜美容干砂纸（1000 号、1200 号、1500 号）配合 PN05774 干磨软垫与低速干磨机进行处理，能节省研磨时间，达到更佳的研磨效果。

b. 粗磨使用 PN05973 美容粗蜡，配合 PN05723 白色波浪海绵轮及 PN05717 托盘与气动或电动抛光机，以 1500～2500 r/min 的转速打磨，可一次轻易去除细小砂痕、垂流、氧化膜、美纹纸细砂痕等漆膜瑕疵，操作简易快捷，无任何过度切削的风险。

c. 抛光（镜面处理）使用 3M 镜面处理剂能迅速去除粗蜡所产生的旋纹，如深色车所产生的圈状纹。深色车使用 PN05996，浅色车使用 PN05995，配合 PN05725 黑色波浪海绵轮及 PN05718 托盘及气动或电动抛光机，以 1500～2500 r/min 的转速打磨抛光，可使漆膜完全光亮呈镜面效果。

d. 手抛光使用 PN05997 至尊美容手蜡，配合 PN01013 多功能擦拭纸，于交车前使用，可有效清除细部污垢，其持久性与强反光度可使漆膜保持长久的镜面效果。

(2) 封釉美容实现镜面装饰。

① 封釉美容实质。

依靠振抛原理（实际操作中使用抛光机），将镜面釉压入漆膜纹理中，在漆膜表面形成一层保护膜，可抗高温，抗紫外线照射，抗酸碱氧化物等的腐蚀，提高漆膜硬度，防止出现小划痕，提高漆膜光洁度，使之达到镜面效果。

对陈旧漆膜在封釉过程中，不仅提高了漆膜光洁度，还可去除已形成的浅划痕。

② 封釉美容处理的工艺过程。

视车状除尽旧漆膜缺陷和表面污物—手工上磁釉—第一次燃气烘烤—红外线灯具照射—手工清洁表面—第二次上磁釉增加磁釉厚度—第二次燃气烘烤—红外线烘烤—手工清洁表面，完成全部封磁釉装饰工作。使漆膜达到镜面装饰效果。施工质量可保证五年不变。

③ 封釉美容的优点。

封釉处理后的日常保养简便，可用煤油去除釉面上的油污，用洗衣粉溶液清洗车身，再用抹布擦净车身表面，不用打蜡、抛光，即可达到晶亮美丽的镜面效果，而且比打蜡、抛光更靓丽，更省钱、省时、省力，更经济实用。

3) 用研磨抛光方法实现汽车漆膜的镜面装饰效果

根据汽车漆膜状况，对汽车漆膜进行相应的研磨抛光处理，即可达到镜面装饰效果，常用的方法有靠研磨抛光实现、打蜡抛光法靠化学反应实现。例如，靠研磨抛光实现漆膜镜面装饰。

(1) 面涂层的结构。采用研磨抛光实现漆膜镜面装饰方法，其涂层结构由面层色漆、底漆、电泳漆、车身基材（钢板）构成。

(2) 使用的研磨材料。一般研磨剂中都含有坚硬的浮石做的摩擦材料。根据其颗粒的大小，分为深切、中切和微切三类，主要用于治理色漆层出现的不同程度的氧化、划痕、褪色等缺陷。用微切型研磨剂进行处理，可使色漆漆膜达到镜面效果。

常用的研磨剂有 701-116 普通漆微切型、701-138 普通漆中切型、701-151 普通漆深切型。

(3) 效果。采用这种方法虽然简单，但是影响漆膜的寿命。在研磨时，是以磨掉色漆表面有缺陷层为代价，若缺陷严重时，就无法用此处理实现镜面装饰，需要采用修复美容来实现。

在研磨时，浮石颗粒坚硬，研磨速度快，且不发生质的变化。研磨抛光不能用于透明面漆漆膜的研磨镜面装饰，否则，会很快将透明漆膜除掉。

二、汽车车身大包围装饰

所谓大包围，实际上就是空气扰流组件。它起源于赛车运动，因为高速行驶的车辆会遇到更高的空气阻力，而大包围可以改善车身周围的气流，提高车身稳定性。车身大包围装饰件的制造特点是小批量、多品种，这就是人们讲究个性、追求时尚的结果，呈现出多样化。也有的车主根据自己的喜爱确定改装方案，然后再由专业改装公司施工，一般要经过制模、刷钢、修模、刮腻子、喷漆等工艺流程。

跑车空气扰流外观如图4-4所示。

图4-4　跑车空气扰流外观

1. 车身大包围发展现状

车身大包围装饰件的制造目前呈现品种多样化，适应不同车型、不同个性的需求；质量轻量化，制作选材大多是玻璃钢、新型碳纤维和铝合金，不仅能美化车身，而且还能最大限度地减少车身的额外负重；外部整体化，车身包围制作采用CAD/CAE计算机辅助设计系统，造型设计和结构设计都得到科学优化，与车身结构形成流体过渡，一体成型；行业专业化，汽车保有量的逐步增加，汽车文化的长期积淀，促进汽车后服务市场慢慢成熟、稳定。

2. 作用

车身大包围的外形可以改善车身周围的空气流动性，增加车身行驶的稳定性和汽车与地面的附着力，提升汽车驾驶的操纵性能。现代汽车制造车身外部的结构在应用之前需要进行风洞实验，利用空气动力学、流体力学原理实施分析，确定车身外形在运动过程中产生最小气流阻力。

图4-5　汽车风洞实验

(1) 强化驾驶操控性。风洞是指能人工产生可受控的气流，以模拟汽车或物体周围气体的流动，从而度量气流对物体作用，以及观察物理现象的一种管道状实验设备，它是进行空气动力实验最常用、最有效的工具。汽车风洞实验是汽车研制工作中一个不可缺少的组成部分，如图4-5所示。

汽车风洞实验证明，车身良好的流体外形能够在车辆运行时有效减小气流阻力；车身后部鸭翼能有效减弱气流流过车身时产生的向下扰流，但不会降低汽车的附着力，显著提升了汽车行驶的操纵性能和安全性能。

(2) 美化车身外形。人们对新车的外围装饰有更多的个性化需求，需要对车身外围重新美化制作；轻微损伤事故后车外围的修复，也需要满足客户个人的审美需求。大包围主要包含前包围、侧包围、后包围、轮眉、挡泥板和门饰等。新型材料制作的前、后和侧包围不但能减轻车身重量，降低气体流动阻力，还能呈现整体的外观个性。铬合金制作轮眉和门饰更能提升汽车的档次。

(3) 保护车身。

3. 车身大包围的类型

1) 根据材料分类

根据造型方便、质量轻和便于后期加工原则，目前制作大包围类型主要有塑料大包围、玻璃纤维复合大包围和合成橡胶大包围三种类型。

(1) 塑料大包围。塑料的成分和性能可做细微调整，成型性能良好，能保证塑料大包围的套件质量，但是加工成本高。如：PP、PU 复合塑料包围，收缩小，不易变形，抗冲击能力强；PP 喷涂效果优良，不易掉漆，如奔驰 AMG 和奥迪 ABT 等。

(2) 玻璃纤维复合大包围。玻璃纤维是一种性能优异的无机非金属材料，具有良好的绝缘性和耐蚀性，高强的耐热性和机械强度，但是性脆，耐磨性较差，所以玻璃纤维通常用作复合材料中的增强材料。汽车玻璃纤维复合大包围用塑料或橡胶等较软的材料作为基体，在基体上铺设玻璃纤维增强材料，因此不仅易成型，并且具备一定的强度。由于玻璃纤维复合材料对模具和生产设备要求不高，制造成本低廉，早期被广泛应用，但是它抗冲击性能弱，被其他更先进的材料逐步取代。

(3) 合成橡胶大包围。合成橡胶是由人工化学合成的高弹性聚合物，也称合成弹性体，是三大合成材料之一，其产量仅低于合成树脂(或塑料)、合成纤维。合成橡胶材料的主要作用是节约成本，提高橡胶制品的特性，因为一般天然橡胶产品的价格比较昂贵，为了降低企业的成本，制造商大量投入成本低廉的合成橡胶材料。合成橡胶材料也具有优良的耐热性、耐寒性、防腐蚀性，且受环境因素影响小，在 −60 ℃到 250 ℃之间均能正常使用。合成橡胶的主要缺点是拉伸效果、抗撕裂强度以及机械性能比较差，但是与天然橡胶相比成本低廉，是很多企业生产中低档型产品的首选。合成橡胶大包围抗冲击能力强，不易变形，耐受性强，采用模具制造，外形平滑，漆膜质量和成型性能好，广泛用于汽车大包围制作。

2) 按照包围结构分类

大包围可以分为全包围(保险杠款)和半包围(加装款)两大类。

(1) 全包围就是将原来的前后杠整个拆下，然后再装上另一款包围。此类包围的安装较为容易，可以大幅度地改变外观，更具个性化。

(2) 半包围(唇款)是在原来的保险杠上加上半截下唇。此类包围的质量与安装技术要求极高。因为包围与保险杠的密合度不能超过 1.5 mm，否则不但会影响外观，而且高速行驶时还会出现脱落的危险现象。

4. 设计原则

1) 整体性原则

要将车前后左右各包围件当作一个整体来设计，拿半包围和全包围进行比较，进行全包围可能会去除原有保险杠，但其设计时可以把大包围按照一个整体进行设计并安装，半包围虽然更安全了，但它可能更多的是使装饰件更好地配合原车的轮廓，因而整体性可能略差。

2) 协调性原则

各包围件的造型与颜色要与车身相协调，车身包围件应该与车身紧密配合，并且颜色尽量与车体颜色不要有太大色差。

3）安全性原则

汽车安装包围后绝不能影响整车的性能和行车安全，设计要考虑路面状况，所有饰件离地面应保持一定距离。例如，加装大包围不当，虽然达到了美观的目的，但不符合空气动力学原理，不仅可能使原车的动力性能下降增加油耗，还可能减弱行车稳定性，造成不应有的事故。另外，离地面一定距离可以使汽车更好地驶过不平的路面。

4）标准性原则

大包围组件要符合国家有关规定，我国法律虽然没有对汽车的相关改装进行详细规定（只是规定不得私自改装车辆），但肆意地按照自己的意愿安装汽车大包围改变车辆登记时的原貌是不符合国家规定的。

5. 安装步骤

大包围安装前需要将车辆清洁。

（1）先将原保险杠拆下来，然后在安装的位置上贴上皱纹纸。

（2）将新款包围装上车上对位。

（3）用砂轮片将需要修正的地方进行调整。

（4）安装位对好后开始安装。

（5）在原装车的螺丝孔上紧螺丝。

（6）固定螺丝。

（7）在螺丝孔的位置上打孔。

（8）试装进行对位。

（9）安装完毕，整车清洁。

6. 注意事项

车辆加装大包围需要注意很多问题，以确保车辆加装大包围后的实用性、美观性、安全性。

（1）汽车经常行驶的道路情况。如果车辆经常需要在比较苛刻的路面行驶，加装大包围后，距离地面的距离减少，可能会在行驶过程中发生损坏。

（2）大包围的材质选用情况。根据行车状况，尽量选用抗冲击性能好、耐磨性强、便于成型和性价比高的材料制成的大包围。

（3）车辆行驶安全性评定情况。加装车辆前包围时，最好不要去掉前保险杠，因为会降低车辆的安全性能；最好不要选取玻璃纤维材料制作前包围，因为玻璃纤维的抗击力和韧性差，不能保证车身的牢固性，也不能提供对行人的主动安全性保护；如果一定要选用拆保险杠的大包围，可将原保险杠中的缓冲区移植到大包围中，以降低偶发事故后的碰撞损伤。

（4）加装大包围后质量好坏情况。加装大包围应选择有资质、专业和售后服务综合能力比较强的店面，确保大包围材质优良，连接间隙合格和漆膜喷涂等制作上乘。

三、汽车车身彩条

汽车彩条（见图 4-6）也称为汽车车身装饰彩条，早期也称为汽车拉花，现改为汽车贴纸。汽车拉花源自赛车运动。

1. 分类

汽车车身彩条基本可以分为运动彩条、改装彩条和个性彩条三类。

1）运动彩条

运动彩条，主要是指赛车运动彩条，场地赛与拉力赛所用车型和赛道各有不同，汽车彩条也

图 4-6　汽车彩条

有相应区别。拉力赛汽车彩条图案重点突出的是车队的标志及主要赞助商的标志，色彩上配合该车队的整体 VI 设计风格，以便更好地达到宣传的效果。

2）改装彩条

改装彩条，是指各个改装厂商为参展或推广新产品在展车上，往往为配合某款车型或产品而专门设计的主题彩条，绚丽多彩，引人注目。还有很多图案是改装厂的标志、改装品的标志，经过一番精心设计和搭配，与改装过的展车相得益彰。

3）个性彩条

个性彩条，是依照车主的个人喜好和品位，量车定做的个性化彩条。运动化、艺术化、实用化，各种风格只要看起来和谐美观，可以自由选择搭配，自行设计，打造出自己的风格。

2. 安装步骤

(1) 根据图纸确定粘贴的部位，对比尺寸。

(2) 将车身需要粘贴的部位清洁干净。方法：将清洁剂与水的混合液（1∶10）均匀地喷在车身部位以保持湿润，溶液能使贴膜更容易控制，并使其在永久黏附之前可以正确地定位。

3. 注意事项

(1) 贴纸拉花的工作环境保持为 15～30 ℃较好。因为温度过高会导致贴膜变大，湿溶液迅速蒸发；温度过低会影响贴膜的柔性，从而影响附着效果。

(2) 使用水和中性清洗剂将车身表面彻底清洗干净。为了使彩条能正常贴上去，车身表面必须没有灰尘、蜡和其他脏物。

(3) 贴纸拉花分三层，底纸（白色玻璃面纸）、PVC 贴纸拉花本身、转贴膜既保护膜（透明），表层保护膜在最后完工后再揭去。在贴的过程中，注意不要用力拉扯贴纸拉花，以防拉长变形。

4. 彩条清除

(1) 将车移至阳光下晒晒，将车身晒热或者用电吹风对彩条加热。

(2) 从彩条边缘处开始均匀用力逐步撕掉。

(3) 用毛巾蘸上 95%的医用酒精将撕彩条后车身残留的胶擦拭干净。

四、汽车隔音

汽车隔音是根据车辆的性能、相应的路况、使用的条件，对汽车产生的发动机噪声、轮胎与路面产生振动的共鸣声、车厢内组件因间隙或老化受挤压力产生的摩擦声等做细致处理，以提高汽车乘坐的舒适性。

1. 作用

1）降低车内噪声

汽车隔音工程能将发动机的轰鸣声、车身的振动声、车轮的摩擦声等噪声有效地消除和隔挡，从而营造一个宁静的车内空间，提高乘坐的舒适性。施工后噪声可降低 7～8 dB。

2）改善音响效果

实施汽车隔音工程后，消除了车身金属的共振，同时又有良好的吸音作用，使音响更加清晰、浑厚、澎湃。

3）降低车内温度

隔音工程不仅可隔音，而且还可隔热，能将发动机的高温隔挡在室外，从而使车内温度降低。

4）延缓漆膜老化

发动机的高温容易使漆膜老化变色，实施隔音工程可有效的隔音，对汽车漆膜有极好的保护作用。

2. 原理

1）吸音

吸音是用特种被动式材料来改变声波的方向，以吸收其能量。合理的布置吸声材料，能有效降低声能的反射量，达到吸音降噪的作用。

2）隔音

隔音是用某种隔音材料将声源与周围环境隔开，使其隔射的噪声不能直接传播到周围区域，从而达到控制噪声的目的。

3）减震

减震就是在易产生震动的区域安装弹性材料或元件，隔绝或衰减震动的传播，从而实现减震降噪的目的。

4）密封

密封不仅能阻隔噪声的传播通道，避免气流分离，还可扰乱周期性的尾流，从根本上降低风噪。

3. 安装步骤

1）底盘隔音

做底盘隔音的前提是需要先把地毯和座椅全部拆出来（见图 4-7），然后再用吸尘器把车内的灰尘吸干净。当然，为求施工环境良好，最好再用抹布把车内全部擦一遍。

待处理好清洁工作后，第二步则需要按比例裁剪好大白鲨隔音减震胶，按照条形贴法把减震胶贴在底盘上（见图 4-8）。

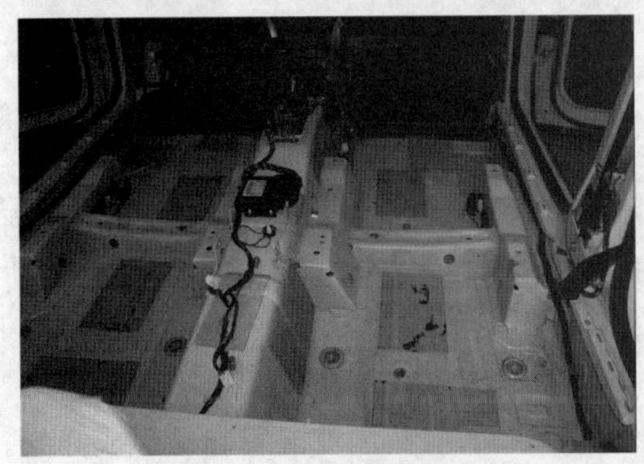

图 4-7 地毯和座椅拆除

图 4-8 减震胶施工

铺好减震胶贴后，需要用滚轮压紧减震胶，然后把减震胶和底盘的钣金融合在一起，并在上面铺一层隔音棉(见图 4-9)。

2) 后备厢隔音

后备厢隔音和底盘隔音的步骤差不多，第一步都是拆。先把后备厢和后备厢盖的衬板卸下来。

拆完之后的步骤仍然是先做清洁，然后再开始剪裁减震胶，不过要注意的是，后备厢位置会有较大的螺丝孔，这个位置留出来。铺好减震胶之后，再铺上隔音棉。

后备厢隔音主要是为了降低车内噪声，因为原车后备厢只有止震垫，而没有隔音垫。但是，要是做隔音的话建议还是将 4 门、底盘、备箱、车顶及 U 形槽一起做，这样才能有效果。如果只单独做后备厢的话效果肯定不是很明显。

3) 顶棚隔音

做了底盘隔音、后备厢隔音，再加上一个顶棚隔音(见图 4-10)才更能体现隔音效果。在步骤上其实和前两者一样，都是先拆后装。

因为顶棚和底盘一样拥有的钣金面较大，产生的共振也比较多，所以做顶棚隔音还是很有必要的。除此，做了顶棚隔音，在夏天有着明显的隔热效果，在冬天就会起到保温作用，而且还能降低下雨时“嘀嗒、嘀嗒”的雨声。

图 4-9　隔音棉施工

图 4-10　顶棚隔音

五、汽车天窗

汽车天窗安装于车顶，能够有效地使车内空气流通，增加新鲜空气的进入，为车主带来健康、舒适的享受。同时汽车车窗也可以开阔视野，也常用于移动摄影摄像的拍摄需求。

天窗结构如图 4-11 所示。

1. 作用

1) 可以快速降温

在炎热的夏天，车在太阳下暴晒一个小时，车内温度可达 70 ℃左右。打开天窗，利用车辆行驶过程中车顶形成的负压抽出燥热的空气就可达到快速换气降温的目的，使用这种方法比使用汽车空调降温的速度快 2～3 倍，而且还节约汽油。

2) 可以消除雾气

在温差大的季节里，如果开车过程中汽车的侧窗关上，那么前挡风玻璃很容易形成雾气。打开车顶天窗至后翘通风位置，几秒钟就可以快速消除前面的雾气，保证行车安全。

图 4-11 天窗结构

3) 可以快速换新鲜空气

在行驶的过程中打开天窗,可以快速增加汽车车内空气流通的速度,从而达到改善车厢内通风换气的作用。

在堵车时,所有车辆都处于停滞或慢行状态,汽车尾气将不可避免地比任何时候都密集。这时打开汽车天窗并关闭所有侧窗,可以使您不用担心空气中的尾气进入车内。汽车天窗的负压换气会排出车内的废气,不让污浊空气进入车内。

汽车天窗换气原理如图 4-12 所示。

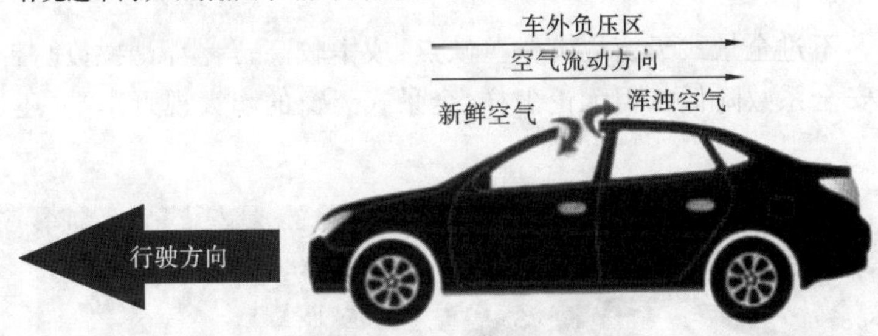

图 4-12 汽车天窗换气原理

2. 分类

汽车天窗可大致分为内藏式、外掀式和全景式三类。

1) 内藏式天窗

内藏式天窗(见图 4-13)指的是滑动总成置于内饰与车顶之间的天窗。其优点是天窗开口大,外形简洁美观。大部分轿车多采用内藏式天窗。但是如果是加装,这种内藏式天窗价钱就相对较高,而且因为要将车顶内饰重新做一遍,所以要求的施工技术也很高。

2) 外掀式天窗

外掀式天窗(见图 4-14)具有体积小、结构简单的优点,汽车天窗安装于车顶,能够有效地使车内空气流通,增加新鲜空气的进入,为车主带来健康、舒适的享受。同时汽车车窗也可以开阔视野,也常用于移动摄影的拍摄需求。天窗倾斜升高,打开一定角度,但是开口大小很有限。

3) 全景式天窗

全景式天窗(见图 4-15)实际上是相对于普通天窗而言的。一般而言,全景式天窗首先面积较大,甚至是整块玻璃的车顶,坐在车中可以将上方的景象一览无余。全景式天窗的优点是视

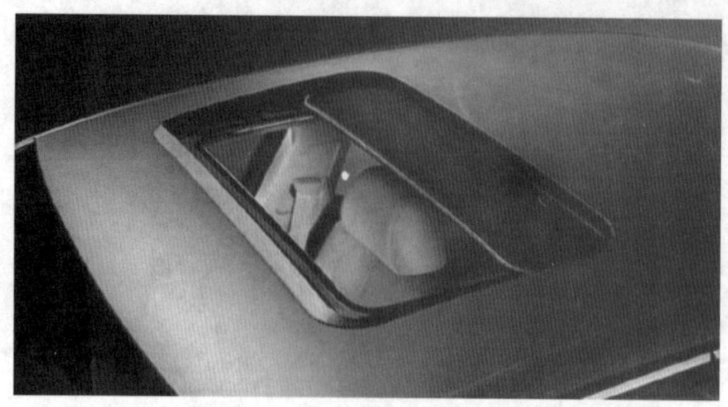

图 4-13 内藏式天窗

图 4-14 外掀式天窗

野开阔，通风良好。不过全景式天窗也有一些缺点：成本较高；落尘需要清理，否则影响视线；车身整体刚度下降，安全系数降低。但无论怎样，全景式天窗的超大视野享受，还是受到了众多消费者的青睐。

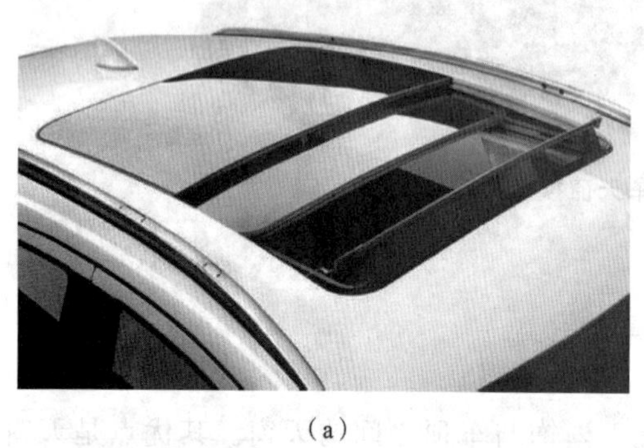

(a)

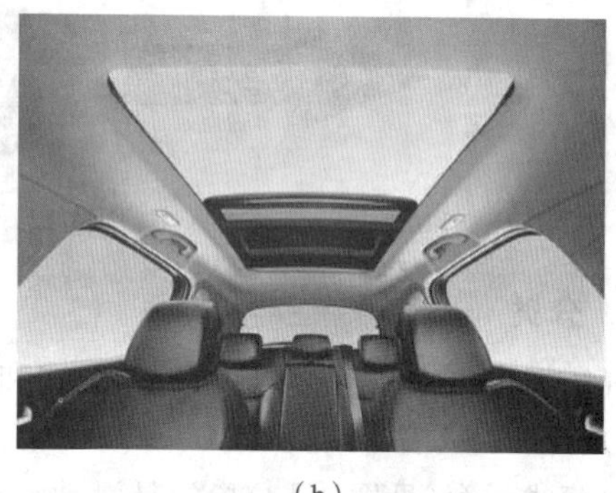

(b)

图 4-15 全景式天窗

3. 维护保养

(1) 天窗使用一段时间后会在滑轨、缝隙中沉积不少沙砾，若不定期清理会损伤天窗部件。一般天窗在使用 2～3 个月后，应把密封胶条或滑轨用纱布蘸着清水清洗一下，擦干后可涂抹少许润滑油(见图 4-16)。切忌抹机油或黄油，因为这两种油黏度较大，更容易黏附许多脏东西。平时或长时间停放前也可以用较细的滑石粉经常清洁，可延长密封圈的使用寿命。

(2) 在冬季雪后或者洗车后，天窗玻璃与密封胶框有可能被冻住，这时若使用蛮力打开天窗，容易导致天窗电机及橡胶密封条损坏。正确的做法是，在雪后或者洗车后，立刻将天窗打开，擦干边缘残留的水分。并且在洗车的过程中，避免用高压水枪将水柱直接对准密封圈。这样不仅容易使密封圈在高压水柱的压力下变形导致车内进水，也会在一定程度上损坏密封圈。

(3) 就电动天窗来说，在颠簸的道路中最好不要完全打开天窗，否则会因天窗与滑轨之间的振动太大而引起相关部件的变形，甚至会损坏到电机。

(4) 必要的时候，对老化的橡胶条需要更换掉，以保证天窗良好的密封性。倘若是排水管阻塞，需要使用高压风枪去吹通天窗支架排水管，必要时还要拆卸一些附件。

天窗排水管位置如图 4-17 所示。

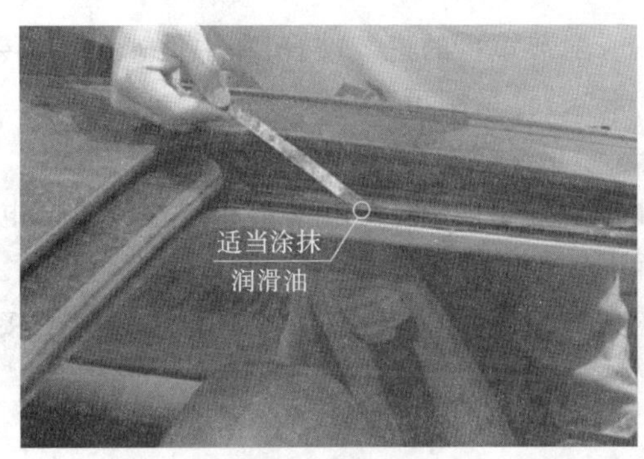

图 4-16 涂抹润滑油

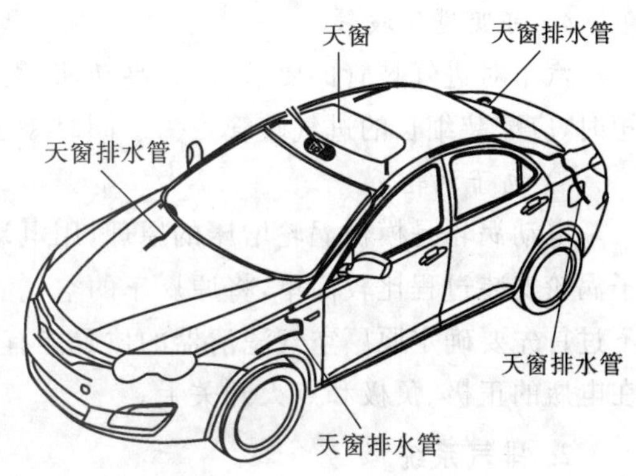

图 4-17 天窗排水管位置

六、发动机进排气系统加装

1. 进气系统

1) 空气滤芯

出于成本考虑，通常原厂所使用的空气滤芯为干式纸质材料，利用纸质滤网来过滤灰尘和异物，空气会透过滤网中的小孔进入发动机，而当这种纸质空气滤芯使用一段时间后，会在表面吸附大量灰尘，对进气形成阻力，进气效率随之降低。

高性能空气滤芯采用棉质或海绵材料制成，并搭配专用的滤网油来阻隔灰尘，由于采用了立体式的过滤介质(纵横交错的棉质滤芯)，灰尘会被阻隔在层层包裹的棉质滤芯中，较大的灰尘会被滤油粘黏在滤网表面，空气滤芯还可起到过滤作用。棉质滤芯不会像纸质滤芯一样，一旦小孔被灰尘堵住便丧失进气功能，因此棉质滤芯进气效率更高，并且更持久，而海绵材质的滤芯比棉质滤芯有着更高的吸尘容量。

2) 进气道和进气管

进气道和进气管必须保证足够的流通面积，避免弯管和截面突变，并改善管道表面的光洁程度，以减小阻力，提高容积效率。

进气道的改装可从抛光进气道、改变进气道的形状和更换进气道的材质三个方面着手。抛光进气道可以降低气道表面的粗糙度。平滑的表面可有效降低进气阻力，减少空气流经气道时在气道表面产生停滞的现象；抛光后气道直径也会有小幅度的加大，这可视为抛光后所带来的附加效益。进气道抛光后可加快气体的流速，加强了扫气效应，使残余废气排得更彻底，提高发动机的容积效率。相应的，排气道的抛光也能起到一样的效果。

3) 直喷式进气歧管

一些高性能汽油机采用了直线型进气系统，在直线化的同时，还应注意合理设计气道截流和进气管长度等，以期达到高转速、高功率的目的。赛车发动机需要高转速的动力表现，故可牺牲低转速时的转矩输出，因此都将进气歧管尽量缩短并取消空气滤清器，充分消除进气阻力，以获得最佳的高速表现。传统的后方进气、前方排气的发动机，在换装直喷式进气歧管后，所面临的最大问题是如何从车外导入足够的新鲜空气。直喷式进气歧管与经过空气动力学设计的碳纤维进气道是最佳的组合，也是目前针对赛车的最佳选择。尤其在将发动机位置降低后，利用发动机上方所空出的空间，安装一个大型进气导管，其开口与车头散热器保护罩充分密合，使得空气能有效地送到处于后方的进气歧管。

4）可变进气歧管

汽车对进气歧管的要求是：在高转速、大功率时，应配装短粗的进气歧管；在中低速、最大转矩时，应配装细长的进气歧管。为了同时满足这两个要求，可采用可变进气歧管。

5）电子涡轮

电动涡轮是模仿涡轮增压的原理，用电动马达驱动涡轮叶片，增大进气量和进气压力。电子涡轮安装过程比较简单，将原厂车的空气滤清器拆下来将电子涡轮装上密封、固定就可以了。不过首先要确定原厂空气滤清器的位置能有足够的空间安装电子涡轮，然后将三根电线分别接在电瓶的正极、负极和点火开关上。

2. 排气系统

1）排气歧管

排气系统改装时都会将排气歧管由铸铁歧管更换为内表面更为光滑、质量更轻的不锈钢管（或弯管），或焊接成型将各个气缸排出的废气收集到一起。与进气系统相似，排气系统也有谐振效应，所以同样可以利用优化排气歧管长度和直径来提高排气效率，降低残余废气系数。

2）双排气

双排气是将单边单出的排气管改装成双边双出，视觉上就能感觉到强烈的运动感。这种改法其实是将各缸废气由原来的汇聚成一股变成分别汇聚成两股气流，并在车底分开左右两根气管导出至排气口，再配合消音器的改装和排气歧管的优化，也能得到些许的动力提升和明显的排气声浪。

3）消声器

消声器主要是消除排气噪声，改装起来很简单。高档的消声器用不锈钢（甚至是钛合金）制造，改装后的消声器比原装铸铁制造的更轻、更耐用，也更美观。消声器大致可分成两种。第一种是利用交错隔板造成反射波的方式来降低音量，原厂消声器几乎都是此种类型。其优点是成本低而消声效果好，缺点是排气阻力大而笨重。第二种是高性能型号中常见的、用玻璃棉等吸声材料来消声的吸声式。优点是限流少、重量轻，缺点是消声效果较低，因此一般都会有较大的排气声，但排气声的大小和发动机的性能并没有直接关系。另外，消声器末端的排气口直径也要配合前端排气管的直径，太大并不会有实际效果。

4）排气管

把整段排气管更换成高性能的型号，则会对动力的提升起到不小的作用（特别是发动机经过改装后）。高性能排气管比原装的直径大，内壁较光滑，弯曲度较小，这些设计令发动机在高转速时产生的大量废气能畅顺地高速通过，明显地提升了排气效率。但要注意的是，直径过大的排气管会影响回压效果，并使废气降温太快，在减慢流速之余更减少了排气管的离地间隙，增加了汽车被“托底”的机会。

七、汽车底盘防护

目前，汽车底盘防护主要指汽车底盘装甲和喷塑，也可称为汽车底盘防撞防锈隔音涂层。通过高分子复合材料合成的黏附性涂层，具有遮盖率高、附着性高和隔音效果好等特点，通常喷涂在车辆底盘、轮毂、油箱、汽车下围板、行李箱等暴露部位。底盘装甲和喷塑可有效防止路面颗粒的撞击，隔绝潮湿环境和腐蚀性液体对车辆底盘金属的侵蚀，减小驾驶时道路和轮胎的噪声，提高驾驶的安全性和舒适度。

国外底盘防锈受到高度重视，底盘金属受到腐蚀，会大大降低车架的强度，增加行车的危险系数。汽车和汽车文化发展比较早的国家和地区，形成了成熟和科学的消费模式，新车购买者都会选择加装底盘装甲。通常高档车出厂时都已经喷涂过底盘装甲，如奔驰、宝马。目前，中国汽车市场日趋成熟，汽车拥有者对底盘的保护意识逐步提高，越来越多的人会选择加装底盘装甲和喷塑。

1. 发展现状

据统计，2013 年我国私有车保有量超过日本和美国，已经超过亿辆，所以未来十几年是汽车后服务市场繁荣发展的爆发时期。伴随着我国加速的城镇化进程，私家车的剧增和停车场相对不足、许多配套设施建设不健全之间的矛盾，将是近期汽车市场进一步发展的最大障碍。大部分汽车只能露天停放，饱受风吹、雨淋、日晒，而绝大部分汽车出于成本的考虑，只做了局部的简单防护处理，致使汽车老化速度加快。为了延长车辆的使用寿命，确保行车安全，车辆拥有者被动采取底盘防护，所以外部环境是催生车辆底盘防护服务市场发展的因素之一。

近年来，汽车文化的形成和汽车的消费水平呈上升趋势，一般消费者对汽车的维护意识逐步增强。底盘胶用量逐年增长有力地证明了这点。很多经济性车型出厂后，没有经过底盘护理，车辆拥有者自发地进行底盘防护，所以汽车文化理念是引导车辆底盘防护服务市场发展的因素之二。

汽车消费市场的规模不断扩大，逐步形成科学的行业规范，逐步形成专业的技术指标。所以汽车装饰的专业化和规范化帮助消费者建立的消费信心是促进车辆底盘防护服务市场发展的因素之三。

2. 汽车底盘防护类型

1）底盘封塑

底盘封塑的主要成分是聚酯材料，是将一种具有高附着性的柔性橡胶树脂喷涂在底盘上，涂层厚度大约为 2 mm。涂层可以使底盘与外界隔绝，达到防腐、防锈、隔音的功能，延长车身寿命。底盘封塑前使用专用的去污剂去除底盘上附着的沥青、油污，并进行烘干。底盘封塑如图 4-18 所示。

2）底盘装甲

底盘装甲是橡胶和聚酯材料组成的混合物，喷涂在底盘上。涂层厚度大约为 4 mm，局部 0.5 cm 以上，如图 4-19 所示。底盘装甲的主要作用是保护汽车底盘的裸露钢板，使其防砾石击打，防腐及隔音降噪。全面的防护措施应先做底盘封塑，在封塑的基础上再做底盘装甲，这样更能加强底盘的防护。

3）强化车底的钣金

强化车底的钣金是对底盘薄弱环节加装加强件。现代车身虽都经过科学的设计，但车辆使

图 4-18　底盘封塑

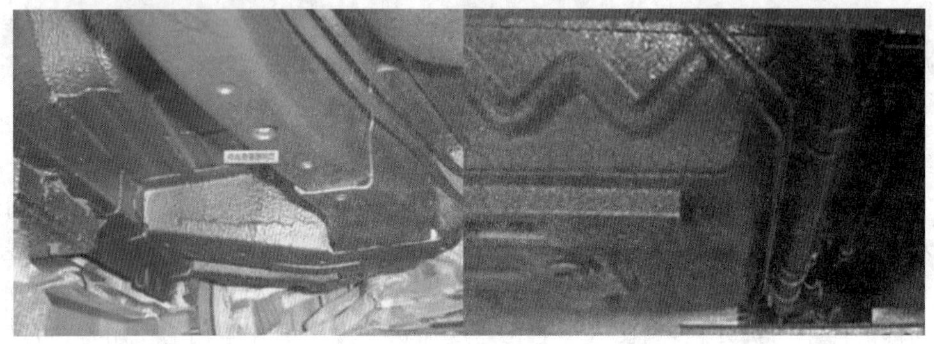

图 4-19　底盘装甲

用几年之后，由于路面情况、驾驶习惯和车辆本身的制造问题，车身钢板强度降低，部分部件出现疲劳破坏源，可能会影响车辆的使用寿命。新车购买后，可以对部分钣金进行强化，延长金属疲劳周期，从而延长车辆的使用寿命。

3. 汽车底盘防护功用

1）防腐蚀

汽车的锈蚀均从底板开始，通常行驶三五年的汽车边梁已经开始出现点锈斑。在北方大多因为每次洗车污水残留在车身底部，长此以往就会腐蚀车身，使车辆受到损伤；在南方大多由于天气湿度过大，空气中的水分在车底任何一个石子碰击过的凹坑都会产生电池反应，产生腐蚀源，时间久了腐蚀源扩大，出现锈蚀。加装底盘防护后，酸雨、融雪剂、洗车碱水都无法侵蚀透这层防护膜，车辆底盘受到保护。

2）预防颗粒物冲击

车辆在行驶的过程中，会溅起小石子，石子冲击底板的力量与车速成正比。一般 10 g 的小石子在时速达 80 km 时冲击力会达到自身重量的 30 000 倍，相当于用石头碰鸡蛋，足以击破 30 μm以下的漆膜。漆膜一旦被击破，锈蚀便从瑕疵点开始慢慢扩大，成为破坏底盘的裂纹源，也会成为电池反应的腐蚀源。车辆加装底盘防护后，可以承受相当于 300 kg 的重物冲击，加装底盘防护的车辆在高速公路上行驶，再不用担心路面上的石子了。

3）减轻震动

发动机、车轮通常刚性固定在汽车底板上，当路况比较恶劣的时候，它们产生的震动频率就会在某一时刻与底板产生共振。共振时车身会产生轻微的抖动，从而产生噪声，造成驾驶舒适度下降。加装底盘防护后，厚度 4 mm 的柔性层能有效吸收车身产生的抖动，同时能减轻噪声的穿透力，大大增加驾驶舒适性。

4）节能减排

进入夏季，打开车内空调后，冷气向下沉，而车外的地面热气向上升，冷热空气大多聚集在车辆的底板上进行热交换。钢板的导热性能很好，大大降低了车辆制冷能量的利用。车辆底盘加装防护后，防护膜的蜂窝状组织有效隔绝了热交换，达到节能的效果。

5）隔音降噪

车辆在高速行驶时，车轮与路面的摩擦声与速度成正比，因此车辆行驶速度越高，产生的噪声越大。车辆安装底部防护能大大降低噪声的穿透力，提高驾驶舒适性。

6）防护拖底

目前，车辆为了增加高速行驶的操控性能，底盘距离地面的高度通常比较低，而车辆行驶的路面有时会高低不平。路面凸起可能会剐擦车辆底部，加装底盘防护后的防护层可达到 4 mm 厚度，能大大减轻底盘受到的伤害。

7）节省维修成本

汽车底盘支撑着汽车四大系统，加装底盘防护后，可以节省底盘毁坏后产生的一系列维修费用。通常没有加装底盘防护的新车使用三年左右，就会发生锈蚀，而加装底盘防护后的车辆则会延长锈蚀时间，车辆的价值更高，所以在某种意义上加装底盘防护使车辆具有更高的保值性。

4. 汽车底盘防锈胶发展

（1）底盘防锈胶早期使用的材料含有沥青成分。虽然沥青的价格便宜，但是沥青在干了之后会龟裂，这些裂缝里就会藏着很多水，就会产生电池效应，加重汽车底盘的锈蚀，严重情况下甚至会危害到行车的安全性，因此最好不要使用含沥青成分的底盘防锈胶。

（2）油性底盘防锈胶也称为溶剂型底盘防锈漆。该产品含有甲苯成分，对人体有害，对环境也会造成污染，因此很少有国家使用这种材料的防锈胶，而且油性防锈胶的胶层很硬，稍有弯曲就会开裂，弹性和隔音效果差。

（3）水溶性底盘防锈胶用水稀释，没有有毒物质，因此这种防锈胶属于环保型。这种防锈胶附着力强，胶层弹性和隔音效果好，因此很多国家都选用这种材料来喷涂汽车底盘，但是这种材料会受到施工温度、湿度的影响，且耗时比较长。

（4）复合高分子树脂漆既保护环境，又具有水溶性底盘防锈胶的优点，同时还不受到多种因素的影响。这种防锈胶具有高防水性、高弹性、高防腐性、高吸音降噪性等优点，并在环保的基础上运用其独特的深层电离四元接枝技术，将四种不同性能的高分子材料融为一体，不会受到施工温度、湿度的影响，缩短了施工时间，有效提高了生产效率，因此有广泛的应用前景。

5. 汽车底盘装甲工艺

专业、科学的流程，才能保证底盘装甲的质量。加装底盘装甲后才能起到有效防护底盘腐蚀、减震、降噪、减排和降低维修成本等作用。

1）工具准备

汽车底盘装甲工艺的主要工具有十字轮胎扳手、防毒面具、环保型防锈剂、喷枪，还需要柏油清洁剂、汽油、车衣罩、纸胶布、报纸、帽子、橡胶手套、防风镜等辅助工具。加装过程需要在保证加装质量的同时，还要保证操作者自身的安全。

底盘装甲工具如图 4-20 所示。

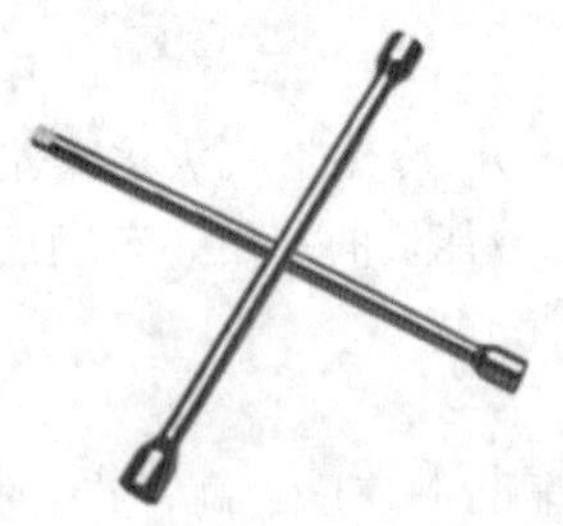

图 4-20　底盘装甲工具

2）车辆清洁

车辆清洁需要将车辆底盘清洗（见图 4-21）干净，避免灰尘带来的黏附力下降等不利影响。正确流程是用升降机升起车辆，包扎汽车的排气管、线接头等；再用高压水枪冲洗底盘，而后再用专用的清洗剂再次冲洗底盘；最后用高压吹枪把底盘吹干，解开包扎的部位，降下汽车，清洁结束。

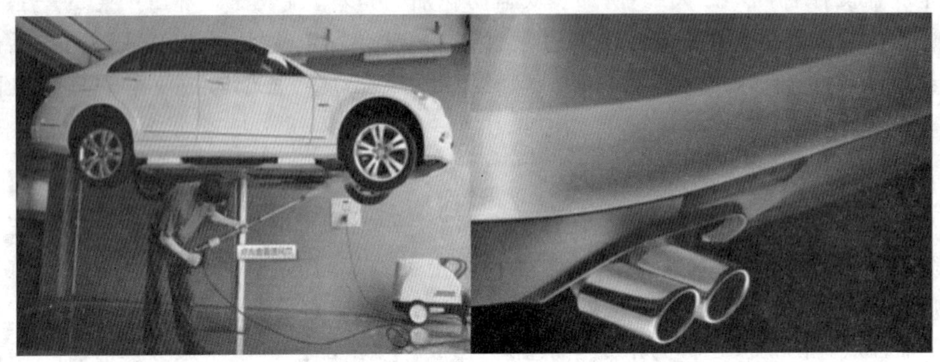

图 4-21　底盘清洗

3）调整车辆

调整车辆通常采用车辆举升机，把车辆举升至合适的高度和便于操作的空间位置，便于后续操作流程能够顺利、快速地完成。

4）拆卸车轮和挡泥板

涂层喷涂前，确保底盘喷涂到位需要把车轮和挡泥板拆卸（见图 4-22）。使用十字轮胎扳手把车轮拆卸下来，置放在专用的置物架上，使用专业挡板拆卸工具拆卸挡板，也置放在专用的置物架上。

5）干燥

使用风枪将底盘吹干后，再次使用毛巾辅助擦拭。重点擦拭拆卸车轮和挡板后的位置。如果车辆底盘已经出现部分锈迹，需要使用砂纸把底盘锈迹除掉，再次清洁，然后干燥。

6）包裹

将车身用车衣罩罩住，底盘排气管部分、发动机底盘部分、翼子板部分及其他车罩没有罩住的车身部分用防护纸防护，如图 4-23 所示。这些部位是不能喷涂的，包裹着可以避免防锈材料喷涂在上面，特别是发动机底壳、变速箱外壳，这些地方都需要散热，如果有材料喷涂在上面，会影响散热。车辆在行驶过程中，排气管的温度会越来越高，如果其表面有附着物，遇高温烤焦会散发出难闻的气味。

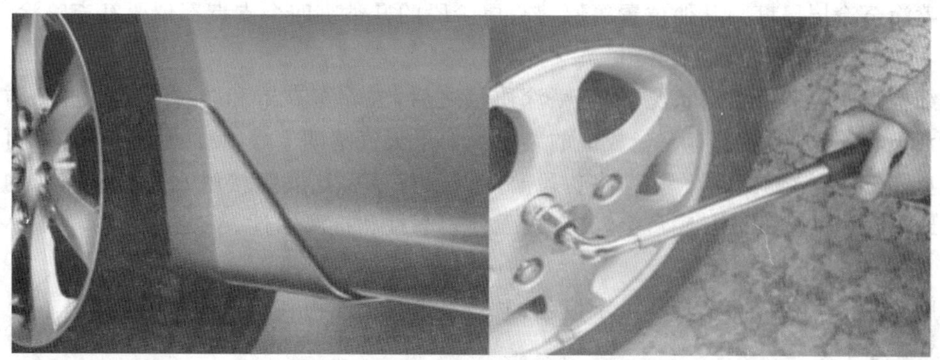

图 4-22 车轮和挡泥板拆卸

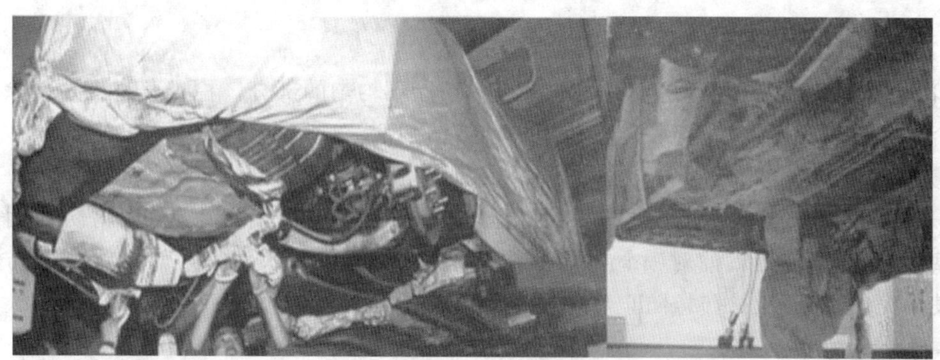

图 4-23 车身包裹

7）喷涂实施

所有车身的准备工作完成后，检查调试喷涂工具状态是否正常，开始实施底盘喷涂（见图 4-24）。底盘喷涂通常有以下三个阶段。

图 4-24 底盘喷涂

第一阶段：对整个喷涂部位实施简单喷涂，喷枪口与车身距离大概保持 300 mm，以确保喷涂均匀。喷涂发动机的下部时，喷枪距离喷涂位置大概 400 mm，这样才能保证喷涂均匀。车轮螺丝螺母、油管、前轮拉杆、减震套以及螺丝孔等不能被喷到。第一阶段喷涂完成后，根据当地天气状况干燥 5～10 min。

第二阶段：干燥后对第一阶段喷涂后的部位，再次实施均匀喷涂，涂层达到 4 mm 的厚度，确保喷涂层均匀。

第三阶段：对第二阶段完成后的装甲进行检查，查缺补漏，没喷涂到的部位重点喷涂，注意要均匀喷涂至涂层厚度与其他位置等厚。收尾阶段的升举机四个支点部位要补充喷涂。

8）拆除喷涂防护

仔细检查底盘装甲喷涂状况，保证喷涂质量之后，去除车衣罩和防护纸。在拆卸防护纸时需要特别小心，不要破坏没有完全成型的装甲。如果天气晴朗干燥，喷涂后 2～4 h 就可以投入使用，但是完全干燥需要 3 天左右，在这段时间内最好不要让底盘接触水。喷涂完成的装甲可以很好地黏附在清洁的汽车底盘上，具有极强的耐磨性和抗腐蚀性。

9）安装车轮和挡泥板

使用专业挡泥板拆卸工具及十字扳手、电动工具将挡泥板和车轮安装固定。

10）喷涂支点

移开举升机支架，把举升机支撑车辆的四个支点实施点喷涂防护，实现整个车身装甲的喷涂。

11）完工检查

再次检查底盘喷涂，观察是否有无喷涂或者喷涂不均匀的部分。检查车身无须喷涂的部分有无喷涂，如果发现不慎喷涂到车身，使用柏油清洁剂清洁后用毛巾擦拭干净。

12）清理场地

清理施工作业场地，把使用过的工具归位，方便下次操作。清洗工具，因为防锈剂容易固化，堵塞喷枪，需要使用汽油对喷管进行一次清洗，使用清水二次清洗后吹风干燥。防锈剂回收，未使用完的部分注意密封，防止对环境造成污染。

6. 注意事项

（1）进行水性底盘装甲施工前，必须对喷涂部位进行严格的清洗；若因操作不严格而导致喷涂部位还残留着灰尘、油迹等，将会出现产品脱落的现象。

（2）进行油性底盘装甲施工前，喷涂部位清洗工作可适当放松，但应保证无锈、无沙尘、无水，否则将会导致产品脱落的现象。

（3）进行底盘装甲喷涂施工时，请勿一次性喷涂过厚，以免产生流滴和难干等不良现象。

（4）新车进行油性底盘装甲施工时，应先观察喷涂部位是否存有白色或透明的防锈胶或漆类物质（此为新车在原厂已喷涂上的），若存在此类物质的，操作时务必要小心，施工时一定要薄薄地喷涂，待表干后再喷涂，如此反复操作至所需用量。若一次性喷涂过厚，会导致产品在短时间内难以完全挥发，从而会引发溶剂溶解原防锈漆或胶类物质，两种物质混合后会出现长时间不干和柔软、粘手的现象（此现象以油性低档底盘装甲表现最为严重）。若因操作不慎出现此现象的，可再薄薄地喷涂上一层水性底盘装甲，然后用软刷子来回涂刷至不干的表面完全被覆盖，再用气枪吹干即可解决问题。

（5）对较为隐蔽或难喷涂的部位，不要采取连续喷涂操作，应进行点动式喷涂（即“一喷、一停”），如此喷涂至完全覆盖较为隐蔽或难喷的部位，以防止因连续喷涂过厚而产生不良的现象。

（6）喷涂过程中，视气压和产品的雾化情况来调节与被喷涂部位的距离；气压高，雾化好时适当离远一些，随着气压的下降和雾化不太好的情况，与被喷涂部位的距离也相应地调近一些，此操作既可保证喷涂过程中不会产生过厚的现象，又能充分地提高产品的利用率。

（7）应遵守底盘装甲的正确操作方法，以保证产品在施工过程中和施工后的质量。

八、铺换地板革

汽车地板革（汽车地胶）是指新车买回来后铺在车底板上的一层用来保护车内卫生清洁的

汽车内饰产品。

地板革的安装步骤如下。

1. 拆卸座椅

使用科鲁兹车专用的内六梅花扳手，拆卸前排两个和后排座椅，注意，主驾驶座椅下面有线，需要拔掉插头，再拿下座椅。后排座椅拆卸不用扳手，前后使劲推动即可推出后排座椅（见图 4-25）。

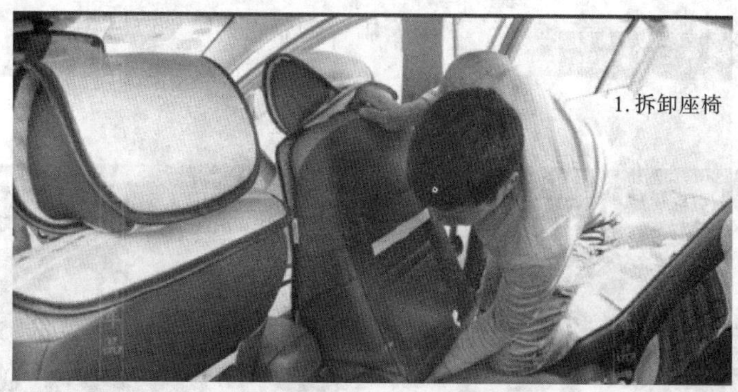

图 4-25 座椅拆除

2. 铺上地胶

地胶分叉在前，连体在后，大致放好位置。盖住地板前记住地板上的螺丝孔、空调出风口和其他接线口，用于下一步的地胶开孔。

铺上地胶如图 4-26 所示。

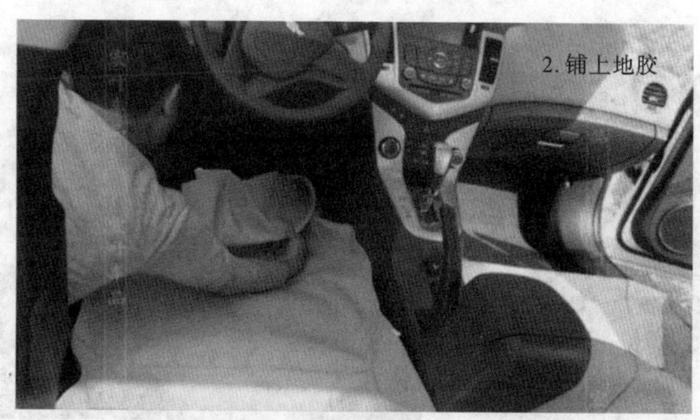

图 4-26 铺上地胶

3. 地胶开孔

如图 4-27 中的红圈所示，按照地板上的孔，在地胶上剪出同样大小和位置的孔。

4. 地胶压边

这是关键一步，决定地胶铺得是否平整，也是地胶铺完的关键一步。地胶压边如图 4-28 所示。

(1) 在车的四个门槛下的塑料壳压入地胶边角。

(2) 将手箱内部螺丝松下，下部塑料壳便可以抬起，同样压入地胶。

(3) 整地胶如图 4-29 所示，不平的地方拉紧，继续往塑料壳里塞，如果地胶边角太长，就用剪刀剪短，但必须保证长度能塞进塑料壳。

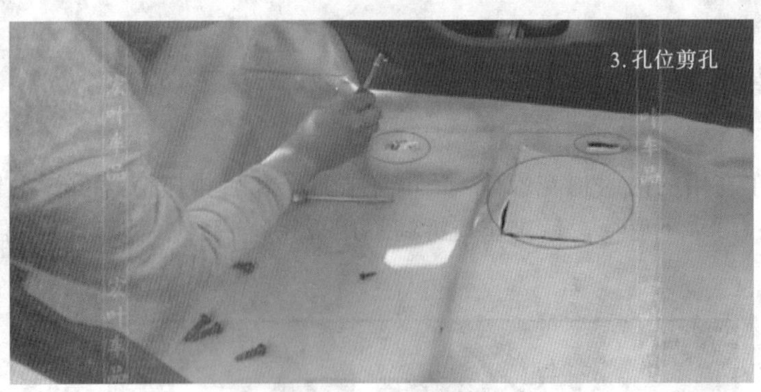

图 4-27　孔位剪孔

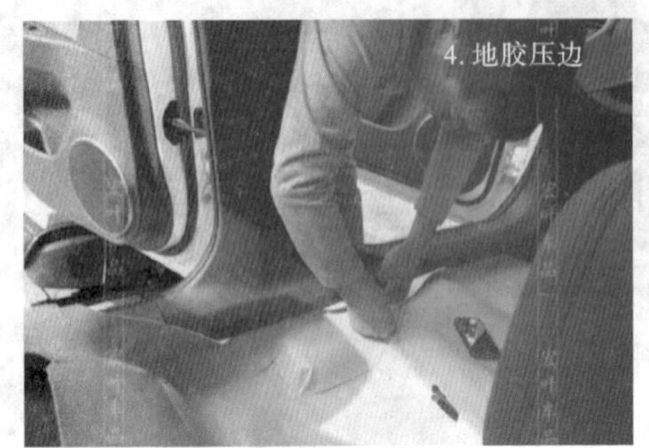

图 4-28　地胶压边

图 4-29　整地胶

压边细节如图 4-30 所示。

5. 装上座椅，大功告成

装上座椅如图 4-31 所示。

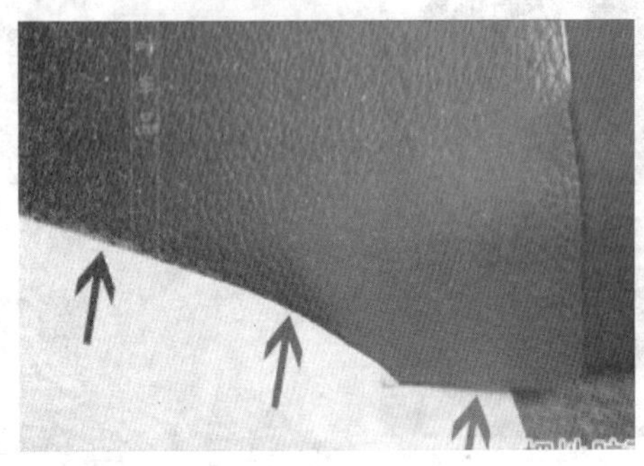

图 4-30　压边细节

图 4-31　装上座椅

九、密封胶条加装

汽车密封胶条是汽车的重要零部件之一，广泛用于车门、车窗、车身、座椅、天窗、发动机箱和后备厢等部位，具有防水、密封、隔音、防尘、防冻、减震、保暖及节能的重要作用。

汽车密封胶条的安装步骤如下。

车门密封胶如图 4-32 所示。

1. 模拟

贴密封胶操作前，有必要对产品的安装过程进行模拟。检查贴物和被贴物是否吻合。3M 胶与被贴物之间是否密合，确定安装位置后再进行下一步的工作。

2. 清洁处理

干净的干布将被贴物表面擦净，再用产品所配处理剂和软细纸对将要粘贴到的地方进行擦洗。等处理剂完全干后再进行安装。

3. 粘贴

安装位置后，撕开离型纸一角，安装时应边撕胶边粘贴，以保证产品的各个部位都能与被贴部位密合。贴上之后再对产品进行必要的按压使之牢固。如安装时温度在低于 15 ℃的情况下，可用风筒对产品和 3M 胶进行预热。安装完成后 24 h 之内不要接触水和较大灰尘，以保证达到最佳效果。

车门密封胶安装如图 4-33 所示。

图 4-32　车门密封胶

图 4-33　车门密封胶安装

十、轮眉加装

轮眉(见图 4-34)也就是汽车轮眉的简称，指的是轮胎上沿的镀珞亮条，也就是就是汽车轮胎上面翼子板突出的一个半圆形的部件。

轮眉的安装步骤同密封条加装的步骤。

十一、雨挡加装

雨挡是指汽车车窗最上沿的一条合成树脂或者工程塑料材质的突出雨搭。雨挡能有效避免雨水或强风直接吹入车内，提高换气效率，在雨中行车，开窗还可以防止车窗起雾。

雨挡外观如图 4-35 所示。

图 4-34　轮眉

图 4-35　雨挡外观

雨挡的安装步骤同密封条加装的步骤。

涂抹黏结剂如图 4-36 所示。

十二、挡泥板加装

挡泥板是指安装在车轮外框架后面的板式结构，通常为优质橡胶材质制造，也有采用工程塑料或金属。

挡泥板的安装效果如图 4-37 所示。

图 4-36　涂抹黏结剂

图 4-37　挡泥板的安装效果

挡泥板的安装步骤如下。

1. 安装第一步

分清前后左右配件部位。

试装挡泥板如图 4-38 所示。

2. 安装第二步

调试好位置后，用工具进行紧固。

挡泥板加紧如图 4-39 所示。

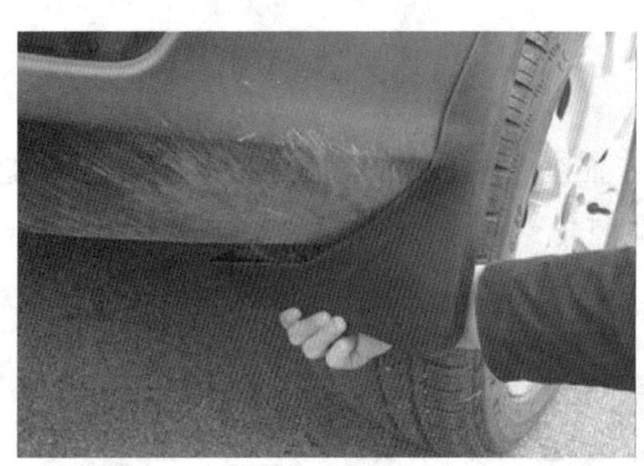

图 4-38　试装挡泥板

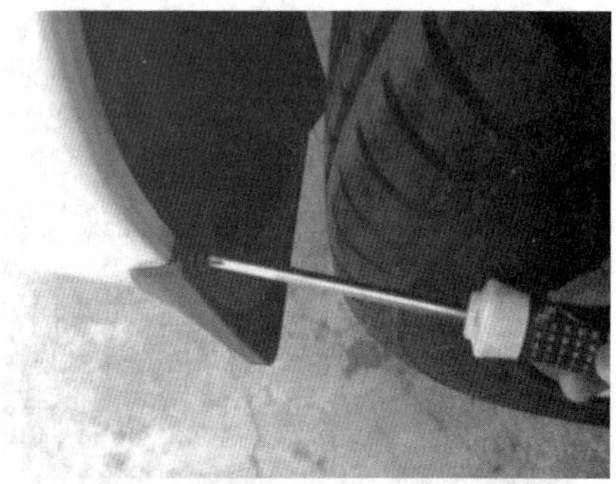

图 4-39　挡泥板加紧

十三、汽车加装导流板和扰流板

我国高速公路规定汽车最高行驶速度为 120 km/h，因此轿车的车身设计既要服从空气动力学，又要有尽量低的空气阻力系数。通常可以采取在车身的前后端安装导流板和扰流板，以保证轿车的行驶安全。

为了减少轿车在高速行驶时所产生的升力，在轿车前端的保险杠下方装上向下倾斜的连接板，连接板与车身前裙板连成一体，中间开有合适的进风口，以加大气流速度，减低车底的压力，这种连接板称为导流板。导流板装在车的前部。导流板的表面像倒过来的机翼，上面是平面，下面是曲面。车辆高速行驶时，导流板下方的空气流速大于上方，导致导流板上方的空气压力增大，所以会产生向下的压力。压力能够增大车辆对地面的附着力，从而保证车辆的高速稳定性。

为了有效地减少并克服汽车高速行驶时空气阻力的影响，在轿车行李箱盖上后端做成像鸭尾状的突出物，将从车顶冲下来的气流阻滞形成向下的作用力，这种突出物就是扰流板。扰流板改变了车身后端气流的方向，减少了气流的阻力，也能抵消一部分升力，产生较大的地面附着力，有效控制汽车上浮，使风阻系数相应减小，保证了汽车能紧贴在地面行驶，从而提高行驶的稳定性能。扰流板通常有三种形式，分别是一体式鸭翼、伸缩式扰流板和尾翼，如图 4-40 所示。扰流板阻滞的气流同时会冲刷车辆的尾部，也具有清洁的作用。

图 4-40 扰流板形式

1. 导流板、扰流板的发展背景

最初的汽车，车速相当低，所以在设计中主要考虑的是机械性能的问题，并没有考虑空气动力学方面的问题。随着技术的发展，汽车性能在逐步提高，汽车行驶速度不断加快，驾驶员和乘客开始处于气流之中，挡风玻璃随之出现，空气阻力的影响开始突出。20 世纪初期，人们开始认识汽车动力特性的同时，也开始关注汽车行驶的空气动力学影响。

汽车在行驶时，会对相对静止的空气造成不可避免的冲击，空气会因此向四周流动，而蹿入车底的气流会被暂时困于车底的各个机械部件之中，空气会被行使中的汽车拉动。同时，车底的气流会对车头和引擎舱产生一股浮升力，削弱车轮对地面的下附着力，影响汽车的操控性能。此外，汽车燃料在燃烧推动机械运转时已经消耗了一大部分动力，而当汽车高速行驶时，一部分动力也会被用于克服空气的阻力，造成动力损耗。

汽车车速的提高对汽车性能提出了更高的要求。伴随燃料资源价格的上涨，人们对燃油经济性提出了更苛刻的要求。优异空气动力学特性直接影响着汽车的驱动特性、稳定性、操控性、燃油经济性、加速性能和噪声特性等各个方面。

汽车在高速行驶时，为了防止汽车在高速行驶中升起来，需要通过一些空气动力学部件给汽车一定的下压力，同时为汽车提供抓地力。空气动力学部件在高速行驶的汽车上的应用主要体现在两个方面：一是让部件产生的下压力为轮胎提供足够的抓地力；二是尽量减少汽车行驶中的空气阻力。后扰流板的作用主要是为了减少车辆尾部的升力，如果车尾的升力比车头的升力大，就容易导致车辆在高速行驶时过度转向、后轮抓地力减小及高速稳定性变差。因此，加装前导流板和后扰流板，对提高汽车高速稳定性，改善汽车空气动力学特性等都有很重要的意义。

2. 导流板、扰流板的空气动力学原理

瑞士物理学家伯努利证明空气流动的速度与压力成反比。由图 4-41 可以看出，气体流经曲面比平面的流动速度大，所以曲面的空气压力比平面空气压力小，由于压力差，产生升力。飞机的机翼上面是正抛物线，气体流动速度快，下面平滑，气体流动速度慢，因此机翼下部的压力比上部的压力大，从而飞机产生升力，离开地面升空。

图 4-41　导流板、扰流板的空气动力学原理

汽车整体外形和机翼截面相似。高速行驶的汽车在气流的作用下，车辆上表面压力小，下表面压力大，压力差使车辆产生升力。伴随车速的提升，压力差增大，车辆的地面附着力下降。这种压力差产生的升力属于空气阻力的一种，汽车空气动力学称诱导阻力，约占空气阻力的 7%。虽然比例小，但是产生的影响不容小觑。

空气阻力会消耗车辆的动力，诱导阻力不但消耗动力，而且还会产生升力，把车辆托离地面，降低车辆车轮的地面附着力，导致高速行驶下车辆发飘，造成车辆的操控性能降低。为了降低车辆高速行驶时产生的升力，设计者会让车辆车身整体向前下方倾斜或者加装导流板，以便在汽车前轮产生向下的压力。车辆车身后部设计较为短平或者加装扰流板，以降低从车顶向后作用的负压，以免后轮飘浮。

导流板和扰流板就是利用这种原理，前部的导流板的曲面向下，后部的扰流板的平面向上，以此增加车辆行驶过程车身前部和尾部对地面的压力，从而提升车辆对地面的附着力。

3. 扰流板类型

1) 前扰流板

加装在车身前部的扰流板称为前扰流板，如图 4-42 所示，产生汽车前部负升力，改善汽车转向轮的附着性能，同时还可以部分平衡由后扰流板引起的车头上仰力矩的影响。目前，汽车已基本不再采用前扰流板，而通过前部造型来实现。

图 4-42　碳合金前扰流板

2）后扰流板

加装在车身后部的扰流板称为后扰流板，产生汽车后部负升力，改善汽车驱动轮的附着性能，以提高汽车的加速性和制动性。当汽车高速行驶时，汽车会产生较大的气动升力，汽车会出现发飘的感觉，保持预定路线行驶的能力和操纵性明显下降。这会严重影响汽车高速行驶的操纵稳定性和安全性。从安全性方面来考虑，减小汽车的气动升力比减小气动阻力更为重要。

第一种后扰流板是鸭翼。通常在三厢式轿车或者轿跑的行李箱盖上后端做成鸭尾状的突出物，如图 4-43 所示，其目的是将从车顶冲下来的气流阻滞一下，形成向下的作用力，以抵消一部分气动升力，从而增加车轮的地面附着力，改善高速行驶的汽车的动力学和操作稳定性，这种突出物称为后扰流板。

图 4-43 车身鸭翼

第二种后扰流板是伸缩式扰流板（仿机翼扰流板，见图 4-44）。根据飞机机翼升力原理，在轿车的尾端上安装一个与水平方向呈一定角度的平行板，这个平行板的横截面与机翼的横截面相同。但是安装相反，平滑面在上，抛物面在下，通常加装在高速轿跑车辆上。这样车子在行驶中会产生与升力同样性质的作用力，只是方向相反，利用这个向下的力来抵消车身上的升力，从而保证了行车的安全。

图 4-44 仿机翼扰流板

第三种后扰流板是高位扰流板。通常安装在旅行轿车或者紧凑型两厢车的顶盖后缘，如图 4-45 所示，使顶盖上一部分气流被引导流过后窗表面。这样既可使后窗后部的升力降低，也可引导气流将后窗表面浮尘消除，避免尘污附着而影响汽车后视野。在许多普通轿车上，也装有类似的后扰流板。由于这些车的速度都不是很高，因此扰流板难以发挥实际作用，而美化车身外观则成了高位扰流板的最大用途。

4. 导流板和扰流板的安装工艺

1）汽车导流板的安装

（1）如果改装店有条件，可以根据客户的车型定义整车造型，设计效果图，生产加工。如果

图 4-45　高位扰流板

没有设计加工条件，则要购买成品。需要考虑导流板的颜色、型号是否与车辆匹配，导流板的长度和弧面是否协调。

(2) 拆下前保险杠下部的车身板件。拆卸后的板件置放在专用的保险杠置物架上。螺丝和小的部件置放在工具盒中，便于安装，避免丢失。

(3) 在前保险杠下面装上导流板，并与两个轮罩对中，同时应该保证导流板前面的上缘在前保险杠的里边，调整位置，用虎钳夹把导流板的夹角夹紧到轮罩上。

(4) 在车身和导流板上确定安装孔的位置。用画线方法将导流板端部的安装孔开在轮罩上。用钻头钻 6 个孔，穿过金属薄板和导流板。

(5) 穿入螺栓，用螺栓松弛地将导流板安装到位，检查是否正确对中。如果对中，拧紧紧固件。

2) 汽车扰流板的安装

扰流板的安装方式主要有粘贴式和螺栓固定式两种。粘贴式可避免破坏行李箱盖密封，不会漏水；螺栓固定式牢固，因有钻孔会破坏行李箱盖的表面密封，安装工艺不好，会发生漏水的现象。下面以螺栓固定式为例，说明安装方法。

(1) 如果改装店有条件，可以根据客户的车型定义整车造型，设计效果图。扰流板安装在行李箱盖比较显眼的位置上，在形体上占有相当的比例。因此，比例均衡协调成为造型设计的重点。设计完成，生产加工。如果没有设计加工条件，则要购买成品。需要考虑扰流板的颜色、型号是否与车辆匹配，扰流板的高度是否协调。扰流板的材质有合成纤维或塑胶。使用塑胶时，应考虑其热变形，以及日久后形状会有所改变等问题。扰流板的尺寸、长度要适中，不可伸出行李箱，否则外观效果很差。

(2) 根据扰流板的外形，保证扰流板精确安装的尺寸后，在行李箱盖上确定适合的位置，与扰流板上的螺钉孔配合，画线标记，在行李箱盖上穿孔。

(3) 确保密封，需要先在钻孔位置与扰流板接合处涂抹上硅胶。

(4) 固定螺钉，由行李箱内侧向外固定锁紧。扭力不能过大，防止行李箱外板因压力过大导致微小变形。

(5) 固定后，在固定架周围，涂抹注入透明硅胶防止潮湿天气或者雨雪天气下，水分慢慢渗入，腐蚀金属。

5. 加装导流板和扰流板的注意事项

(1) 汽车是否加装导流板，要根据汽车经常行驶的道路情况而定，因为加装了导流板的汽车最小离地间隙变小，只适合在平坦和良好的道路上行驶，如果汽车经常行驶在不平整的路面，那就不要加装了。

(2) 汽车是否加装扰流板，要看车型。实际上，汽车在低速时，气流对汽车的影响较小，扰流板的作用根本不大，所以经济型轿车装扰流板获益不大。甚至因为扰流板作为一个突出物安装在汽车尾部，反而会增大风阻，因此带来的直接后果是油耗上升，反而降低了经济性。

(3) 尽量加装有资质生产商的导流板和扰流板，其尺寸形状是由设计师精确计算而确定下来的，只有这样，才能使空气动力学特性发挥出来；其材质经过科学试验，才能保证导流板和扰流板的使用寿命。

(4) 为了充分发挥扰流作用，使没有乱流的气流直接作用在扰流板上，必须将扰流板离开车身表面安装。

十四、汽车加装天窗

汽车天窗(见图 4-46)在国外已经有 100 多年的历史，成为汽车文化的一部分。在中国汽车市场，随着汽车保有量的快速增长，人们对汽车品质及用车舒适度的要求都在不断地提高。因此越来越多的汽车生产厂家对汽车零部件及车饰配件的安全性、舒适性和美观性都给予了更多的关注。近几年来，汽车天窗已成为汽车的一个标准配置，不仅具有美观、开阔视野的作用，更因具有通风换气、节能和除雾等功能。汽车天窗的需求量正随着汽车销量的快速增加而增长。

图 4-46　汽车天窗

汽车作为一个“流动的空间”，在当今社会具有不可替代的作用。许多人非常注重汽车外部的造型，但对于乘员来说更关心的还是围绕内部的空间设计，仪表盘的造型、坐垫的材料、车内的气味、内饰的颜色都将对轿车的整个内部空间产生影响，而汽车天窗又是汽车内部空间与外部空间的沟通窗口之一，起到了改善内部空间氛围的作用。

汽车天窗已经成为一种时尚、一种潮流，它改善了驾驶环境，让乘客拥有更多的机会亲近自然，沐浴阳光。此外，明亮的全景天窗也美化了汽车的外观，使车辆外观更具有档次，是高端大气舒适的象征。

1. 天窗的作用

1) 通风换气

换气是汽车加装天窗最主要的目的。没有天窗的汽车，遇到车内空气污浊，如废气、吸烟、夏季车内霉变等，通常只能打开侧窗，给车内换气。这种方法不仅使乘员感到不舒服，同时效果也不理想，而且车外污浊的空气和噪声也会进入车内。有天窗的汽车则会更方便。

汽车天窗改变了用侧窗换气的方法，天窗是利用负压换气的原理，依靠汽车在行驶时气流在车顶快速流动形成负压，将车内污浊的空气抽出。负压抽出污浊空气的同时，新鲜空气从进气口进入车内，实现通风换气。车内气流极其柔和，没有风直接刮在身上的不适感觉，也不会有尘土卷入。

2）节能

夏日里汽车在阳光下暴晒，车内温度很高，最高可以到 60 ℃。打开天窗比开空调降温速度要快 2～3 倍，所以可以节约能耗 30%左右。

3）除雾

春夏两季雨水多、湿度大，前挡风玻璃常有雾气，车内空气也容易污浊。打开天窗至后翘通风位置，通入凉风后，温度相对较低的凉风降低了车内温度，所以雾气很快就会消失，又无雨水进入车内，增加了驾驶的舒适与安全。

4）开阔视野

通常轿车的前后风窗和侧窗是车内与外部环境的交互窗口。天窗的开设又增加一个车内与外部环境的交互窗口，特别是全景式天窗能够更贴近自然，更容易沐浴阳光，消除车厢内的压抑感。一般独自长时间驾驶，窗外的风噪和胎噪会使驾车者烦躁和沉闷。如果打开天窗，可以和自然交互，会使驾车者清醒精神。

5）降噪

汽车在高速行驶时打开侧窗，风噪太大，尤其当车速超过 100 km/h 时，打开侧窗通风引起的噪声可高达 110 dB，而且高速行驶时打开侧窗，会降低行车安全性。通常大声说话的噪声是 80 dB 左右，而打开汽车天窗通风引起的噪声只有 69 dB，所以开天窗时噪声会大幅度降低。

2. 天窗的类型

天窗的种类很多：根据车窗的发展大致分为传动的手动天窗、电动天窗和正在发展的智能天窗；根据天窗的开启动力又可分为手动天窗和电动天窗；根据结构划分，又会有很多分类。无论以哪种形式划分，天窗已经成为汽车文化一个重要的元素，将会以更加人性化、一体化、装饰化和智能化的发展趋势影响着人们的生活。

1）手动天窗

手动天窗，是指采用手部的力量打开或者关闭的天窗。手动天窗结构比较简单，价格也较便宜，且便于安装。手动天窗如图 4-47 所示。

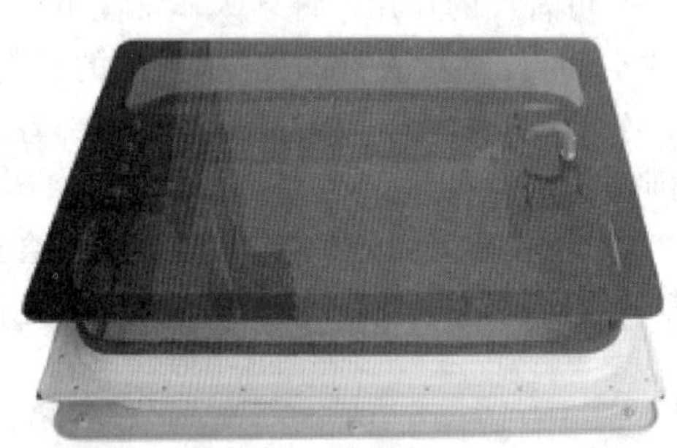

图 4-47 手动天窗

手动外掀式天窗，通常用在比较早的经济型轿车上。使用时，先用手推起向后滑动，打开天窗。关闭时，先滑动到推起位置，向下拉紧关闭。

2）电动天窗

电动天窗（见图 4-48），通常价格较贵，属于高档次的汽车天窗，安装时需要走线，安装难度较大。电动天窗结构主要由滑动机构、驱动机构、控制系统和开关等组成，主要类型有内藏式、外掀式和外滑式电动天窗等。内藏式的电动天窗多用于商务车和高档车。

图 4-48 电动天窗

3）敞篷式天窗

敞篷式天窗通常开启后可以分段折叠在一起，所以车顶敞开的空间大，而且具有出色的防紫外线与隔热效果。但是这种天窗过于前卫，其密闭防尘效果略差一些，受到年轻人的喜爱。新潮的运动车型会选择这种天窗。敞篷式天窗如图 4-49 所示。

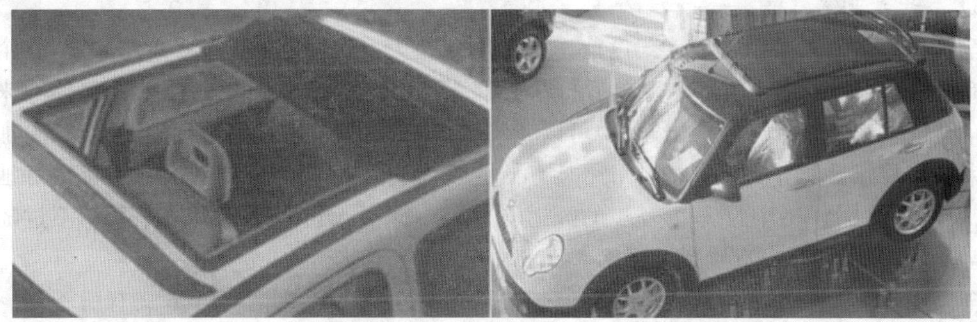

图 4-49 敞篷式天窗

4）智能天窗

智能天窗，结构复杂，但是操作简易。这种天窗靠全自动电动控制，具有防夹功能，不会因错误触摸按键而夹到伸出窗外的人或物体。智能天窗还具有自动防盗系统，发动机熄火 3 s 后，天窗自动关闭。智能天窗如图 4-50 所示。

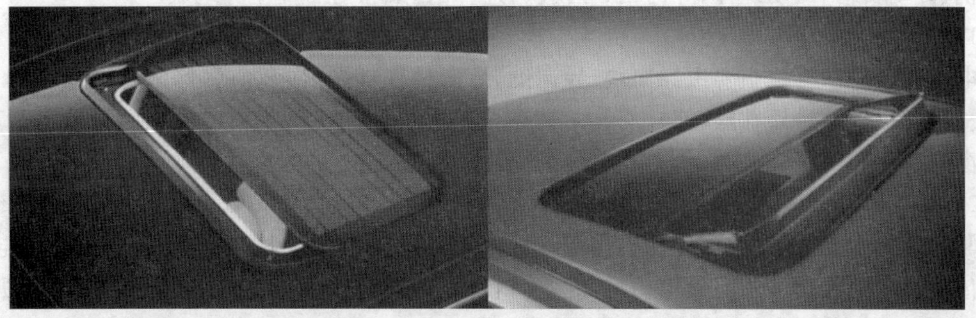

图 4-50 智能天窗

智能型电动天窗开启方式略有不同，有外滑式和内藏式。外滑式智能天窗最大的优点是不会牺牲车顶空间，而且还具有安装成本相对便宜的优势。空间对于小型车来说尤为重要，因为外滑式智能天窗可以最大限度地不占用头部空间，因此这种智能天窗在经济型车上见到的较多。外滑式智能天窗的缺点是只有向后滑动这一种开启方式，随之带来的噪声也会比内藏式智能天窗更加明显。

内藏式智能天窗开启后有不同的弧度，整体的天窗结构隐藏于车顶的夹层中，可以提供上掀和向后滑动两种开启方式，功能是最全的。但是这种智能天窗需要占用一部分车顶空间，因此同样车型的天窗版的空间表现往往不如非天窗版的车型。

图 4-51　全景式天窗

5）全景式天窗

全景天窗是整车采用了整片式设计。天窗尺寸超大，从前风挡一直延伸到后窗，整个车顶都被完全覆盖，如图 4-51 所示。坐在后排只要仰头，蓝天、白云和阳光就会一齐向你涌来。人站在车里可以将整个上半身探出车顶，可以转身自如，车内乘员将会感受到独一无二、更加放松无拘束的驾乘感受。并且天窗材质采用具有低透光率及反射率的特殊玻璃制造，可更好地隔绝热量、噪声以及粉尘，保证了车内环境的舒适与优雅。此类天窗多用于高端车系。不过随着汽车的普及，很多中端车也有全景式天窗。

全景式天窗大多数都由特殊钢化玻璃加工而成。全景式天窗的打开方式有所不同。双片式全景天窗是两个天窗，分前后排使用，通常前面天窗与普通天窗打开方式相同，而后部天窗不能打开，只能用于透光及观赏用；天窗整个车顶都是玻璃造型，通常情况下不具备任何的开启方式。

3. 天窗的结构

汽车电动天窗主要由滑动机构、驱动机构、开关、控制系统（主要包括 ECU、限位传感器）、电动机、传动机构、滑动螺杆、导向销、导向块、连杆、托架和前后枕座等组成。

1）滑动机构

电动天窗滑动机构主要由导向块、导向销、导向槽连杆、托架和前后枕座等构成，如图 2-52 所示。驱动机构通过后枕座、连杆使导向销在托架固定的几何形状槽内沿导向槽轨道滑动，实现天窗的开启和关闭。

2）驱动机构

驱动机构主要由电动机、传动机构等组成。电动天窗的驱动机构如图 4-53 所示。电动机通过传动装置向天窗的开闭提供动力，能双向转动，即通过改变电流的方向以改变电动机的旋转方向，实现天窗的开闭。传动机构由蜗轮蜗杆、中间齿轮和驱动齿轮等组成。齿轮传动机构接受电机的动力，改变旋转方向，并将动力传给滑动螺杆，使天窗实现开闭；同时又将动力传给凸轮，使凸轮触动限位开关进行开闭。主动中间齿轮与蜗轮固定在同一轴上，并与蜗轮同步转动。

3）开关

电动天窗的开关由控制开关和限位开关组成。控制开关主要包括滑动开关和斜升开关。

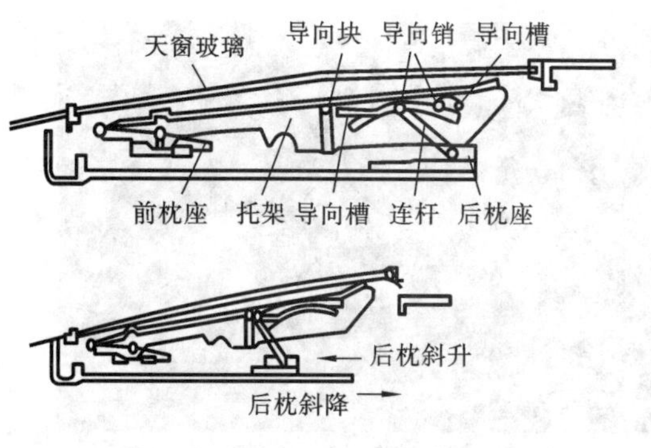

图 4-52　电动天窗滑动机构

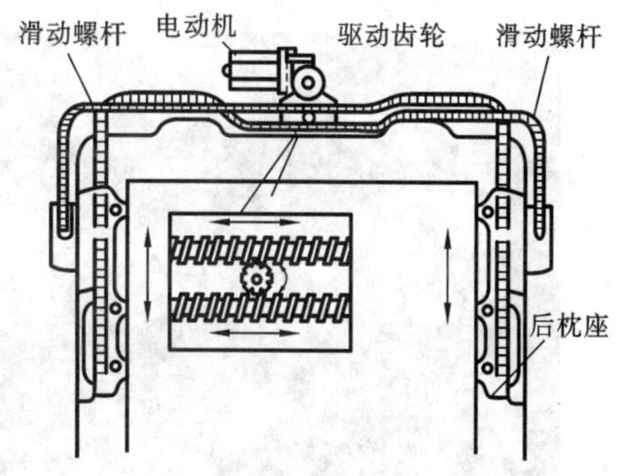

图 4-53　电动天窗驱动机构

滑动开关有滑动打开、滑动关闭和断开（中间位置）三个挡位。斜升开关也是有斜升、斜降和断开（中间位置）三个挡位。通过操作这些开关，令天窗驱动机构的电动机实现正反转，在不同状态下正常工作。限位开关主要用来检测天窗所处的位置。限位开关靠凸轮转动来实现断开和闭合。凸轮安装在驱动机构的动力输出端。当电动机将动力输出时，通过驱动齿轮和滑动螺杆减速以后带动凸轮转动，于是凸轮周边的凸起部位触动开关使其开闭，以实现对天窗的自动控制。

4）控制系统

控制系统是一个数字控制电路，并设有定时器、蜂鸣器和继电器等，其作用是接受开关输入的信息，通过数字电路进行逻辑运算，确定继电器的动作，控制天窗开闭。

4. 天窗的加装工艺

（1）确定开口尺寸，定位测量确定天窗的安装位置，利用胶带将施工图和内部模板固定在准备开天窗的位置，并打孔定位，如图 4-54 所示。

图 4-54　天窗定位打孔

（2）专业电剪按照施工图开口，使用刀片将车顶内饰板切割下来，并使用专业电剪在车顶钢板上剪出安装口，如图 4-55 所示。

（3）精细处理，使用专业电剪将车顶钢板切口边缘修剪整齐，如图 4-56 所示。注意做好安全防护工作，并进行必要的防锈处理。

（4）安装天窗。将天窗安放在切口处，在原来的打孔处插入螺栓，拧紧固定螺栓，然后安装天窗内饰框，如图 4-57 所示。

（5）天窗安装完成后调整，如图 4-58 所示。合理布置天窗操控线路，操纵天窗开启和关闭进行调试。

（6）漏水测试。使用喷水装置对安装完毕的车辆进行一定时间的漏水测试，在车内仔细观

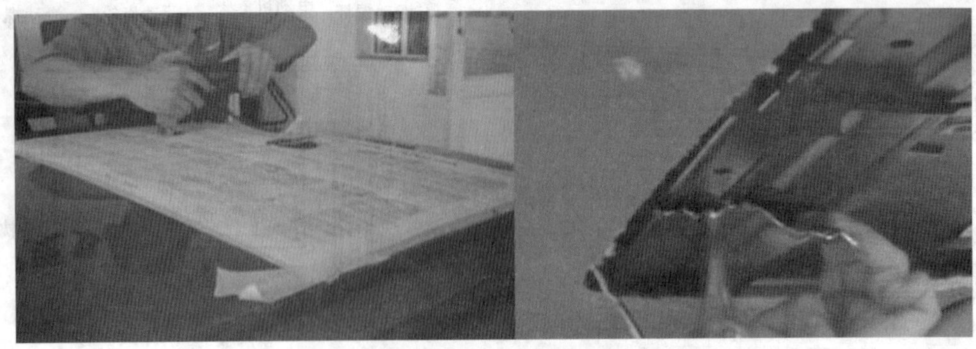

图 4-55 钢板切割

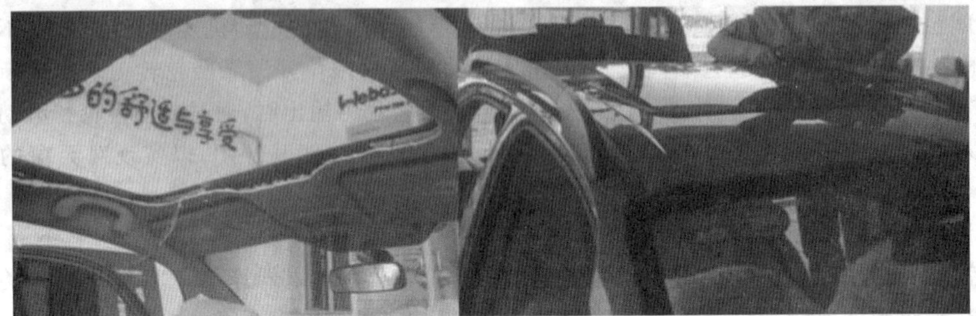

图 4-56 钢板修剪

图 4-57 安装天窗内饰框

图 4-58 调试天窗

察天窗边缘是否有漏水痕迹。

5. 注意事项

(1) 加装天窗会不会漏水。天窗在设计时已经考虑到了防水要求，车顶在切割后，天窗和车顶钢板之间采用高强度密封胶密封，天窗的玻璃板与框架之间有密封圈防漏。天窗的四周还设计了导水槽，四角设计了出水口，雨水可以通过隐藏于车身内的水管排出。

(2) 加装天窗会不会影响车身结构和安全性。国内大部分轿车都是承载式车身，发生碰撞时主要受力点是车身的纵梁，车顶主要起隔音和遮蔽的作用。天窗采用框架结构，如果选择和安装得当，在安装后不会改变车顶强度，反而会起到加固车顶的作用。合格的天窗玻璃全部经过钢化陶瓷处理，也具有很高的强度。

(3) 加装天窗会不会增加车内噪声和灰尘。如果打开侧窗，吹进来的是旋涡气流，不仅带进车里很多尘土，增加车内噪声，高速行驶时吹进来的强风还会使乘员感觉很不舒服。天窗利用负压换气的原理，依靠车辆行驶时气流在车顶快速流动形成的车内负压，将车内的空气抽出。所以打开天窗后车内的噪声与打开侧窗相比是微不足道的。由于不是直接进风，因此车内几乎没有尘土进入，而且气流非常柔和。

(4) 加装的天窗的使用寿命。只要正确使用和定期保养，车辆报废后汽车天窗仍可继续使用。天窗出现的故障有许多都是人为因素造成的，如频繁地开关天窗或手动式天窗的摇柄不小心摇反了方向，这些都可能对天窗造成损害。另外在一些颠簸剧烈的道路上，如果完全滑开天窗也可能会使天窗出现故障。加装天窗并非一劳永逸，天窗的维护保养也是非常重要的，应定期对天窗的密封机构、滑动机构、排水机构和驱动机构进行保养。无论是原装天窗还是后加装的天窗，如果没有及时进行保养，可能会引起天窗漏水。这是因为天窗虽然具有防水设计，但是天窗周围的排水管如果被沙土堵塞了，水无法顺利排出，必然会向车内泄漏。如果天窗密封胶条上堆积了沙土，也会使密封胶条变形错位，导致漏水。解决办法就是用压缩空气将密封胶条和排水等位置的沙土吹干净，一年清洁一次就可以，如果车辆使用环境中沙尘较多，清洁周期则应适当缩短。

十五、车身小部件装饰

伴随我国汽车消费市场规模逐步扩大和汽车文化蓬勃发展，越来越多的消费者在满足车辆的通用功能需求后，更多关注车辆的个性功能。高端车系的生产制造不但经过严格的安全性能审查环节，外观优化也是不可缺少的环节，所以高端车系不但质量性能有保证，而且外观也颇具诱惑力，更经得起长期的审美考验。低端车系为了增加市场竞争力，从选材、工艺到外观都追求最大化地节约成本，所以很大程度上低端车只具有车辆的通用功能。中端车系介于两者之间。

2017 年 1 月 12 日，中国汽车工业协会发布了 2016 年全年的广义乘用车销量为 2437.7 万辆，受购置税优惠政策影响，1.6 升及以下乘用车销售 1760.7 万辆。汽车局部美容和装饰是一个巨大的汽车后服务的超级市场，满足人们对车辆的通用功能和个性功能的消费需求。

1. 眼线装饰

人类眉形有粗细、长短之分。从 20 世纪 30 年代起女性的眉色主要以浓黑色为主流，到 20 世纪 70 年代浓黑色的主流眉色被浅棕色取代，之后的 20 世纪 80 年代，又回到浓黑色眉色。眉形方面，分为粗型眉和细型眉。除了 20 世纪 60 年代和 20 世纪 70 年代细眉占主流，在 20 世纪 80 年代之后，粗型眉成为时代的主流，仅在眉峰上做一些眉形的变化。

眼线也称为眼眉，是根据美学模仿人类眼线而在车灯上表面部位贴附的装饰件。大多数的眼线材料是不干胶或者碳纤维，选用的时候应该根据潮流做到车身外形、大灯外形、车身颜色的和谐统一，起到装饰的作用。如图 4-59 所示，前车眼线选用碳纤维装饰，车辆感觉更加沉稳大气；后车眼线选用黑色不干胶装饰，车辆感觉更加犀利动感。

图 4-59　车灯眼线

2. 轮弧装饰片

轮弧装饰片通常选用的材料有黏附性塑料、碳纤维和合金材料，如图 4-60 所示。黏附性塑料轮弧装饰片安装方便；合金材料轮弧装饰片安装时需要打孔固定，安装相对复杂。无论什么材料的轮弧装饰片主要体现以下两种作用。

图 4-60　轮弧装饰片

1）具有美观作用

加装轮弧装饰片和车身整体外形、颜色匹配，美观大方。特别是合金材料的轮弧装饰片，使车辆看上去有档次，更具独特的个性。

2）具有保护作用

安装轮弧装饰片后，可使轮弧受轻微或中度碰撞时受到的损伤减至最低限度。塑料轮弧装饰片柔软性大，在维护和保养车辆时，不易伤手。

轮弧装饰片根据材料的不同，安装方法也有很大的差异。

（1）塑料轮弧装饰片的安装。

① 清洁。在安装前，需要对安装部位进行清洗，需要擦拭轮弧装饰片，除尘土、污物、渍油，保持清洁干燥。

② 安装。去掉轮弧背面胶带离形纸，将轮弧一端贴于车轮凸起部外侧适当的位置处，依车轮凸起部的曲线弯曲，对齐后导贴于车体上。

③ 裁剪。由于各车种尺寸不同，多余的轮弧装饰片用刀片或剪刀切除，再用力适当压紧轮弧，确定完全接触密合。

（2）金属轮弧装饰片的安装。

① 清洁。在安装前，需要对安装部位进行清洗。需要擦拭轮弧装饰片，除尘土、污物、渍油，保持清洁干燥。

② 钻孔。在翼子板凸缘上钻安装孔，去除孔边上的毛刺。

③ 安装。在翼子板和轮弧装饰片安装部位的相应位置涂上硅胶，将螺钉或拉拔铆钉固紧，使其结合紧密，不会积水，以免产生锈蚀。

3. 车轮装饰盖

车轮装饰盖是固定在车轮上装饰兼顾安全的外部装饰件，如图 4-61 所示。车轮装饰盖使用不锈钢钢丝卡簧和固定支夹安装在车轮轮圈上，产品须经过制造商的拆卸力测试，以确保产品的安全性。如果车轮装饰盖卡口不紧，弹簧材料不过关，则易导致装饰盖脱落。特别是在高速行驶时，不合格的车轮装饰盖容易脱落，对行车、行人来说都相当危险。

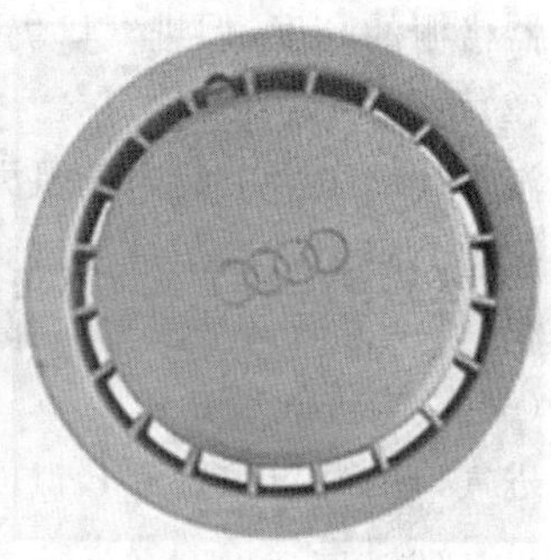

图 4-61　车轮装饰盖

1) 车轮装饰盖的材料和作用

通过塑料粒子经注塑，再在表面用油漆涂装或电镀形成的车轮装饰盖通常称为塑料盖。整体使用铝合金铸造成型的车轮装饰盖称为铝合金盖。油漆涂装或电镀的塑料盖具有较好的装饰效果，价格也相对便宜。铝合金盖有闪亮的金属光泽，具有更好的装饰效果，且具有各种各样的外形，但价格较高。车轮装饰盖位于汽车外部的醒目位置，是重要的外装饰件。高品质的装饰盖能烘托出整车的造型效果，提升车辆的档次。

2) 车轮装饰盖的使用要求

(1) 造型优美。

因为装饰盖的位置醒目，如果造型欠佳，就会降低整车的装饰效果。

(2) 质量可靠。

必须有足够的强度，结构可靠，装卡牢固，不能轻易掉下。否则，装饰盖容易破裂、脱落或破裂的装饰盖容易引起安全事故。

(3) 色泽和外形配合要协调。

要求装饰盖色泽必须与车轮和整车协调一致，达到和谐美观的效果。

4. 中栅框装饰

中栅框又名汽车前脸、格栅或水箱护罩等。其主要作用在于水箱、发动机、空调等的进气通风，防止行驶中外来物对车厢内部部件的破坏，另一个作用是美化车头，彰显个性。格栅往往是一种独特的造型元素，许多品牌使用它作为其主要的品牌标识。中栅框外形如图 4-62 所示。

1) 进气格栅外形产生的影响

(1) 影响散热性能。

对于散热性能而言，进气面积是重要因素。按照正常需要，汽车前脸进气口的进气面积应

图 4-62　中栅框外形

等于散热器的迎风面积。由于现代汽车追求美观的造型和较低的风阻系数，不可避免地降低了散热器格栅的高度，但进气口仍须保证有效的进气面积。

(2) 影响气动阻力。

汽车气动阻力中的内流阻力是由汽车发动机和制动器冷却气流，以及乘客区通风和空调的气流引起的阻力。汽车进气口和格栅的设计一方面关系到汽车前部迎风面压力和整车有效迎风面积，另一方面又是汽车内部流场的起点，故而会对汽车气动阻力有影响。

(3) 影响进气量。

进气口的开口位置和开口面积都会对进气量有影响。在正确位置的进气口与格栅一般都能满足发动机进气量的要求。一般认为大面积的进气口象征着良好的动力性，所以在运动型和豪华型轿车上往往设计有大而夸张的进气口。

2) 中栅框材料

(1) 工程塑料。

塑料在汽车中的应用已经逐渐成为一种趋势，现代进气格栅一般采用工程塑料一次成形。

(2) 塑料镀铬涂装技术。

对进气格栅，主要应用的是防护装饰性镀铬。镀铬层在大气中具有强烈的钝化能力，能长久保持金属光泽，在多种酸性介质中均不发生化学反应。此外，它还具有优良的耐磨性和较高的耐热性。

(3) 镁合金。

镁合金是工业应用最轻的金属材料，具有良好的阻尼减震性能，因此它成为汽车轻量化的首选材料。据统计，1996—2001 年全球用于汽车零部件的镁合金压铸件的数量平均每年递增 25%左右，在北美的增长率约为 30%。

(4) 碳纤维。

碳纤维复合材料的最大优点是质量轻、强度大，其质量仅相当于钢材的 20%～30%，硬度却是钢材的 10 倍以上。为了增加进气口的散热性能和符合轻量化设计的要求，超级跑车、概念车安装以碳纤维为材料的进气格栅。

学习任务 3　汽车车内装饰

汽车内饰主要是指汽车内部改装所用到的汽车产品，涉及汽车内部的方方面面，比如汽车防晒膜，汽车握手套，汽车地垫，汽车防滑垫，坐垫等都是汽车内饰产品。

当今最有影响力的汽车设计师的乔治·亚罗认为：汽车设计最容易出彩的是内饰设计，车的外观是给别人看的，驾乘者真正享受的是汽车的内饰设计。内饰的产品包括仪表台、方向盘、座椅、操纵按键、空调出口、拨挡头、车门内饰、门把手等。同时，内饰设计还要与外形设计相匹配。有很多概念车虽然外形漂亮，但是由于内饰设计跟外形不协调，从而影响到整车的美感协调，使外形的美感大打折扣。内饰设计时要考虑更多的细节，且需要更加细腻一些，并着重强调触觉、手感、舒适性和可视性，等等。

一、汽车仪表板装饰

仪表板总成似一扇窗户，随时反映出车子内部机器的运行状态，同时它又是部分设备的控制中心和被装饰的对象，是轿车车厢内最引人注目的部件。可以这样说，仪表板总成既有技术的功能又有艺术的功能，它反映出各国轿车制作工艺和风格上的差异。

现代轿车的仪表板总成一般分成两个部分：一部分是指方向盘前的仪表板和仪表罩及平台；另一部分是指司机旁通道上的副仪表板。其中仪表板是安装指示器的主体，集中了全车的监察仪表，通过它们揭示出发动机的转速、油压、水温和燃油的储量，灯光和发电机的工作状态，车辆的现时速度和里程积累。有些仪表还设有变速挡位指示、计时钟、环境温度表、路面倾斜表和地面高度表等。按照现时流行的款式，现代轿车多数将空调，音响等设备的控制部件安装在副仪表板上，以方便驾驶者的操作，同时也显得整车布局紧凑合理。

1. 汽车仪表板的结构类型

汽车仪表板的结构和用材多种多样，但基本上可以分为硬质仪表板和软质仪表板两大类。

硬质仪表板(见图 4-63)一般是由塑胶材料整体注塑而成。这种仪表板结构简单、成本低，本体部分为同一种材料构成，多用于载重汽车及客车，一般不需要表皮材料。

软质仪表板(见图 4-64)由表层、缓冲层和骨架三个部分构成。外表面全部或者上部经过软化处理，触感舒适。常用材料有 PU、PP、ABS/PVC 合金等，多用于轿车。

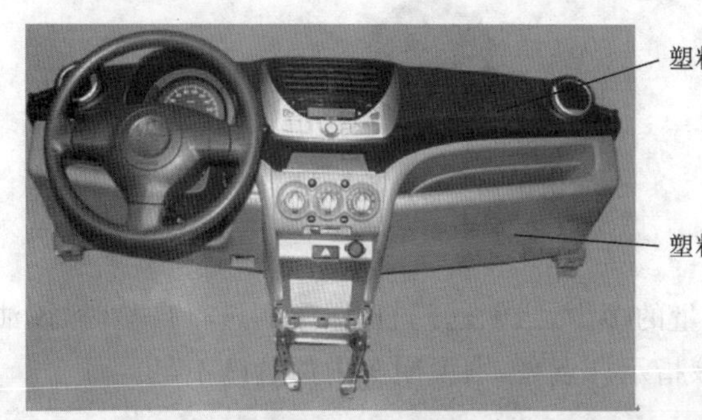

图 4-63 硬质仪表板

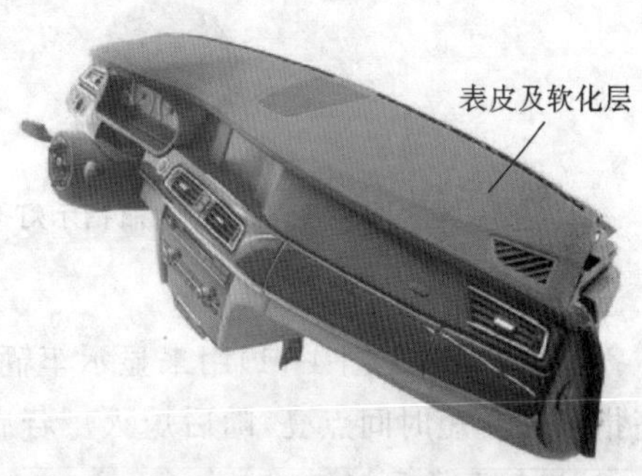

图 4-64 软质仪表板

此外，还有钢板冲压成型再焊接，涂装制造的钢质仪表板(钢质仪表板外层包覆人造革后制成的半软化仪表板)，木质仪表板等。

2. 车内各类仪表指示灯

1) ABS 指示灯

该指示灯(见图 4-65)用来显示 ABS 工作状况。当打开钥匙门，车辆自检时，ABS 指示灯会点亮数秒，随后熄灭。如果未闪亮或者启动后仍不熄灭，表明 ABS 出现故障。

2) EPC 指示灯

常见于大众品牌车型中。打开钥匙门，车辆开始自检时，EPC 指示灯(见图 4-66)会点亮数秒，随后熄灭。如果车辆启动后仍不熄灭，说明车辆机械与电子系统出现故障。

图 4-65 ABS 指示灯

图 4-66 EPC 指示灯

3）O/D 挡指示灯

该指示灯（见图 4-67）用来显示自动挡的 O/D 挡超速挡的工作状态，当 O/D 挡指示灯闪亮，说明 O/D 挡已锁止。此时加速能力获得提升，但会增加油耗。

4）安全带指示灯

该指示灯（见图 4-68）用来显示安全带是否处于锁止状态，当该灯点亮时，说明安全带没有及时扣紧。有些车型会有相应的提示音。当安全带被及时扣紧后，该指示灯自动熄灭。

图 4-67 O/D 挡指示灯

图 4-68 安全带指示灯

5）电瓶指示灯

该指示灯（见图 4-69）用来显示电瓶使用状态。打开钥匙门，车辆开始自检时，该指示灯点亮。启动后自动熄灭。如果启动后电瓶指示灯常亮，说明该电瓶出现了使用问题，需要更换。

6）机油指示灯

该指示灯（见图 4-70）用来显示发动机内机油的压力状况。打开钥匙门，车辆开始自检时，指示灯点亮，启动后熄灭。该指示灯常亮，说明该车发动机机油压力低于规定标准，需要维修。

图 4-69 电瓶指示灯

图 4-70 机油指示灯

7）油量指示灯

该指示灯（见图 4-71）用来显示车辆内储油量的多少，当钥匙门打开，车辆进行自检时，该油亮指示灯会短时间点亮，随后熄灭。若启动后该指示灯点亮，则说明车内油量已不足。

8）车门指示灯

该指示灯（见图 4-72）用来显示车辆各车门状况，任意车门未关上，或者未关好，该指示灯都有点亮相应的车门指示灯，提示车主车门未关好，当车门关闭或关好时，相应车门指示灯熄灭。

图 4-71 油量指示灯

图 4-72 车门指示灯

9）气囊指示灯

该指示灯（见图 4-73）用来显示安全气囊的工作状态，当打开钥匙门，车辆开始自检时，该指示灯自动点亮数秒后熄灭，如果常亮，则安全气囊出现故障。

10）刹车盘指示灯

该指示灯（见图4-74）是用来显示车辆刹车盘磨损的状况。一般，该指示灯为熄灭状态，当刹车盘出现故障或磨损过度时，该灯点亮，修复后熄灭。

图4-73 气囊指示灯

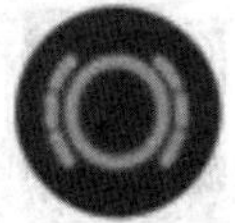

图4-74 刹车盘指示灯

11）手刹指示灯

该指示灯（见图4-75）用来显示车辆手刹的状态，平时为熄灭状态。当手刹被拉起后，该指示灯自动点亮。手刹被放下时，该指示灯自动熄灭。有的车型在行驶中未放下手刹会伴随有警告音。

12）水温指示灯

该指示灯（见图4-76）用来显示发动机内冷却液的温度，钥匙门打开，车辆自检时，该指示灯会点亮数秒，后熄灭。水温指示灯常亮，说明冷却液温度超过规定值，需要立刻暂停行驶。该指示灯水温正常后熄灭。

图4-75 手刹指示灯

图4-76 水温指示灯

13）发动机指示灯

该指示灯（见图4-77）用来显示车辆发动机的工作状况，当打开钥匙门，车辆自检时，该指示灯点亮后自动熄灭，如常亮则说明车辆的发动机出现了机械故障，需要维修。

14）转向灯指示灯

该指示灯（见图4-78）是用来显示车辆转向灯所在的位置。通常为熄灭状态。当车主点亮转向灯时，该指示灯会同时点亮相应方向的转向指示灯，转向灯熄灭后，该指示灯自动熄灭。

图4-77 发动机指示灯

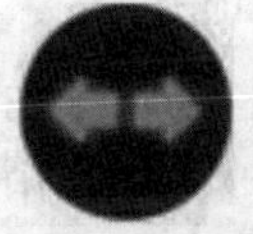

图4-78 转向灯指示灯

15）远光指示灯

该指示灯（见图4-79）是用来显示车辆远光灯的状态。通常的情况下该指示灯为熄灭状态。当车主点亮远光灯时，该指示灯会同时点亮，以提示车主，车辆的远光灯处于开启状态。

16）玻璃水指示灯

该指示灯（见图4-80）是用来显示车辆所装玻璃清洁液的多少，平时为熄灭状态，该指示灯点亮时，说明车辆所装载玻璃清洁液已不足，需要添加玻璃清洁液。添加玻璃清洁液后，该指示灯熄灭。

图 4-79 远光指示灯

图 4-80 玻璃水指示灯

17) 雾灯指示灯

该指示灯(见图 4-81)是用来显示前后雾灯的工作状况,当前后雾灯点亮时,该指示灯相应的标志就会点亮。关闭雾灯后,相应的指示灯熄灭。

18) 示宽指示灯

该指示灯(见图 4-82)是用来显示车辆示宽灯的工作状态,平时为熄灭状态,当示宽灯打开时,该指示灯随即点亮。当示宽灯关闭或者关闭示宽灯打开大灯时,该指示灯自动熄灭。

图 4-81 雾灯指示灯

图 4-82 示宽指示灯

19) 内循环指示灯

该指示灯(见图 4-83)是用来显示车辆空调系统的工作状态,平时为熄灭状态。当点亮内循环按钮,车辆关闭外循环,空调系统进入内循环状态时,该指示灯自动点亮。内循环关闭时该指示灯熄灭。

20) VSC 指示灯

该指示灯(见图 4-84)是用来显示车辆 VSC(电子车身稳定系统)的工作状态,多出现在日系车上。当该指示灯点亮时,说明 VSC 系统已被关闭。

图 4-83 内循环指示灯

图 4-84 VSC 指示灯

3. 汽车仪表板的装饰方法

木质或者仿木质材料是轿车内饰的主要材料之一,镶嵌在仪表板、中控板(副仪表板)、变速杆头、门扶手、方向盘等地方。高中档轿车在内饰上配置木质材料以显示豪华气势,中低档轿车在内饰上配置仿木质材料以提高档次。因此,目前流行木质或仿木质内饰,以体现轿车的装饰高档化。轿车内饰木质材料一般是指胡桃木和花梨木,多用胡桃木,因为这些木材的优点是纹理优美、坚韧,不会变形。因此,一些高中档轿车用胡桃木做内饰材料,配上真皮面料座椅、丝绒内饰面料等,相辅相成,尽显一种优雅与华贵的气氛。

汽车桃木组件如图 4-85 所示。

(1) 用真皮对仪表板进行装饰。

(2) 用桃木装饰仪表板。桃木材质细腻,软硬适当,花纹清晰美观。另外,同等手感的还有橡木。一般,用桃木来装饰仪表板可以凸现回归自然的特色,降低车内乘客的疲惫感,放松身体。

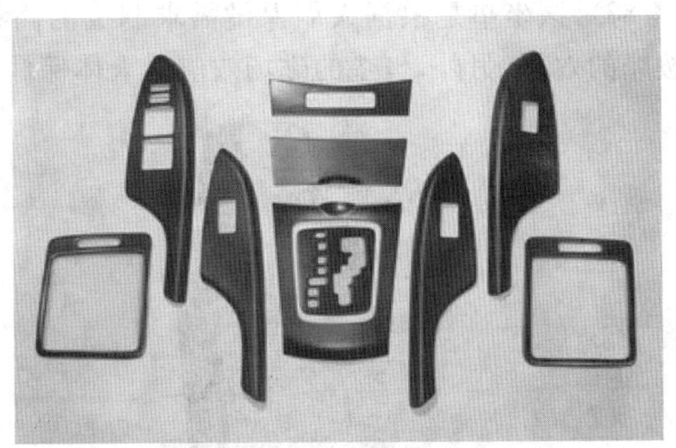

图 4-85 汽车桃木组件

4. 日常保养

汽车新安装了桃木内饰后，最好能每天用柔软的湿布擦拭一遍，以擦去粘在上面的灰尘，保持桃木的正常光泽。在擦拭中，切忌不要用干硬的布条直接擦拭，也不要用酸性或者碱性的清洗剂，这样都会损害桃木上面的光釉。

5. 亚光处理

桃木内饰也有一定的寿命，特别是在使用一段时间后，它表面的光釉在逐渐磨损后会导致整个桃木内饰出现暗淡无光的现象，术语叫“亚光”，这些都是正常现象，当出现这种现象，而桃木内饰还完好无损不需要更换的时候，可以采取下面的办法让其恢复光泽：在汽车打蜡时可以在桃木内饰上打一点蜡，然后用柔软的湿布快速地在上面擦拭，因为桃木内饰出现暗淡无光的现象是由于上面的光釉光泽度降低，而汽车打蜡的目的就是让光釉重新焕发光泽，在打蜡擦拭的时候，切记擦拭的速度要快，最好沿着一个方向。

二、汽车座椅装饰

汽车座椅是车内占用面积最大，使用率最高的部件，为此对其进行装饰不仅要考虑到美观，还要考虑到实用。

1. 汽车坐垫

1）功能

(1) 高舒适性。柔软的汽车坐垫使身体更舒适，可减缓汽车颠簸产生的震动，减轻旅途的疲劳。

(2) 改善透气性。夏季使用的硬塑料或竹制品坐垫具有良好的透气性，给人以凉爽的感觉，有降温消暑的功效。

(3) 增强保健性。汽车保健坐垫可通过震动按摩或磁场效应，改善乘员局部新陈代谢，促进血液循环，消除紧张疲劳，达到保健的目的。

2）种类

(1) 柔式坐垫(见图 4-86)，主要由棉、麻、毛及化纤等材料制成。棉麻混纺坐垫具有透气性能优良、韧性强、易于日常清洁护理等特点；棉毛混纺坐垫具有柔软、舒适、透气性能好等特点；化纤混纺坐垫透气性好、价格低、但易产生静电。

(2) 帘式坐垫(见图 4-87)，主要由竹、石或硬塑料等材料制成小块单元体，然后将单元体串接成帘状制成坐垫，该坐垫具有极好的透气性，是高温季节防暑降温的佳品。

(3) 保健坐垫(见图 4-88),该坐垫是根据人们保健需求制成的高科技产品,当乘员随汽车颠簸震动时可起到自动按摩的效果,另外,坐垫的磁场效应对人体保健也大有益处。

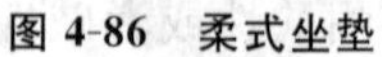

图 4-86 柔式坐垫

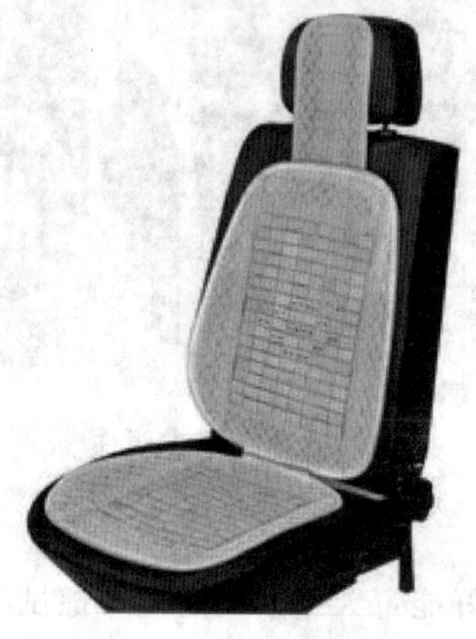

图 4-87 帘式坐垫

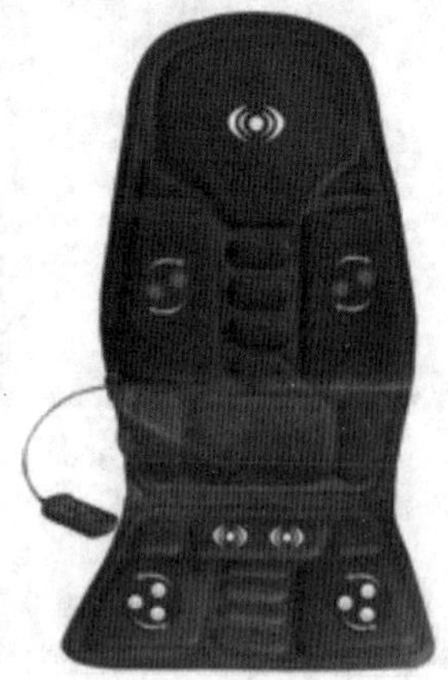

图 4-88 保健坐垫

3) 坐垫选用

(1) 根据气温的条件选用,当气温不高时应选用柔式坐垫,利于保温,并提高舒适性;高温季节应选用帘式坐垫,以利于降温防暑。

(2) 根据汽车档次选用。中高档轿车可选用材质极好的纯毛坐垫或保健坐垫,另外,中高档轿车空调效果较好,高温季节也不必使用帘式坐垫,以提高舒适性。

4) 日常维护

汽车坐垫是汽车里最常用的配件之一,使用频率高,因此容易弄脏。特别是毛绒的坐垫,脏了不好清洗,但只要平时保养好了,清洗起来也并不难。清洗工具有毛绒专用清洁剂、丝绒清洁剂、细毛刷、小型吸尘器、吹风机、梳子等。对坐垫进行一般护理时,灰尘要经常拍打,有碎末时及时用小型吸尘器吸出来,或者用吹风机吹,毛绒的,再用梳子理顺毛绒,这样既可恢复其原有的自然形态,保持柔软、舒适,还可保持色泽的艳丽和图案的完整。

5) 清洗方法

(1) 羊毛/羊绒坐垫。当毛绒坐垫有明显藏污时,可用毛绒专用清洁剂(中性的最好,禁止使用漂白剂和含氯清洁剂的,以免造成褪色)兑 30 ℃～40 ℃的温水清洗,用细软毛刷仔细地刷。洗完后直接晾干即可,不能暴晒,不要拧干,可用手指把湿透了的毛理顺一些,这样晾干后毛绒还会和没洗前一样。

(2) 天蚕丝坐垫。光泽度好,手感柔和舒适,凉爽是真丝最大的特性。保养和清洗的工作要做到细致的话一般可以使用 5 年。如果只是沾上一点点的污渍,可以用专用清洁毛巾沾上水洗净,或者还可以使用干洗剂慢慢擦拭并晾干。如果污渍较多,建议可以拿到专业清洗店洗涤。

(3) 亚麻坐垫。在坐垫中最受欢迎的莫过于亚麻坐垫了,价位属于中等偏高的。它的清洗方法和天蚕丝有很大不同:用水轻轻地洗,不能用硬刷子来洗,如果用硬刷子洗很容易出现起毛,甚至褪色的情况。在洗涤时,使用 40 ℃的水是最合适不过的。使用脱水机甩干、电吹风吹干都是可以的,但是一定不要用手拧干。如果是使用以上的方式洗涤,是不需要熨烫的,但是如果熨烫的话效果会更好。

(4) 冰丝坐垫。在夏季非常受欢迎,因为它具有凉爽、透气、舒适的特性,而且价格适中,比较容易接受。我们在洗涤的时候最好用 30 ℃～40 ℃的温水,不可以氯洗,不可以漂白,因为会导致褪色,也不能暴晒在太阳光之下。在污渍不多的情况下,可以用专用清洁毛巾沾上水洗净,或者还可以使用干洗剂慢慢擦拭并晾干，最好的方式是拿到专业的干洗店干洗。

(5) 凉席/竹编坐垫。因为材质比较简单，通常直接用软毛巾蘸上清水清洗，较脏时用丝绒清洁剂兑水后，用毛刷刷洗即可。使用清洗剂则选择万能泡沫型比较好，能起到不破坏原材质的效果。对很薄的凉席或竹编坐垫，不能太用力，轻轻擦擦就行，也只能悬挂晾干，不可暴晒。

(6) 真皮坐垫。轻微污染时，请用清洁毛巾蘸上1%浓度的专用皮革清洁剂轻轻擦拭皮革表面，并用同样的方法，用清水擦拭，然后及时晾干。切记不可暴晒。

6) 注意事项

(1) 用梳子梳理。毛质汽车坐垫性质跟动物毛差不多，使用一段时间后，毛会出现压陷的现象，可以用梳子轻轻梳理皮毛即可，当然比较适合长毛的冬季汽车坐垫，注意不要太用力。

(2) 用电吹风吹。用电吹风吹毛绒汽车坐垫非常有效，借住风的力量，将毛质上所沾的灰尘清除掉，这样即可恢复其原有的自然形态，保持柔软、舒适，还可保持色泽的艳丽和图案的完整。

(3) 小型吸尘器吸。可用吸尘器清除毛绒汽车坐垫上的灰尘，注意一定要用小型的吸尘器，且要控制好吸尘器的吸力，避免破坏坐垫表面。

(4) 轻轻拍打去尘。拍打毛绒汽车坐垫，对清理坐垫表面的浮尘非常有效。如果天气晴朗，可以将汽车坐垫拿出来，用小木棒轻轻敲打皮毛的表面，以保持清洁卫生。

(5) 洗洁剂的选择。毛绒专用清洁剂、丝绒清洁剂要买性质温和的正品，假冒伪劣的产品容易损伤坐垫。

(6) 染色清除。有时候坐垫染上颜色，例如果汁等，不好清洗，如果专用清洁剂也不管用了，可以用84消毒液，一定要稀释好了再用，只是把受污染的地方清洗就可以了。坐垫颜色深的不能用84消毒液，会导致坐垫严重褪色。

(7) 真皮类坐垫清洗。真皮坐垫或者坐垫含羊毛，应送干洗店进行专业干洗。

(8) 防潮保存。建议晾干后，找干净的塑料袋把坐垫封起来，然后可在里面适当加点干燥剂防潮。

2. 真皮座椅选装

1) 特点

(1) 可提高汽车配备档次。配备真皮座椅的汽车价格明显高于没有配备真皮座椅的汽车。在一定程度上配备真皮座椅是汽车档次的象征。

(2) 乘坐舒适。真皮座椅在视觉上、触觉上，甚至味觉上都给人以舒适、温馨的感觉；同时，在炎热的夏日，真皮座椅只会表面较热，轻拍几下，热气会很快消散，使乘员乘坐较为舒适。

(3) 使车显得整洁。真皮座椅不像绒布座椅那么容易"藏污纳垢"，干净与否尽显表面。

(4) 平时需要勤保养，保养跟不上，皮质容易过早损坏。

(5) 使用时要格外小心，尖锐的物品很容易刚伤真皮表面。

(6) 清洁座椅后，如果处理不当，残留在座椅表面的护理品会使驾驶员及乘员的衣裤发出油亮。

2) 种类

为正确选择真皮制品，掌握不同面革的特点及表面特征很重要。

(1) 黄牛皮。毛孔细小，呈圆形，分布均匀紧密，毛孔较直地深入革内，排列不规则，革面丰满光亮，皮板柔软，纹细，结实，手感坚实而富有弹性。

(2) 水牛皮。水牛皮皮面毛孔比黄牛皮大，毛孔数量稀少，皮革表面弹性相对较差，易出现松弛，且皮革表面略显粗糙，硬质感觉比黄牛皮明显，透气性较好。

(3) 羊皮革。羊皮皮面较牛皮薄，柔软性优于牛皮，毛孔排列均匀细腻，质感柔顺。分山羊皮和绵羊皮两种：山羊皮纹路是在圆弧上排列 2～4 个粗毛孔，周围有大量绒毛孔；绵羊皮皮板薄，手感柔软，毛孔细小，呈扁圆形，由几个毛孔构成一个组，排成长列，分布很均匀，但不结实。天然羊皮在阳光辐射、高温时会散发出膻味，生产中去除异味工艺复杂，制作成本高。因此，羊皮主要应用于高档轿车。

3. 儿童座椅的选装

汽车上的安全带是按成人标准来设计的，适合体重 36 kg、身高 140 cm 以上的成人使用。如果给宝宝使用，安全带会卡在宝宝的脖子上，发生事故时对宝宝的危害更大。一般而言，儿童安全座椅分为婴儿安全座椅和儿童安全座椅，从使用方式上来看，一般是分为躺着和坐着两种。从宝宝出生时到能够自己独立坐稳这段时间要使用婴儿安全座椅，等宝宝可以自己坐稳以后就可以切换成普通的儿童安全座椅(见图 4-89)了。

图 4-89 儿童座椅

1) 优点

(1) 保证儿童的安全。有关交通安全的研究显示，一个 7 kg 重的婴孩在汽车以 48 km/h 的速度下发生碰撞时，足以在身上产生 140 kg 的前冲力，是一个婴孩体重的 20 倍，无论大人抱得多么紧，也无法确保孩子不摔出去。若抱着婴孩的成人没有系上安全带，成人极可能与婴孩一起冲向仪表板或挡风玻璃，从而对婴孩造成伤害。同时，随着安全气囊的不断普及，这对成人起着安全保护作用的设备，却成为可能对儿童造成致命伤害的重要因素。

(2) 增加乘坐的舒适性。汽车座椅是为成人设计的，儿童因身材矮小，坐在成人座椅上很不舒服。若想靠上座椅后背，则腿不能弯曲，若想让腿能弯曲，则又靠不上座椅后背，且腿弯曲后脚也不能着地，所以是靠着不舒服，不靠着也不舒服。儿童安全座椅是为儿童量身定制的，较好地解决了这一问题，因此，为了孩子的安全，应在车内安装儿童安全座椅。

2) 种类

(1) 后向式儿童安全座椅。后向式儿童安全座椅(见图 4-90)是儿童坐上后正面向后的一种座椅，它的安全性能最高，这种座椅尤其适合 3 岁以下的婴幼儿使用。3 岁以下婴幼儿的头部可能与他身体其余部位的重量相当，加上柔弱而不稳的脖子，当正面碰撞发生时，如果他们是面向前方而坐，其处境会十分危险。有关专家认为：儿童头部的重量被摔向前方，而他的脖子不能承受其力量，其结果会是致命伤或者致残。如果儿童坐在面向后方的座位上，由于座椅的支持，则可避免或减轻儿童在交通事故中受到伤害。

(2) 前向式儿童安全座椅。前向式儿童安全座椅(见图 4-91)是儿童坐上后正面向前的一

图 4-90 后向式儿童安全座椅

种座椅，这种座椅适合3岁以上的儿童使用。3岁以上的儿童更喜欢前向式儿童安全座椅，主要是因为坐在前向式儿童安全座椅上视觉大为改善，便于欣赏来自大自然的美好景色。

3）注意事项

(1) 根据儿童年龄和体重选购安全座椅。

(2) 根据连接方式选购安全座椅。目前，市面上在售的儿童安全座椅大致分为儿童安全座椅安装接口和安全带固定方式两类接口连接。

儿童安全座椅安装接口也叫 ISO FIX，它的全称是"International Standards Organisation FIX"，中文译为：国际标准化组织固定装置。ISO FIX 是在车辆的座椅上采用一致的固点，使儿童座椅能够方便且牢固地连接，安全、方便、快捷。儿童安全座椅安装接口具有显著的优点，其刚性连接强度高，不易松动，安装简单，但要求车辆座椅上也必须具备定 ISO FIX 标准接口（见图 4-92）。

图 4-91 前向式儿童安全座椅

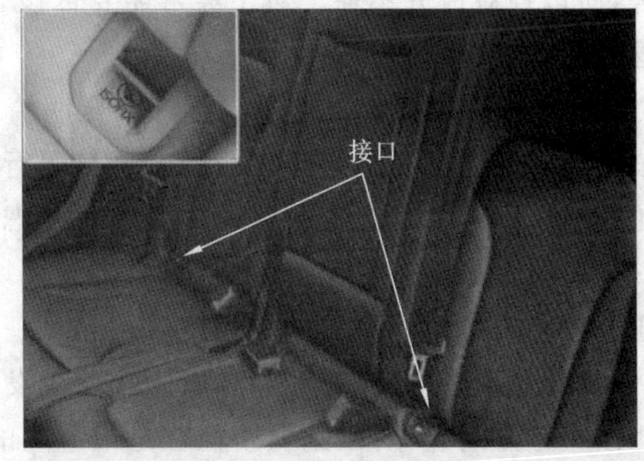

图 4-92 ISO FIX 标准接口

安全带接口方式其实就是汽车本身的接口方式，它具有非常好的兼容性，不同型号的儿童座椅或不同标准的车型都可以使用。在国内，绝大多数车型儿童座椅采用安全带固定方式。安全带固定方式可以支持儿童座椅正方向固定（儿童座椅面向前），也可以支持反方向固定（儿童座椅面向后）两种形式。安全带接口方式的优点是通用性强，其缺点是安装相对麻烦，且容易产生误操作，安全级别低。

(3) 通过认证标志来选购儿童汽车安全座椅。"3C"认证全称为"强制性产品认证制度"，它是我国为保护消费者人身安全、加强产品质量管理、依照法律法规实施的一种产品合格评定制度，在经过该认证的产品上所看到的标志就是"CCC"，表示该产品已经通过安全性认证。儿童安全座椅的"3C"测试包括静态试验、动态试验、燃烧试验、毒性试验。另外，也有相关国际标准认证,如欧盟、德国和美国的标准。

(4) 根据材质选购安全座椅。安全座椅的安全性主要取决于两大方面:一是内部结构设计;二是优质材料的应用。安全座椅的成本主要取决于材料的应用,从安全座椅的构造上来看,主要有骨架和外罩布套两个部分,而骨架是承受冲击力的重要部件。

骨架一般用塑料加工而成。合格的安全座椅应当用原生的工程塑料,原生工程塑料的成本相对较高,不过其韧性较好,一旦发生意外,可以承受巨大的冲击力。劣质的安全座椅一般是用回收塑料加工而成,回收塑料成本低,比较脆弱,韧性不足,一旦发生意外,不但不能承受巨大的冲击力,反而可能在巨大的惯性力的作用下使座椅骨架产生碎裂。这种安全座椅在关键时刻不仅不能保护儿童的乘车安全,反而很可能会加重对儿童的伤害。

安全座椅的另一个重要组成部分是布套,所有符合"3C"认证的布料,必须经过静态试验、动态试验、燃烧试验和毒性试验等严格的安全测试。如,燃烧试验主要是单位时间内座椅的塑料、布料等的燃烧速度不能太快,要满足 GB 8410-2006《汽车内饰材料的燃烧特性》标准的要求。毒性试验则是引用 GB 6675.4-2014《玩具安全》第 4 部分:特定元素的迁移的标准,测试座椅是否含有重金属元素、有毒物质,如甲醛等。

(5) 购买前尽量进行试坐体验。在购买安全座椅前,要根据自己汽车的安装接口方式选择适合的安全座椅。除了听销售员的介绍外,要仔细阅读产品使用说明书,最好让孩子试坐。要注意,座椅安装后,椅背的高度应高出孩子的背部;头部应有保护护垫,而肩带应可以调整高度以适应儿童的成长,胸部应采用柔软的胸垫材质等。

(6) 尽量按照成长阶段匹配座椅。市场上一些座椅宣传使用年限长,年龄跨度和身高体重的跨度很大,不少家长会认为这样的产品不错,买一个可以一直用到孩子长大。然而这种大跨度的座椅是有它的弊端的,为了同时满足不同年龄段儿童的使用,在设计上需要有所妥协和取舍,所以针对性并不强。对于经常需要带孩子出行的家长来说,还是建议按照成长阶段进行量身购买。

(7) 按照出行方式的不同选择安全座椅。随着自驾旅行和探亲访友的家庭越来越多,高速公路成了交通出行的必经之路。带着孩子行驶在高速公路上,选择一款安全系数高的安全座椅尤其重要。经常走高速公路的消费者可考虑给汽车配备更适合高速公路行驶的安全座椅,这类安全座椅除了配备有保护骨架、安全带等模块之外,一般还会配备独立的吸能装置,一旦发生交通意外将提高对儿童的保护程度。

(8) 将座椅安装在后排位置。由于在发生交通事故时,司机会出于本能保护自己,下意识地往左打方向盘,所以副驾座往往是最危险的地方。另外,由于副驾驶设有安全气囊,一旦发生意外,安全气囊可在几毫秒内完全充满,其巨大的冲击力,会给孩子带来严重的伤害。因此不建议将座椅安装在副驾驶位置上。安装在汽车后排中间位置同样也不可取,因为大部分儿童安全座椅都是用车载三点式,车载五点式安全带安装或是 ISO FIX 接口安装,而大部分车型的中间位置并没有 ISO FIX 接口,安全带也只有一根腹带,并不能有效固定安全座椅。

(9) 谨慎使用二手座椅。安全无小事,只有确保座椅符合相关标准要求的情况下才能使用。由于二手座椅可能经历过碰撞和长时间的使用,容易产生部件磨损、细菌滋生等问题,对孩子的安全健康存在安全隐患。

三、汽车顶棚内饰翻新

汽车顶棚内饰是汽车整车内饰的重要组成部分,它的主要作用是提高车内的装饰性,同时顶棚内饰还可提高与车外的隔热、绝热效果；降低车内噪声，提高吸音效果；提高乘员乘坐的舒适性和安全性。

1. 清洗方法

具体清洁方法是先用大功率吸尘器吸尘，同时配合顶棚软刷进行初步清洁。然后用中性的泡沫清洁剂喷洒到顶棚的绒面上，一般质量好的泡沫清洗剂会比较长时间地“挂”在顶上，稍等几分钟后，用顶棚的专用清洁软刷轻柔地刷洗，再配合使用湿毛巾擦。不可使用其他的硬毛刷子，否则容易使绒毛脱落。绒面顶棚需要使用泡沫清洁剂，最好是洗布艺沙发的干性的那种，然后用吸尘器吸干净。对顽固的污渍，需要反复喷洒泡沫进行擦洗，处理干净后，用另一块干净的棉布，顺着车顶的绒毛方向抹平，使其恢复本来的模样。

2. 顶棚翻新

(1) 先把汽车内的顶棚从车内拆下来。所以先要卸下一个阅读灯、顶棚上的照明灯、两个遮阳板、三个拉手。

(2) 卸阅读灯的时候先沿灯和布的边沿用螺丝刀插入，然后慢慢地撬开，主要是卡口卡住的，只要用螺丝刀顶住卡口往里压就可以使顶盖卸下(见图4-93)。

(3) 卸下遮阳板。

(4) 卸下车顶扶手和后座上面的卡子。

(5) 卸下顶棚中间的照明灯。

(6) 卸下AB柱，这样容易拿下顶棚。

(7) 卸下顶棚并从车内拿出顶棚。

① 此时应处理顶棚，先把顶棚布与顶棚进行分离，这一步操作非常简单，只要撕下顶棚布就可以了。

② 用铲刀和钢刷把老化的海绵从顶棚上刮下来(见图4-94)，这一步要仔细做，因为留下一点老化的海绵会影响今后顶棚的使用寿命。

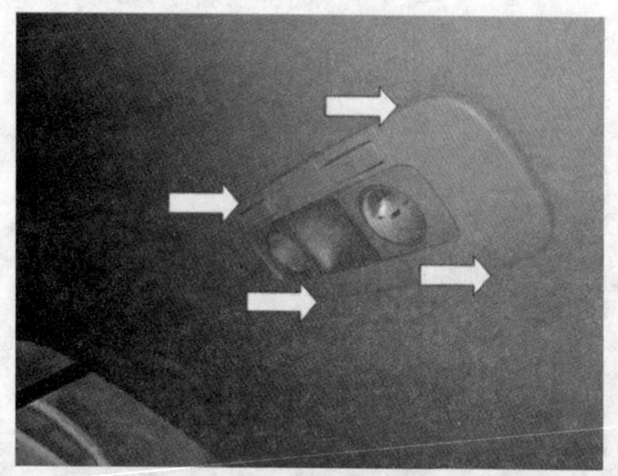

图4-93 拆卸阅读灯

图4-94 顶棚老化海绵处理

(8) 新的顶棚布进行粘贴。

① 顶棚布有一定的伸缩性，需要注意粘贴面的平整。

② 粘贴时以30 cm为一个单位。在棚布底座上先用胶刷30 cm(凹陷部位不能漏刷)，然后在棚布的海绵上也刷30 cm，稍干一下进行粘贴并轻轻地抚平。然后用此方法一点点往下粘贴。

③ 等全部粘贴完毕后用白手套进行抹平，当然关键部位还是凹陷的地方，一定要轻轻地反复抚平，以利于美观，同时增加粘贴的牢固度和平整度。

④ 注意点:室温不能太高,一般在 18 ℃～22 ℃之间,刷胶后 5 min 必须开始粘贴,否则胶水干了之后失去黏性而不能粘牢固。

⑤ 粘贴完工后,应放在阴凉处让胶水自然干燥,以保证粘牢。

(9) 安装顶棚。

① 顶棚粘贴好后应静置一天以上,这样可以保证使用年数。

② 安装时以反顺序进行安装。

项目 5
汽车防护及电子产品加装

知识目标

（1）掌握汽车防护种类。

（2）掌握汽车电子产品的类别和功用。

能力目标

（1）能进行汽车防护设备加装。

（2）能对汽车电子产品正确加装。

学习任务1　汽车贴膜

汽车车窗通常采用有利于视野并且美观的曲面玻璃,借助橡胶密封条嵌在窗框上,或用专门的黏合剂粘贴在窗框上,是人与外界交互的窗口。车窗通常分为前后风窗、通风窗、隔热侧窗、遮阳顶窗四种。汽车的前后风窗通常采用有利于视野而又美观的曲面玻璃,又称前后挡风玻璃。为便于自然通风,某些汽车在车门上设有三角通风窗,三角通风窗可绕垂直轴旋转,窗的前部向车内转动而后部向车外转动,使空气在其附近形成涡流并绕车窗循环流动。侧窗玻璃采用茶色或带有隔热层,可使车内保温并带给乘员宁静的舒适感。具有完善的冷气、暖气、通风及空调设备的高级客车常常将侧窗设计成不可开启式,以提高车身的密封性。遮阳顶窗(也称汽车天窗),接近敞篷车的性能,以便乘员在风和日丽的季节里充分享受明媚的阳光和新鲜的空气。遮阳顶窗不但可以增加车内的光照度,而且也是一种较有效的自然通风装置。

汽车贴膜就是在车辆前后挡风玻璃、侧窗玻璃以及天窗上贴上一层薄膜状的物体,而这层薄膜状物体也称为太阳膜或防爆隔热膜。它的作用主要是阻挡紫外线,阻隔部分热量以及防止玻璃突然爆裂导致的伤人、眩光等情况发生,同时根据太阳膜的单向透视性能,达到保护个人隐私的目的。此外,它也可以减少车内物品以及人员因紫外线照射造成的损伤,通过物理反光,降低车内温度,减少汽车空调的使用,从而降低油耗,节省一部分开支。

1. 车窗贴膜

1) 贴膜结构

车窗贴膜通常是多层复合结构:丙烯酸构成的耐磨层,涂覆在隔热层外部,非常坚韧,清洗玻璃时不易刮伤;聚氨酯构成的安全基层,透明且抗冲击能力强,当偶发事故时,缓冲碰撞,减少外来伤害,同时安全基层能有效过滤阳光和迎面车辆远光灯中的眩光;隔热层,通过铝、镍过量溅射涂覆在安全基层上,可以选择性反射阳光中的红外线,起到隔热的效果;防紫外线层,隔热层涂覆UV吸收材料,由特种UV吸收剂构成,可阻隔99%的紫外线;胶膜层和透明基材等。汽车隔热防爆膜需要满足的要求是,既要使视野清晰,又要抵抗紫外线,同时还需要具有非常强的黏结力,在发生外力冲击的情况下,能将破碎的玻璃黏附住,保护车内乘员。图5-1为汽车贴膜结构。

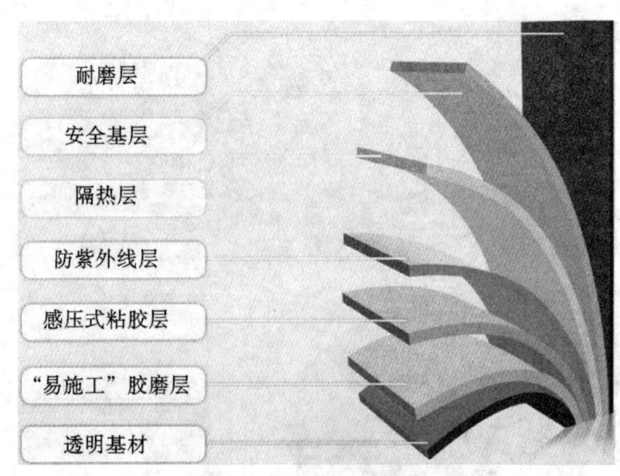

图5-1　汽车贴膜结构

2）作用

（1）隔热防晒。贴膜能很好地阻隔红外线产生的大量热量。质量好的汽车防晒隔热膜能反射红外线，所以车内的温度就低得多，继而会降低空调负荷，节省燃油。判断隔热防晒效果的办法很简单，只要用贴了膜的玻璃挡住太阳，用脸或者手去感受其隔热效果即可。

（2）隔紫外线。紫外线虽然看不见，但对人体的伤害却极大，过量的紫外线照射会灼伤皮肤，引发疾病。此外，紫外线还容易造成仪表板等各种车内饰件加速老化。因此，一般优质车膜都具有极高的紫外线阻隔率，而劣质车膜很多没有这项指标，或者远远低于标准。

（3）安全与防爆。车膜不但有高的隔热率，一般还具有很好的防爆性。贴了车膜的玻璃即便被击碎，破碎的玻璃也会被粘住。膜的基层为聚酯膜，有非常强的耐撕拉、防击穿功能，加上膜的胶层，贴膜后玻璃强度能防止玻璃意外破碎对司乘人员造成的伤害。这对于高速行驶的汽车来说十分重要。

（4）营造私密空间。选择合适的品种，贴膜后，通常在车外看不清车内，而在车内可以看清车外，保留隐私和安全。

（5）降低空调损耗。贴上隔热膜，空调的制冷能力损失可以得到弥补，能瞬间降低车内温度，能节省油耗。

（6）增加美观。根据个人喜好，通过贴膜能个性化美观爱车。

（7）防眩光。防眩光就是大幅度降低可见光的强度，控制扰人的强光，使人的眼睛更舒服，降低因为眩光因素造成的意外情况。

贴膜的作用如图5-2所示。

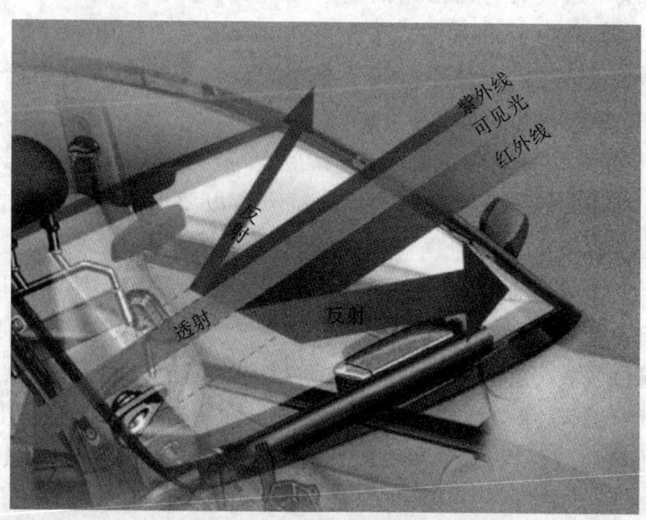

图5-2 贴膜的作用

3）分类

（1）染色膜。染色膜是最低档的汽车膜，这种膜的特点是薄，不隔热，易褪色。一般在小店售卖较多，非常便宜，贴全车只要一两百元。染色膜不仅使用寿命短，而且容易挥发出有害气体。

（2）涂布印刷膜。将糊状聚合物、熔融态聚合物或聚合物熔液涂布于纸、布、塑料薄膜上制得复合材料（膜），是韩国特有的一种工艺。涂布印刷膜一般较厚。这种膜隔热性较好，但透视性稍差。

（3）普通金属膜。普通金属膜是在无色的原膜层上喷溅金属制造而成，一般所用金属为铝、铁等。这种膜一般产于中国、印度、日本、美国等国家。市场上最普通的就是这种金属膜，这种膜透视性一般，隔热性也一般，但价格却不低。

(4) 纳米陶瓷膜。以纳米氮化钛为基础，通过磁控溅射技术与金属氮化技术结合制造而成。纳米陶瓷膜经久耐用，不易腐蚀，不干扰电磁信号，其中琥珀光学纳米陶瓷隔热膜就是最新的陶瓷膜。

(5) 贵重金属膜。这种膜也是在无色原膜层上喷溅金属，但不同的是喷溅的都是铬、钛、铂等贵重金属。这种膜的喷溅方式为磁控溅射，生产工艺非常复杂，因此价格较高。这种膜的特点是颜色自然，透光好、隔热好。

(6) 双层贵重金属膜。这是高端膜的另一个技术趋势，通过多层聚酯膜技术，将 240 层的聚酯膜叠加在一起，制成仅有 0.05 mm 厚的隔热膜，具有可见光透过率高，隔热好，寿命长，无电磁信号干扰等特点。

4) 特点

(1) 透光性。必须选择具有单向透光性能的隔热防爆膜，透气率应大于 70%。夜间行车时，视野清晰而不模糊，才不会影响行驶安全。

(2) 隔热性。隔热效果是衡量太阳膜质量的重要指标，优质车膜的隔热率应为 46%～68%。

(3) 防爆性。优质的防爆车膜的结构中必须设有防爆基层，当挡风及车窗玻璃爆裂时应能有效地防止碎片飞散，防止司乘人员受到伤害。

(4) 耐磨性。优质车膜应具有高质量的耐磨层，膜面应有防划伤保护层，这对延长车膜使用寿命，确保施工时不留下任何划痕，保持车膜美观都有重要的作用。

(5) 抗光线折射性。这是前挡隔热爆膜一个很容易被忽视的重要指标。因为光线折射会产生镜面效应，导致玻璃上出现车内物品投影，影响视线，降低安全性能。

注：有一种银色膜受到部分驾驶员的偏爱，其最大特点是反射率高，隔热性能也很出色，但反射率高也正是其危害所在，会对行车安全构成威胁，所以要尽量避免使用银色膜。

贴膜在我国的发展有几十年的历程，伴随我国的汽车拥有量以每年 20% 的速度递增，汽车贴膜市场会成为一个庞大的黄金产业。贴膜总体经历了四个阶段。第一阶段是汽车太阳膜，即染色膜。在一层聚酯膜上喷涂染色剂以达到隔光隔紫外线的效果，这种太阳膜安装简单，遮光好，但不防热，容易褪色脱胶，使用寿命短。第二阶段是金属反光膜，也有人称它为防爆膜。这种膜通过在聚酯层喷涂铝、钛等金属提高了防爆性能，隔热性能也有改善，但是高透光的时候低隔热，而高隔热的时候低透光。第三阶段是吸热膜，隔热、防晒性能良好，虽然防爆性能有所增强，但是贴膜仍然比较薄。第四阶段是智能光谱薄膜，用磁控溅射金属来增加膜的隔热性能，是当前世界上最高的制膜技术。这种膜能防止发生意外事故后，汽车玻璃碎片飞溅对乘员造成伤害，也具有超高的防紫外线辐射功能，还具有硬度与韧度超强、透视性强和材质稳定等特点。

2. 贴膜环境和工具

车窗贴膜一方面要求工作环境必须无尘或有极少量微尘，另一方面则要求施工者具有纯熟规范的操作手法和科学规范的施工流程。贴膜施工环境的密闭性、温度和湿度决定了贴膜时周围空气中的微尘密度。为了尽可能减少空气中的微尘，汽车应该置放在一个不太大的密闭空间里，同时降低周围的温度，提高周围的湿度。所以无尘贴膜室需要配备空调、自动洒水设备用于降温和增湿。为了有效防止外界的风沙，贴膜室四周的玻璃墙和玻璃门要密闭，如图 5-3 所示。

汽车贴膜用到的工具很多，且大多数都是专用工具。按用途可分为五种：排水工具、裁膜工

（a）无尘贴膜车间外观　　（b）无尘贴膜车间内部

图 5-3 汽车贴膜环境

具、清洁工具、保护工具和热成型工具。其中，排水工具有普通橡胶刮板、大橡胶刮板、超级橡胶刮板、大小三角刮板和钢片刮板；裁膜工具有剪刀、界刀、卷尺、钢尺和手电筒；清洁和保护工具有玻璃清洗剂、铲刀、毛巾、喷水壶和防护膜；热成型工具主要是热风机。汽车贴膜工具如图 5-4 所示。

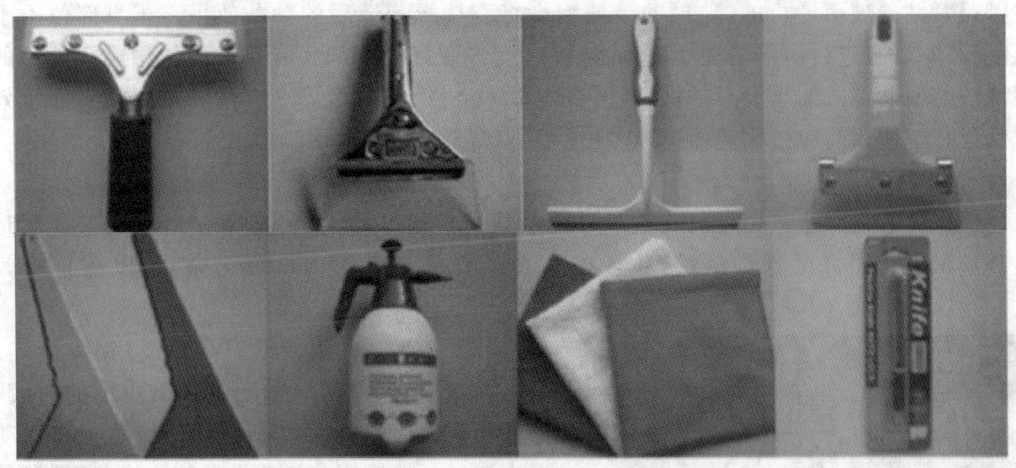

图 5-4 汽车贴膜工具

3. 贴膜工艺

汽车贴膜应用普遍，优质的贴膜，不仅需要无尘的工作环境，专业的操作技能，还需要科学合理的施工工艺。通常贴膜工艺流程从车辆检查开始，然后包括做内外防护、玻璃清洗、裁剪取模、贴膜等过程。

1）车辆检查

贴膜之前，对整车做粗略检查，对施工相关部位做详细检查。这是避免贴膜完成后与顾客发生不必要争执的有效方法。首先，对整车外部和内部进行完好性检查。其次，对玻璃表面进行检查，观察是否存在无法去除的污垢和伤痕，是否有造成玻璃破损的冲击点等。最后，对车厢内室施工玻璃周围的内饰件做有无新破损检查。

2）内外防护

由于贴膜中要使用大量液剂，不可避免地会喷射到玻璃以外的地方，如车门外侧的漆面，内侧的布材、皮革、塑料件等。专用的助贴剂会在这些件上留下难以清除的痕迹。为了避免额外增加工作量，应该在贴膜前对这些部位进行必要的保护，可以使用大毛巾或者遮蔽纸，如图 5-5 所示。需要注意，如果玻璃上或周围有影响施工的内饰件，应该拆卸下来，如窗帘、挂饰、香水座等。

图 5-5　汽车贴膜防护

3）玻璃清洗

玻璃清洗是贴膜过程中既烦琐又非常关键的一个环节。因为贴膜前的一系列取模成型的步骤都是紧贴着玻璃进行的，玻璃的清洁程度将直接影响最后的粘贴效果。车身部位不干净时，还需要对车身进行简单清洗。玻璃清洗前，应先调好清洗剂。有条件应使用贴膜专用的玻璃清洗液与助贴剂。如果没有条件，则可以使用沐浴露、洗洁精等既有清洁效果又有润滑效果的产品代替。使用前应按比例稀释，一般是 1∶40 左右。

4）裁剪取膜

（1）量取车窗尺寸。用卷尺在玻璃外侧量取玻璃的尺寸，主要是宽和高。注意量取时必须在玻璃最宽和最高的部位测量，并且在两端都预留 15～30 mm 作为余量，以防止裁剪量过大。

图 5-6　汽车贴膜剪裁

（2）裁剪。先用裁纸刀和直尺（钢尺最好）根据之前量取的数据，从车膜中裁出矩形的窗膜，裁好的膜在需要移动时，应卷成筒状，防止在移动中发生褶皱。然后用裁纸刀沿玻璃边缘裁下膜形，玻璃边缘可外露部分的窗膜，定型就完成了。玻璃边缘不可外露部分的窗膜，还需要进行后续处理工艺：首先调整膜的位置，按照玻璃边缘的形状下刀裁割窗膜；其次取下窗膜，向右分别移动 5 mm 和 8 mm后，均匀裁出右边缘膜形，调整窗膜至最佳位置；然后画线，用笔将尚未裁割的贴膜沿玻璃边框的结合线标注，标注时用笔轻划出下边缘和左边缘玻璃与橡胶的相交线；最后二次细裁，把膜放回垫板展开，用钢尺与裁纸刀根据画线留取适当余量后裁掉，通常下侧边缘一般留 2～4 cm，需要结合具体的车窗玻璃来决定，如图 5-6 所示。

（3）圆角。圆角的主要目的是防止升降玻璃时，由于窗框阻挡造成贴膜的边角翻折，操作时用裁纸刀小心裁出每个圆角。

（4）热成型贴膜。对弧度较大的车窗，需要在粘贴前对贴膜进行热成型，防止由于车窗有弧度而在贴膜前后产生气孔。

5）贴膜。

粘贴工序需要连续熟练，所以贴膜工艺开始之前，所有的准备工作都需要做好。如果在贴膜过程中间断时间过长，容易造成贴膜粘上大量的灰尘或者贴膜发生黏附。

(1) 开膜。贴膜贴到玻璃上之前需要揭开贴膜保护层与膜体本身。注意避免揭开的膜体相互黏附在一起，如图 5-7 所示。

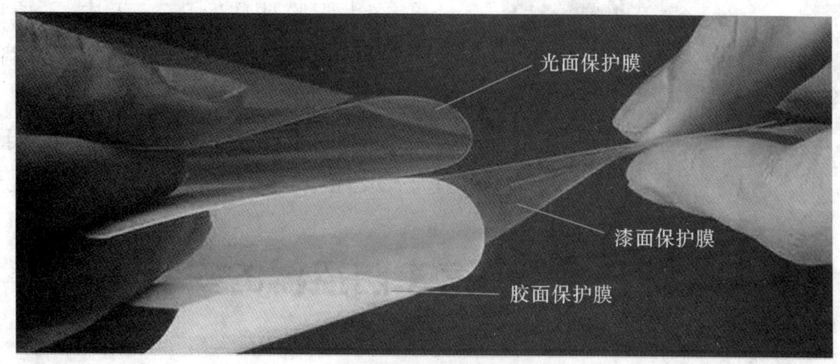

图 5-7 开膜

(2) 上膜和定位。贴膜的内侧粘贴到玻璃的外侧，贴膜在固定调整好之前不能排水。做好玻璃与太阳膜的对中标志。若玻璃有一定的弧度，可用热风枪收缩太阳膜。位置和尺寸对齐后，开始排水。热风枪收缩太阳膜(俗称烤膜)如图 5-8 所示。贴膜的上膜和定位如图 5-9 所示。

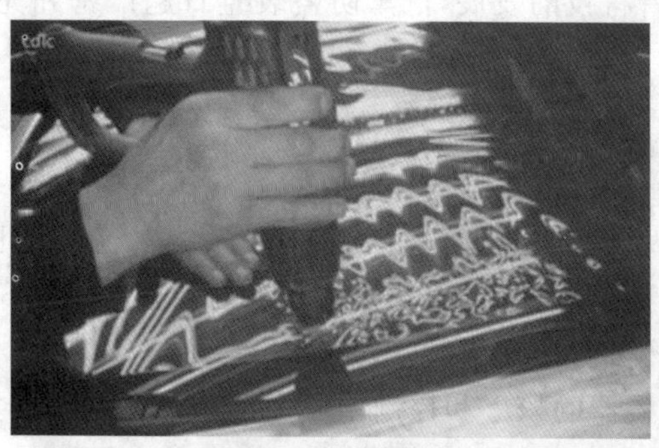

图 5-8 热风枪收缩太阳膜(俗称烤膜)

图 5-9 贴膜的上膜和定位

(3) 排水。窗膜与玻璃之间的水分(助贴剂)分别用橡胶刮板和塑料三角刮板刮出来，让窗膜迅速牢固地粘贴在玻璃上，如图 5-10 所示。

图 5-10　贴膜的排水

(4) 润饰。贴膜粘贴施工完成后，清理施工场地，用细纤维抹布把玻璃内外擦拭干净，最后把贴膜之前的车辆遮蔽物去除，并清理干净。

注意事项：

① 在太阳膜粘贴后的两三天内，不要升降车窗。

② 在太阳膜粘贴后 5～7 天内，不要用水清洗车窗及开启除雾开关，如果要清理车窗玻璃，应用湿毛巾或海绵小心擦拭。

③ 让太阳膜在一周内保持干燥，由于水分未干，有些变形是正常的。记住，太阳膜干得越快越好。

学习任务 2　汽车防盗器的安装

目前汽车防盗成为一个重要的社会问题，人们使用的车辆越多，被盗的车辆也就越多，防盗技术已经与安全、环保、节能一起被列为汽车技术发展的四大课题。

汽车防盗装置由初期的机械控制发展成为电子密码、遥控呼救、信息报警。早期的防盗装置主要用于控制门锁、门窗、启动器、制动器、切断供油等连锁机构，以及为防止盗贼拆卸零件而设计的专用套筒扳手。随着科技的发展，汽车防盗装置日趋严密和完善，主要是进行整车的防护，并不断推出新产品。

一、防盗器的种类

汽车防盗产品主要分两大类：机械防盗产品和电子防盗产品。机械防盗产品有车轮锁、挡锁和方向盘锁。电子防盗产品从普通的电子防盗器到手机遥控的 GSM 和卫星定位的 GSP。

汽车防盗器由以下几个部分组成。

(1) 主机部分：它是防盗器的核心和控制中心。

(2) 感应侦测部分：它可由感应器或探头组成，目前普遍使用的是振荡感应器，微波及红外探头应用较少。

(3) 门控部分：包括前盖开关、门开关及行李舱开关等。

(4) 报警部分：喇叭。

(5) 配线部分。

(6) 其他部分：包括不干胶、螺钉及继电器等配件和使用说明书及安装配线图等。

汽车防盗器基本件如图 5-11 所示。

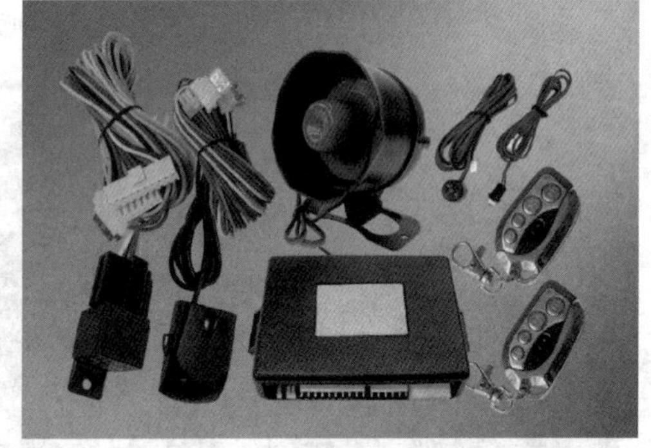

图 5-11　汽车防盗器基本件

二、机械锁防盗器

机械防盗产品是市面上最简单、最廉价的一种，其原理是将转向盘和控制踏板或挡柄锁住。其优点是价格便宜，安装简便；缺点是防盗不彻底，每次拆装比较麻烦，不用时还得找地方放置。

1. 车轮锁

顾名思义，车轮锁上锁在车轮上，使车轮无法转动而达到防盗目的。

1）优点

车轮锁（见图5-12）一般十分笨重巨大，车贼几乎是不可能破坏车轮锁锁体的，而将锁上车轮锁的车轮卸下换一个车轮，再将车开走的可能性较低。

图5-12 车轮锁

2）缺点

车轮锁的防盗性能取决于它所采用的锁芯。它的锁芯若是圆形锁孔，一字形、十字形或其他普通锁孔，则车轮锁不安全。因为这些普通锁芯用专用工具数秒之内便可强力扭开。

另外，车轮锁是在室外使用，风吹雨打，再加上锁芯与地面距离很近，锁芯很易损坏。例如，若车停泊在泥地上，一场大雨过后，泥沙进入锁芯，车轮锁就很可能再也打不开了。

2. 排挡锁

排挡锁（见图5-13）有两种类型：一种类型需要铆接一块钢板在车体上，另一个类型是一个类似普通挂锁的锁体固定在该钢板上。

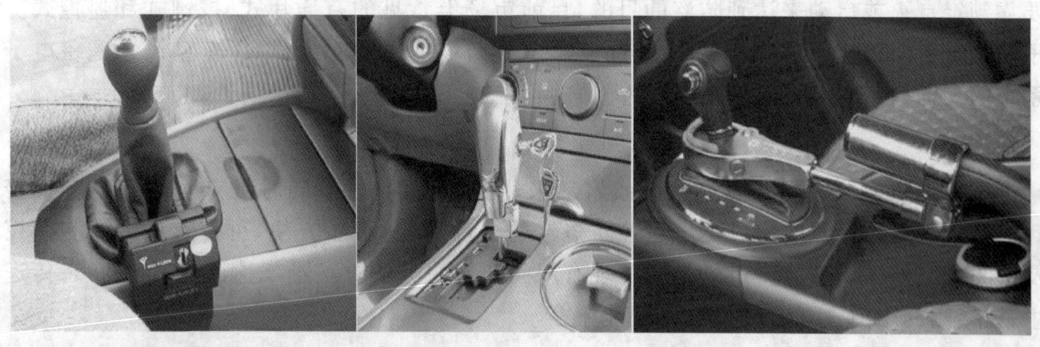

图5-13 排挡锁

1）优点

可将排挡杆锁定在停泊车挡位置而防止汽车开走。排挡锁使用较为方便。

2）缺点

安全性不够。对大多数车而言，车贼只需打开车前盖，从车头处用杆拨弄排挡部件，便可挂上挡将车开走。

3. 方向盘锁

方向盘锁是目前车主使用最多的防盗工具。

1）优点

便宜，使用不太麻烦，使用后给车主心里踏实的感觉。此外，如果发生紧急情况，还可当防身利器。

2）缺点

方向盘的外圆和辐柱是由塑料包裹着很小的铝合金管（直径约为 1 cm，壁厚约为 1 mm）做成。用一把一尺长的铁剪，便可在数秒内轻易地剪开方向盘外圆或辐柱。然后把方向盘锁从切口处取出扔掉。如果你的方向盘锁采用的是圆形锁匙孔或其他普通锁匙孔，车贼可用专用工具强力扭开锁芯把车锁打开。

方向盘锁如图 5-14 所示。

图 5-14　方向盘锁

三、电子防盗

所谓电子防盗，简而言之就是给车锁加上电子识别，开锁、配钥匙都需要输入十几位密码的汽车防盗方式，它一般具有遥控技术，是随着电子技术的发展而迅速发展起来的一种防盗方式，主要靠锁定点火或启动来达到防盗的目的，目前市场上常见的有插片式、按键式和遥控式三种电子防盗装置。PLC、铁将军等为主流品牌。电子防盗的适用对象：原厂车型尚未配备电子防盗系统的车辆，特别是对安全问题较为谨慎的车主。

1. 优点

电子报警防盗器主要靠锁定点火或启动来达到防盗的目的，同时具有防盗和声音报警功能。遥控式汽车防盗器的特点是可遥控防盗器的全部功能，可靠方便，可带有振动侦测门控保护及微波或红外探头功能。市场上还出现有双向功能的电子防盗器，车辆能将自身状态传送给车主，如某侧的车门被开启或车窗玻璃破坏等。

2. 缺点

电子防盗器普遍存在误报警现象，而且也没有从根本上解决车辆丢失的问题。此类防盗器具有一定的防盗功能，超出有效距离和无人看管时，其防盗功能也将丧失殆尽。

四、电子防盗器的安装

1. 安装流程

(1) 先查验车辆的状况：如电瓶电压、水温表、机油表、大灯、小灯、转向灯、刹车灯、室内灯、气囊灯、ABS 灯、SRS、天窗等。

(2) 安装：查找要接的＋12 V 常火线、负电(搭铁)、转向灯线、门边线、刹车线、启动马达线、中控线、开/关信号线等。

(3) 查接安装后必须要自检车辆全部功能是否正常，之后再把所拆下的内饰件装回原样。

(4) 交车给车主：将遥控器上按键使用方法、功能一一介绍给用户，并做演示，让用户掌握使用，向用户强调如果车子被借出，归还后，要将遥控器清码并重新学习一次(看说明书)。

2. 安装要求

(1) 安装时须正确使用工具。正确拆装车辆装饰板、车门及仪表盘(需要时)。注意工具使用规格尺寸的正确。工具包括：不同规格的十字改锥、剥线钳、内梅花、内六角、剪钳等。

(2) 正确剥线(见图 5-15)、接线和缠线，根据线径粗细不同，将接线端外缘皮剥去 25 mm 左右，剥皮时要注意内部铜线可能受伤或被剪断。铜线应完好无损，线皮剥好后，将露出的铜线绕束扭紧在一起，用绝缘胶布缠好。在搭接启动线或点火线时，剥线应长至 30 mm，线皮剥好后，先将铜线一分为二扭紧在一起。然后将两条线的一分为二的部分分别扭紧在一起，再将它们合二为一扭紧，用胶布缠好。使用的胶布要符合电工标准，注意其绝缘性和有效期。缠绕胶布时，要稍用点力将胶布稍稍拉长，然后缠绕。这样缠好的胶布会自然地贴紧在搭接好的导线上。这样的胶布不易松开，安全、牢固性较好。缠绕常火线、启动线和 ON 线时，须按胶布的使用方法缠绕 2 次。缠绕时胶布要有外延，不得有铜线丝露出。断电继电器下的几条粗线，接好后不要用胶布大面积长长地将几条粗线缠绑在一起，否则不易散热，易出危险。

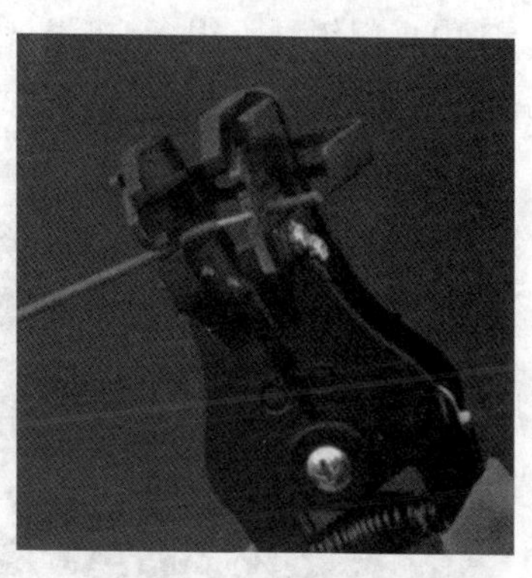

图 5-15　剥线

缠绕胶布如图 5-16 所示。

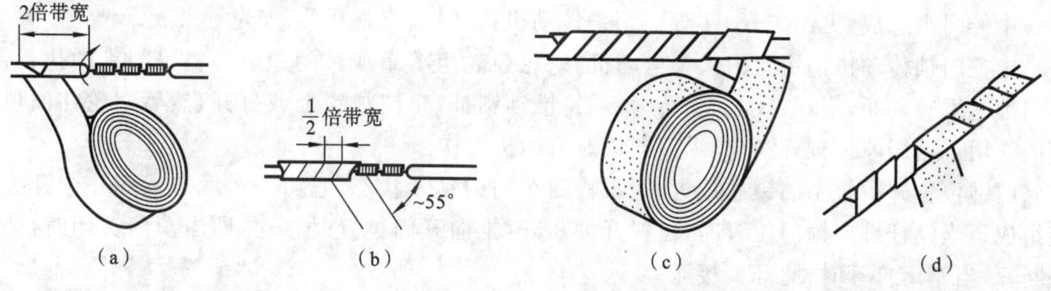

图 5-16　缠绕胶布

(3) 应注意正确使用试电笔和万用表等仪器、仪表。注意万用表的挡位设置正确。

3. 注意事项

(1) 防盗器喇叭必须安装在发动机靠近前挡风玻璃的下方，控制电线应循着车边隐蔽固定，使汽车前盖正好压住，车贼不易剪断。

(2) 车前盖最好加装碰撞开关，这样车贼即使打开车前盖，防盗器喇叭仍会鸣响报警。

(3) 后排车门应增加门顶开关，保证撬开后门时，防盗器喇叭仍会鸣响报警。

(4) 两厢车型后备厢应增加门顶开关或中控锁，以防窃贼从后部进入。

(5) 最好整车能加装中央控制门锁，以完美体现防盗功能。安装时，应注意不破坏车门内防水设施，以免车门进水，导致中控锁失灵。

学习任务3　汽车中控门锁的安装

中控门锁的全称是中央控制门锁，是可以同时控制全车车门关闭与开启的一种控制装置，车内中控门锁开关一般安装在车门或者中控台上。其工作原理是通电产生电磁，利用电磁吸力来达到控制车门上锁和开锁。为提高汽车使用的便利性和行车的安全性，现代汽车越来越多地安装中控门锁。

1. 分类

中央门锁种类很多，按发展过程一般可分为普通中央控制电动门锁系统、电子式电动门锁系统、车速感应式电动门锁系统和遥控电动门锁系统。按控制方式不同，可分为不带防盗系统的中央门锁和与防盗系统成一体的电控中央门锁系统。

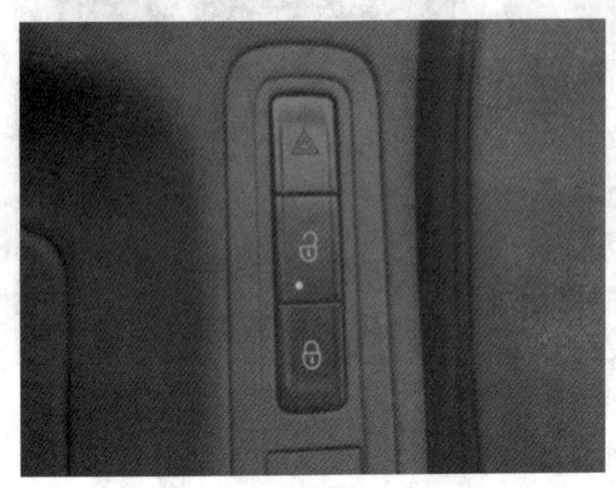

图5-17　中控门锁控制开关

2. 组成

中控门锁系统一般包括门锁控制开关、钥匙操纵开关、门锁总成、行李箱门开启器及门锁控制器等。

1）中控门锁控制开关

中控门锁控制开关（见图5-17）由总开关和分开关组成。总开关装在驾驶员身旁车门上，驾驶员操纵总开关可将全车所有车门锁住或打开；分开关装在其他各个车门上，可单独控制一个车门。

2）中控门锁总成

中控门锁总成（见图5-18）主要由门锁传动机构、门锁位置开关、外壳等组成。

中控门锁传动机构主要由门锁电动机、蜗轮齿轮组等组成。门锁电动机是门锁的执行器，当门锁电机转动时，蜗杆带动蜗轮转动，蜗轮推动锁杆，车门被锁上或打开，然后蜗轮在回位弹簧的作用下返回原位置，防止操纵门锁钮时电动机工作。

门锁位置开关位于门锁总成内，用来检测车门的锁紧状态，它由一个触点片和一个开关底座组成。当锁杆推向锁门位置时，位置开关断开，推向开门位置时接通，即当车门关闭时，此开关断开，当车门打开时，此开关接通。

图5-18　中控门锁总成

图5-19　钥匙操纵开关

3）钥匙操纵开关

钥匙操纵开关（见图 5-19）装在每个前门的钥匙门上，当从外面用钥匙开门或锁门时，钥匙控制开关便发出开门或锁门的信号给门锁控制 ECU 或门锁控制继电器。

4）行李箱门开启器开关

一般该开关位于仪表板下面或驾驶员座椅左侧车厢底板上，拉动此开关便能打开行李箱门。行李箱的钥匙门靠近其开启器，推压钥匙门，断开行李箱内主开关，此时再拉开启器开关也不能打开行李箱门。将钥匙插进钥匙门内顺时针旋转打开钥匙门，主开关接通，这样便可用行李箱门开启器打开行李箱。

行李箱门开启器开关如图 5-20 所示。

图 5-20 行李箱门开启器开关

5）行李箱门开启器

行李箱门开启器（见图 5-21）装在行李箱门上，一般用电磁线圈代替电动机，由轭铁、插棒式铁芯、电磁线圈和支架组成。当电磁线圈通电时，插棒式铁芯将轴拉入并打开行李箱门。线路断路器用以防止电磁线圈因电流过大而过热。

6）中控门锁控制器

中控门锁控制器（见图 5-22）的形式比较多，常见的有继电器式、集成电路（IC）-继电器式、电脑（ECU）控制式等。

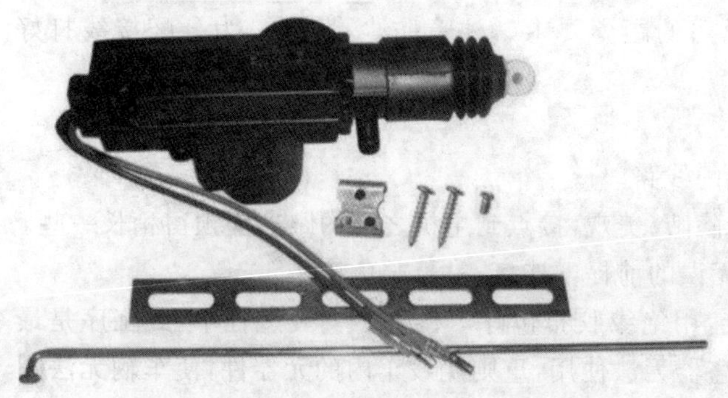

图 5-21 行李箱门开启器

图 5-22 中控门锁控制器

7）中控门锁遥控系统

中控门锁遥控系统通常由 1 个便携式发射器机和 1 个车内接收机组成，从发射机发出的可识别信号由接收机接收并解码，驱动门锁打开或锁止，其主要作用是方便驾驶员锁门或开门。

遥控的基本原理是：从车主身边发出微弱的电波，由汽车天线接收该电波信号，经电子控制器 ECU 识别信号代码，再由该系统的执行器执行启/闭锁的动作。该系统主要由发射机和接收机两个部分组成。

3. 功能

1）中央控制

当驾驶员锁住其身边的车门时，其他车门也同时锁住，驾驶员可通过门锁开关同时打开各个车门，也可单独打开某个车门。

2）速度控制

当行车速度达到一定时，各个车门能自行锁上，防止乘员误操作车门把手而导致车门打开。

3）单独控制

除在驾驶员身边车门设置弹簧锁开关以外，还在其他门设置单独的弹簧锁开关，可独立地控制一个车门的打开和锁住。

4. 安装

1）准备事项

(1) 工具。剥线钳、测电笔(12～24 V)、螺丝批(十字、一字)、绝缘胶布、工具刀、双面胶、扎带，以及一些其他拆车工具(具体视车型而定)。

(2) 安装电路图。仔细阅读安装电路图及安装补充说明，严格按照安装电路图进行操作，保证在安装完成后，车内系统主机、防盗主机、天线和咪头在车内的安装位置达到安装补充说明的要求。

2）安装程序

(1) 在安装前确认原车是否有中控锁。

如果有，判断它是哪种触发形式。在安装防盗器的时候就可按照"安装电路图"中的"中控锁接线图"进行接线。

注意：若判断不定，则按照"中控锁接线图"中的正负触发进行连接，确保中控锁正常工作。

如果没有，则须加装中控锁。

(2) 确定安装位置。拆下仪表台下端装饰板，确定车内系统主机、防盗主机、天线和咪头等部件的安装位置(一定要达到安装补充说明的距离要求)，注意防尘、防水。为分配接线打好基础。

(3) 查线、分布线路。

① 查线：查出安装电路图中所需连接的线路。

② 分布线路：分布线路时导线应尽量隐蔽、美观，接点到主机之间的距离要预留稍长一些。

(4) 接线。每测出一根线路，在确保无误的前提下连接一根，避免接错。

接线的要求：接头连接紧密，避免虚接，用绝缘胶布包好。在整个安装过程中，此工序是最重要的一步。如果连线接错，轻则导致防盗器无法使用，重则烧毁车内的元器件，使车辆无法正常使用，甚至酿成火灾。

(5) 查线方法。连接本防盗器需要查出车内的线路有如下几条：正电、ACC 线、锁头 ON 线、转向灯线、脚刹开关线、门边触点开关线、中控锁信号线。

正电：拔出钥匙，电笔一端搭铁，另一端在锁头引线上测试。电笔指示灯常亮的便是正电。

ACC 线：将锁头钥匙打到 ACC 处，用电笔在锁头引线上测试，电笔指示灯亮，钥匙关掉后，指示灯灭，此根连线即 ACC 线。

锁头ON线:将锁头钥匙打到ON处,用电笔在锁头引线上测试,电笔指示灯亮,然后启动发动机,会发现电笔指示灯明显地灭了一下,然后又亮了起来。将此根线断掉,发动机熄火,此根连线即ON线。

转向灯线:把钥匙打到ON挡,打开某一转向灯开关,然后用电笔在转向灯开关下的线束上查找(有少量车型需要在保险盒附近查找),如果电笔指示灯随着转向灯的开和关一亮一灭,此线即转向灯线,同理查找另一根转向灯线。

脚刹开关线:此线一般在脚刹上方的触点开关处可查到。

门边触点开关线:将驾驶位的门打开,其他门关闭。电笔夹子端接车内正电,另一端测试门边开关的线束。用手按住门边的触点,一开一关。随着门边触点的开关,电笔指示灯和车内的照明灯一亮一灭,此线即门边触点开关线。

中控锁信号线:电笔一端接地,另一端测试线束中的线路(线束一般在驾驶位门边附近),反复测试,四门的锁随着电笔指示等的亮和灭,一开一关,此线即中控锁信号线。

(6) 安装系统主机。在以上所有线路连接完成后,按照安装接线图最后确认,无误后,连接系统负电(搭铁线)。此线最好自己找一搭铁螺丝连接。所有线束包扎完毕,将系统主机和防盗主机连接。将准备好的电话卡插入系统主机的插槽,打开SIM卡内置的电源开关。

(7) 测试。先利用手机或座机按照说明书的电话操作内容对系统主机的电话操作进行设置:设置报警电话、紧急报警电话。然后进行测试,将所有功能演示一遍,确认无误后,将所有系统部件固定在车内隐蔽处;还原所拆的汽车内饰件。最后再进行整机测试,无误后,完成安装过程。

3) 注意事项

(1) 系统主机和防盗主机以及外挂天线、拾音器的距离一定要达到安装补充说明的要求,以避免误报情况的发生。

(2) 安装完毕后,一定要在设置好报警电话、紧急报警电话后,再进行报警测试,否则会造成系统死机,无法进行正常的电话操作。

(3) 在使用本防盗器之前,一定要请车主仔细阅读使用说明书,严格按照说明书的操作进行日常使用。

学习任务4 汽车倒车雷达的安装

倒车雷达是汽车驻车或者倒车时的安全辅助装置,能以声音或者更为直观的显示告知驾驶员周围障碍物的情况,解除了驾驶员驻车、倒车和启动车辆时前后左右探视所引起的困扰,并帮助驾驶员扫除了视野死角和视线模糊的缺陷。功能较齐全的倒车雷达应该有距离显示、声音提示报警、方位指示等功能。

汽车倒车雷达示意图如图5-23所示。

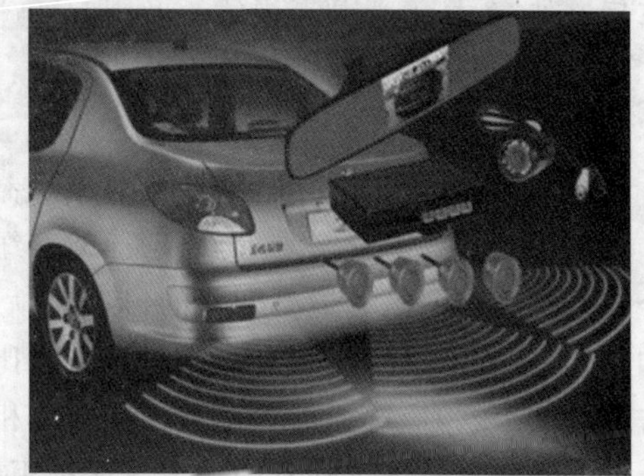

图5-23 汽车倒车雷达示意图

1. 作用

(1) 准确地测出车尾与最近障碍物间的距离。

(2) 倒车至极限距离时,能发出急促的警告声提醒驾驶员注意制动。

(3) 能重复发出语音警告声，提醒行人注意。

2. 工作原理

倒车雷达采用超声波测距原理。当车辆挂进倒车挡倒车时，倒车雷达自动进入工作状态，在控制器的控制下，由安装在车尾保险杠上的探头发送超声波，遇到障碍物产生回波信号，传感器接收到回波信号后，经控制器进行数据处理，从而计算出车体与障碍物之间的距离，判断出障碍物的位置。

3. 选购

目前汽车倒车雷达的供应方式很多，选购和安装时要注意选择大品牌，由厂家技术人员指导安装，这样才有质量和售后服务保障。以下是关于在选购倒车雷达时要注意的事项。

图 5-24　倒车雷达探头

1) 探头的数量

现在市面上的液晶倒车雷达分为 2 探头、3 探头、4 探头、6 探头和 8 探头。2 探头、3 探头、4 探头的倒车雷达一般安装在汽车的后保险杆上面，6 探头和 8 探头倒车雷达的安装方式是前 2 后 4 和前 4 后 4，也有新型越野专用前置 6 探头。6 个以上探头的普通倒车雷达，除可探测车尾情况外，还可探测前左、右角的情况。

倒车雷达探头如图 5-24 所示。

2) 性能

性能主要从探测范围、准确性、显示稳定性和捕捉目标速度来考虑。

探测范围：大多数产品范围为 0.4～1.5 m，好的产品能达到 0.3～2.5 m。范围宽的倒车雷达倒车时总能提前测到目标，而过度地追求最小探测距离是没有意义的，因为实际使用时必须充分考虑汽车制动时的惯性因素。

探测的准确性主要看两个方面：一是看显示的分辨率，一般产品为 10 cm，而好的产品能达到 1 cm；二是看探测误差，即显示距离与实际距离之间的误差，可以用直径 10 mm 的管子，放在 1 m 左右的位置上进行比较，好产品的探测误差应低于 3 cm。

显示稳定性：是指在障碍物反射面不太好的情况下，能否始终捕捉到并稳定地显示出障碍物的距离。

捕捉目标速度：反映了倒车雷达对移动物体的捕捉能力。这对避免类似儿童或骑车人从车后突然穿过，而驾驶者视线不及引起的碰撞事故尤为重要。

总之，倒车雷达在性能方面的要求是：测得准、测得稳、范围宽、捕捉速度快。

3) 外观工艺

作为汽车的内外装饰件，要考虑显示器和传感器安装后是否美观，与车是否协调。

从传感器的外形来看，可以选择的有纽扣式和融合式两种。纽扣式传感器表面是平的，融合式传感器表面是有造型变化的，追求与后保险杠的自然过渡。从尺寸上来看，有超小型、中型和较大尺寸的。尺寸大的比较大气，小的比较隐蔽，主要取决于车后保险杠的大小和个人偏好。从颜色上来看，应选择与汽车后杠相同或相近的颜色。

显示器应根据驾驶者的倒车习惯选用前置式或后置式的，以清晰、美观为标准，有的产品可以同时使用两个显示器。

4）质量与可靠性

按照说明书进行距离测试，看一看雷达的反应是否与说明相符合，雷达是否敏感，有无误报等问题；对探头进行防水测试，这关系到在雨雪和较湿润的天气里雷达能否正常工作。南方、北方地区还要检测雷达在高温及低温下的工作状态，最好的可达到零下35 ℃至70 ℃，超过此限度，灵敏度大大降低，甚至不工作。

5）安装与售后服务

倒车雷达作为汽车用品，对其质量和可靠性应有比较高的要求，但是一般消费者很难对该项指标做出判定。质量好的产品提供的服务较好，承诺的包换期和保修期比较长，建议选择保修期限2年以上的产品。主要考虑经销商的安装能力、服务水平和厂家对用户的承诺。探头的安装方法多采用嵌入式，即在保险杠上打孔的方法，这样做不但容易固定，而且也更加美观。需要注意的是，不同探头具有不同的尺寸（一般为$\phi22$和$\phi25$）和探测角度，而打孔的尺寸和安装角度会直接影响到探测的准确度，所以，安装时一定要到专业的装饰店或4S店。雷达的主机一般安装在仪表盘下或后备厢两侧车体内。

6）日常维护

探头要经常清洁，有附着物存在，肯定会影响探测精度，有些人希望通过给探头"刷漆"来保持全车色调的统一，这样做是错误的。如果在探头清洁的情况下仍有误报或不报发生，那就可能是探头损坏或线路出了问题，需要及时修理或更换。

4. 安装

倒车雷达安装示意图如图5-25所示。

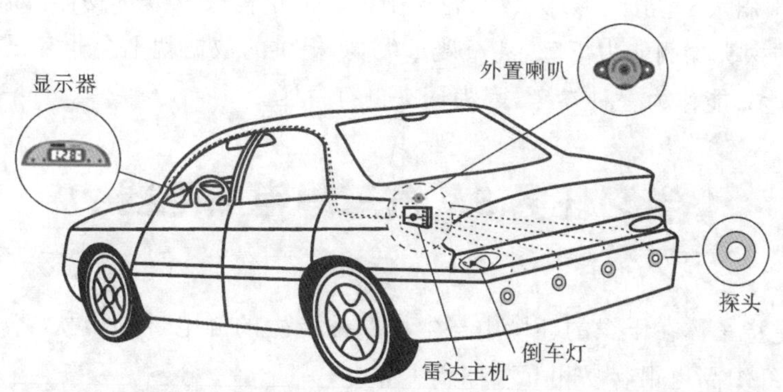

图5-25 倒车雷达安装示意图

1）开孔式安装

(1) 安装位置。市场上单独出售的倒车雷达系统通常为4探头式，一般安装在后保险杠的拐角处和中部位置。

(2) 探头的安装方法。

① 在保险杠上确定探头位置。

② 预先钻出雷达探头的位置。

③ 正式钻出探头安装孔。

④ 安装雷达探头。

⑤ 连接倒车雷达的信号线。

⑥ 安装雷达的终端显示屏。

⑦ 显示器(或音频)输出的布线。

⑧“走线”完成后妥善处理密封条。

⑨ 完工后测试雷达的工作情况。

2) 黏附式安装

这种安装仅限于具有粘贴性探头的报警器,其特点是不需要在车体上开孔,只要将报警器粘贴在适当的位置即可,安装方便且安装拆卸均不会影响汽车美观,但也存在安装不牢,多为临时性安装。安装位置的选择同开孔式探头,安装时需要用电吹风机将双面贴加热,然后撕去面纸,贴到确定部位,48 h 后便可达到最佳贴合效果。

3) 注意事项

(1) 安装时,要注意安装位置的高低、角度及探头分布的距离等。

(2) 探头安装必须要和车身比例协调,开孔要均匀,上下左右一定要保持水平间距;孔应开在与汽车保险杠垂直、平整且无金属构件的地方;特别要注意探头内侧表面有一个标记,该标记表示向上的作用。

(3) 如果希望探头的颜色与原车颜色相同,只能在选择探头款式时选定。

(4) 内部排线一定要隐蔽,对比较长需要卷起来的线束,一定要先理顺,然后有条理地包扎好,安置于行李箱侧边内部,固定好。

(5) 探头线必须远离排气管。

(6) 安装倒车灯时一定要包扎好破口连接处,以免造成短路现象,搭铁线必须牢固。

(7) 探头要经常清洁,有附着物存在肯定会影响探测精度。

(8) 碰到光滑斜坡、光滑圆形球状物、花坛中伸出的小树枝及吸音物体(如棉絮)时,要加以目测,因为这时的探头探测能力下降,甚至严重失真,提供的数据就不会非常正确。

(9) 倒车雷达只能作为一种参考,因为探头也有盲区。

学习任务5 汽车静电放电器

汽车静电,是指车体在干燥的环境中与尘埃摩擦产生的静电,同时,秋、冬季身上穿的皮毛衣物与车内的化纤织品也很容易相互摩擦产生静电。

1. 危害

冬季北方寒冷干燥,车主在开车门、触摸仪表台、接触座椅时,常会被积蓄在车上的静电击到。车辆停驶时,偶尔遭受静电袭击尚不会对身体造成什么损伤,但在行驶中,在没有防备的情况下遭遇静电袭击,很可能会造成惊吓过度,从而引起交通事故。此外,静电在人体积蓄后会损害身体健康,严重的还会影响人体新陈代谢,引发血糖上升,使人患上皮肤病,自律神经失调,抵抗力下降,易患感冒等,尤其是在加油站加油时,还可能引发意外事故。

2. 来源

(1) 人体本身积累的电荷。这是由皮肤和衣物的摩擦产生的静电不断积聚造成的。

(2) 汽车静电。汽车静电是指车体在干燥的环境中与尘埃摩擦而产生的静电。

(3) 衣物与汽车内饰产生的静电。人坐在车内时,身上的衣物难免会和汽车内饰相互摩擦产生静电,如果汽车内饰较多地使用化纤织品则更容易产生静电。

3. 预防措施

1）养成良好的用车习惯

车内选用天然制饰品，少用化纤织物。化纤织物的摩擦是汽车静电的重要来源，因此在选择坐套、坐垫及脚垫等用品时，尽量使用真皮、毛料或纯棉制品，减少化纤产品的使用。尤其是坐套、方向盘套、脚垫之类最好选用天然产品或纯皮、纯棉等。

出门开车前先洗手，或者先把手放在墙上抹一下消除静电。为避免静电击打，可用小金属器件（如钥匙）、棉抹布等先碰触车门、椅背、中控台等消除静电，再用手触及。

空调少开内循环。内循环空调使得本身已很干燥的车内更加存不住一点水分。

尽量避免穿化纤衣服，最好穿全棉内衣。勤换衣服、勤洗澡可以有效减少身体上的静电积聚，注意皮肤保湿。

2）加湿器除静电

静电产生的原因无非就是空气干燥，导致电荷积聚不易释放。那么可以利用加湿器，增加空气湿度，消除静电现象。

3）静电放电器除静电

利用静电放电器消除汽车的静电，也是一个非常实用的方法。此外，具有类似功效的防静电设备还有除静电带（见图 5-26）、除静电钥匙扣（见图 5-27）、全自动感应式静电放电器等。

4）选用防静电养护产品

可在车内车毯、仪表盘、布套、车门把手等易导电部位使用静电防止剂。使用时，可直接喷洒在易导电部位，然后用干布擦拭，不仅可以防止静电产生，还可有效减少灰尘、污垢生成。

选用防静电车蜡。对于爱打车蜡的车主来说，冬季打蜡时可以选择防静电专用车蜡，经过这样处理的车辆就不会再与车主“来电”了。市面上还有一种防静电的喷雾罐，使用起来极其方便，只要均匀地喷涂于车身上，再用毛巾抹去即可。

图 5-26　除静电带

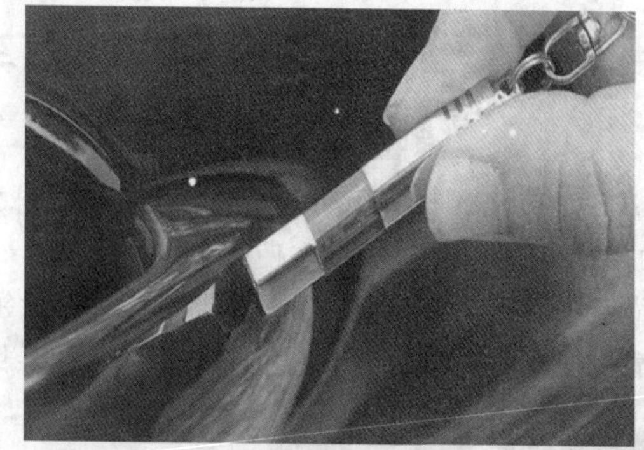

图 5-27　除静电钥匙扣

学习任务6　汽车迎宾踏板的安装

迎宾踏板是一种用于装饰汽车门槛部位，起到保护车体、美化车体作用的汽车配件，属于汽车改装用品里的一种。迎宾踏板主要安装在车门边的防泥垫板上，外形根据不同车型而不同。

汽车迎宾踏板如图 5-28 所示。

1. 优点

(1) 不锈钢材料，外表光洁亮丽，安装简单，能够起到一定的防撞、防蹭功能，同时也是一种装饰性的元素。

(2) 与汽车本身完全配套，使上下车时不擦损门槛，提高内饰的质感；打开车门，见到这样的一块踏板，有种宾至如归的感觉。

2. 步骤

(1) 先将踏板反面自带的双面胶撕掉，然后进行表面清洁，粘贴表面须保持绝对清洁干燥，一般清洁可用无纤维脱落的布蘸以 50%的酒精、异丙醇、丙酮或甲苯溶液加以擦洗，经溶剂清洁的表面须待溶剂彻底挥发后方可粘贴。

(2) 粘贴前须将迎宾踏板放在所需安装的部位调整好，确定安装的位置后，再撕下红膜进行粘贴，操作时应避免手指与胶面接触，粘贴后须用力压，以保证胶面的充分接触。

迎宾踏板安装位置如图 5-29 所示。

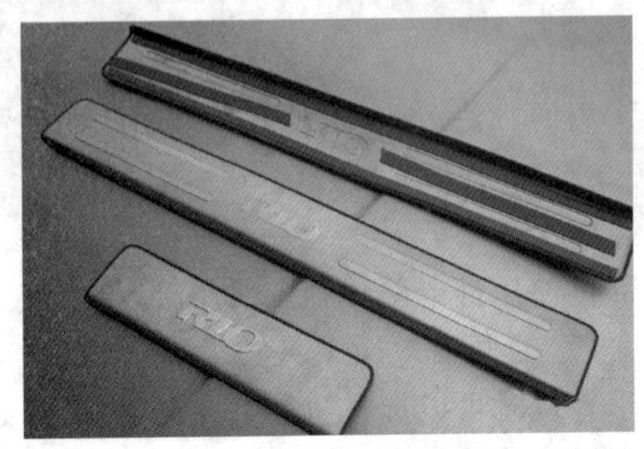

图 5-28　汽车迎宾踏板

图 5-29　迎宾踏板安装位置

学习任务 7　汽车 GPS 的安装

GPS 是英文 global positioning system(全球定位系统)的简称。GPS 起始于 1958 年美国军方的一个项目，1964 年投入使用。20 世纪 70 年代，美国陆、海、空三军联合研制了新一代卫星定位系统 GPS 。主要目的是为陆、海、空三大领域提供实时、全天候和全球性的导航服务，并用于情报搜集、核爆监测和应急通信等一些军事目的，经过 20 余年的研究实验，耗资 300 亿美元，到 1994 年，全球覆盖率高达 98%的 24 颗 GPS 卫星星座已布设完成。

图 5-30　汽车 GPS

汽车 GPS 由两部分组成：一部分由安装在汽车上的 GPS 接收机和显示设备组成；另一部分由计算机控制中心组成。两部分通过定位卫星进行联系。

汽车 GPS 如图 5-30 所示。

1. 功能

(1) 实时定位：10 s 传输 1 次数据，动态显示目标位置，实现实时跟踪。

(2) 轨迹回放：轨迹颜色区分速度，显示停留时间，显示轨迹里程。

(3) 路程统计:按统计天、周、月里程。

(4) 超速统计:设定速度上限,时刻提醒安全行驶。

(5) 远程指令:拥有远程设防、撤防等多种指令下发功能。

(6) 多车动画跟踪:一个画面动态显示多个目标车辆状态。

(7) 失窃车辆报警:启用此功能后,失窃车辆一上线自动弹窗报警。

2. 用途

汽车GPS定位器主要用于政府机构车辆管理、集团公司车辆管理、车辆租赁公司汽车管理、银行按揭车辆。借助卫星定位技术,才能更好地适应大客户对规模化车队的管理需求。近年来,汽车失窃率的急剧增加也给汽车GPS定位器市场带来了更大的需求,零售批发送货车、企事业单位配送车、私家车等都将更加依赖于GPS车辆定位产品。

3. 安装位置

(1) 前挡风玻璃上方车顶车灯处。

(2) 前挡风玻璃下方装饰板内隐蔽处。

(3) 前仪表盘周围隐蔽处。

(4) 车门隔板中。

(5) 后挡风玻璃下方装饰板下。

(6) 前保险杠里面,须注意防水。

(7) 雨刷板下,须注意防水。

4. 注意事项

(1) 为避免车贼破坏,设备选位应尽量隐蔽。

(2) 避免与发射源放在一起,如无线倒车雷达、防盗器,及其他车载通信设备。

(3) 可以使用扎带固定,或用魔术贴粘贴。

(4) 设备内置GSM天线和GPS天线,安装时应保证正面向上(朝天空)。

(5) 在条件允许的情况下,可以安装两台GPS定位器,小偷在拆除一台后,一般不会再去找寻另一台。

5. 步骤

(1) 先接好GPS天线和GSM天线,注意这两个天线不能接错,否则不能正常工作,方形的为GPS天线,T形的为GSM天线。把手机卡放到卡槽上,有金属的面向外,然后插入设备中,设备有后备电池,不接外部电源可以工作几个小时。设备开机后红灯是一闪一闪的,设备定位到后蓝灯是常亮的,红灯和蓝灯在同一个孔中。

(2) 等设备开机并定位到后,接上电源线,红色的接正极,黑色的接负极。

(3) 接紧急报警按键,蓝色线接报警线的红色,黑色线接报警线的黑色。报警按键不是一定要安装的,用户可根据自己的需要决定是否安装。

(4) 安装断油、断电,设备可同时支持断油与断电,一般接断油或断电中的一个就可以了。断油或断电需要配继电器,继电器有4根线(12 V)或5根线(24 V)的,5根线的有一根不用接,具体接线可参考接线图。断油或断电不是必需的,可根据用户需要决定是否安装。

(5) 如果汽车上安装了防盗器,把粉红色的检测报警的线接到报警喇叭的正极,在喇叭报警的时候设备也会同时报警通知用户。

(6) 自定义线可以检测高低电压,并把状态发送到服务器上,用户可根据需要定义此线所表示的意义。

学习任务 8　汽车一键启动系统的安装

汽车一键启动的装置是智能汽车的一部分,是实现简约打火过程的一个按钮装置,同时也可以熄火,该装置可以在原车钥匙锁头的位置改装,也可以在独立面板上改装。

一键启动按键如图 5-31 所示。

图 5-31　一键启动按键

1. 作用

1) 无钥匙进入

靠近车门 1～3 m 时自动感应开门;熄火关门 5 s 后自动上锁进入防盗。

2) 一键启动

进入车内,踩住刹车,轻轻地按一下按键就可以启动车。

3) 智能防盗

滚动跳码,数据加密。

4) 智能升窗

熄火离开车并关门后,未升上去的窗户玻璃会自动升起。

5) 主机双系统

主机里有两套系统独立供电,哪怕一套系统出了故障,仍可以使用备用系统启动车,电子产品,特别是一键启动需要有这种保障。

6) 智能钥匙三合一

智能钥匙也是双系统独立供电的,电池没电时可以切换的备用系统,第一套系统有故障也可以切换到备用系统,而且配了机械钥匙,供车的电瓶没电时使用。

2. 注意事项

(1) 在安装插头线路时要注意点火开关,除了 OFF 挡位,常用的有 3 挡:ACC、ON、START。安装的时候首先要弄清楚每挡下面对应接通的是哪一根或者几根线路,这个用电笔或者万用表就可以测量了,找好后,做好标记,分别和无钥匙启动系统的输出 ACC、ON、START 对应转接插头对插连接。

(2) 按钮安装根据车主喜好,可以在面板上,也可以在原车钥匙孔内。

(3) 方向锁的处理可以采用更换新的钥匙片等方法。

3. 步骤

(1) 确定安装一键启动无钥匙进入,检查系统全套配置齐全:一键启动开关、无钥匙进入遥控器、线束、开孔器。

(2) 确定安装位置,将车窗降到底,拆下面板,注意一定要将半降车窗完全降下,方便在安装过程中通风,以及安装完毕进行系统调试。

(3) 安装接线图布线要求,先找好主机固定的位置,正确使用工具,正确拆装车辆饰板,重点在点火开关下面的插头线路。

(4) 判断汽车中控锁是什么触发方式:一是中控锁触发方式及连线的判断;二是正电回路的接法及条件。

① 中控锁触发方式及连线的判断。

a. 负触发方式的判断:用测试笔固定夹一端接地(搭铁)。触笔一端触试中控锁的两条控制线,中控锁若工作,该两条线是中控锁的负触发控制线。

b. 正触发方式的判断:用测试笔固定夹一端接电源,触笔一端触中控锁的两条控制线,中控锁若工作,该两条线是中控锁的正触发控制线。

c. 正、负触发方式的判断:若用上面两种方法去判断中控锁都工作,这是正负触发方式。

d. 单线串联负触发方式的判断:用电笔测只有一条线下锁,再找没有开锁线,而且剪断这根线会开锁。

e. 正负触发和正电回路判断都是一样的。

f. 双电位触发:是指同一条线在高电压和低电压的时候会有两个动作:试电笔一头夹负,一头试中控盒,如果一根线出现开或关,再碰一次,出现关或开,就有双电位负触。

g. 单线负触发:判断方法就是同一条线反复动作,给一次电就动一次。

h. 单线串联负触发和单线负触发区别较大。单线串联负触发就是原车的开关锁信号线在一根线上,但开或关的时候有一个信号是弱电的,一般是加 1000 K 电阻;正负触发的开关信号线是两根,一根给正一根给负,开或关的时候这两根线的供电是相反的;负触发开关信号线是两根,给一根负是开,给另一根负是关,正触发跟负触发相反,给信号线是正电。

② 正电回路的接法及条件。

a. 正电回路是用防盗器控制主门马达的运动来完成对整个中控系统的控制,所以能不能用正电回路,必须先确认原车主门内是不是有驱动马达,如果没有马达则不可用,再要看马达是不是能够对中控完成控制,拉动马达,看中控是否有动作,必须所有门锁能够一起动作才可以,只是主门动作不可用。

b. 正电回路查线方法,电笔搭铁,点住被测线,用手拉动马达,在马达开时,亮的一根线是马达开锁线,在马达关时,亮的一根线是马达锁线,查线位置在主门内或者主门通往车内的线束中。

c. 安装完毕,调试各功能是否正常运转,智能感应无钥匙进入;遥控开闭车门;遥控启停发动机;遥控开启后备厢;车辆被盗,一键启动,一键熄火。

学习任务9 汽车音响的安装

汽车音响是为减轻驾驶员和乘员旅行中的枯燥感而设置的收放音装置。最早使用的是汽车调幅收音机,后来是调幅调频收音机、磁带放音机,发展至 CD 放音机和兼容 DCC、DAT 数码音响。现在汽车音响无论在音色、操作和防振等各方面均达到了较高的标准，能应付汽车在崎岖的道路上颠簸，保证性能的稳定和音质的完美。

1. 组成

1）音源

目前，国内汽车音响大部分都用CD、VCD、MP3、MD、DVD等机型作为音源（见图5-32）部分。其中，CD机的音质相对比较纯；MP3和MD机的容量相对比较大；DVD机的图像相对比较清晰。

2）喇叭

喇叭（见图5-33）是声音表现的终端设备，喇叭对声音的表现有深远的影响。

图5-32　音源

图5-33　喇叭

（1）汽车喇叭按频响可以分为高音喇叭、中音喇叭、低音喇叭。高音喇叭频响范围：2048～20 000 Hz，其中2048～4096 Hz聆听感觉为敏锐，4096～8192 Hz聆听感觉为清脆、多彩；8192～16384 Hz聆听感觉为层次分明；16 384～20 000 Hz聆听感觉为纤细。中音喇叭频响范围：256～2048 Hz，其中256～512 Hz聆听感觉为有力；512～1024 Hz聆听感觉为明亮；1024～2048 Hz聆听感觉为透亮，人声还原逼真，音色干净、有力，节奏性强。低音喇叭频响范围：16～256 Hz，其中16～64 Hz聆听感觉为深沉、震撼；16～128 Hz聆听感觉为浑厚，128～256 Hz聆听感觉丰满。

（2）按类型可以分为同轴喇叭、套装喇叭。同轴喇叭是全频喇叭，特点是全频响应，高音和中低音在同一个轴上，不利于声场分布，不是绝对的全频，有些频段会响应欠佳。套装喇叭高音与中低音分体而且配有分音器，这样会得到更佳的全频响应和声场的设计。

3）低音炮

低音炮（见图5-34）可分为有源低音炮和无源低音炮。有源低音炮：低音喇叭＋箱体＋功放，一般功率比较小，比较合适对低音要求不高，而有大功率的有源低音炮。无源低音炮：低音喇叭＋箱体，DIY成分比较多，可以选不同的低音喇叭和不同的箱体来拼装，再选择合适的功放来搭配。

4）功放

功放（见图5-35）是把音频信号的电平放大的一种器材。

2. 安装

1）音频线布线

（1）用绝缘胶带将音频信号线接头处缠紧以保证绝缘，当接头处和车体相接触时，会产生噪声。

图 5-34 低音炮

图 5-35 功放

(2) 保持音频信号线尽可能短。音频信号线越长，越容易受到噪声信号的干扰。注意：如果不能缩短音频信号线的长度，超长的部分要折叠起来，而不是卷起。

(3) 音频信号线的布线要离开行车电脑单元和功放的电源线至少 20 cm。如果布线太近，音频信号线会拾取到感应噪声。最好将音频信号线和电源线分开布在驾驶座和副驾驶座两侧。注意，当靠近电源线、微型计算机单元布线时，音频信号线必须离开它们 20 cm 以上，如果音频信号线和电源线需要互相交叉，建议最好以 90°相交。

2) 电源线布线

(1) 所选用电源线的电流容量值应等于或大于和功放相接的保险管的值。如果采用低于标准的线材做电源线，会产生交流噪声，并且严重破坏音质。

(2) 当用一根电源线分开给多个功放供电时，从分开点到各个功放布线的长度和结构应该相同。当电源线桥接时，各个功放之间将出现电位差，这个电位差将导致交流噪声，从而严重破坏音质。当主机直接从电源供电时，会减少噪声，提高音质。

(3) 将电源(蓄电池)接头的脏物彻底清除，并将接头拧紧。如果电源接头很脏或没有拧紧，接头处就会有接触电阻。而接触电阻的存在，会导致交流噪声，从而严重破坏音质。用砂纸和细挫清除接头处的污物。

(4) 当在汽车动力系统内布线时，应避免在发电机和点火装置附近走线，发电机噪声和点火噪声能够辐射入电源线。当将原厂安装的火花塞和火花塞线缆更换成高性能的类型时，点火火花更强，这时将更易产生点火噪声。

(5) 在车体内布电源线和布音频线所遵循的原则一致。

3) 接地方法

(1) 用砂纸将车体接地点处的油漆去除干净，将接地线固定紧。如果车体和接地端之间残留车漆就会使接地点产生接触电阻，接触电阻会导致交流噪声的产生，从而严重破坏音质。

(2) 将音响系统中各个模块的接地集中于一处。如果不将它们集中一处接地，音响各组件之间存在的电位差会导致噪声的产生。注意：主机和功放应该分别接地。

(3) 当系统消耗电流很大时，蓄电池接地端一定要牢固。提高电源接地性能的方法是，在电源和接地间用粗直径的线材布线，如绞股线。这样做能够加强连接，有效地抑制噪声并提高声音质量。

(4) 不要靠近行车电脑布线。请记住，主机接地点靠近行车电脑的接地点或固定点时，会产生行车电脑噪声。

3. 注意事项

配线的选择如下。

(1) 汽车音响线材的电阻越小,在线材上消耗的功率越少,则系统的效率越高。即使线材很粗,由于喇叭本身的原因也会损失一定的功率,而不会使整个系统的效率达到100%。

(2) 线材的电阻越小,阻尼系数越大;阻尼系数越大,喇叭的赘余振动越大。

(3) 线材的横截面面积越大(越粗),电阻越小,该线的容限电流值越大,则容许输出的功率越大。

(4) 电源保险的选择。主电源线的保险盒越靠近汽车蓄电池越好,保险值大小可按以下公式加以确定:

保险值=(系统各功放的总额定功率之和×2)/汽车电源电压平均值

学习任务10　汽车车灯装饰

汽车车灯不仅提供照明和行驶信号,而且还能装饰车身外观,如图5-36所示。组合前照灯在汽车的前部,发出的光可以照亮车体前方的道路情况,保证驾驶者在雨雾天气或者黑夜里安全行车;组合尾灯在汽车的后部,方便倒车或者给后方行驶的车辆提供信号,以保持车距;转向灯,向其他道路使用者传递左转或者右转的信号;牌照灯,在光线不良的情况下或者黑夜里照明车牌,使其便于识别。

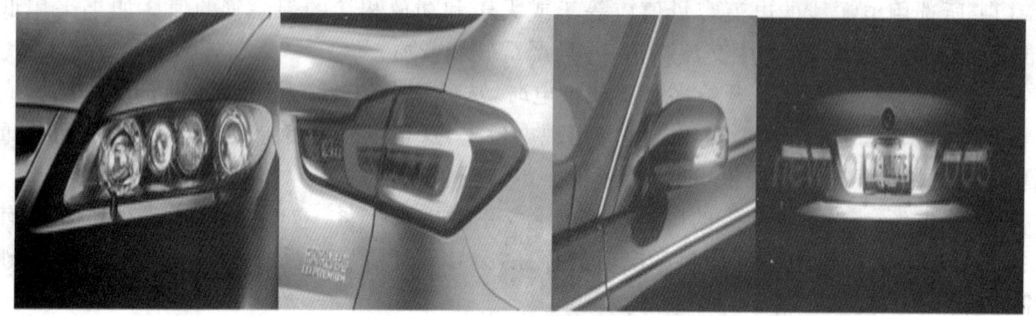

图5-36　汽车外部车灯

汽车车灯和车身整体一体化造型,使车辆外观效果统一和照明色彩多样化。前组合照灯和进气栅栏的组合设计和人的面部十分相像,通过调整组合灯的形状和栅栏的外形,可以做到类似人面部表情的喜怒哀乐变化。目前有许多装饰性车灯,外形各异,制造精美,每当夜幕降临,打开装饰灯,神秘的色彩使车辆具有极强的个性。

车灯装饰能够提高照明质量和驾车安全性,一般国产车原厂车灯出厂时的色温为3000 K,经过一年使用就会降到2500 K,甚至降到2000 K,如果继续使用,会明显影响照明质量。采用新型高效的车灯能够提高亮度,放宽视野,进而提高夜间行车的安全性。

色温是表示光源光谱质量最通用的指标,是按绝对黑体来定义的,光源的辐射在可见区和绝对黑体的辐射完全相同时,此时黑体的温度就称为此光源的色温。低色温光源的特征是能量分布在中红辐射相对要多些,通常称为暖光;色温提高后,能量分布在中蓝辐射的比例增加,通常称为冷光。一些常用光源的色温如标准烛光为1930 K,钨丝灯为2760~2900 K,荧光灯为3000 K,闪光灯为3800 K,中午阳光为5600 K,电子闪光灯为6000 K,蓝天为12 000~18 000 K。

1. 汽车车灯类型

1) 示廓灯

示廓灯也叫作示宽灯,俗称小灯,是一种作为警示标志的车灯,用来引起其他车辆的注意。

示廓灯用于傍晚行驶时让别的车辆看见。通常后视镜看不清楚后边物体的时候，尤其是下雨天，就可以打开小灯。这种灯一般安装在汽车前部的边缘处，它既能表示汽车高度，又能表示汽车宽度，示廓灯的颜色为前白后红，如图 5-37 所示。

图 5-37　前示廓灯

2）近光灯和远光灯

近光灯就是为了近距离照明，聚光度无法调节，设计要求照射范围大，照射距离短。近光灯的照射距离为 30～40 m。远光灯的照射高度比近光灯高，因此能够照亮更高更远的物体，如图 5-38 所示。近光灯在天黑没有路灯的地段及傍晚天色较暗或黎明曙光初现时开启。如果赶上大雾、下雪或大雨天气，视线受阻，白天也必须打开近光灯。通常根据驾驶员的经验，从后视镜中观察后面行车已经开始模糊时，就可以开启近光灯了。远光灯是在对面没有车辆行驶的情况下，才能使用的，否则会严重干扰对方的视线，甚至造成交通事故。

图 5-38　近、远光灯效果

3）雾灯

雾灯是在大雾天气里使用的车灯。雾灯在雾中的穿透力更强，更容易让车辆或行人及早注意到。雾灯分前雾灯和后雾灯，前雾灯一般为明亮的白色，后雾灯则为红色，如图 5-39 所示。由于雾灯亮度高，穿透性强，不会因雾气而产生漫反射，所以正确使用能够有效预防事故的发生。但是对道路上的其他驾驶员而言，雾灯过于刺眼，因此通常当可视距离小于 50 m 时，才使用雾灯。

图 5-39　前、后雾灯

4）日间行车灯

日间行车灯属于信号灯，是车辆在白天行驶时更容易被识别的灯具，装在车身前部。汽车发动机启动，日间行车灯自动开启，并不断增加亮度；夜晚时，驾驶者手动打开近光灯后，日间行车灯则自动熄灭。日间行车灯如图 5-40 所示。

5）双闪灯

双闪灯（危险报警闪光灯）也是信号灯，提醒其他车辆本车发生故障或有特殊情况，注意避让和绕行。通常双闪灯的开启按键是一个红色的三角形，如图 5-41 所示。

图 5-40　日间行车灯

图 5-41　双闪灯按键

6）制动灯

制动灯同属信号灯。制动灯包含左右尾部刹车灯和高位制动灯，与制动踏板相关联。驾车员踩下制动踏板，制动灯发出红色光，提醒后面的车辆注意不要追尾，如图 5-42 所示。驾车人松开制动踏板时制动灯熄灭。

7）牌照灯

牌照灯装在牌照周围，为了让人在夜间能够清楚地看到牌照号码，一般用于配合警方在夜间的跟踪和监视工作，如图 5-43 所示。

图 5-42　制动灯

图 5-43　牌照灯

8）倒车灯

倒车灯装于汽车尾部（见图 5-44），照亮车后路面，警告车后的车辆和行人车辆正在倒车。倒车灯光全部是白色。倒车灯与倒挡相关联，不用单独操作。

9）转向灯

转向灯是重要指示灯，在机动车辆转向时开启闪烁灯光，提示前后左右车辆及行人注意，如图 5-45 所示。转向灯安装在车身前后，为行车转向安全提供保障。

图 5-44　倒车灯

图 5-45　转向灯

10）阅读灯

阅读灯是在车内光线不足时，提供给乘坐人员足够的亮度，便于车内阅读使用，同时又不会影响驾驶员正常驾驶的弱光照明灯。

2. 汽车装饰灯分类

装饰性车灯的种类很多，主要有高强度放电灯（HID）、竞技型车灯、探照灯、汽车排灯和高位制动灯。

1）高强度放电灯

高强度放电灯又称氙气灯。这种灯没有灯丝，玻璃灯泡内有电极，在抗紫外线水晶石英玻璃管内，填充多种化学气体，其中大部分为氙气与碘化物等惰性气体。利用镇流器瞬间产生交流 23 kV 以上的高压电，激发球泡内的氙气，使其电离并在灯球两端电极产生电弧，产生后的电弧使球泡内的金属卤化物及汞汽化，产生 6～8 个大气压力，使金属卤化物产生原子能级跃迁发光，然后镇流器回到稳定控制电压（灯球管内的电压应在（85±17） V 内）。氙气大灯如图 5-46 所示。

图 5-46　氙气大灯

氙气灯曾经是高档轿车上的配置，现在价格有所下调，所以成为非常热门的改装项目。氙气灯的特点是亮度大，同样瓦数的氙气灯的亮度是钨丝灯的 2～3 倍；色调非常完美，是仿制太阳光的真实色调，如同昼光；效率高，氙气灯的效率是普通卤素灯的 3 倍；节能，与钨丝灯相比，能够节约一半电能；寿命长，由于氙气灯没有灯丝，所以它不存在灯丝断裂的问题，使用寿命可以达 2000 h 以上。所以，氙气灯产生的照明效果可达到一个新的等级，将成为汽车前照灯的必然选择。

HID 氙气灯一般来说由灯头（氙气灯泡），电子镇流器（也称为安定器、稳压器、火牛等），线组控制盒等组成。

汽车氙气灯安装图如图 5-47 所示。

（1）灯头。HID 氙气灯头是没有灯丝的，利用电极之间产生电流，促使氙气分子碰撞产生亮度，不存在钨丝烧断的问题（存在钨丝的都不能称为氙气灯）。

（2）程控安定器。利用蓄电池 12 V 的直流电压，经过一系列的转换、控制、保护、升压、变频等动作后，产生一个瞬间 23 kV 的点火高压对灯头进行点火，点亮后再维持 85 V 的交流电压，启动电流 8 A 左右，工作电流 4 A 左右。

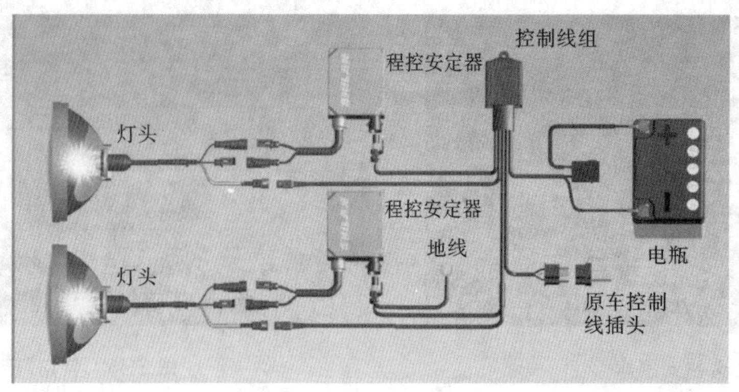

图 5-47　汽车氙气灯安装图

图 5-48　氙气程控安定器

氙气程控安定器如图 5-48 所示。

(3) 控制线组。一般采用阻燃材料做成，通过加大电源线的截面积，提高了电流通过能力，保证了 HID 氙气灯的正常工作，部分 H4 的型号氙气灯配继电器线组进行工作控制。

2) 竞技型车灯

竞技型车灯结构如图 5-49 所示。竞技型车灯又叫辅助型车灯，不仅可以作为装饰使汽车更加亮丽，同时能够放宽视野，提高能见度。原车灯通常照射范围都有限，在黑夜行车，尤其是遇到雨雪或大雾的恶劣天气，大多数车主会觉得车灯不够亮、穿透力弱且射程近。竞技型车灯具有亮度大、穿透力强、射程远等特点。安装后无论天气如何变化，车主都能轻松地应对。竞技型车灯可供选择的功能较多，有超白光型、聚光型和雪雨雾灯型，功能虽异，但价格相差不大，可以根据行车环境进行选择。

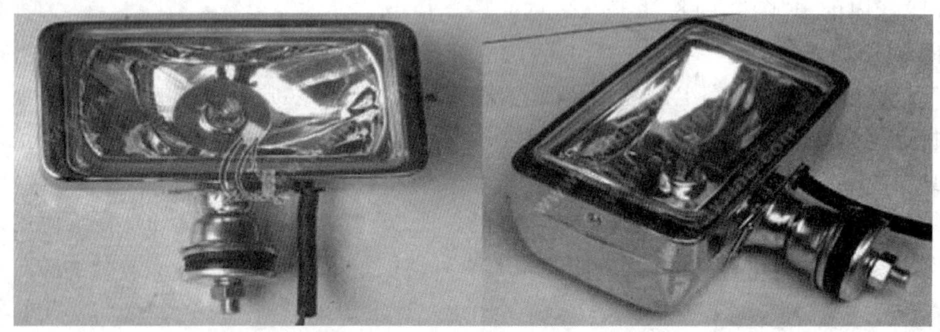

图 5-49　竞技型车灯结构

3) 探照灯

探照灯具有强大的光源及将光线集中投射于特定方向的凹面镜，借助反射镜或透镜使射出光束集中在很小的一个立体角内(一般小于 2°)来获得较大光强，常用于远距离照明和搜索。探照灯射程极远，安装在车顶上，能做 360°旋转，它的光线能够从一个山头照到另一个山头，主要用于越野车。探照灯多数附有脚架或者可移动的载具，大型探照灯甚至有用专用的卡车作为载具的。汽车探照灯如图 5-50 所示。

图 5-50 汽车探照灯

4）汽车排灯

通常在追捕、救援和抢险中应用比较广泛，照亮范围宽，灯光的颜色通常是黄色、红色和蓝色，能够警示和提醒行人和其他车辆避让。现在改装的 LED 排灯广泛应用在车身底部装饰及部分车内照明。汽车排灯如图 5-51 所示。

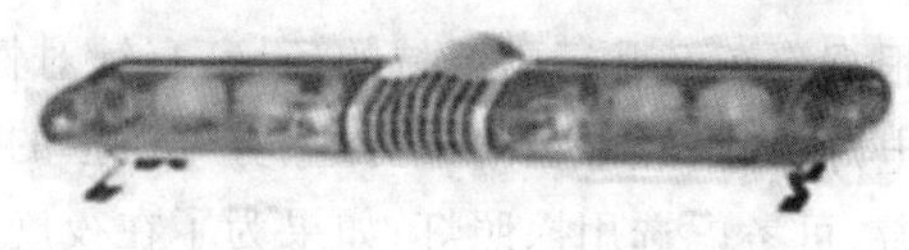

图 5-51 汽车排灯

5）高位制动灯

高位制动灯也称为第三制动灯，它一般装在车尾上部，如图 5-52 所示，以便后方车辆能及早发现前方车辆制动而及时制动，防止发生汽车追尾事故。家庭使用的大多是紧凑型轿车，车身比较低，后方行驶的重型货车驾驶员视野高，在近距离行驶时，无法看清前方轿车后尾左右的制动灯，容易造成追尾事故。轿车通过加装高位制动灯，能及时地向后方行驶的汽车驾驶员传递清晰的制动信号，有效提高行车安全性。

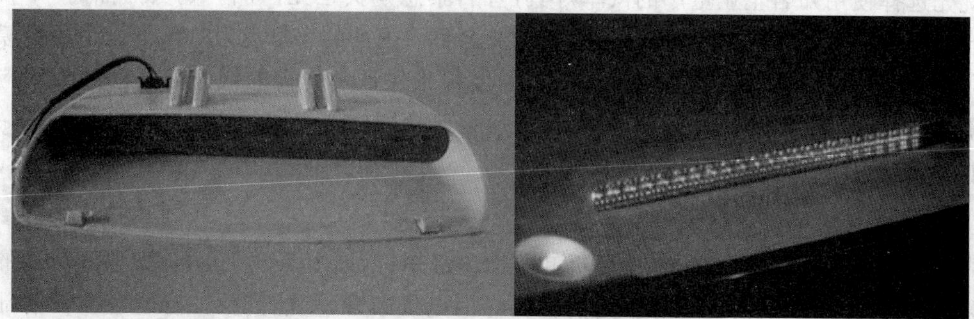

图 5-52 高位制动灯

3. 汽车装饰灯选用

汽车装饰灯的功能多，型号种类丰富，质量参差不齐。汽车改装配件众多，车灯属于其中最重要的也是最常见的一种汽车改装件。选用汽车装饰灯时，应该从使用安全、性价比高和与车型配合性好等方面进行综合考虑。

1）确定车灯属于汽车改装件

确定哪些配件属于汽车改装范围。根据《中华人民共和国道路交通安全法》等相关法则的规定，任何单位或者个人不得拼装机动车或者擅自改变机动车已登记的结构、构造或者特征。车辆的结构包括车身颜色、长、宽、高四个硬性标准以及发动机和相关的技术参数。汽车改装时，应向车管所登记申报。改装技术报告经车管所审查同意后，方可进行改装。改装完毕，还要到车管所办理改装变更手续。汽车车身颜色、车牌号、发动机号、车架号等都是机动车登记中非常重要的项目，并且要拍照存档。所以车灯改装属于可以进行改装的汽车配件。

2）确定车灯改装类型

尽管汽车灯属于可以改装的汽车配件，在选择车灯的时候首先要了解什么颜色的车灯可以改装到汽车上。红蓝爆闪灯属于警用灯，任何个人不得私自改装。可以改装到汽车上的车灯部位及配件主要包括汽车尾部的汽车刹车灯、汽车转向灯，汽车车身的车轮灯、LED车底灯和起装饰作用的LED灯条，汽车前面的汽车雾灯、汽车示宽灯，汽车车内的阅读灯、车顶灯、仪表盘指示灯，汽车后面的牌照灯、尾箱灯、高位刹车灯，其他部位的汽车LED灯也可以根据需要进行改装。

3）确定改装车灯使用环境

根据汽车经常行驶区域的环境，有针对性地选择装饰灯。如果为了增大亮度，可选择高强度放电灯；如果经常在冰天雪地、雾气茫茫的天气里行驶，可选用竞技型车灯；如果经常驾车外出旅游，可考虑选用探照灯；如果为了在夜晚行驶突出个性，可以选用LED灯。汽车装饰灯功率通常符合国家标准，所以加装汽车装饰灯时，只需要考虑车灯的型号。一般来说，日本车车灯型号大多数为H4，欧洲车是H1、H7，美国车是H3、H4、H5。这些标识可以在车灯玻璃的下角找到。

4）确定改装车灯的方式

汽车车灯改装方式可以分为两种。第一种是直接换汽车灯具，第二种是改装汽车灯泡。选择第二种汽车改装车灯方式省时省力，而且还可以自己动手，方便、简单、实用，随时随地都可以自己动手改装。

5）确定改装车灯产品质量

优先选择使用知名企业生产的汽车灯具产品，禁忌购买三无产品。购买产品时，不仅需要查看产品的合格证，还需要查看产品的生产企业名称。国产的车灯反射灯碗部分采用翻模的形式，不是采用计算机辅助设计，所以光型的精确度很难保证。优良的汽车灯具产品外观应无不良缺陷，手感光滑，无毛刺。此外，灯泡的标准应该符合国标。

4. 汽车大灯改装工艺

1）拆前围板

先拆卸前围板下的六个螺栓，然后拆卸侧面内部螺钉，如图5-53所示。大部分车型的雾灯会安装在外围上，所以在前围板取下之前将雾灯的电线断开，不能乱拉。有的车会在前部安装雷达，也要先拆下。一般会使用的工具有外六角起子3、5、7号，内六角套筒或T杆7、8、10号（个别会用到12号），塑料撬子，短、长柄十字起，等等。

2）拆车灯

通常固定车灯用5颗螺丝，上3、侧1、前1，有些车型会有塑料暗扣。不同的车型灯线的数量也不同。拆完线的连接头后才能将灯取出。灯拆卸下立即用薄膜包裹起来，防止灰尘进入内部，如图5-54所示。

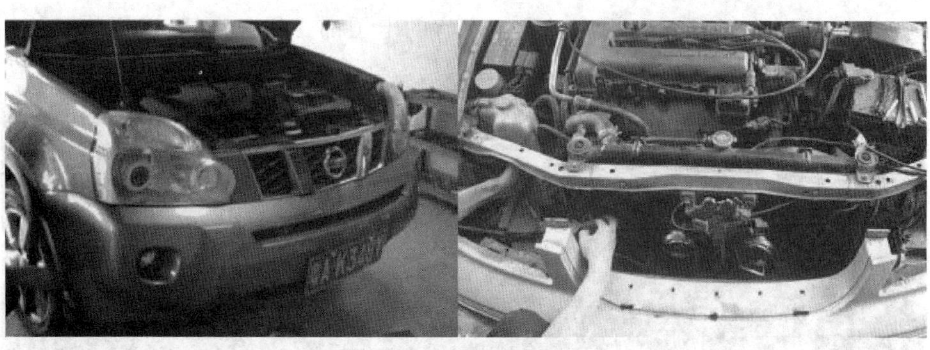

图 5-53 前围板拆卸

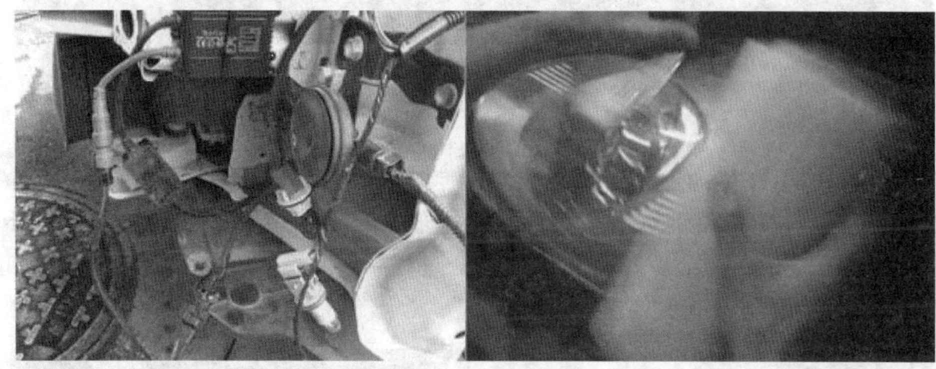

图 5-54 车灯拆卸

3）开灯罩

首先把灯上支架、固定螺丝、无用的转向灯和小灯的后罩去掉，因为这些部件会妨碍开灯罩。然后根据灯罩拆卸的次数，选择开面罩的方式。第一次拆卸，用电烤箱软化，将灯罩置于温度大约为150 ℃的电烤箱里10 min左右；超过一次拆卸的灯罩可以直接用热风枪将封灯胶软化，然后拆卸。拆卸过程会使用热风枪、平口撬子、弯钩开盖工具、十字起等工具，如图5-55所示。

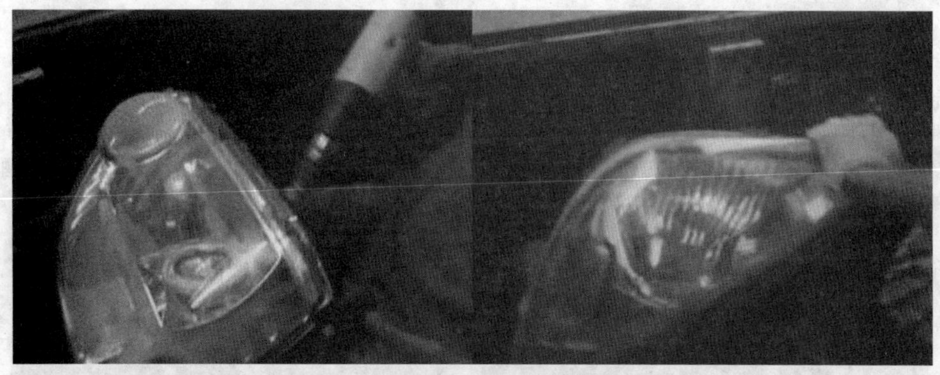

图 5-55 开灯罩

4）拆解车灯

改装的凸透镜通常都是安装在灯杯上（部分车型需要用到支架，如马自达6、迈腾、速腾、途观、锐志、明锐等），因此要将灯杯拆下来。灯杯和外壳的调整杆连接，所连接的调整杆要同步拆解，否则会损坏。灯杯又通过球卡固定在外壳上，当调整杆松到一定程度时，才可以撬下（加热后会方便一些)，如图 5-56 所示。拆卸过程中所有的卡子都要保存完好，以便装配使用。车灯的拆解可能会用到热风枪、平口撬子、十字起等工具。

图 5-56 拆卸车灯

5) 车灯清洁

拆卸反光杯(部分车型的反光杯固定在灯罩)后，将无法再次使用的封灯胶去除干净。然后清洗灯罩，清洗过后用吹风枪把水吹干。再次用抹布擦干，否则会留下水印。最后在外表面覆盖保鲜膜进行保护，如图 5-57 所示。在车灯清洁过程中会用到吹风枪、十字起、平口起、尖嘴钳、保鲜膜等工具。

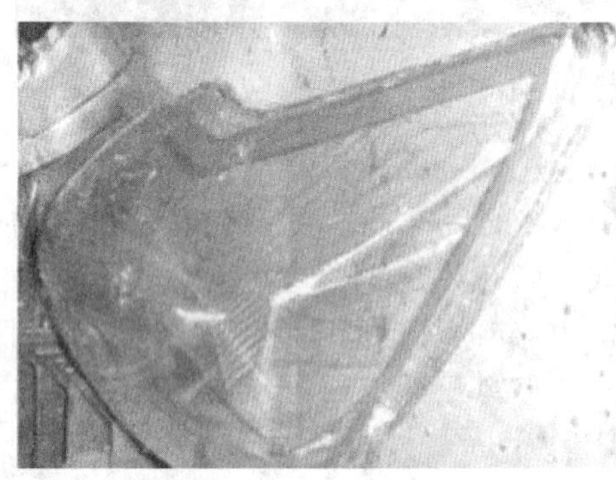

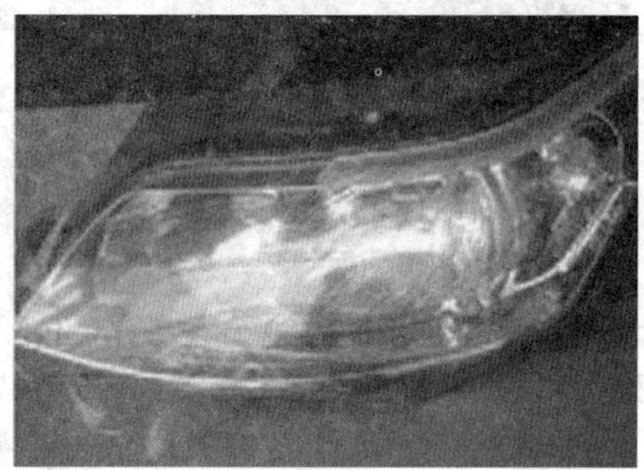

图 5-57 车灯清洁

6) 灯杯和凸透镜的安装

改装后的凸透镜用螺丝直接固定在新制作的灯杯上，如图 5-58 所示。部分车型需要使用凸透镜专用支架和螺丝固定。安装过程会用到螺丝、螺帽、垫片、斜口钳、剪刀等工具和配件。

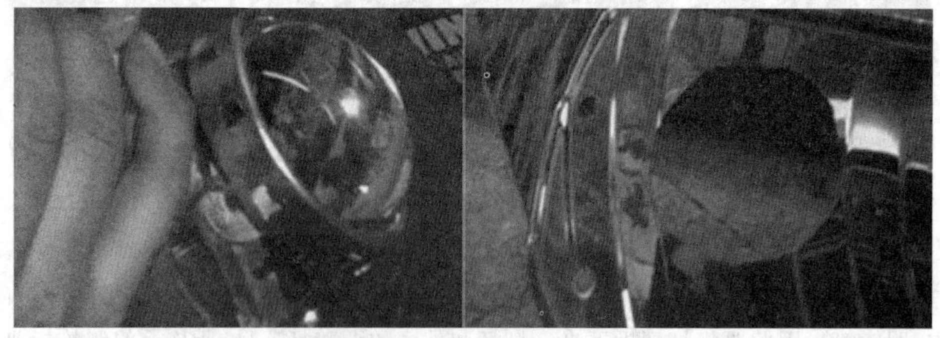

图 5-58 灯杯和凸透镜安装

7）安定器的安装

安定器也叫镇流器。把车辆电池 12 V 直流电输入电子镇流器，瞬间产生交流 23 kV 以上的高压电，激发球泡内的氙气，使其电离并在灯球两端电极产生电弧，电弧产生后使球泡内的金属卤化物及汞汽化，产生 6～8 个大气压力，使金属卤化物产生原子能级跃迁发光。通常 d1 与 d2、d3 与 d4 可以共用，d1 与 d3、d2 与 d4 不能共用。通常使用的安定器品牌有索尼、海拉等。

安定器的安装如图 5-59 所示。

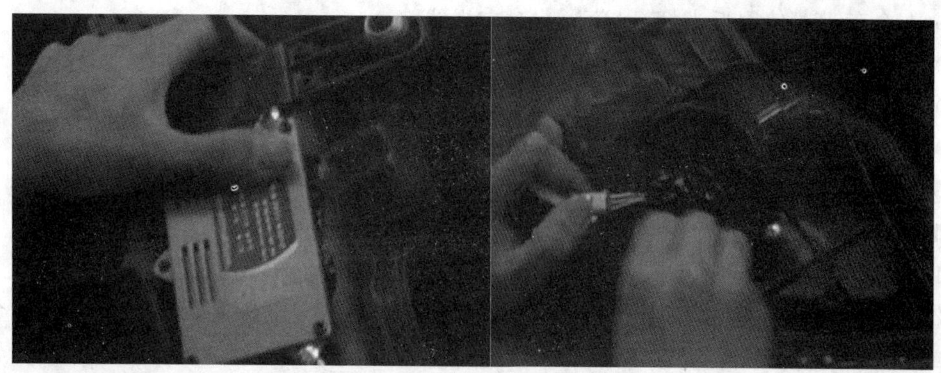

图 5-59　安定器的安装

8）线路整理

根据电线与车灯的连接方式，线路整理通常有两种方式：分线型，每个灯都有单独的插座与车体的灯线直接相连；总线型，所有灯的灯线在灯箱内连接，对外只有一个总插座。车灯改装不得改动原车电路，只能在原车电路上加装插头，且原车插头需要密封。

9）调试定位

将车灯安装并把线路整理完成后上车初调。主要是调整固定车灯的 4 个螺丝。先用远光调整车灯的高度，再用近光调整两灯的水平，如图 5-60 所示。

图 5-60　大灯调试定位

10）车灯封装

通常改装后的车灯封装使用蛇型硬胶，放入烤箱里软化后密封。也可以使用打胶机密封，并用气钉固定。封装完成后，走线过程中在车壳上的钻孔用软胶密封。

5. 车灯的改装及注意事项

HID 车灯系统在启动瞬间将产生 23 kV 的电压，安装和拆卸照明系统时切记切断输入电源。安装前请检查安定器、灯泡、线束、插头及所有部件。如果发现电线损伤、接线或插头损坏，高压电线外露等情况，请立即停止操作。氙气灯安装由专业人士安装及调校。

(1) 确保安装氙气灯时电源开关闭合。

(2) 氙气灯泡安装前不要取下灯泡保护罩,不要用手接触灯泡。

(3) 将安定器尽可能地远离引擎固定,以免过热。

(4) 请勿将高压线打结,或将扎带扎得过紧,避免电线加速老化;确认线路正负极的正确连接,连接线必须固定、不能受挤压、折叠,或悬挂晃动。

(5) 在调整灯泡时,请不要让灯泡末端接触大灯的内遮光罩(留 5 mm 的空间)。

(6) 在会车时请使用近光灯,以免影响对方视线。

(7) 灯光点亮后,不能用手调校灯泡,以免灼伤和触电。

(8) 每个氙气灯启动时电流约为 6A ,可能对敏感电器造成短暂保护。

(9) 氙气灯点亮后请不要直视灯光,以免造成眼睛疼痛及视力障碍。

(10) 安装后请检查前灯射出光束的角度, 如果有必要,请调整前灯灯具的照射角度, 以避免射出眩光。

(11) 如果灯泡放入灯具有困难,请检查灯具中是否有阻碍物,切勿碰伤灯泡。

(12) 当灯泡未点亮但发现灯泡有放电现象时,请检查灯泡电极是否与灯具中其他金属物体接触或靠太近,并做适当调整。

(13) 启动照明系统时确保注意车辆电瓶的电压处于正常工作范围,否则,会造成灯泡闪烁、照明效果差并可能使灯停止工作,甚至缩短灯与电子镇流器的寿命。

(14) 切勿用手指触摸灯泡,否则会造成污染,并缩短灯的寿命。

(15) 在装卸 HID 照明系统时,请在发动机完全冷却后再进行,以免灼伤人员或损伤灯具。

(16) 定期清理灯具, 保持灯具清洁,使光源达到最大的照明效果。

(17) 换装灯泡时最好将左右灯泡同时更换,这样可避免因两侧灯泡消耗电量不一而造成意外烧毁线组,也可避免日后发生左右灯泡寿命不均或者色泽不一的情况。

(18) 有些车型由于原车带有自检设备,改装不当,会出现故障灯报警、频繁烧毁保险、改装过程中突然熄灭等现象;某些车型由于大灯线路的特殊性,安装不当会造成无法变光或变光熄灭等现象;某些车灯安装不当也可能会干扰收音机信号。

(19) 灯泡的玻璃部分非常薄,而且内充压力气体,在换装灯泡时,注意不要将废灯泡到处乱扔,以免灯泡破裂伤人和污染环境。

(20) 灯具改装一定要在法律允许的范围内进行。某些地方法规对使用氙气灯有严格的规定,一定要遵循交管部门的规定。

项目 6

汽车车内空气净化

知识目标

（1）掌握汽车车内污染的来源和危害。

（2）掌握汽车车内污染的解决方法。

能力目标

（1）能进行汽车污染检测。

（2）能对汽车污染进行处理。

学习任务1　汽车车内污染的来源与危害

空气污染，按照国际标准化组织的定义，空气污染通常是指：由于人类活动或自然过程引起某些物质进入大气中，呈现出足够的浓度，达到足够的时间，并因此危害了人类的舒适、健康和福利或环境的现象。

换言之，只要是某一种物质其存在的量、性质及时间足够对人类或其他生物、财物产生影响者，我们就可以称其为空气污染物；而其存在造成的现象，就是空气污染。

一、车内污染的来源

车内污染的来源有以下几种。

一是来源于新车本身。现在我国家庭汽车的市场需求使很多汽车下了生产线就直接进入市场，各种配件和材料的有害气体和气味没有释放期，安装在车内的塑料件、地毯、车顶毡、沙发等如果不按照严格的环保要求，会直接造成车内的空气污染。所以，控制车内污染应该从生产厂家入手，对进入车内的每一种材料都进行严格的气味控制。

二是来源于车内装饰。有的车主买车以后都要进行车内装饰，有的车开了一段时间也要重新进行装饰，还有的经销商也以买车送装饰为优惠条件，一些含有有害物质的地胶、坐套垫、胶黏剂进入车内，这些装饰材料中含有的有毒气体，主要包括苯、甲醛、二甲苯等，必然会造成车内的空气污染，让人在不知不觉中中毒，渐渐出现头痛、乏力等症状。严重的时候会出现皮炎、哮喘、免疫力低下，甚至是白细胞减少！

三是车用空调蒸发器。若长时间不进行清洗护理，就会在其内部附着大量污垢，所产生的胺、细菌等有害物质弥漫在车内狭小的空间里，导致车内空气质量差，甚至缺氧。同时，由于汽车空间窄小，新车密封性比较好，空气流通不畅，车内空气量本来就不多，再加上车内乘客间的交叉污染严重，汽车内有害气体超标比房屋室内有害气体超标对人体的危害程度更大。当空气中二氧化碳浓度达到0.5%时，人就会出现头痛、头晕等不适感。

四是车内吸烟。如果司机或乘客吸烟，不仅会大大增加挥发性有机化合物、尘埃之类的空气污染物水平，它所散发出的气味也可能会长期停留在车厢内。

五是长期放置有异味的物品。很多车主会将一些穿过的球鞋、沾有汗的运动衣和脏抹布等长期留在车内，或者把一些食物的外包装和瓜皮果壳等放在车内的垃圾桶内。在冬天，室内外的冷热温差很容易在车内产生湿气，这些物品就容易产生霉菌。因此，每次下车时应该记得将这些物品及时带下车。洗车时，也可用湿布擦拭车内或进行吸尘。

六是常用空气清新剂。空气清新剂可起到暂时清新车内空气的作用，但治标不治本。而且空气清新剂多由乙醚、香精等成分组成，很多香水也是化学合成物，这些物质分解之后产生的气体中某些成分本身就是空气污染物，这样只会加重污染，所以尽量不要使用空气清新剂和香水。

二、车内空气污染的危害

1. 甲醛

甲醛是原浆毒物，能与蛋白质结合，吸入高浓度甲醛后，会发生呼吸道严重刺激、眼刺痛、头痛及支气管哮喘等症状。合成树脂、表面活性剂、塑料、橡胶、皮革等材料以及消毒、熏蒸和防腐过程中均要用到甲醛。

2. 苯

苯易挥发，是工业上应用很广的原料。高浓度苯对人体中枢神经系统有麻醉作用，会引起急性中毒，长期接触会对造血系统形成损害。

3. 甲苯

甲苯与苯相似，短时间内吸入较高浓度甲苯可出现眼及上呼吸道明显的刺激症状、眼结膜及咽部充血、头晕、恶心、步态蹒跚、意识模糊。

4. 二甲苯

人在短时间内吸入高浓度的甲苯或二甲苯，会出现中枢神经麻醉的症状。二甲苯主要来自于合成纤维、塑料、燃料、橡胶等物质中和油漆、涂料添加剂(或胶黏剂)、防水材料中。

5. TVOC

TVOC是空气中三种有机污染物中影响较为严重的一种。能引起机体免疫水平失调，影响中枢神经系统及消化系统功能，严重时可损伤肝脏和造血系统，出现变态反应。

学习任务2 臭氧消毒

臭氧又称为超氧，是氧气的同素异形体，在常温下，它是一种有特殊臭味的淡蓝色气体。臭氧主要分布在10～50 km高度的平流层大气中，极大值在20～30 km高度之间。在常温常压下，稳定性较差，可自行分解为氧气。臭氧具有青草的味道，吸入少量对人体有益，吸入过量对人体健康有一定危害。不可燃，纯净物。氧气通过电击可变为臭氧。

臭氧对酵母和寄生生物等也有活性，例如，可以用它去除以下类型的微生物和病毒。

① 病毒。已经证明臭氧对病毒具有非常强的杀灭性，例如Poloi病毒在臭氧浓度为0.05～0.45 mg/L时，2 min就会失去活性。

② 孢囊。在臭氧浓度为0.3 mg/L下作用2.4 min就被完全除掉。

③ 孢子。由于孢衣的保护，它比生长态菌的抗臭氧能力高出10～15倍。

④ 真菌。白色念珠菌和青霉属菌能被杀灭。

⑤ 寄生生物(如螨虫)在3 min后被杀灭。

⑥ 可以迅速杀灭空气中的大肠杆菌、金葡萄球菌、白色念珠菌等病菌。

⑦ 可以分解空气中的臭味、烟味、浓香水味。

此外，臭氧还可以氧化、分解水中的污染物，在水处理中对除臭味，脱色，杀菌，去除酚、氰、铁、锰和降低COD、BOD等都具有显著的效果。

一、优缺点

利用一个能迅速产生大量臭氧的汽车专用消毒机来消毒。臭氧是一种高效广谱快速的杀菌剂，可以杀灭多种病菌和微生物，当其达到规定浓度后，消毒杀菌可以迅速完成。

臭氧还可以通过氧化反应除去车内有毒气体。与化学消毒不同，利用臭氧消毒杀菌不会残存任何有害物质，臭氧杀菌消毒后很快就分解成氧气，因而不会对汽车造成二次污染。消毒后车舱里会留有一些臭氧气味，只要将车窗打开通风一段时间气味即可消失。

臭氧消毒操作起来很简单，将一根接着汽车专用消毒机的胶管伸入车舱内并打开汽车空调，利用空调的空气循环将高浓度臭氧送到车内的每个角落，如此几分钟就可以了。虽然消毒时间很短，但消灭病菌很彻底。

缺点：如果长时间使用臭氧消毒会使车内橡胶老化，而且汽车装饰美容店的臭氧机质量良莠不齐，每次消毒的价格也高低不等。

二、消毒过程

做臭氧灭菌的过程为：先将一根连接着汽车专用臭氧消毒机的胶管伸入车厢内，打开汽车专用消毒机和车内空调，利用空调的空气循环，将汽车专用消毒机产生的高浓度臭氧送到车内的每个角落，整个过程只需要花费 5 min 的时间。消毒后车厢会残留一点臭氧味，不过由于臭氧可以很快分解为无色无味的氧气，所以只要将车窗打开一会儿，味道就会散去。臭氧消毒的效果可维持七八天的时间。

学习任务3　负离子消毒

负离子是指带一个或多个负电荷的离子，亦称阴离子。某些分子在特殊情况下，亦可形成离子，如氧的离子状态一般为阴离子，也叫负氧离子。

一、负氧离子的产生

负离子的产生原理主要有以下几种。

(1) 大气受紫外线、宇宙射线、放射物质、雷雨、风暴、土壤和空气放射线等因素的影响，发生电离而被释放出的电子，经过地球吸收后再释放出来，很快又和空气中的中性分子结合，而成为负离子，或称为阴离子。自然界的负离子(也就是在身体内起好的作用和还原作用的负离子)有很大的抗氧化效果与还原力。

(2) 瀑布冲击，细浪推卷暴雨跌失等自然过程中水在重力作用下，高速流动，水分子裂解而产生负离子。

(3) 森林的树木，叶枝尖端放电及绿色植物光合作用形成的光电效应，使空气电离而产生的负离子。

(4) 部分地壳岩石能够释放出一定的负离子。

(5) 通过人工负离子生成技术产生生态级小粒径空气负离子，模拟自然界雷电高压电离空气产生负电子，以空气中的氧气、二氧化碳等作为载体传播。

二、消毒原理

空气负离子已被当作评价环境和空气质量的一个重要标准，当人们漫步在海边、瀑布和森林时，会感到呼吸舒畅，心旷神怡，其中一个最重要的原因就是空气中含有丰富的负离子。而空气环境变差主要是由于空气中正、负离子浓度比例失衡，空气中含有有害气体和烟雾、灰尘、病毒、细菌等。而空气负离子一方面可以调节正、负离子浓度比，另一方面又可起到净化空气的作用，负离子能使空气中微米级肉眼看不见的飘尘，通过正负离子吸引、碰撞形成分子团下沉落地，且负离子能使细菌蛋白质两级性颠倒，而使细菌生存能力下降或致死。负离子净化空气的特点为灭活速度快，灭活率高，对空气、物品表面的微生物、细菌、病毒均有灭活作用。

学习任务4 光催化剂消毒

光催化剂就是在光子的激发下能够起到催化作用的化学物质的统称。光触媒以纳米级尺寸的二氧化钛微粒为主的催化剂材料，在特定波长紫外光的照射下产生光氧化还原能力，可产生游离电子及空穴，并产生有极强氧化作用的氢氧自由基，它能氧化分解各种有机物和无机物，还能破坏细菌的细胞膜和固化病毒的蛋白质，达到完全解毒除臭的功效。另外，光触媒还能将空气中的氧转变成负氧离子，对人体健康非常有益。这种消毒方式十分适合于长期解决汽车车厢内空气污染的问题。所以，纳米 TiO2 光催化绿色涂料在普通光照条件时对空气中的甲醛具有明显降解效果，能够达到有效净化室内空气的目的。

消毒过程如下：

(1) 要对玻璃窗和仪表台面板等透明部位进行遮盖保护。

(2) 在已进行了车辆清洁的基础上，使用专门的清洁剂，对整个车厢内部包括行李箱都进行细致的清洁处理，以确保黏附可靠。

(3) 使用专业的专用喷枪进行光触媒涂料喷涂施工，范围包括整个车厢内除保护位置以外的所有地方，开启空调内循环可以促使涂料尽快固化。

学习任务5 高温蒸汽消毒

用高温蒸汽给汽车消毒，相当于给汽车做桑拿，利用蒸汽的高温对车内部进行消毒杀毒，这种方法无毒无害，可实行条件较高，只有专业的汽车保养店才能操作，效果可维持10天左右。具体流程如下。

(1) 消毒液按 1∶20 的比例配置，并加注到蒸汽机里，消毒液指一般用于医院里的那种消毒液。

(2) 接上电源，启动蒸汽机，等到温度高于 100 ℃的时候，就可以操作了。

(3) 在喷洒蒸汽的时候，先要用干毛巾把仪表盘上的如中控制电脑、CD 主机这类的电子用品盖住，把4门玻璃升起。

(4) 先往空调口里喷蒸汽，然后是车厢内部，等到车厢内部的蒸汽已经非常多的时候，然后关上所有的门，等到蒸汽完全消失为止。

(5) 当蒸汽完全消失之后，打开车门，最后用干毛巾，把蒸汽所产生的水珠擦干。

学习任务6 其他消毒方法

一、化学消毒

所谓的化学消毒，就是利用一些消毒剂对汽车内饰进行擦拭，特别是门把手等经常触摸的部位，可达到一定的消毒作用。目前市场上常用的消毒液为过氧乙酸、来苏水和84消毒液。缺点：容易留下化学残留物，造成潜在的危害，同时对汽车部件也有一定程度的损害。化学消毒液一般都具有腐蚀性和漂白性，使用时需要小心汽车内饰和金属部件。

二、竹炭消毒

竹炭是以竹为原料，经近千度高温烧制而成的一种炭。竹炭具有疏松多孔的结构，其分子细密多孔，质地坚硬。有很强的吸附能力，能净化空气、消除异味、吸湿防霉、抑菌驱虫。

活性炭消毒：活性炭对车主来说是目前最有效、最安全，也是最容易实现的办法。因为活性炭具有孔隙多的特点，对甲醛等有害物质具有很强的吸附作用，而且活性炭属于物理方法，不会产生二次污染。缺点：没有杀菌作用，去除甲醛效果较慢、不彻底。

三、汽车空调系统消毒

常规的空调系统清理办法，主要包括更换灰尘滤芯，使用清洁剂对空调风道、蒸发器杀菌、消毒，以及拆下进行手工清理。具体流程如下。

(1)应将车内的食品、纸巾取出，避免吸附异味。找到汽车的外气导入口，如果有必要再打开发动机罩；启动发动机，打开窗户；将空调的AC挡置于OFF，将循环挡调至外循环，风扇开至最大；向汽车外导气口吸力最强的位置注入空调清洗剂；清洗剂将向蒸发器方向流动，清洗吸附在蒸发器上的霉菌、灰尘；全部注入后，使风扇继续转动10～15 min；10 min后，污液由排水管排出车外，空调出风口送出洁净的空气。保持清新的环境对身体有利。

(2) 将空调内循环开至最大风量，打开熏罐置于副驾驶座位脚下处，关闭门窗。待10～15 min后，抛弃熏罐并打开门窗通风。

四、日常消毒方法

轻微的空气污染到处存在，采取很简单的通风措施就可以减轻危害。最简单的方法是多开窗通风，尤其是新车，一定要经常打开车窗让空气流通。每天早上上车前，或者停放时间很长时，不妨先把车门打开，彻底地通风换气后再上车。

参考文献 CANKAOWENXIAN

[1] 李昌凤.汽车美容与装饰完全图解[M].北京:机械工业出版社,2015.

[2] 朱晓红. 汽车美容与装饰[M].北京:中国劳动社会保障出版社,2010.

[3] 覃维献.汽车美容与装饰[M].北京:人民邮电出版社,2012.

[4] 谭本忠.汽车美容与装饰图解教程[M].2版.北京:机械工业出版社,2016.

[5] 周燕.汽车美容装饰与钣金修复[M].北京:机械工业出版社,2016.

[6] 吴晋裕. 汽车美容[M].北京:人民交通出版社,2016.

[7] 宋东方.汽车美容与装饰500问[M]. 北京:化学工业出版社,2015.

[8] 杨智勇.图解汽车美容装饰[M]. 北京:化学工业出版社,2016.

[9] 安永东,张德生,刘发军.汽车改装技术与实例[M]. 北京:化学工业出版社,2013.

[10] 佟欣,林雪峰.汽车美容与装饰一体化学生手册[M]. 北京:人民邮电出版社,2014.